U0621336

高等学校行政管理专业系列教材

总主编 王骚

工商行政管理

马春霞 主编

南开大学出版社

天 津

图书在版编目（CIP）数据

工商行政管理／马春霞主编. －天津：南开大学出版社，2008.8（2011.7 重印）

（高等学校行政管理专业系列教材）

ISBN 978-7-310-02980-8

Ⅰ. 工… Ⅱ. 马… Ⅲ. 工商行政管理－高等学校－教材 Ⅳ. F203.9

中国版本图书馆 CIP 数据核字（2008）第 114496 号

版权所有　侵权必究

南开大学出版社出版发行

出版人：肖占鹏

地址：天津市南开区卫津路 94 号　邮政编码：300071

营销部电话：(022)23508339　23500755

营销部传真：(022)23508542　邮购部电话：(022)23502200

*

天津市蓟县宏图印务有限公司印刷

全国各地新华书店经销

*

2008 年 8 月第 1 版　2011 年 7 月第 2 次印刷

787×960 毫米　16 开本　21.875 印张　2 插页　384 千字

定价：36.00 元

如遇图书印装质量问题,请与本社营销部联系调换,电话：(022)23507125

编委会成员名单

主　任　朱立言

委　员　(按姓氏笔画排列)

王　骚　　南开大学周恩来政府管理学院　教授

王达梅　广东外语外贸大学政治与公共管理学院　博士

朱立言　中国人民大学公共管理学院　教授　博士生导师

朱光磊　南开大学周恩来政府管理学院　教授　博士生导师

孙　健　　西北师范大学政法学院　副教授

张　铭　　山东大学威海分校法学院　教授　博士生导师

张文礼　西北师范大学政法学院　教授

杨　龙　　南开大学周恩来政府管理学院　教授　博士生导师

沈亚平　南开大学周恩来政府管理学院　教授　博士生导师

吴春华　天津师范大学政治与行政学院　教授　博士生导师

金东日　南开大学周恩来政府管理学院　教授　博士生导师

赵　沛　　山东大学威海分校法学院　教授

高中启　天津市人事局　副局长

常　健　　南开大学周恩来政府管理学院　教授　博士生导师

葛　荃　　山东大学威海分校法学院　教授　博士生导师

总　序

　　在现代社会中，行政管理学，或称公共行政（Public Administration），既是一个新兴的社会管理领域，也是一门发展速度非常快的学科。为什么？一个最主要的原因就是现代人类社会需要民主、高效的行政管理。一般说来，人类社会可以分成私人与公共两大领域。就公共领域而言，多元价值的集合使得其行政管理行为更为复杂。行政管理学，或称公共行政（Public Administration）正是探索这一领域客观规律的实践性学科。其目的就是保障社会公共领域的公平、秩序、效率和发展。不论是教师、学生或各级行政管理人员，在步入行政管理领域时首先应该明确地认识这一基本概念的含义。

一

　　从历史发展来看，公共行政学的产生可以追溯到 19 世纪末期。1887 年伍德罗·威尔逊发表《行政学研究》一文，由此揭开了西方国家行政管理研究的序幕。根据伍德罗·威尔逊观点，在现代人类社会发展过程中，政治的职能是如何保障在多元价值条件下公平地制定公共政策，而如何有效地执行公共政策和保障政策目标的实现则是行政的职能。因此，政治学应该以公共政策为研究中心，分析各种法律、政令的产生、发展和变化。但是，社会政治关系包含着复杂的价值认识，无法进行科学性的研究，而作为研究政策执行的公共行政学则可以不受价值判断的影响，根据科学的方法客观地决定如何高效率地执行公共政策。随着现代社会的发展，公共行政不断地得到新学者们的释义更新和补充，公共行政领域中所包含行政决策因素的这一特征越来越明显，这也就使得伍德罗·威尔逊所阐释的公共行政概念的内涵和外延不断产生一些变化。

　　从 19 世纪末至现在，行政管理学的发展大体可以划分为三个阶段。19 世纪末至 20 世纪 60 年代是行政管理学发展的早期阶段，即传统的行政管理学。这个阶段主要强调充分体现在自然科学中的理性和技术对于行政管理的作用。20 世纪 70 年代至 80 年代是行政管理学的发展时期。在这一时期，行政管理学获得了突破性发展。这个阶段的行政管理学研究被称为新公共行政学。乔治·弗雷德里克森 1971 年发表的《论新公共行政学》一文是新公共行政学的重要文献。这短短的 20 年之所以能够作为行政管理学的一个发展阶段,是因为学者们开始强调公平、正义等价值对于行政管理的作用,改变了过去只注重强调理性和技术而忽视社会价值的研究取向。20 世纪 80 年代末以来,在"小政府,大社会","有限政府"等观念的主导下,社会非政府组织越来越多地担负起公共事务管理的职责,由此也就兴起了所谓的新公共管理运动。随着西方国家新公共管理运动的兴起,行政管理学又从新公共行政学逐步发展到公共管理学(Public Management)。公共管理学既保留了新公共行政学强调理性和价值的特征,同时又在方法和内容上进行了大量扩展,采用经济学的理论和方法对行政管理问题进行研究,并且将研究对象由原来的政府部门(Governmental Sector)扩大到非政府组织或第三部门甚至是具有公共性的私人部门(Public Sector)。

传统行政管理学、新公共行政学、公共管理学分别体现出西方国家行政管理学的不同研究途径和范式。不同的研究范式是根据政治、经济、社会环境的变迁而产生的,它们体现了行政管理学研究的进步,同时也推动着西方国家行政管理实践的发展。

从中国历史发展的角度来看,在古代中国封建社会的皇权专制体制下,行政仍是政府管理的重要内容和手段,其中也不乏当今我们可以借鉴的政治文化精华。在中国古代社会的政府管理过程中,郡县行政区划分、税赋、兵役、刑罚、科举、教育、商贸、外交等诸多领域都体现着当时社会背景下的政府管理思想和管理体系,也为当今行政管理学的研究提供了广阔的天地。在 19 世纪末西方行政管理学诞生之初,我国学者也给予了密切关注。1896 年梁启超在《论译书》中就提出"我国公卿要学习行政学"的倡议,并开始翻译有关西方行政管理学的著作。1935 年张金鉴撰写出版了《行政学之理论与实际》一书,被认为是我国的第一部行政管理学专著。同时,各高等院校开设行政管理专业和课程,政府成立行政管理学会,并出版和发行一批行政管理学著作和刊物。然而,由于历史原因,20 世纪 40 年代至 70 年代我国的行政管理学研究基本上处于停滞阶段。

中共十一届三中全会的召开,改革开放和中心任务的转变,既为中国行政管理学的恢复和发展提供了良好的政治条件和社会条件,同时也迫切需要加强行政管理学研究来适应新的社会条件,推动我国政府体制改革和公共管理领域的发展。自改革开放以来,现代中国在经济获得世人瞩目高速发展的同时,也显现出诸多社会公共领域管理的落后与不适应。解决这一问题的首要一点就是规范、系统地研究探索，教育培养新型行政管理人才服务于现代社会。由此，20 世纪 80 年代以来，行政管理学在我国高校得以快速恢复。可以这样说，行政管理学在我国既是一门具有一定历史传统的学科，又是一门正处于蓬勃发展的新兴学科。但是，在现代中国的社会条件下，综合考虑中国古代行政管理传统和现代西方行政管理理念，一个重要问题摆在我们面前，就是如何构建适应中国实践情况的行政管理学体系才能适应社会需求。这也是编写这一套教材丛书的基本出发点。

二

从社会现实需求出发，行政管理学的突出特征是实践性和应用性，即行政管理学研究必须来源于行政管理实践，并为推动行政管理的实践发展服务。自改革开放以来，我国行政管理学的发展明显体现出实践性和应用性特征，这一特征体现为政府体制改革和职能转变与行政管理学发展是一个相互促进、相辅相成的过程。20 世纪 80 年代以来，针对计划经济体制下政府管理存在的问题，我国政府相继进行政府职能转变、行政管理体制、人事制度、公共政策决策、财政制度、行政管理民主化和法制化等诸多方面的改革。行政管理学者对这些问题进行了深入研究，并提出了一系列对策建议，为推动政府体制改革、职能转变和提高政府行政管理水平发挥了重要的作用。相应地，行政管理学本身也得到了快速的发展，行政管理学建制已日趋完善。从现实情况看来，行政管理学日益受到各级政府的支持与社会的普遍关注。国家和各省市都基本上建立了各个级别的行政管理学会；行政管理的有关著作和刊物日渐增多，行政管理学术活动也日趋活跃；设置行政管理专业的高等院校数目日益增多，本科生、研究生的招生规模快速扩大。同时，行政管理专业人才也日益得到社会认可，党政部门、事业单位、大型国有企业甚至是私人企业对行政管理专业人才有着相当大的需求，各级行政管理人员的专业进修教育与实践活动也正在蓬勃开展。2004 年国家人事部人才信息中心发布的人才需求信息显示，在第二季度北京市招聘数量排前十位的专业中行政管理列为第二位；在其他省市，行政管理的人才需求也基本在前十名之列。

行政管理实践在推动行政管理学发展的同时，也对行政管理学发展提出了更高的要求。社会主义市场经济体制的建立和完善要求进一步转变政府职能，加快行政管理体制改革的步伐。21 世纪以来，我国行政管理领域存在着以下亟待解决的重大问题：如何界定和转变政府职能、理顺政府与社会的关系；如何优化政府的内部结构、提高效能，形成权责一致、分工合理、决策科学、执行顺畅、监督有力的行政管理体制；如何健全政府职责，完善公共服务体系，广泛推行电子政务，强化社会管理和公共服务；如何推进政企分开、政资分开、政事分开、政府与市场中介组织分开，规范行政行为，加强行政执法部门建设，减少和规范行政审批，减少政府对微观经济运行的干预；如何加大机构整合力度，探索实行职能有机统一的大部门行政管理体制，健全政府部门间协调配合机制；如何推进事业单位的改革；如何科学准确地衡量政府及非政府公共部门的工作绩效等等。这些问题既需要行政管理研究者进行深入分析和探索，又对行政管理专业的人才培养提出了新要求。尽快地解决这些复杂的问题，是中国行政管理走上有序、高效，达到社会各界满意的关键环节。未来一段时间内行政管理专业人才培养目标应该重点考虑以下几点：培养能够从事多种实际行政管理工作的应用型人才，他们能胜任一般层次的行政管理实际工作，同时又具备胜任高层级行政管理工作的潜能潜力；他们不仅应能适应政府机关的行政管理工作需要，同时还能对党务机关、国家权力机关以及各种人民团体、社区、企业事业单位的行政管理性工作具有适应能力；他们既要具备良好的政治、道德素养和心理素质，又掌握行政管理的基本理论和专业技能，能够适应我国行政管理改革的变化和发展的需要。

随着行政管理专业的快速发展，行政管理专业教学也遇到诸多问题和困难，其中最突出的是专业教材建设问题。专业教材是专业发展中专业基本课程体系的反映和载体，专业教材的健全与否和质量高低对专业发展和专业人才培养具有非常重要的意义。现代中国高等教育体系中，自行政管理学恢复以来，行政管理教材建设已经取得了较大进展。1987年深圳大学编写了全国第一套行政管理系列教材，1998年、2002年和2003年厦门大学、东北财经大学、南开大学等高校也都相继编写了行政管理专业教材。然而，行政管理教材建设中仍然存在着一定问题。首先，现有教材的系统性不够强，一些教材丛书多则10余本，少则4本，没有将行政管理及其相关内容广泛囊括进来，多数教材丛书主要涉及公共行政和公共政策等主题，对其他相关主题缺少关注。其次，目前的教材多数供研究生、MPA学员使用，缺乏专门针对行政管理本科教学的基础性教材。再次，目前的教材丛书的内容和体例较为混乱，缺乏统一体例，难以适应高校本科基础性教育的需要。在现实中，行政管理专业基本教材建设欠完善，对行政管理专业的进一步发展和人才培养在一定程度上起到了制约的负面作用。现实中有一些行政管理本科生不断在提出这样一个问题：在大学行政管理专业我究竟学到了什么？我学成以后究竟去干什么？当然解答这一问题，对教师说来也是一个非常复杂的工作。这一问题中包含着对行政管理专业教育目的、社会实践领域和教育内容体系的询问。通过教材与教师的指导向学生阐释这一问题是一个重要的教育环节。这就要求教材一定要明确体现出本专业的教育目的、社会实践对象和教育内容体系。因此，组织专家、学者编写高水平的适用教材具有重要的实践意义和理论意义。

三

本套"高等学校行政管理专业系列教材"正是为了推动高校行政管理专业教材建设，为培养应用型的适应新时期行政管理改革与发展的行政管理人才而编写出版，是我们为中国高校行政管理专业教材建设贡献的一份微薄力量。

经过诸多专家学者的努力工作，本系列教材推出 23 本，可分为以下 4 类：

1. 基础核心课程教材，包括：《行政管理学》、《公共政策》、《组织学》、《行政法学》、《政府经济学》、《行政伦理学》、《领导科学》、《当代中国地方政府》、《当代中国政府与过程》。这一类教材是行政管理专业知识的基础与核心。

2. 方法论与实践方法课程教材，包括：《公共政策分析的理论与方法》、《社会调查与研究方法》、《公共组织绩效评估——模型与方法》、《统计学》、《应用文写作》。这一类教材是行政管理专业的学生掌握基础核心课程内容，将理论知识运用到实践领域的手段和桥梁。

3. 思想与制度课程教材，包括：《中国行政管理思想史》、《西方行政管理思想史》、《中国古代行政制度》、《西方行政制度》。这一类教材从社会历史发展的角度，展示管理思想与行政制度方面的知识，启发学生智慧，使学生的知识结构更加完善，历史经验与他国经验更加丰富，为实践活动打下雄厚的基础。

4. 实践性管理课程教材，包括：《工商行政管理》、《市政管理》、《中国公务员制度》、《公共部门人力资源管理》、《公共关系学》。这一类教材展示一部分不同的行政管理社会实践对象，为学生步入社会实践领域打好基础。当然这一部分内容只是冰山一角，远远没有展示出行政管理实践对象的全部。例如，公共财政、教育管理、公共消防、公共交通、公共卫生与医院管理、突发事件与危机管理、电子政务等等，诸多领域公共管理知识与技能的教育，为教师和研究人员留下了广阔的教学空间和研究命题。

概括说来，本系列教材体现出以下特点：

第一，教材的系统性进一步增强。现实中政府行政管理事务具有复杂性，涉及多个领域和多种学科，需要行政管理人员尽可能地掌握更多的行政管理知识和技能。因此，与其他专业的教材相比，行政管理教材的种类更多。同时，行政管理的理论知识和技能必须符合行政管理实践的发展才能具有实用性，这就要求教材建设必须与时俱进。因此，本系列教材除了包括《行政管理学》、《公共政策》、《组织学》等核心课程教材外，还根据行政管理实践发展的新要求编写了相应的教材。根据公共部门绩效评估的日益重要性，编写了《公共部门绩效评估》；根据当前行政管理人员公文写作能力不够强的现状，编写了《应用文写作》；根据政府公共关系的处理日趋受到重视，编写了《公共关系学》。

第二，教材形式比较丰富。因为学生对专业知识的理解处于启蒙阶段，因此，本科教学是一件十分艰难且不易取得明显效果的事情，要获得良好的教学效果，就必须要吸引学生的注意力，引起学生的兴趣。本系列教材不仅介绍行政管理的理论知识和技能，还引入了一定量的背景资料、案例。这不仅有助于扩充学生的知识面，而且还能够引起学生的兴趣，提高教学效果。

第三，教材创新性较强。行政管理的理论创新主要体现于学者发表的专著和文章中，但专著和文章不能等同于教材，因为专著和文章主要论述作者自己的观点，逻辑推理较强，且通常是一家之见，而教材则强调对基本和通用理论知识的介绍。然而，教材也不能够与专著和文章的观点脱节，它必须吸收专著和文章中的观点以体现行政管理的最新研究成果。本系列教材就是在广泛吸收国内外最新相关文献和观点的基础上写成的，体现出较强的前沿性和创新性。

第四，教材适合本科教学要求。为了满足本科教学的特点和要求，每本教材都有本章重点和课后练习题。本章重点引导学生从整体上把握本章的内容，课后练习题供学生思考之用，有助于加强对章节内容的理解和把握。

本系列教材主要适用于行政管理专业本科教学，也可适用于公共管理硕士（MPA）专业学位教育的教学，还可以作为相关专业社会办学和培训的教材与参考书，同时也可作为公务员扩充行政管理知识与技能的阅读书目。

本系列教材的编写以南开大学周恩来政府管理学院牵头，邀请了天津师范大学、广东外语外贸大学、山东大学威海分校、西北师范大学、南昌大学、中共天津市委党校等兄弟院校参加。南开大学周恩来政府管理学院参与编写的人员与书目有：王骚、蒋建荣，《应用文写作》；金东日，《组织学》；郭大水，《社会调查与研究方法》；李瑛，《公共组织绩效评估——模型与方法》与《统计学》；蔡声霞，《政府经济学》。天津师范大学政治与行政学院参与编写的人员与书目有：吴春华，《行政管理学》与《中国公务员制度》；赵冬，《公共政策》；仲崇盛，《公共部门人力资源管理》。广东外语外贸大学政治与公共管理学院参与编写的人员与书目有：王达梅，《公共政策分析的理论与方法》。山东大学威海分校法学院参与编写的人员与书目有：葛荃，《中国行政管理思想史》；张铭，《西方行政管理思想史》；赵沛，《中国古代行政制度》；古莉亚，《西方行政制度》；

马春霞,《工商行政管理》;范广垠,《市政管理》。西北师范大学政法学院参与编写的人员与书目有:张文礼,《当代中国地方政府》;周红,《行政伦理学》;孙健,《领导科学》;杜睿哲、齐建辉、张芸,《行政法学》。南昌大学公共管理学院参与编写的人员与书目有:吴光芸,《公共关系学》。中共天津市委党校参与编写的人员与书目有:沈莘,《当代中国政府与过程》。

　　编写教材是一件很累人的事情,对于各兄弟院校参编教师所付出的辛勤汗水以及给予真诚合作,我们表示诚挚的敬意和感谢。任何事物都不可能至善至美,教材编写也一样。对于不完善乃至错误之处,敬请专家学者和广大读者给予批评指正。

高等学校行政管理专业系列教材编委会

执笔:王骚

2008 年 3 月

前　言

20 世纪 80 年代以来，中国社会的现代化发展可谓日新月异。经济建设与发展更是引起世界瞩目。工商行政管理学科在这样的社会环境和发展主题的催动下愈益引起学界重视，在高等院校的相关专业中也已经成为必修科目。工商行政管理的教材已经出版了很多种，而且各有特色。本部教材在现有同类出版物的基础上，选择了更为适宜的视角。本教材的特点主要有两个。

其一，本教材以市场运行理论为导向，采用理论与实践相结合的方法，系统地讲述了工商行政管理的各部门及其职能。由于我们选择了市场运行理论的视角，因而突出了教材的实践性和适用性，对于缺少市场实践的本科生来说，可以在一定程度上弥补其知识和能力的不足。

其二，本教材的编写指导思想是简明、通俗、具有可读性。故我们在编著过程中，除了讲述基本知识、基本理论和学术观点，还有选择地采用了一些背景资料和案例，以扩充读者的知识面。为了使读者能更为准确方便地理解和把握这一知识领域的重点与难点，我们在教材内容的选择、文字的表述等方面力求做到深入浅出，明白易懂。使得初次接触工商行政管理学科的读者能够由浅入深，顺畅地步入门庭。每章最后则附有思考题，以期引导读者深入思考，进一步领略这一学科的精深和奥妙。因此，本教材既可用于高等院校相关专业的教学，又能方便自学。

在当代中国经济发展和市场需求的条件下，进入和参与市场运作的不仅仅是经济学科的人才，行政管理、公共管理类学科的人才也在涌向广阔的市场。这就要求我们将工商行政管理这一学科知识播撒到更宽广的范围，甚而成为社会科学类学子们知识结构的必要组成。正是基于这样的思路，我们在编写这部教材的时候，有意识地拓宽了教材的适用范围，既保持了工商管理专业知识的专门性，又扩展了其适用性。从而为当代高校学生能够成功而顺利地步入社会，开启服务社会之门，提供了一把适手的钥匙。

以上是我们编写这部教材的初衷与思路，也是我们通力合作倾心著述的目的。本教材正是在上述的思考下逐一展开的。

目　录

第一章 概 述

本章重点

1. 工商行政管理的概念以及特征
2. 工商行政管理的职能
3. 工商行政管理的目的及方式
4. 我国各级工商行政管理机关的不同职责

　　工商行政管理是政府部门对市场经济的行政管理，市场经济越发展，工商行政管理的地位和职能就越突出。政府对市场经济的行政管理是间接的调控，通过严格审查市场主体合法资格，严厉制止市场违法行为，保护消费者和经营者的合法权益，维护正常的市场经济秩序，完善市场经济体制。

第一节　工商行政管理的概念和特征

　　工商行政管理属于政府的行为，但是与一般的行政管理以及工商管理有着很大的区别。为了正确地认识工商行政管理这一政府行为，非常有必要对工商行政管理的概念以及具有的特征进行澄清，这样有利于我们更准确、更全面地界定工商行政管理，正确认识政府与企业，政府与市场之间的关系。

一、工商行政管理的概念

　　工商行政管理，是指为了建立和维护市场经济秩序，国家通过特设的行政管理机构，对市场主体及其市场经济活动，依法进行的管理与监督。工商行政管理是国家经济管理职能的重要组成部分，是政府职能在工商行政管理方面的体现。它既不同于工业、商业等专业性行政机构对其所辖部门所进行的直接指挥、监督等微观管理活动，也有别于计划、财政管理机构对国民经济活动的宏观调控管理，其主管机关是国家工商行政管理局和地方各级工商行政管理局。

工商行政管理的上述概念包括以下几个方面的涵义：

1. 工商行政管理的主体，是国家政府及其授权机构。在我国，国家工商行政管理局及各级工商行政管理机关是被授权的管理主体，它们秉赋着国家的授权。

2. 工商行政管理的对象，是市场主体及其市场经济活动。

广义的市场主体包括市场的管理者、市场经济活动的参加者（商品和服务的生产者、经营者、消费者），人们一般将它们分别称之为市场管理主体、市场生产经营主体与市场消费主体。狭义的市场主体仅指从事生产经营活动，以营利为目的的商品和服务的生产者、经营者。本书所讲的市场主体，是指经国家批准，以营利为目的的参与市场生产经营活动的组织和个人。

市场主体的社会经济活动都要在各种类型市场上通过市场行为表现与反映出来。本书涉及的市场行为不是仅指某一种市场上的市场行为，而是指各种类型市场上的市场行为。它既包括商品市场，也包括生产要素市场；既包括零售市场，也包括批发市场；既包括现货市场，也包括期货市场；既包括有形市场，也包括无形市场上的各种市场行为。

3. 工商行政管理的职能，是为经济进行行政监督管理。工商行政管理是国家宏观监督管理体系中的重要组成部分，它既不同于以企业为中心的微观经济管理，又不同于国家宏观的经济管理职能。工商行政管理的职能是国家运用国家行政权力，依法对市场主体的市场行为进行监督与督导，保护合法经营，取缔非法经营，打击违法、违章活动，促进市场经济正常、健康、顺利地运行与发展。

4. 工商行政管理的目标，是建立和维护市场经济秩序。市场经济秩序，是为保证市场经济统一、有序、规范地运行与发展，对市场经济活动进行的一系列规范。工商行政管理的目标是建立与维护市场经济秩序，使市场经济在公平、公开、公正的竞争环境下运行与发展，使社会经济持续、稳定、快速地发展。我国过去长期实行计划经济体制，目前正处在从计划经济向市场经济过渡的时期，建立和维护市场经济秩序，既是工商行政管理的目标，也是工商行政管理的基本任务。

为了更准确地界定工商行政管理的概念，我们有必要对工商行政管理与一般行政管理和工商管理进行对比：

行政管理分两类，一类是公共行政管理，偏重于政府管理；一类是企业行政管理，等同于工商管理。国内一般说行政管理是指公共行政管理，而国外的行政管理指的是公共行政管理和企业行政管理。

工商管理是企业对企业内部事务的管理，其目的是实现利润最大化。工商管理范围比较宽，涉及的知识广，从财务、法律政策到市场营销、人力资源都要略知一二。行政管理是政府管理概念，是指政府对社会进行有效管理的总称，是通过国家公务员和其他公共部门工作人员依照法律、法规对全社会进行管理的一种方式。一般行政管理的范围包括对经济、文教、体育、国防、外交等领域的管理。工商行政管理是一个经济管理概念，重点是对工商企业的行政管理和行政监督。工商行政管理只涉及工商企业的外部市场行为，如购买行为，销售行为，投资行为等，而不涉及企业的内部管理行为，如财务管理、生产管理、人力资源管理、项目管理等。工商行政管理的范围是所有行业的企业或其他经营主体。工商行政管理的对象是市场主体和市场经济活动，工商行政管理的手段之一是行政手段，但并不是一般的行政管理，仅仅指的是政府对经济管理的一部分职能，而不包括对工商行政机构自身事务的管理，也不包括对社会、文化、教育、国防、外交等的管理。

二、工商行政管理的性质

从总的性质来说，工商行政管理是国家的经济行政监督管理，是国家经济管理职能的重要组成部分。在具体分析上可以分两个层次来认识：

其一，工商行政管理具有作为国家经济管理的二重性：自然属性和社会属性。

工商行政管理的自然属性，是指作为维护市场经济秩序的一般要求的管理活动所体现出来的科学性，这是不同的社会经济形态都具有的共同的管理要求。只要有商品生产与交换，有市场经营活动，就要有维护市场秩序的管理活动。按照自然属性的要求，工商行政管理必须遵循市场经济发展的一般规律，学习和借鉴国际通行的管理规则，对市场主体及其市场经济活动进行科学有效的组织、监督和管理，降低管理成本，提高管理效果。

工商行政管理的社会属性，是指工商行政管理行为体现社会经济制度的要求，体现国家的意志和利益的管理活动所具有的阶级性。不同社会经济制度的管理活动，其社会性质有所不同。按照社会属性的要求，我国的工商行政管理必须紧密结合我国的国情，体现社会主义经济制度的要求，体现社会主义国家和全体人民的利益。

其二，工商行政管理作为国家经济管理职能的重要组成部分，具有经济行政监督性质。

在市场经济条件下，国家的经济管理职能主要有：一，资源配置职能，国家对社会资源进行宏观调控以弥补市场失灵对资源配置造成的低效；二，经济调控职能，利用经济杠杆调节市场经济活动以保证经济和社会的稳定发展；三，经济监督职能，对生产经营者及其经营活动依法进行监督以建立和维护市场经济秩序。工商行政管理是国家实施经济监督职能的重要组成部分，它通过国家特设的行政管理机关（在我国称工商行政管理局），运用行政权力依法对市场经济活动进行监督管理、行政执法，对被管理对象的行为依法进行控制、支持、制止、处罚等，以维护市场经济秩序。

三、工商行政管理的特征

（一）宏观监督性

工商行政管理区别于企业生产经营的微观经济管理和部门经济的中观经济管理，从监督管理的内容和方式方法上都具有宏观监督管理的特点。我国对国民经济进行监督的部门很多，有计划部门的计划监督、财税部门的财税监督、物价部门的物价监督、审计部门的审计监督以及工商行政管理部门的监督，等等。其中，工商行政管理部门的监督与计划部门、财税部门等其他部门的监督相比，计划监督和财税监督都是在完成各自主要业务的过程中，对有关的经济活动实施的监督，属于业务监督的范畴；而工商行政管理的主要业务活动，就是对国民经济中各种主体的活动进行全面的、综合的监督。因此，工商行政管理部门又是综合性的经济行政监督部门。工商行政管理部门的综合性监督与同样属于综合性监督的审计监督、技术监督等相比，审计监督和技术监督等必须深入到监督对象的内部才能实现，而工商行政管理的监督则主要是对各种经济主体的市场行为进行监督管理。

（二）管理综合性

工商行政管理的范围广泛，涉及国民经济的各个领域。对商品生产者和经营者的市场行为进行全面、综合的管理和监督，这就决定了工商行政管理具有综合性的特征。一方面，工商行政管理机关不是对某些商品生产者和经营者及其市场经济活动进行监督和管理，而是对包括国有企业、集体企业、三资企业、个体和私营企业等在内的所有商品生产者和经营者的市场经济活动进行监督和管理。另一方面，工商行政管理机关的管理活动既联系生产，又联系消费；既涉及各个行业和各个地区，又与对外经济活动相联系；既与商品生产者、经营者以及消费者息息相关，又与其他经济行政部门、司法部门以及公安部门保持着密切的协作与配合。

（三）执法统一性

工商行政管理代表国家意志，依据国家有关的法律、法规进行行政执法，必须坚持做到执法的统一性。执法的统一性要求依据统一，标准统一，力度统一。依据统一即以国家制定和颁布的工商行政管理法律、法规及有关法律、法规为执法依据；标准统一即以法律、法规规定的权利、义务作统一标准，以事实为依据来判定市场经济行为的合法性或违法性，以此来调整各方面的关系；力度统一即执法时必须宽严适度，奖罚分明，严格区分罪与非罪的界限，按法定的统一标准和行政奖惩尺度进行行政执法，提高行政执法的严肃性和科学性。

《物权法》对工商机关依法行政的要求

《物权法》于 2007 年 10 月 1 日起实施，《物权法》规定了物的所有权制度、用益物权制度和担保物权制度，与每个公民的切身利益息息相关。

物权属于民事权利，民事权利的行使是自愿、平等的，具有"排出他人干涉的效力"。物权的"排他性"对公权力的滥用起到了制约作用。牢固树立物权观念，有利于防止执法人员作出不当行政行为。工商行政管理机关是行政执法部门，因此，工商行政执法干部行使公权力时要尊重并保护权利人的合法权益，不得侵犯当事人的合法物权，只有这样才能真正做到依法行政。在行政执法中要正确运用扣留交通工具、生产设备、工具等强制性手段。采取强制措施时一定要进行合法性与合理性的考虑，一定要考虑《物权法》的规定。

转引自：刘艳华，《〈物权法〉对工商机关依法行政的要求》，2007.8.30《中国工商报》。

（四）行政强制性

工商行政管理的行政强制权体现为行政管辖权、行政行为权、行政措施权和行政奖罚权。行政管辖权，是指工商行政管理机关在国家授权的范围内，有权对所管辖区的各类市场主体及其经营活动进行监督管理，依法检查处理在辖区内的有关经济违法、违章活动。行政行为权，是指工商行政管理部门作为具有行政能力的机关法人，根据国家职权分工与授权，有权对辖区内的生产经营者的经营活动依法采取必要的管理行为。行政措施权，是指工商行政管理机关有权制定与颁布贯彻实施法律、法规的具体规章、措施、办法等，这些法规、措施、办法对被管理对象及管理机关都具有以行政权力为后盾的确定力、执行力和约束力，产生相应的法律后果。行政奖罚权，是指工商行政管理对被管理对象所具有的行政奖励和行政处罚的权力，以此对被管理对象进行鼓励或惩前毖后。

工商行政管理执行强制行政措施时出现的几个问题

工商行政管理机关在执法过程中可以采取三种强制行政措施：一种是对用于行政处罚的证据进行先行登记保存；二是对与违法行为有关的资料和财务进行扣留、封存；三是对与违法行为有关的财物责令停止销售。

工商行政管理机关的行政人员实施行政强制措施时往往容易出现以下问题：

一，实施强制性措施的对象不明确。实施强制措施的对象必须是当事人涉嫌违法的财物。这里包括两层含义：工商部门采取强制措施只涉及当事人的财产权，不含其它权利；其次，采取强制措施只能涉及当事人的违法财物，不得扣留、封存与违法行为无关的财物。

二，不遵循法定依据采取行政强制措施。实施强制措施必须要有法律依据，要根据案件中当事人涉嫌违法行为的性质，来确定采取行政强制措施应当适用的法律依据。比如，查处经销不合格商品时，就不能适用《无照经营查处取缔办法》对不合格商品予以扣留。

三，不遵守法定程序实施强制行政措施。在执法过程中一定要依照法定程序采取行政强制措施，不得未经主管局长批准擅自实施。不同的法律对采取行政牵制措施的时限规定是不同的，这就要求执法人员准确把握。采取先行登记保存措施或采取扣留、封存措施都要注意：必须当事人在场，当场点清，开具物品清单，交当事人一份，并同时送达当事人先行登记保存证据通知书或扣留、封存财物通知书，并告知当事人不服该行政行为依法申请行政复议或者提起行政诉讼的途径和期限。

资料来源：河北省工商行政管理局网站——理论研讨栏目
http://www.hebgs.gov.cn/yw/yp/ygs_bszn_content.asp?articleid=41505

第二节　工商行政管理的职能和重要性

　　工商行政管理是政府对市场的管理，那么应该如何发挥政府在市场中的作用，工商行政管理部门又具有哪些政府管理职能，政府管理在市场经济发展中有着何等的地位,是我们学习工商行政管理必须要弄清楚的问题。只有这些问题明确了，我们才能更好地理解政府在市场中应该做什么，不应该做什么，也有利于我们监督政府的工商行政管理绩效,改善工商行政管理体制,提高管理绩效。

一、工商行政管理的职能

　　工商行政管理部门是代表国家意志根据党和国家的经济方针和政策，依据法律和法规，运用国家政权的行政管理权力，对与公共经济利益有关的社会商品经济活动进行外部的监督、控制、组织、协调、服务等管理活动。因此，监督、控制、组织、协调、服务是工商行政管理的五项职能，五项职能互相联系，密切配合，形成工商行政管理的完整职能体系。

（一）监督职能

　　工商行政管理的监督职能，是指工商行政管理机关依据国家制定的方针、政策、法律、法规、目标、计划，对工商企业与个体工商户的市场经济行为进行监察与督导，并通过对外部经济行为的监督管理，实现对有关内部经济行为的监督管理，保护合法经营，反对不正当竞争及违法垄断行为，制止与打击各种违法、违章行为，以维护市场经济秩序。监督职能可分为事前监督、事中监督与事后监督。

　　事前监督，指事情未发生前就进行预防性的监督。它具有预防性的功能，起到防患于未然的作用，可以减少和预防经济活动中的盲目性与自发性，可以减少经济工作中的失控，以推进社会主义经济事业的发展。

　　事中监督，指对市场主体在市场经济活动中日常行为的监督管理。它具有完善性的功能。通过日常性的事中监督，可以及时地纠正运行中的背离与偏差，保护合法经营，取缔非法经营，使市场经济在良好的秩序与环境下运行。

　　事后监督，指事情发生后的监督处理。它具有补救性功能。通过事后的监督执法处理，一方面可使受害者的权益得到一定的补偿，另一方面可起到"惩前毖后"的作用。

（二）控制职能

工商行政管理的控制职能，是指工商行政管理部门根据国家政策需要、社会经济发展计划和一定时期内经济体制改革的重点，利用必要的手段和措施，对经济组织和个人的经济活动进行管理，控制社会经济活动的发展趋势，纠正社会经济活动中的偏差，以使社会主义市场经济活动正常进行。工商行政管理的控制职能主要表现在以下几个方面：

1．控制社会各行业发展的布局。工商行政管理部门根据国民经济和社会发展计划，以及一定时期内国家政策和市场经济发展的需要，通过登记发照管理，核发筹建许可证，掌握社会各部门、各行业的企业总数、从业人员、自有资金等等，分析行业比例的协调性、部门结构的合理性。支持发展那些为社会所急需的短线项目，限制那些盲目发展和重复发展的长线项目或没有生命力的行业。

2．控制社会劳动力在各种经济形式和各行业中的分配比例。经济计划不仅规定着生产资料、资金等的投向，还规定着社会劳动力在各个行业中的分配。工商行政管理机关通过登记管理，一是掌握从事各个行业的劳动力人数；二是确保在职职工队伍的稳定；三是为农民进城打工经商大开绿灯。

3．通过经济合同管理，发挥控制职能。市场调节受价值规律自发支配，是一种带盲目性的调节。为了减少这种盲目性，组织参与市场调节的生产者和经营者互相签订合同，把生产和流通衔接起来是一种较好的方法，签订经济合同把签约双方的经济联系用法律的方式固定下来，对经济合同也起着控制作用。

4．纠正偏差。所谓偏差是指市场经济活动中违背国家法律政策，偏离社会主义方向，违背人民利益的行为。工商行政管理机关在日常工作中要对其管理对象进行经常性检查，及时发现偏差，并以查明的事实为依据，根据问题的性质，依照国家的法律、政策进行处理，或者处以罚款，或者吊销营业执照，或者移交检察部门、公安部门或其他部门进行处理。以保证各种经济活动沿着正常轨道运行。因此，工商行政带有强制性，管理客体必须服从管理主体——工商行政管理部门的处理，不能随心所欲。

（三）组织职能

工商行政管理的组织职能，是指管理者通过一定的组织体制、组织结构、组织形式、组织程序，科学、合理地组织管理与监督管理活动，以实现既定的目标。

工商行政管理机关的组织功能不同于经济管理机关，它不直接对工商企业的人、财、物等生产要素进行组织。工商行政管理的组织职能包括两部分：一方面指工商行政管理机关及工商行政监督管理系统的组织建设，以形成一个科学分工，紧密协作，运转顺利，效能优良的组织系统，并通过系统的工作，实现既定的目标；另一方面指工商行政管理机关对被管理对象，即工商企业与个体工商户的市场经济行为及其有关内部经济行为的监督管理活动的组织。这两方面是相互联系的，后者是对被监督管理客体的组织，是基础；前者是对监督管理主体的组织，是保证。

（四）协调职能

工商行政管理的协调职能，是指在经济运行与管理活动中，由于经济利益主体多元化的存在，客观上存在经济利益的矛盾，管理者通过协商调节相关利益主体之间的经济利益矛盾，使矛盾得以缓解，推动经济正常的发展。

工商行政管理协调职能主要表现在以下两方面：

1．根据经济形势的发展需要，及时制定工商行政管理的法规、政策，以协调市场经济活动。市场经济活动在发展的过程中，会出现许多新问题、新矛盾，如不及时协调，就会造成社会经济发展秩序的混乱。工商行政管理部门作为一个行政执法机关，为了实现维护社会公共经济秩序的管理目的，就应当对市场经济发展中出现的问题加以分析、研究，拟定新的法规、政策。原有的法规也要根据形势发展变化的需要加以修改、补充，通过政策、法规的制定、贯彻和实施，协调市场经济活动，解决市场经济活动中出现的各种矛盾，使市场经济协调有序地发展。

2．协调各市场主体之间的关系。在市场经济活动中，各市场主体的根本利益是一致的，但是，它们作为相对独立的经济实体，自主经营，自负盈亏，具有各自的经济利益，所以在经济活动中，各市场主体之间就难免会产生矛盾，发生一些经济纠纷。工商行政管理部门要及时协调这些矛盾关系，以保证市场经济健康、顺利地发展。

（五）服务职能

工商行政管理的服务职能，是指工商行政管理机关为活跃社会经济生活，通过有关工商行政管理的方针、政策、法规、条例的宣传，以及提供信息和咨询等活动，对全社会不同经济成份的市场主体进行非盈利性的扶助。工商行政管理机关所提供的服务是由非生产劳动者，即工商行政管理机关的干部提供的，服务所体现的是国家的意志，而不是哪个人的意志；服务的依据是法律、法规、条例、政策等以及客观经济规律；工商行政管理机关所提供的服务是不以盈利为目的的服务，目的是活跃社会经济生活，发展和完善工商行政管理目标，促进市场经济的发展。工商行政管理的服务职能主要体现在两个方面：一是开展政策、法规的宣传教育服务；二是提供信息咨询服务。

工商行政管理的监督、控制、组织、协调、服务这五项职能是工商行政管理的五个基本职能，它们统一在工商行政管理的过程中，但各个职能又具有相对的独立性，在工商行政管理的不同进展阶段、不同环节，各职能的作用程度也是不同的。因此，在发挥工商行政管理的整体职能时，既要根据不同情况，有所侧重，又要环环紧扣，相互渗透，密切配合，才能达到最终的管理目的。

二、工商行政管理的重要性

培育市场体系、强化市场规则，促进经济体制和经济增长方式的转变，建立统一完善的市场体系是社会主义市场经济体制的重要组成部分。而市场的培育和发展，统一、开放、竞争有序的市场体系的形成，离不开工商行政管理，没有管理的市场不能自发地形成体系并有效运行。工商行政管理的重要性体现在：

（一）完善市场组织管理，推进经济体制转变

工商行政管理通过建立和强化市场规则，维护市场秩序，改善经济运行的质量，为经济增长方式的转变创造外部条件；通过运用市场准入管理的职能，引导投资方向，促进经济结构的增量结构调整，提高投资质量；通过运用变更登记的手段和方式，结合产业政策导向，促进经济结构的存量结构调整，提高市场主体及要素资源的重组质量，促进经济增长方式的转变。

（二）保护合法经营，推动经济发展

保护生产经营者的合法权益是工商行政管理的职责，只有对合法生产经营者进行有效保护，才能调动其生产经营的积极性，并进而推动整个社会经济的发展。保护合法经营，体现在工商行政管理的各个方面，如对企业名称的保护、注册商标专用权的保护、驰名商标的保护、商业秘密的保护等。

（三）打击"假冒伪劣"行为，保护消费者权益

工商行政管理部门是保护消费者权益的主要部门。保护消费者的合法权益，实质上就是保护社会公众的利益。在向市场经济的过渡中，由于种种原因，一些不法厂商生产和销售假冒伪劣商品，而且愈演愈烈。工商行政管理部门必须加大"打假"力度，才能有效地保护消费者的权益。

（四）查处违法行为，净化市场运行环境

市场的运行需要良好的环境。目前，市场上违法的行为很多，如不正当竞争、限制竞争、利用合同进行违法活动、虚假广告等，工商行政管理部门通过完善市场法制建设，制定市场规则，严厉查处违法行为，来保障市场的正常运行，促进市场机制作用的充分发挥。

第三节　工商行政管理的对象和内容

工商行政管理的对象和内容是界定工商行政管理权限范围以及管理职责的依据，对什么进行管理，管理哪些方面，如何管理决定了政府在市场中的角色地位。同时，随着社会和经济的发展，政府在市场中的职能不断的转变，政府对市场的管理对象和管理内容也在不断的转变，以适应社会和经济发展的需要。

一、工商行政管理的对象

管理的对象就是指管理活动的直接指向。工商行政管理的目标，是建立和维护市场经济秩序，而市场秩序主要是商品和服务的生产者和经营者的市场经济活动规范的总和，因此决定了工商行政管理的对象之一是商品和服务的生产者和经营者及其经济行为。具体来说，工商行政管理的对象是市场主体、市场客体与市场经济活动。工商行政管理的领域是市场，在市场上从事经营活动的商品和服务的生产者以及经营者是否具备相应的市场资格和能力条件，这直接影响着他们的经济行为对市场经济秩序的影响。因此，商品生产者和经营者自身的资格确认和监督也是工商行政管理的对象之一。另外，商品是市场经济行为赖以存在的物质基础，是构成市场经济秩序的物质内容，没有商品或者商品不合格，直接影响了正常的经济秩序的开展。因此，对市场经济活动中的商品的管理也是工商行政管理的职责对象之一。因此，总体上来说，工商行政管理的对象主要包括三大部分：

市场主体——商品和服务的生产经营者。

市场客体——商品和服务。

市场经济行为——市场主体之间以及市场主体与市场客体之间的相互行为。

（一）市场主体：商品和服务的生产经营者

商品生产经营者的目标是实现经济利润最大化，作为商品生产经营者必须具备以下条件：有独立的资产和独立的经济利益；有相对独立的生产经营自主权；以营利为目的；能以自己的名义从事生产经营活动，承担民事法律责任；持续性地从事同一性质的生产经营活动。

商品生产经营者的社会存在形式主要有：按所有制形式，有国有、集体所有、个体和私有、中外合资、中外合作、外商独资等形式；按法律性质，有企业法人性质、联营性质、个人合伙性质、个体工商户和私营企业性质等形式；按组织形式，有公司、企业集团、个体工商户、合伙组织等形式；按所属行业，有农、林、牧渔、水利、采矿、建筑、工业、交通、运输业、邮电通讯、金融业、房地产业、保险业等行业性质的。

作为一个商品和服务的生产经营者，要成为市场经济活动的合法主体，必须具备两种资格，即权利能力和行为能力。权利能力，是商品生产经营者为取得实际权利而提供的一种可能性或前提条件。作为商品生产经营者必须通过自己的行为，才能取得实际的权利，如果没有权利能力也就不具备取得实际权利的资格。行为能力，是商品生产经营者取得权利的另一前提条件，任何一个商品生产者和经营者是否具备以自己的行为享受权利、承担义务的能力，决定着商品生产经营者能否通过自己的行为取得实际权利和承担义务。商品生产经营者若想成为市场行为合法的主体，必须具备相应的权利能力和行为能力，必须经过工商行政管理机关的注册登记，依法取得从事市场经济活动的资格。

（二）市场客体：商品和服务

本书中的商品概念是一个广泛意义上的商品，泛指一切用来交换的劳动产品。商品不同于物品，商品与一般劳动产品最本质的区别是，商品是用来交换的劳动产品，自产自销不以市场交换为目的的劳动产品不能称为商品。因此，工商行政管理的市场客体是用来交换的劳动产品，而不是所有的劳动产品。

商品的种类很多，既包括有形商品，也包括无形商品；既包括物质商品，也包括服务商品。具体来说，商品可以分成这样几个类型：（1）生产资料商品和消费资料商品；（2）技术商品；（3）劳动力商品；（4）资金商品；（5）产权商品；（6）信息商品。商品通过交易双方的行为来影响市场秩序。市场中各个经济主体的经济行为最终都要通过商品这个载体来体现和产生影响。市场经济交易行为中的商品的质量、规格、功能、价格是否符合相关的法律法规，直接影响着市场经济秩序。

（三）市场经济行为：市场主体与客体的市场活动

市场经济行为，是商品生产经营者以商品交换为内容的行为和实现交换采取的其他一系列行为的总称。

商品生产经营者在市场中的经济行为要合法，才能保证获得正常合理的经济利润。所以，工商行政管理要对商品生产经营者的经济行为进行监督和管理，才能保证顺畅的经济秩序，维护消费者的正当权益。一旦商品生产经营者实施了违法行为，就要承担相应的法律责任，包括刑事法律责任、民事法律责任和行政法律责任。追究民事法律责任，是指国家行政机关、审判机关对违反民事法规的单位或个人依法采取的民事制裁措施，包括责令返还财物，责令支付违约金、赔偿金等。追究行政责任，主要是国家行政机关对违反行政法规的单位或个人依法采取的行政制裁措施，主要包括警告、责令停产整顿、责令限期治理、吊销营业执照、没收非法所得等等。追究刑事责任，主要是国家审判机关对严重违反民事法规、行政法规并触犯刑律的犯罪分子依法采取的刑事制裁措施，包括管制、拘役、有期徒刑、无期徒刑、罚金、剥夺政治权利等。

二、工商行政管理的内容

（一）对市场经营主体资格的确认、管理

在各类市场上进行经济活动的主体主要有生产者、经销商、消费者和政府。我们知道，任何个人和组织进入市场，从事生产、经营、消费等经济活动，都必须具备一定的能力和条件，这就需要政府有关部门，对这种资格进行审查和确认。否则，如果个人或组织随便地进入市场，就会造成严重的市场混乱乃至社会混乱。由于市场种类很多，因而进入市场的资格和条件也不同。因此，对于一些需要特殊资格和能力的企业和个人，政府相关部门也要根据一定的法规对其进行审查和确认。市场经营主体不仅在进入市场时需要经过审查和确认，同样，变更市场主体资格和退出市场也要由相关政府部门进行确认。市场经营主体的变更主要是指在经营活动中，因各种原因而发生的组织形式的变动，包括分立、合并、经营范围的变更、企业名称和住所的变更等内容。市场经营主体的退出是在经营活动过程中或者结束经营活动后，依法或因其他原因而退出市场的行为。市场经营主体的变更和退出会引起很多经济、社会、法律后果，因而，需要按照一定的法律程序由政府有关部门进行管理。

对市场经营主体资格的确认和管理的主要内容是企业登记注册管理和个体、私营经济管理。企业登记注册管理主要是对主管企业和从事生产经营活动的事业单位、科技社会团体的营业进行登记注册，依法确认其企业法人资格或合法经营地位，核发"企业法人营业执照"或"营业执照"。

（二）对市场客体特性和流通的管理

商品和服务作为市场经营的客体，其质量、规格、性能以及流通渠道直接影响了市场交易质量。对商品和服务的管理，主要包括对进入市场的商品和服务的质量，以及对商品和服务进入市场的限制和流通渠道进行管理。在信息不对称的市场经济中，对商品和服务的质量以及流通环节进行管理是非常必要的。在质量管理方面，主要是政府需要规定统一的质量标准，对不符合质量标准的产品不允许进入市场，否则，大量假冒伪劣商品进入市场，就会危害消费者的

利益。对商品和服务的流通的管理，主要是对他们进入市场的渠道以及方式进行管理。政府对于某些特殊商品，如珍稀动植物、枪支、药品等严格控制其市场流通，甚至不准上市流通。

总之，对市场客体的管理主要包括：市场监督管理，即依法查处集市交易中的违法行为，依法监督管理农产品批发市场、小商品市场和专业市场、生产资料市场以及其他生产要素市场；消费者权益保护，保护消费者权益，营造和谐、放心的市场环境，有利于促进经济健康稳步地发展。

（三）对市场经营主体竞争行为的管理

市场经济就是竞争经济，参与市场经营的任何个人和组织都要经过激烈的竞争获得经济利润。优胜劣汰自古以来就是商品经济的生存法则。但是，往往有些个人和组织为了自身的私利，运用一些非法竞争手段谋取暴利。国家为了制止不正当竞争，必须对市场经营主体的广告、商标、价格、合同等进行管理，并制定相应的法规。

对市场经营主体竞争行为的管理内容包括：价格管理，经济合同管理，商标注册管理，广告监督管理等。价格管理是政府部门对进入市场的商品和服务的价格的制定、调整进行的监督和管理，价格管理的形式主要有市场调节价、政府定价、政府限价等三种方式。合同管理主要是监督检查经济合同，签订有效合同，确认无效合同，查处违法合同，调解合同纠纷等。商标管理主要是统一注册和管理商标，查处假冒、侵权商标，保护注册商标专用权，对未注册商标进行监督管理。广告管理主要是对广告经营单位进行登记核审和证照颁发，监督广告刊户，管理广告内容和广告收费标准，查处虚假广告和违法广告行为。

（四）对违法、违章经营的查处

工商行政管理机关查处市场上的各种违法、违章和违反国家政策的行为，是工商行政管理的一项重要内容。通过对市场上一些违法、违章经营的查处和打击，有利于维护市场经营秩序。如果不对违法、违章经营行为进行检查和惩处，难以有效地控制和管理市场经济主体的经济行为。

对违法、违章经营的查处工作主要是：公平交易执法，即依照法律、法规的规定，检查处理各种经济违法、违章行为和不正当竞争行为，立案处理市场违法案件，打击各种破坏市场经济秩序的活动。

第四节　工商行政管理的目标及手段

　　工商行政管理的目标是建立和维护市场经济秩序，推动经济的发展，维护社会的稳定。工商行政管理既然是政府的管理行为，行政方法是首要的管理手段；其次，法律方法、经济方法也是政府管理市场惯用的有效手段。

一、工商行政管理的目标

　　工商行政管理的目标是建立和维护市场经济秩序。市场经济秩序的建立，是指用法律、法规、规章、政策、计划，以及伦理道德观念对商品生产者和经营者及其市场经济活动进行具体的规范，以及为此所进行的相关工作。市场经济秩序的维护，是指根据市场经济秩序的规范，监督、检查商品生产者和经营者的市场经济活动，对违反市场经济秩序的商品生产者和经营者进行处理，保护合法的生产经营活动，取缔非法的生产经营活动。建立市场经济秩序的过程，是一个对市场经济活动的规范过程，即通过运用法律、法规、政策、计划、社会主义社会伦理道德等，对各种市场经济活动和商品生产者、经营者，分别从不同的方面进行一定的规范。

（一）建立市场经济秩序

　　市场秩序就是市场运行的一种有条理、有规则的状态。所谓建立市场秩序，就是用法律、法规、规章、政策等对市场经营主体及其市场行为进行科学规范，并为实施这些规范进行组织管理工作。

　　建立市场秩序的具体内容包括：（1）制定市场规则。政府通过一定的法律、法规形式制定市场规则，使市场经营主体有法可依，有规可循。市场经营主体就可以通过这些市场规则明确什么可以做，什么不可以做。（2）为施行市场规则进行组织管理。市场规则制定出来并不能保证就能建立良好的秩序，更重要的是要保证这些规则能得以实施。市场规则需要通过一定的组织机构及其组织活动才能得以实施。因此，建立相应的组织机构，开展一系列的市场组织管理活动，是市场规则实施的前提条件和重要保障。（3）进行相关法规政策的教育宣传。经常对市场经营主体进行法律、法规和政策以及市场道德的宣传、解释、咨询、说服、教育等工作，从观念上向经营主体进行灌输，有利于提高经营主体的自觉性。

（二）维护市场秩序

维护市场秩序主要是根据市场规则，监督检查市场经营主体的市场行为，对违反市场规则的行为依法进行查处，保护合法的市场行为，取缔和打击非法的市场行为。其具体内容包括：（1）监督检查市场行为。依据制定的市场规则，政府相关部门对有资格的市场经营主体的市场行为，确认哪些行为是合法的，哪些行为是不合法的。（2）处罚、制止违反市场规则的市场行为及其主体，保护合法的市场经营主体及其行为。（3）在监督检查市场行为的过程中，发现现有市场规则本身有无需要改进和完善的地方并及时向有关部门提出建议。

维护市场秩序的主要方法是对市场进行监督检查，市场监督检查就是政府和有关部门对企业、个体经营者执行国家的市场法律、法规的情况实行监督，对违反市场法律、法规的行为进行检查、纠正和处罚的活动。市场监督检查的主要形式是政府的监督检查。但是政府监督不是唯一的监督形式，除了政府以外还有社会监督。

二、工商行政管理的手段

工商行政管理的手段是指国家工商行政管理机关在其管理活动中用以完成管理任务、实现其管理目标而采用的方法、措施和途径。工商行政管理过程中以行政手段为主，法律手段为辅，结合运用经济手段。我国工商行政管理以行政手段为主要管理手段，通过工商行政管理机关，以国家行政权力为基础，运用行政法规、行政措施、行政处罚、行政调解和仲裁等各种具体手段行使职能，实施管理。另外，工商行政管理必须在国家法定的范围内发挥自己的职能，以国家制定的有关工商行政管理法律、法规为依据，从事具有法律效力的行政管理活动。由于工商行政管理以商品经济活动为管理对象，因此，在管理手段上，还必须结合运用经济手段。

（一）行政手段

行政手段是政府依靠权力调解经济活动所采取的行政命令、指示和下达指令性计划等手段的总称。行政手段具有强制性、直接性、纵向性和稳定性等特征。

工商行政管理机关运用行政手段，能够保证有效地贯彻执行国家经济管理的方针、政策，能够保证工商行政管理法规的执行。工商行政管理的行政方法，主要有工商企业登记、商标广告管理、合同管理、个体经济管理、私营企业管理、市场管理等具体工作，以及依据国家机关制定的各项管理条例、规章制度和政策指令等。

（二）法律手段

法律手段是国家通过制定和实施各种经济法律、法规和规章等来规范各种经济主体行为的手段。法律手段具有强制性、稳定性和规定性等特征。法律手段的优点是有利于经济活动按明确的规范进行，不受个别领导、个别部门决策失误的影响，也有利于实现经济的民主化、科学化。法律方法适用于处理社会经济活动中的共性问题，而不宜于处理特殊的个别问题。

工商行政管理法律法规规定了经营者的行为规范，也是工商行政管理机构行政执法的法律依据。法律手段在工商行政管理中的运用，主要体现在经济法规的立法、执法和司法上。

（三）经济手段

经济手段是政府按照一定的目标调解经济活动的各种经济机制，如经济杠杆、经济政策。工商行政管理经济手段的主要工具有财政政策、货币政策、价格政策、投资政策、重要商品储备制度等。经济手段具有利益诱导性特点，通过利益的转化和分配来影响市场经营主体的行为指向。

宁波工商推出人性化行政告诫制度

外资企业的注册资金没有按时到位，按照新《公司法》规定，工商部门可以对其进行行政处罚。宁波保税区工商分局对外企实行人性化管理，推出了行政告诫制度，既不使外企受罚，又达到督促外企规范经营的目的。该制度实施 5 个月以来，已对 8 家外企进行了行政告诫，有 6 家外企共 400 万美元的资金缴纳到位，还有 2 家外企办理了相应的减资变更手续。2007 年 3 月，保税区工商分局本着"教育规范在先，监督关口前移"的原则，将已在内资企业推行的行政告诫制度，推广到外资企业。对已落户的外企注册资本不能按期到位的投资人，寄发《行政告诫书》，督促他们将资金按时缴纳到位，以助推地方经济健康有序发展。

保税区一家投资额 200 万美元的外资企业，在首期 75 万美元资金到位后，其余 125 万美元应在今年 4 月 6 日到位，但由于种种原因，外方投资人未按期交付。按照新《公司法》规定，工商部门可以对其进行行政处罚，按照注册资金 5—15%的行政罚款，至少可以对其收取 10 万美元的罚金。保税区工商部门在 4 月 9 日，向该公司的外国投资人发出了《行政告诫书》，要求他在 6 月 30 日前将 125 万美元的资金缴纳到位。该投资人收到告诫书后，很快将应缴纳的资金缴齐。该公司中方负责人对工商部门的这一做法表示感谢,认为工商部门不但为企业解决了资金周转的困难,使企业能够正常运作,而且使企业避免了行政处罚。保税区工商部门有关负责人对记者表示,这一做法,最重要的就是以人性化的执法方法,达到了督促外企依法经营的目的。

针对一些拒绝接受行政告诫的投资人,保税区工商部门还规定了实施行政告诫制度后的后处理措施,规定投资人未在规定期限内改正违法行为以及未向工商部门按时反馈整改情况的,将从重予以行政处罚,并根据情况进行后期跟踪监管,如将告诫信息录入企业信用数据库,并扣除企业经济户口相应信用分值,列入重点监管对象,每年进行 2 次以上实地回访,进行实地年检等。通过这些后续措施的实施,确保了行政告诫这种新的监管方式在实践中发挥其应有的实效。

转引自李黎、张爱桃,《宁波工商推出人性化行政告诫制度》,人民网,http://unn.peoplE. com.cn/gb/22220/75293/75311/6117120.html

第五节　工商行政管理的组织机构概述

组织机构是开展管理的物质载体,只有组建合理的组织机构,政府的管理行为才会有序地展开,高效地运行。如何设置科学、高效的组织机构是政府行政管理中的重要课题,这不仅关系到政府的工作效率,也关系到政府资源的节约。

一、工商行政管理机构设置的原则

工商行政管理机构的设置,要适应市场经济体制改革的需要,必须坚持精简、统一、效能的原则。所谓精简是指工商行政管理机构的设置要根据经济发展的需要,按照客观规律的要求,采取简化、合理、科学的原则。工商行政管理机构的设置从精简的原则出发,不仅能避免机构重叠、人浮于事、职责不明、互相扯皮和官僚主义弊病,而且能提高政府管理经济工作的科学性和有效性。统一原则,是指工商行政管理机构是一个组织系统,各个部门的职权范围,重要的规章制度和条例必须统一划分、统一制定、共同实施,不能政出多头、多头领导。效能原则,指工商行政管理机构的管理工作要讲究效率。按照效能原则要求,工商行政管理机构应建立严格的从上而下的行政法规和个人负责制,使各个部门、各个人都各司其职、各负责任,提高办事效率。

二、工商行政管理机构的设置

目前，我国工商行政管理设置的形式，是由纵向结构和横向结构两个方面构成的组织系统。

纵向结构组织系统的设置方式是：在中央设立中华人民共和国国家工商行政管理总局，在地方设立各级工商行政管理局。

横向结构组织系统的设置方式是：目前主要是按业务功能和管理活动对象分工所设立的职能机构形成的，同时包括对外职能管理与机关内部管理两方面的机构。

总体上来说，我国工商行政管理的组织系统可分成四个层次：

（一）国家工商行政管理总局

这一层次是中央决策层，负责对整个工商行政管理系统及其管理活动进行宏观指导，以保证国家所赋予的管理任务的实现。其主要职责是：

1．研究拟定工商行政管理的方针、政策，组织起草有关法律、法规草案，制定并发布工商行政管理规章。

2．依法组织管理各类企业（包括外商投资企业）和从事经营活动的单位、个人以及外国（地区）企业常驻代表机构的注册，核定注册单位名称，审定、批准、颁发有关证照并实行监督管理。

3．依法组织监督市场竞争行为，查处垄断、不正当竞争、走私贩私、传销和变相传销等经济违法行为。

4．依法组织监督市场交易行为，组织监督流通领域商品质量，组织查处假冒伪劣等违法行为，保护经营者、消费者合法权益。

5．依法对各类市场经营秩序实施规范管理和监督。

6．依法组织监管经纪人、经纪机构。

7．依法组织实施合同行政监管，组织管理动产抵押物登记，组织监管拍卖行为，查处合同欺诈等违法行为。

8．依法对广告进行监督管理，查处违法行为。

9．负责商标注册和商标管理工作，保护商标专用权，组织查处商标侵权行为，加强驰名商标的认证和保护。

10．依法组织监管个体工商户、个人合伙和私营企业的经营行为。

11．领导全国工商行政管理业务工作。

12．开展工商行政管理方面的国际合作与交流。

根据 1998 年 6 月 17 日国务院批准的关于国家工商行政管理局职能配置、

内设机构和人员编制的"三定"方案，国家工商行政管理局设 10 个职能司（局）和机关党委。其业务职能司（局）的主要职责是[①]：

1. 法规司　研究拟定工商行政管理立法规划，组织和承担工商行政管理规章制度的拟定、协调和发布；组织开展工商行政执法监督和听证工作，承担或参与行政复议、应诉和赔偿；组织法制宣传培训，指导本系统法制工作。

2. 公平交易司（公平交易局）　研究拟定制止垄断和不正当竞争的规章制度及具体措施、办法并组织实施；组织查处市场交易中的垄断、不正当竞争、流通领域走私贩私及经济违法违章案件。

3. 消费者权益保护司　研究拟定消费者权益保护规章制度及具体措施、办法并组织实施；组织查处严重侵犯消费者合法权益案件；组织查处市场管理中发现的经销掺假及假冒产品行为。

4. 市场规范管理司　研究拟定规范市场秩序的规章制度及具体措施、办法；组织规范管理各类市场的经营秩序；组织实施经济合同行政监管，组织查处合同欺诈；组织管理动产抵押登记，组织监管拍卖行为；组织指导对市场进行专项治理。

5. 企业注册司（企业注册局）　研究拟定企业注册的规章制度及具体措施、办法；组织管理企业注册，核定注册单位名称，审定、批准、颁发管辖范围内的企业和其他经营单位的证照，对其注册行为进行监督检查；指导本系统的企业注册及监督管理工作。

6. 广告监管司　研究拟定广告业监督管理规章制度及具体措施、办法；组织实施对广告发布及其他各类广告活动的监督管理；组织实施广告经营审批及依法查处虚假广告；指导广告审查机构和广告行业组织的工作。

7. 个体私营经济监管司　调查研究个体、私营经济发展与管理情况；研究拟定监督管理个体、私营经济的规章制度及具体措施、办法；指导对个体工商户、个人合伙、私营企业的登记与监督工作；指导个体、私营企业协会的工作。

此外，还设有办公室、人事教育司、国际交流与合作司等机构协助工商行政管理工作的开展。另外，原国家工商行政管理局商标局与商标注册中心合并，名称为"国家工商行政管理局商标局"，使用事业编制，仍承担商标注册与管理监督等行政职能，其干部管理办法不变。其主要职责是：负责办理商品商标、服务商标、集体商标、证明商标等商标的注册工作，以及办理上述商标的变更、

---

① 人事部人事考试中心编写，《工商行政管理专业知识与实务（初级）》，机械工业出版社，2001 年第三版。

转让、续展、补证、注销等有关事宜；负责办理商标异议裁定；制定或参与制定有关商标的规章制度及具体措施、办法；依法查处商标侵权及假冒案件，指导本系统的商标办案工作；协助办理商标侵权行政复议案件；负责商标使用许可合同和商标印制；负责商标代理组织、商标评估机构的管理；负责认定驰名商标；负责商标信息的收集工作；组织商标国际条约、协定在中国的具体实施及承办商标国际交流与合作的有关工作。同时，设立国家工商行政管理局商标评审委员会，负责处理商标争议事宜。

（二）各省、自治区、直辖市的工商行政管理局

这一层次是中间协调层，承上启下，独立开展工商行政管理工作。主要负责垂直管辖区内市、县级工商行政管理局。其主要职责是：

1．贯彻执行中央工商行政管理工作的方针、政策和法律法规；研究拟定本地区工商行政管理工作的政策、法规和管理方法，并监督实施。

2．组织管理工商企业和从事经营活动的单位、个人的注册工作；办理企业和外商投资企业及外国企业设立的办事机构和经营机构的注册，依法核定注册单位的名称，颁发有关证照；查处违反企业注册管理法规的行为。

3．组织实施各类市场（包括消费品市场、生产资料市场、生产要素市场、文化市场及其他特殊市场）经营秩序的规范管理和监督；监督管理租赁柜台经营活动、商品展销会和粮食等重要商品流通秩序。

4．组织监督检查市场竞争行为，查处垄断和不正当竞争及其他市场交易违法违章案件，依法打击流通领域的走私贩私行为和经济违法违章行为。

5．依法组织监督市场交易行为，组织监督流通领域商品质量，组织查处假冒伪劣等违法行为，保护经营者、消费者合法权益，打击传销、变相传销等经济违法行为。

6．组织管理经纪人、经纪机构。

7．依法进行合同管理、广告管理、商标管理，组织查处违法行为。

8．组织管理个体工商户、个人合伙和私营企业的经营行为。

9．对全省工商行政管理系统实行垂直管理；按照干部管理权限，管理市工商行政管理局的领导干部；按照有关规定，管理本系统的人事工作；协助有关部门管理本系统的机构编制；管理本系统的财务经费、国有资产、装备、基建等工作；负责本系统干部职工的教育培训、政治思想工作和队伍建设。

（三）市（区）、县级工商行政管理局

这一层次是工商行政管理部门的基层机关，具体负责工商行政管理工作的监督执行。其主要职责是：

1. 贯彻执行国家和上级部门关于工商行政管理工作的方针、政策和法律法规，研究拟定本县（市）工商行政管理工作的政策、措施和管理办法并组织实施；

2. 依法确认市场主体资格，进行商标管理、广告管理、经济合同管理，制止不正当竞争；

3. 依法组织监督市场交易行为，组织监督流通领域商品质量，组织查处假冒伪劣等违法行为，保护经营者、消费者合法权益，打击传销、变相传销等经济违法行为，维护社会经济秩序和保护消费者合法权益等。

（四）工商行政管理所

这一层次是具体工作层，具体包括工商行政管理分局和县工商行政管理局下属的按经济区域设在乡镇的工商行政管理所，作为上级工商行政管理机关的派出单位，主要工作就是根据上级机关的授权，依法展开工商行政管理。具体工作主要是依据法律、法规的规定，对辖区内的企业、个体工商户和市场经济活动进行监督管理，保护合法经营，取缔非法经营，维护正常的经济秩序。

根据《工商行政管理所条例》，工商行政管理所的主要职责是：

1. 办理辖区内由区、县工商局登记管理的企业的登记初审和年检、换照的审查手续，并对区、县工商局核准登记的企业进行监督管理；

2. 管理辖区内的集贸市场，监督集市贸易经济活动；

3. 监督检查辖区内经济合同的订立及履行，调解经济合同纠纷；

4. 受理、初审、呈报辖区内个体工商户的开业、变更、歇业的申请事项，对个体工商户的生产经营活动进行监督管理；

5. 指导辖区内企业事业单位、个体工商户正确申请商标注册，并对其使用商标进行监督管理；

6. 对辖区内设置、张贴的广告进行监督管理；

7. 按规定收取、上缴各项工商收费及罚没款物；

8. 宣传工商行政管理法律、法规和有关政策；

9. 法律、法规规定的其他工商行政管理职责。

思考题

一、选择题

1. 工商行政管理的性质是：

A. 执法   B. 经济行政监督

C. 经济调解   D. 经济检查

2. 工商行政管理的职责范围：

A. 只涉及消费品市场　　　　　　B. 涉及非市场领域

C. 涉及整个市场　　　　　　　　D. 只涉及有形市场

3. 请选出下列选项中不是市场基本要素的一项：

A. 市场主体　　　　　　　　　　B. 市场客体

C. 市场行为　　　　　　　　　　D. 市场管理

4. 下列各项内容，不在工商行政管理范围内的是：

A. 企业法人登记　　　　　　　　B. 合同监督管理

C. 合同仲裁　　　　　　　　　　D. 反对不正当竞争

二、简答题

1. 工商行政管理的概念以及特征是什么？

2. 工商行政管理与一般行政管理的关系是什么？与工商管理有何区别？

3. 工商行政管理的职能以及方式是什么？

4. 目前我国工商行政管理机关设置分几个层级？

三、论述题

1. 论述我国工商行政管理在市场经济体制建设过程中的重要性。

2. 评价我国工商行政管理的现状以及存在的问题。

第二章　工商行政管理法律、法规

本章重点

1. 工商行政管理法律、法规的主要类别
2. 工商行政管理法律、法规的实施
3. 对工商行政管理机关的执法监督

　　随着改革开放的不断深入和市场经济体制的逐步完善，社会主义市场经济法律法规体系也在不断完善。工商行政管理机关作为市场监管和行政执法的职能部门，在市场的变化和发展过程中，根据新情况、新问题进行调研和立法，以完善工商行政管理法律法规体系，逐步实现市场经济的法治化，促进经济持续、稳定、健康发展。工商行政管理机关行政执法要做到有法可依，有法必依，执法必严，违法必究，建立适应市场监管执法需要的管理机制和监管模式；不断提高监管执法水平。

第一节　工商行政管理法律、法规概述

一、工商行政管理法律、法规的概念和特征

　　工商行政管理法律、法规是国家监督管理国民经济的表现形式，是工商行政管理机关履行监管执法职能的依据和武器。所谓工商行政管理法律、法规是指为了建立和维护市场经济秩序，工商行政管理机关根据国家授权制定的有关工商行政管理方面的法律、规章和其他规范性文件，以实现国家对市场主体及其市场行为进行监督管理和行政执法。

　　工商行政管理法律、法规除具有法律的一般特征外，还具有以下几个特点：

1．经济性

工商行政管理机关是国家对市场经济运行进行调控的重要职能部门，而工商行政管理法律、法规则是国家调控市场经济的重要手段。国家授权工商行政管理机关对经济运行进行相应的调控，正是通过工商行政管理法律、法规这一国家意志形式来实现的。

2．广泛性

工商行政管理法律、法规涉及的范围广，调整的对象多。工商行政管理法律、法规对各市场主体的行为都存在干预，不仅对市场主体的准入登记建立一套完善的制度，更对市场主体进入市场后的行为进行监督管理。此外，凡是从事商品生产、经营活动的各类企业、事业单位、社会团体、公民个人和外商，只要进入了社会主义市场经济活动中，就成为工商行政管理法律、法规的调整对象。

3．强制性

工商行政管理法律、法规是由国家制定认可并由国家强制力保证其实施的行为规则。工商行政管理法律、法规是国家对工商管理机关的有效授权，也是市场主体进入市场并进行市场经济活动所必须遵守的行为规范。工商行政管理部门有权对经济运行进行调控，对违反工商行政管理法律、法规的行为进行处罚。这种权力是国家赋予其行使的，即具有国家强制性。正是由于国家强有力的保障，才使得工商行政管理法律、法规的实施得以进行。

二、工商行政管理法律、法规的表现形式

（一）宪法

宪法是国家的根本大法，具有最高的法律效力。宪法规定，我国实行社会主义市场经济，国家的根本任务是集中力量进行社会主义现代化建设，逐步加强经济立法，完善宏观调控。宪法中有关行政管理和市场经济方面的规定，是制定工商行政管理法律、法规最重要的法律基础。一切法律、行政法规、地方性法规、自治条例和单行条例、规章都不得同宪法相抵触。

（二）法律

法律是国家立法机关依照程序制定颁布的规范性法律文件的统称，其法律效力仅次于宪法。法律又分为基本法律和一般法律。基本法律是规定和调整行政管理和市场经济中某一方面基本问题的法律，如《经济法》、《中外合资经营企业法》。与基本法律相比，一般法律规定的内容较具体，更具有针对性和可操作性，如《商标法》、《合同法》。

（三）行政法规

行政法规是由最高行政机关即国务院，根据宪法和法律制定的法律规范，其法律效力低于法律、高于地方性法规，如《价格违法行为行政处罚规定》。国务院是国家最高行政管理机关，因此国务院制定的行政法规是工商行政管理机关行使权力的重要依据。

（四）地方性法规

地方性法规是由省、自治区、直辖市人民代表大会及其常务委员会在法定权限内制定颁布的规范性文件。省、自治区、直辖市的人民代表大会及其常务委员会根据本行政区域的具体情况和实际需要，在不同宪法、法律、行政法规相抵触的前提下，可以制定地方性法规，如上海市人民代表大会常务委员会制定的《上海市企业名称登记管理规定》。较大的市的人民代表大会及其常务委员会根据本市的具体情况和实际需要，在不同宪法、法律、行政法规和本省、自治区的地方性法规相抵触的前提下，可以制定地方性法规，其法律效力低于法律、行政法规，仅在本行政区域范围内有效。

（五）规章

规章是指国务院各具有行政管理职能的直属机关，或者省、自治区、直辖市和较大的市的人民政府，在法定权限内制定颁布的规范性文件。国务院各部、委员会、中国人民银行、审计署和具有行政管理职能的直属机构，可以根据法律和国务院的行政法规、决定、命令，在本部门的权限范围内，制定规章。省、自治区、直辖市和较大的市的人民政府，可以根据法律、行政法规和本省、自治区、直辖市的地方性法规，制定规章，其法律效力低于法律、行政法规和地方性法规，仅在制定机关的辖区范围内有效。省、自治区的人民政府制定的规章的效力高于本行政区域内的较大的市的人民政府制定的规章。根据制定机关的不同可以分为部门规章和地方政府规章，如国家工商行政管理总局制定发布的《企业年检办法》，以及广州市人民政府制定发布的《广州市商品交易市场管理规定》。部门规章之间、部门规章与地方政府规章之间具有同等效力，在各自的权限范围内施行。

三、工商行政管理法律、法规的主要类别

（一）规范市场主体的法律、法规

规范市场主体的法律、法规可以分为三类：

1. 规范市场主体的设立、组织、经营、解散、清算及对内、对外关系的法律、法规，如《公司法》、《中外合作经营法》、《外商独资企业法》等。

2．规范市场主体登记管理的法规，如《个体工商户登记程序规定》、《公司登记管理条例》、《企业法人登记管理条例》等。

3．规范特定领域、特定主体进入市场的法规，如国家工商行政管理总局制定发布的《盐业管理条例》等。

（二）规范市场行为的法律、法规

规范市场行为的法律、法规可以分为两类：

1．规范市场竞争行为的法律、法规，监督查处垄断、不正当竞争、走私贩私、传销和变相传销等经济违法行为，如《反不正当竞争法》、《广告法》、《关于严厉打击盗版等侵犯著作权行为的通知》、《直销管理条例》等。

2．规范市场交易行为的法律、法规，监督流通领域商品质量，查处假冒伪劣等违法行为，保护经营者、消费者合法权益，如《合同法》、《消费者权益保护法》、《产品质量法》等。

（三）规范工商行政管理监督与行政执法的法律、法规

规范工商行政管理监督与行政执法的法律、法规，是工商行政管理法律、法规的重要组成部分，如《行政复议法》、《行政赔偿法》、《工商行政管理暂行规定》、《工商行政管理所条例》、《工商行政管理机关行政处罚程序暂行规定》等。

四、《工商行政管理暂行规定》概述

为了规范工商行政管理机关的组织和行为，保证其发挥市场监督管理职能，以维护正常的经济秩序和工作秩序，促进社会主义市场经济健康发展，根据有关法律、法规，国家工商行政管理局于 1995 年公布并于 1996 年修订了《工商行政管理暂行规定》。各级工商行政管理机关是各级人民政府的职能机构，主管市场监督管理和行政执法。工商行政管理机关行使职权，坚持依法、公正、效率、廉洁的原则。工商行政管理机关实行执法监督制度，并接受各级人大、人民政府和社会的监督。

（一）基本任务

《工商行政管理暂行规定》指出，工商行政管理机关的基本任务是：确认市场主体资格，规范市场主体行为，维护市场经济秩序，保护商品生产经营者和消费者的合法权益；参与市场体系的规划、培育；负责商标的统一注册和管理；实施对广告业的宏观指导；监督管理个体、私营经济，指导其健康发展。

（二）组织机构

国家工商行政管理局是国务院直属职能机构，负责组织、指导、协调全国工商行政管理工作。省、自治区、直辖市工商行政管理局是同级人民政府的职能机构，负责组织、指导、协调本行政辖区内的工商行政管理工作，对同级人民政府和国家工商行政管理局负责并报告工作，业务工作接受国家工商行政管理局指导。市（含地、州）、县（含县级市）工商行政管理局，是同级人民政府的职能机构，负责本行政辖区内的工商行政管理工作，对同级人民政府和上一级工商行政管理局负责并报告工作，业务工作接受上级工商行政管理局指导。设区的市按行政区划设立的工商行政管理分局，是市工商行政管理局的派出机构，由市工商行政管理局统一领导、统一管理；在有关规定授权范围内，以自己的名义履行职责。

工商行政管理机关可以依照法律、法规规定，或者根据实际工作需要，设立从事专项管理业务的派出机构。该派出机构在派出机关授权范围内履行职责。工商行政管理所是工商行政管理机关的派出机构。工商行政管理所的人员编制、经费开支、干部管理和业务工作等，由其派出机关直接领导和管理；在《工商行政管理所条例》规定授权范围内，以自己名义履行职责。

上级工商行政管理机关认为需要，可以委托下级工商行政管理机关代为行使其部分职权。委托机关对受委托机关在委托权限内实施的行为，承担法律责任。上级工商行政管理机关也可以授权下级工商行政管理机关直接行使其部分职权。接受授权的机关，对其在授权范围内实施的行为，承担法律责任。

（三）工商行政管理职责

工商行政管理机关履行各项职责，法律、法规有规定的，依照其规定；法律、法规没有规定的，依照国家有关政策、国务院决定或者工商行政管理规章执行。国家工商行政管理局可以按照法律、法规的规定或者国务院的指示，并根据实际工作需要，单独或者与国务院有关部门联合制定规章或者发布其他具有同等效力的规范性文件，对工商行政管理范围内的各种社会关系进行规范。

1．市场主体准入与监管职责

工商行政管理机关是法律、法规确定的登记主管机关，负责确认从事商品生产、经营活动的各类企业、事业单位、社会团体、公民个人(简称经营者，下同)的法人资格或合法经营地位，依法履行下列登记管理职责：

（1）受理经营者的设立、变更或者注销登记申请，并依照法律、法规规定的原则和程序，审查是否予以核准登记；

（2）通过年度检验制度等方式，对经营者的登记注册行为及其相关活动进行监督；

（3）查处各类违反有关登记管理规定的行为；

（4）法律、法规规定的其他登记管理职责。

2．公平交易监管职责

工商行政管理机关是经营者市场交易活动的监督管理机关，负责查处下列违法行为：

（1）不正当竞争行为和违法的垄断行为；

（2）损害消费者权益的行为；

（3）投机倒把行为；

（4）其他违法、违章的市场交易行为。

3．合同监管职责

工商行政管理机关负责合同的监督检查，依法履行下列职责：

（1）查处利用合同危害国家利益、社会公共利益，以及侵害他人合法权益的行为；

（2）对企业以动产(航空器、船舶、车辆除外)设定抵押，订立抵押合同的，负责有关动产抵押物的登记，并对违反有关抵押物登记管理规定的行为进行查处；

（3）法律、法规规定的其他合同管理职责。

4．商标监管职责

国家工商行政管理局负责商标的注册和管理，依法履行下列职责：

（1）受理经营者商标注册申请和其他有关注册商标的转让、变更、续展申请，并依照法律、法规规定的原则和程序，审查决定是否予以核准注册；

（2）对注册商标使用进行监督管理，对是否撤销注册商标做出决定；

（3）受理商标使用许可合同备案；

（4）受理商标专用权出质登记；

（5）驰名商标的认定和保护；

（6）处理商标争议事宜，对商标评审案件做出终局裁定或者决定；

（7）指定或者认可商标代理机构，并指导其工作；

（8）法律、法规规定的其他相关职责。

各级工商行政管理机关依法对商标使用进行监督管理，查处各类违反商标使用管理规定的行为；保护商标专用权，查处各类侵犯商标专用权行为。

5．市场监管职责

工商行政管理机关对各类商品交易市场实施监督管理，依法履行下列职责：

（1）开展各类商品交易市场登记及统计工作；

（2）对消费品、生产资料市场中的交易行为进行规范和监督，查处其中各类违反有关市场管理规定的行为；

（3）参与金融、劳动力、房地产、技术、信息、期货、文化等市场的监督管理；

（4）参与我国市场体系的培育、发展和有关市场布局的论证、规划。

工商行政管理机关依法监督管理个体工商户、个人合伙和私营企业，规范其经营行为，指导其健康发展，并参与有关个体、私营经济发展的方针、政策的制订和规划。

6、广告监管职责

工商行政管理机关是广告监督管理机关，依法履行下列职责：

（1）负责实施广告经营许可制度，对广告经营资格进行审批，对户外广告进行登记；

（2）查处各类广告违法行为；

（3）制订并实施广告业发展的方针、政策和规划；

（4）指导广告审查机构和广告行业组织的工作。

7．工商行政管理机关负责对工商行政管理学会和消费者协会、广告协会、商标协会、个体劳动者协会、私营企业协会等有关协会的工作进行指导。

2007 年上半年整顿规范市场秩序取得新成效

2007 年上半年，全国工商系统共检查食品市场和经营户 600. 72 万户（次），查处取缔食品无照经营 6.36 万户，吊销营业执照 2207 户，捣毁制售假冒伪劣食品窝点 3191 个，查处制售假冒伪劣食品案件 3.44 万件，对 5756.83 吨不合格食品实施了退市。

2007 年上半年，全国工商系统共查处虚假违法广告 12524 件，责令更正 853 件，责令停止发布 4799 件。

全国工商系统 2007 年上半年共查处商标侵权案件 1.18 万件，其中涉外商标侵权案件 2745 件，移送司法机关处理案件 33 件。

2007 年上半年，全国工商系统共查处商业贿赂案件 4542 件，案值 10.91 亿元。

全国工商系统 2007 年上半年共查处传销案件 1203 件，取缔传销窝点 14962 个，清查遣散传销人员 32.42 万人次，移送司法机关追究刑事责任案件 132 起、592 人。

转引自红盾信息网 http://www.saiC.gov.cn/ggl/zwgg_detail.asp? Newsid=576

第二节　工商行政管理法律、法规的制定

一、工商行政管理法律、法规的立法机构

工商行政管理法律、法规的立法机构包括：1. 制定工商行政管理法律的中央国家权力机关，即全国人民代表大会及其常务委员会；2. 制定工商行政管理行政法规的中央人民政府，即国务院；3. 制定工商行政管理地方性法规的地方权力机关，即地方人民代表大会及其常务委员会；4. 制定工商行政管理规章的政府机构，即国家工商行政管理总局，以及省、自治区、直辖市和较大的市的人民政府。

其中，国家工商行政管理总局是国务院主管市场监督管理和有关行政执法工作的直属机构，其职责之一是研究拟定工商行政管理的方针、政策，组织起草有关法律、法规草案，制定并发布工商行政管理规章。国家工商行政管理总局根据市场经济活动中不断出现的新问题、新情况，在其职权范围内依据有关法律规定，制定、发布规范性文件，对具体的工商行政管理工作做出明确规定，弥补了国家法律和行政法规的不足，完善了工商行政管理立法工作，促进了社会主义市场经济的发展。

二、工商行政管理法律、法规的立法程序

（一）法律的制定

1. 提案

全国人民代表大会主席团可以向全国人民代表大会提出法律案，由全国人民代表大会会议审议。

全国人民代表大会常务委员会、国务院、中央军事委员会、最高人民法院、最高人民检察院、全国人民代表大会各专门委员会，可以向全国人民代表大会提出法律案，由主席团决定列入会议议程。

一个代表团或者30名以上的代表联名，可以向全国人民代表大会提出法律案，由主席团决定是否列入会议议程，或者先交有关的专门委员会审议、提出是否列入会议议程的意见，再决定是否列入会议议程。

2. 审议

列入常务委员会会议议程的法律案，一般应当经三次常务委员会会议审议

后再交付表决。

常务委员会会议第一次审议法律案，在全体会议上听取提案人的说明，由分组会议进行初步审议。常务委员会会议第二次审议法律案，在全体会议上听取法律委员会关于法律草案修改情况和主要问题的汇报，由分组会议进一步审议。常务委员会会议第三次审议法律案，在全体会议上听取法律委员会关于法律草案审议结果的报告，由分组会议对法律草案修改稿进行审议。

列入常务委员会会议议程的法律案，各方面意见比较一致的，可以经两次常务委员会会议审议后交付表决；部分修改的法律案，各方面的意见比较一致的，也可以经一次常务委员会会议审议即交付表决。

3．通过

法律草案修改稿经常务委员会会议审议，由法律委员会根据常务委员会组成人员的审议意见进行修改，提出法律草案表决稿，由委员长会议提请常务委员会全体会议表决，由常务委员会全体组成人员的过半数通过。

4．颁布

常务委员会通过的法律由国家主席签署主席令予以公布。

（二）行政法规的制定

国务院根据宪法和法律，制定行政法规。行政法规由国务院组织起草。国务院有关部门认为需要制定行政法规的，应当向国务院报请立项。

行政法规在起草过程中，应当广泛听取有关机关、组织和公民的意见。听取意见可以采取座谈会、论证会、听证会等多种形式。

行政法规起草工作完成后，起草单位应当将草案及其说明、各方面对草案主要问题的不同意见和其他有关资料送国务院法制机构进行审查。国务院法制机构应当向国务院提出审查报告和草案修改稿，审查报告应当对草案主要问题做出说明。

行政法规的决定程序依照中华人民共和国国务院组织法的有关规定办理。

行政法规由总理签署国务院令公布。

行政法规签署公布后，及时在国务院公报和在全国范围内发行的报纸上刊登。

（三）地方性法规的制定

省、自治区、直辖市的人民代表大会及其常务委员会根据本行政区域的具体情况和实际需要，在不同宪法、法律、行政法规相抵触的前提下，可以制定地方性法规。

较大的市的人民代表大会及其常务委员会根据本市的具体情况和实际需

要，在不同宪法、法律、行政法规和本省、自治区的地方性法规相抵触的前提下，可以制定地方性法规，报省、自治区的人民代表大会常务委员会批准后施行。

经济特区所在地的省、市的人民代表大会及其常务委员会根据全国人民代表大会的授权决定，制定法规，在经济特区范围内实施。

民族自治地方的人民代表大会有权依照当地民族的政治、经济和文化的特点，制定自治条例和单行条例。自治区的自治条例和单行条例，报全国人民代表大会常务委员会批准后生效。自治州、自治县的自治条例和单行条例，报省、自治区、直辖市的人民代表大会常务委员会批准后生效。

地方性法规案、自治条例和单行条例案的提出、审议和表决程序，根据中华人民共和国地方各级人民代表大会和地方各级人民政府组织法，由本级人民代表大会规定。

省、自治区、直辖市的人民代表大会制定的地方性法规由大会主席团发布公告予以公布。省、自治区、直辖市的人民代表大会常务委员会制定的地方性法规由常务委员会发布公告予以公布。较大的市的人民代表大会及其常务委员会制定的地方性法规报经批准后，由较大的市的人民代表大会常务委员会发布公告予以公布。自治条例和单行条例报经批准后，分别由自治区、自治州、自治县的人民代表大会常务委员会发布公告予以公布。

地方性法规、自治区的自治条例和单行条例公布后，及时在本级人民代表大会常务委员会公报和在本行政区域范围内发行的报纸上刊登。

（四）规章的制定

国务院各部、委员会、中国人民银行、审计署和具有行政管理职能的直属机构，可以根据法律和国务院的行政法规、决定、命令，在本部门的权限范围内，制定规章。省、自治区、直辖市和较大的市的人民政府，可以根据法律、行政法规和本省、自治区、直辖市的地方性法规，制定规章。

国务院部门规章和地方政府规章的制定程序，由国务院规定。部门规章应当经常务会议或者委员会会议决定。地方政府规章应当经政府常务会议或者全体会议决定。

部门规章由部门首长签署命令予以公布。地方政府规章由省长、自治区主席或者市长签署命令予以公布。

部门规章签署公布后，及时在国务院公报或者部门公报和在全国范围内发行的报纸上刊登。地方政府规章签署公布后，及时在本级人民政府公报和在本行政区域范围内发行的报纸上刊登。

第三节　工商行政管理法律、法规的实施

工商行政管理法律、法规的实施是一个将抽象的法律、法规贯彻到实际经济生活的过程，是法律、法规落实在人们的行为中的过程。工商行政管理法律、法规的实施由守法、执法和司法三个环节组成。其中，守法是基础，执法是保障，而对于严重违法行为则交由司法机关处理，是执法的延续和保障。工商行政管理机关、单位、企业、社会团体和个人都必须严格遵守工商行政管理法律、法规，严格依法办事。工商行政管理机关和工作人员在执法过程中，必须做到有法必依、执法必严、违法必究。自觉守法、严格执法有利于维护市场经济的良好秩序，有利于保护当事人的合法权益。

一、工商行政管理的执法程序

工商行政管理的执法程序包括以下内容：

（一）工商行政管理机关查处违法行为，应当做到事实清楚，证据确凿，定性准确，处理适当，程序合法。在查处违法行为过程中，其工作人员与违法行为当事人有利害关系的，该工作人员应当回避。

（二）对违法行为的查处，由违法行为地或者违法行为人所在地工商行政管理机关管辖。两个以上工商行政管理机关因管辖权发生争议，由有管辖权的各方，本着谁先立案谁查处或者方便查处的原则，共同协商；协商不成时，报请各方共同上级工商行政管理机关指定管辖。

（三）工商行政管理机关查处违法行为，与其他监督检查机关发生职责交叉时，应当按照下列原则进行协调、处理：

1．法律、法规对查处违法行为的主管机关及其职责分工已有明确规定的，依照其规定；

2．法律、法规没有明确规定的，工商行政管理机关依照规章进行监督检查；

3．对工商行政管理机关和其他查处机关均有权查处的同一违法行为，由首先立案的机关查处，不得重复查处和处罚。

（四）工商行政管理机关查处各类违法行为时，可以行使下列职权：

1．询问违法行为人、嫌疑人、利害关系人、证明人，并可以要求其提供证明材料或者与违法行为有关的其他材料；

2．检查与违法行为有关的物品，责令有关人员说明物品的来源等有关情况，

必要时，可以责令其暂停销售，听候检查，不得转移、隐匿、销毁有关财物，或者依法予以封存、扣留；

　　3．调查与违法行为有关的活动；

　　4．查阅、复制或者依法扣留与违法行为有关的合同、发票、帐册、单据、记录、文件、证照、业务函电等资料；

　　5．依照法律、法规规定，向银行查询、冻结违法行为人的银行存款；

　　6．法律、法规规定的其他职权。

　　（五）对拒不执行有关暂停销售，听候检查，不得转移、隐匿、销毁有关财物命令的，工商行政管理机关可以根据情节，处以非法所得额 3 倍以下的罚款，但最高不超过 30000 元；没有非法所得的，处以 10000 元以下的罚款。

　　工商行政管理机关依法行使职权，有关当事人应当给予协助，不得拒绝。对拒绝、阻碍工商行政管理机关工作人员依法执行公务的，移送公安机关处罚；情节严重，构成犯罪的，由司法机关追究刑事责任。

　　工商行政管理机关对违法行为人做出处罚决定，应当按照法律、法规和规章规定的程序进行。对拒不执行处罚决定的，工商行政管理机关依法强制执行或者申请人民法院强制执行。公民、法人或者其他组织对工商行政管理机关做出的具体行政行为不服的，可以依法向上一级工商行政管理机关或者本级人民政府申请复议；除法律、法规规定复议前置的外，也可以直接向人民法院起诉。除法律规定复议终局的外，复议申请人对复议决定不服的，可以依法向人民法院起诉。

　　二、行政处罚

　　为了规范和保障工商行政管理机关依法行使职权，正确实施行政处罚，维护社会经济秩序，保护公民、法人或者其他组织的合法权益，根据《行政处罚法》及其他有关法律、行政法规的规定，国家工商行政管理局 1996 年颁布并于 2000 年修订了《工商行政管理机关行政处罚程序暂行规定》。行政处罚是行政机关在管理公共事务时，为了保证社会生活的正常运行和维护良好的社会秩序，对违反行政法律法规的行为进行惩罚和制裁。

　　（一）行政处罚的种类

　　根据《行政处罚法》第 8 条规定，行政处罚的种类有：警告；罚款；没收违法所得、没收非法财物；责令停产停业；暂扣或者吊销许可证、暂扣或者吊销执照；行政拘留；法律、行政法规规定的其他行政处罚。

（二）行政处罚的原则

工商行政管理机关实施行政处罚应当遵循以下原则：

1．公正、公开地行使法律、法规、规章赋予的行政职权。

2．实施行政处罚必须有法律、法规、规章依据，没有依据的，不得给予行政处罚。

3．坚持处罚与教育相结合，教育公民、法人或者其他组织自觉守法。

4．事实清楚，证据确凿，定性准确，处理恰当，程序合法。

5．依法独立行使职权，不受非法干预。

6．上级工商行政管理机关对下级工商行政管理机关进行业务领导和监督。

7．办案机关工作人员与当事人有利害关系的，应当回避。

（三）行政处罚的一般程序

1．立案

工商行政管理机关依据职权，或者依据当事人的申诉、控告等途径发现、查处违法行为。工商行政管理机关查处违法行为，应当立案。适用简易程序的除外。立案应当填写立案审批表，同时附上相关的材料（检举材料、申诉材料、控告材料、上级机关交办或者有关部门移送的材料、当事人交代的材料、监督检查人员的检查报告等），由县级以上工商行政管理局局长批准，指定两名以上办案人员负责调查处理。

2．调查

立案后，办案人员应当及时进行调查，收集、调取证据，必要时，依照法律、法规的规定，可以进行检查。办案机关对案件进行调查，应当收集以下证据：书证；物证；证人证言；视听资料；当事人陈述；鉴定结论；勘验笔录和现场笔录。上述证据，必须查证属实，才能作为认定事实的依据。

办案机关在查处违法行为过程中，在证据可能灭失或者以后难以取得的情况下，可以采取先行登记保存措施；法律、行政法规规定扣留、封存等行政强制措施的，可以根据具体情况实施。先行登记保存有关证据，或者扣留、封存当事人的财物，应当当场清点，开具清单，由当事人由办案人员签名或者盖章，交当事人一份。并分别送达先行登记保存证据、扣留、封存财物的通知书。

对于先行登记保存的证据，应当在7日内及时做出处理决定：违法事实成立应当予以没收的，做出行政处罚决定，予以没收；依据法律、行政法规可以扣留、封存的，决定扣留或者封存；违法事实不成立、或者依法不应予以没收，或者依法不应予以扣留、封存的，决定解除登记保存措施。

扣留当事人托运的物品，应当填写扣留通知书，通知有关运输部门协助办理，并书面通知当事人。对当事人交代的家存或者寄存的违法物品，需要查扣的，责令当事人取出；当事人拒绝取出的，应当会同当地有关部门将其取出，并办理扣留手续。扣留、封存的财物，必须是与违法行为有直接关系的财物。经查明确实与违法行为无关的，应当立即解除扣留、封存措施，发给当事人启封、解除扣留通知书。必须对当事人的人身进行检查的，应当依法提请公安机关执行，工商行政管理机关予以配合。办案机关执行《反不正当竞争法》采取责令暂停销售、不得转移、隐匿、销毁有关财物等强制措施，应当以工商行政管理机关的名义，并以书面形式告知当事人，由当事人执行。

3. 核审

案件调查终结，办案机构应当写出调查终结报告，并草拟行政处罚决定书，连同案卷交由核审机构进行书面核审。核审机构核审后，由办案机构将整个案卷及核审机构的核审意见报局长批准。核审机构接到办案机构的核审材料后，应当予以登记，并指定具体承办人员负责核审工作。案件核审的主要内容包括：所办案件是否具有管辖权；当事人的基本情况是否清楚；案件事实是否清楚、证据是否充分；定性是否准确；适用法律、法规、规章是否准确；处罚是否适当；程序是否合法。

核审机构经过对案件进行核审，提出以下书面意见和建议：对事实清楚、证据充分、定性准确、处理适当、程序合法的案件，同意办案机构意见，建议报局长批准后告知当事人；对定性不准、适用法规不当、处罚不当的案件，建议办案机构修改；对事实不清、证据不足的案件，建议办案机构补正；对程序不合法的案件，建议办案机构纠正；对超出管辖权的案件，建议办案机构按有关规定移送。

4. 复核

办案机构与核审机构就有关问题不能达成一致意见的，提交局长或者局长办公会议讨论决定。局长对行政处罚建议批准后，由办案机构以办案机关的名义，或者由办案机关委托有关工商行政管理机关，告知当事人拟做出行政处罚的事实、理由及依据，并告知当事人依法享有陈述、申辩权。凡拟做出责令停产停业、吊销营业执照、许可证及较大数额罚款处罚的，应当告知当事人有要求举行听证的权利。

采取书面形式告知的，办案机构或者受委托的机关直接送达当事人，当事人应当出具签收证据；拒绝签收的，由送达人记明情况，并报告办案机构负责人。办案机构也可以采取邮寄送达的方式送达当事人。受委托的机关按照要求告知当事人后，应当将告知情况通知办案机关，并将有关文书、材料及时送交办案机关。自当事人签收日起 3 日内，或者办案机关挂号寄出之日起 15 日内，或者自公告之日起 15 日内，当事人未行使陈述、申辩及听证权，也未作任何其他表示的，视为放弃此权利。办案机关应当充分听取当事人的意见，对当事人提出的事实、理由和证据，认真进行复核。当事人提出的事实、理由或者证据成立的，办案机关应当予以采纳。

5. 处罚

局长经对办案机构调查结果及核审机构的核审意见或者听证报告进行审核，根据不同情况分别做出如下决定：确有应当受行政处罚的违法行为的，根据情节轻重及具体情况，做出行政处罚决定；违法行为轻微、依法可以不予行政处罚的，不予行政处罚；违法事实不能成立的，不得给予行政处罚；违法行为已构成犯罪的，移送司法机关。局长认为案件情节复杂，或者重大违法行为给予较重处罚的，应当提交局长办公会议讨论决定。

办案机关做出处罚决定后，应当制作处罚决定书。处罚决定书的内容包括：当事人的姓名或者名称、地址；违反法律、法规或者规章的事实和证据；行政处罚的种类和依据；行政处罚的履行方式和期限；不服行政处罚决定，申请行政复议或者提起行政诉讼的途径和期限；做出行政处罚决定的工商行政管理机关的名称和做出决定的日期。

（四）行政处罚的简单程序

县级以上工商行政管理机关，对违法事实确凿、并有法定依据，对公民处以 50 元以下、对法人或者其他组织处以 1000 元以下罚款或者警告的行政处罚的，可以当场做出处罚决定。

适用简易程序当场查处违法行为，执法人员应当向当事人出示执法身份证件，当场了解违法事实，做出笔录，收集必要的证据，并填写符合《行政处罚法》第 34 条规定的行政处罚决定书。行政处罚决定书当场交付当事人。执法人员在行政处罚决定做出前，应当告知当事人做出行政处罚决定的事实、理由及依据，并告知当事人有权进行陈述和申辩。当事人进行申辩的，执法人员应当记入笔录。适用简易程序查处案件的有关材料，应当由执法人员所在工商行政管理机关归档保存。

（五）行政处罚的执法

处罚决定依法做出后，当事人应当在行政处罚决定的期限内予以履行。当事人对工商行政管理机关的行政处罚决定不服申请行政复议或者提起行政诉讼的，行政处罚不停止执行，法律另有规定的除外。

工商行政管理机关对当事人做出罚款处罚的，应当由当事人自收到处罚决定书之日起 15 日内，到指定的银行缴纳罚款。有下列情形之一的，可以由执法人员当场收缴罚款：当场处以 20 元以下罚款的；对公民处以 20 元以上 50 元以下、对法人或者其他组织处以 1000 元以下罚款，不当场收缴事后难以执行的；在边远、水上、交通不便地区，当事人向指定银行缴纳罚款确有困难，经当事人提出的。

执法人员当场收缴的罚款，应当自收缴罚款之日起 2 日内，交至其所在工商行政管理机关，工商行政管理机关应当在 2 日内将罚款缴付指定银行。

当事人逾期不履行行政处罚决定的，做出行政处罚决定的工商行政管理机关可以采取下列措施：到期不缴纳罚款的，每日按罚款数额的 3%加处罚款；根据法律规定，将查封、扣押的财物拍卖或者将冻结的存款划拨抵缴罚款；申请人民法院强制执行。

当事人确有经济困难，需要延期或者分期缴纳罚款的，经当事人申请和办案机关批准，可以暂缓或者分期缴纳。除依法应当予以销毁的物品外，依法没收的非法财物，必须按照国家规定公开拍卖或者按照国家有关规定处理。吊销证照的，应当予以收缴。吊销营业执照的，应当同时收缴公章及合同专用章，通知其开户银行，并按规定发布公告。罚没款及没收物品的变价款，必须全部上缴国库，任何单位和个人不得截留、私分或者变相私分。所查扣的物品，在 3 个月内无法找到当事人的，应当作为无主财产，上缴财政。

（六）行政处罚权限

工商行政管理机关对违反工商行政管理法律、法规、规章的经营者，依法实施行政处罚。

1. 对未经核准登记，擅自从事经营活动，或者从事其他违反经营登记管理规定行为的，工商行政管理机关可以依照相关法律、法规、规章，责令改正，给予警告、没收违法所得、罚款、责令停业整顿、吊销营业执照等处罚。

对外国（地区）企业未经登记擅自在中国设立代表机构，或者所设代表机构从事违反有关代表机构管理规定行为的，工商行政管理机关可以依照有关法规、规章，责令停止违法行为；给予罚款、吊销登记证等处罚。

对未经登记擅自开办商品交易市场的，工商行政管理机关依照有关规定处罚。

2. 对从事不正当竞争行为的，工商行政管理机关可以依照《反不正当竞争法》等法律、法规、规章，责令停止违法行为；分别不同情形，给予没收违法所得、违法所得 1 倍以上 3 倍以下或者 10000 元以上 200000 万元以下罚款、责令停止整顿、吊销营业执照等处罚。

3. 对侵害消费者权益的,工商行政管理机关可以依照《消费者权益保护法》、《产品质量法》等法律、法规、规章,责令停止违法行为;分别不同情形,给予没收违法所得、违法所得 1 倍以上 5 倍以下或者 10000 元以下罚款、责令停业整顿、吊销营业执照等处罚。

4. 对从事投机倒把行为的,工商行政管理机关可以依照《投机倒把行政处罚暂行条例》及其施行细则,责令停止违法行为;给予没收违法所得或者物品、罚款、责令停业整顿、吊销营业执照等处罚。

对从事投机倒把行为的单位主管人员和直接责任人员,视其情节,可以分别处以罚款,并建议有关部门给予行政处分。

5. 对利用合同侵害国家利益、社会公共利益及他人合法权益的,工商行政管理机关可以依照有关法律、法规、规章,给予没收违法所得、罚款、责令停止整顿、吊销营业执照等处罚。

6. 对违反商标使用管理规定的,工商行政管理机关可以依照《商标法》及其实施细则,责令限期改正;给予通报、收缴商标标识、罚款、撤销注册商标等处罚。

对侵犯商标专用权的,工商行政管理机关可以依照《商标法》及其实施细则,采取责令立即停止销售、收缴并销毁侵权商标标识、消除商品上的侵权商标、收缴作案工具、责令并监督销毁侵权物品等措施,制止侵权行为;并处以非法经营额 50% 以下或者侵权所获利润 5 倍以下罚款。

对侵犯商标专用权单位的直接责任人员,工商行政管理机关可以根据情节处以罚款。

7. 对自行发布或者代行设计、制作、发布违法广告或者从事其他违法广告活动的,工商行政管理机关可以依照《广告法》等有关法律、法规、规章,责令停止发布、公开更正;给予没收广告费用或者违法所得、罚款、停止广告业务等处罚。

8. 对违反商品交易市场管理规定的,工商行政管理机关可以依照相关法律、法规、规章,给予批评教育、没收物品和违法所得、罚款等处罚。

9. 订立企业动产抵押合同或者商标专用权质押合同,未向工商行政管理机关办理抵押物或者商标专用权出质登记的,其抵押或者质押合同无效。对违反有关登记管理规定的,工商行政管理机关可以依照有关规定,给予罚款、注销登记证等处罚。

10. 对违反国家有关知识产权保护、矿产资源保护、文物保护、野生动物保护、野生植物保护、烟草专卖、新闻出版、食品卫生、药品管理、质量管理、计量管理、标准化管理、金银管理、外汇管理、文化管理、房地产管理、经纪人管理等法律、法规、规章的，工商行政管理机关可以依照相关法律、法规、规章规定的职权，给予相应处罚。

11. 对违反地方工商行政管理法规、规章的，该地方工商行政管理机关可以依照相关规定进行处罚。

常州联隆食品有限公司虚假宣传案

常州联隆食品有限公司于 2001 年 10 月至 2005 年 10 月，通过哈尔滨嘉品工贸有限公司，将自己生产的花而美牌无糖沙琪玛（鸡蛋型）食品供应吉林市吉润发超市有限公司、昆山润滑有限公司吉林市分公司，在超市无糖食品专柜上销售。

该产品通过吉林省产品质量监督检验院检测，检测结果蔗糖含量为 1.92%，总糖含量为 15.47%。当事人在产品包装上印有无糖食品字样，并在网页上宣称为无糖食品，上述行为造成消费者对其产品质量的误认。该产品年销售额为 50 万元。

当事人的上述行为违反了《中华人民共和国反不正当竞争法》有关规定，构成对产品质量虚假宣传、欺诈消费者的违法行为。依据《中华人民共和国反不正当竞争法》的规定，吉林市工商局龙潭分局 2006 年 4 月 17 日对其做出了立即停止违法经营行为和罚款 19.8 万元的行政处罚。

转引自吉林省消费维权网 http://www.jl315.org/07/020070611/1112248.html

三、对工商行政管理机关的执法监督

（一）对工商行政管理机关执法监督的概念

对工商行政管理机关的执法监督，是指上级工商行政管理机关对下级工商行政管理机关，各级工商行政管理机关对本机关及其派出机构的行政执法行为进行检查、评议、督促、纠正的活动。

国家工商行政管理局于 1999 年制定并颁布了《工商行政管理机关执法监督暂行规定》，其目的是加强对工商行政管理机关行政执法行为的监督，保证各项工商行政管理法律、法规、规章的正确实施，促进依法行政，保护公民、法人和其他组织的合法权益。工商行政管理机关应当依法行政，做到有法必依、执

法必严、违法必究，依法接受监督。各级工商行政管理机关实行行政处罚案件同级核审制度，建立健全内部执法监督机制。

（二）对工商行政管理机关执法监督的范围

1．工商行政管理法律、法规、规章的贯彻情况；

2．有关执法工作的规范性文件及制度、措施；

3．行政执法主体的资格；

4．行政强制行为；

5．行政处罚行为；

6．行政许可行为；

7．行政收费行为；

8．行政不作为行为；

9．行政复议行为；

10．行政赔偿行为；

11．其他需要监督的事项。

（三）对工商行政管理机关执法监督的方式

1．实行法律、法规实施情况报告制度。省级以下(含省级)工商行政管理机关应当按照上级机关要求，定期将工商行政管理法律、法规实施情况以书面形式报告上一级工商行政管理机关。

2．实行规范性文件备案制度。省级以下工商行政管理机关有关行政执法的规范性文件，应当在发布后 1 个月以内报送上一级工商行政管理机关。

3．实行规范性文件法律审核制度。对本机关起草、制定的有关执法工作的规范性文件及制度、措施是否合法进行审核。

4．实行行政执法过错责任追究制度。对于工商行政管理行政执法人员因故意或者过失造成的执法错误，应当本着过错与处分相当、教育与惩处相结合的原则，追究相关责任人员的执法过错责任。

5．实行行政执法证件规范化管理制度。各级工商行政管理机关应当严格执法人员资格，统一执法证件管理，规范执法证件使用。

6．实行执法检查制度。各级工商行政管理机关应当组织对本级和下级工商行政管理机关的执法活动进行检查或者评议。执法检查可以采取现场检查、重点抽查和普遍检查等多种形式。对执法检查中发现的问题，应当以书面报告的形式做出分析，并提出解决办法，报上一级工商行政管理机关。

7．对行政处罚案件依法进行核审、听证。

8．依法审理行政复议和行政赔偿案件。

9. 各级工商行政管理机关决定采取的其他方式。

《工商行政管理暂行规定》中还指出，上级工商行政管理机关有权通过下列方式对下级工商行政管理机关的执法活动进行监督：

1. 行政处罚案件的审批、备案；

2. 复议；

3. 全面的或者专项的执法检查；

4. 根据当事人及其他公民、组织的检举、控告和申诉进行检查；

5. 法律、法规、规章规定的其他方式。

加强行政执法监督　提高勤政廉政意识

为了提高广大干部的勤政廉政意识，提升行政执法效能，门头沟工商分局加大了行政执法监督的力度，于 8 月 21 日组织特约监督检查员对 2007 年度的行政执法案件进行了回访。

回访的方式分为实地走访和电话回访。回访的原则为万元以上的案件全部回访；随机调取部分案件进行实地走访。此次案件回访活动，对分局截止到目前的 66 件行政执法案件中 14 件万元以上的案件进行了电话回访，根据办案科室、案件性质以及实际经营地址情况，筛选出 8 户进行了实地走访。通过走访和电话回访，行政处罚相对人普遍反映：执法人员能够依照法律程序进行行政处罚，程序合法，定性准确，并注重在依法行政过程中加强工商法律法规的宣传教育，使我们对分局的行政处罚心服口服。

转引自：北京市工商行政管理局

http://www.baic.gov.cn/chaxun/gongshang-1.asp?id=36554

（四）对工商行政管理机关违法行为的处理

工商行政管理机关及其工作人员要在国家的法律、法规的监督之下依法行政，要忠于职守，正确使用手中的权力而不能滥用职权。《工商行政管理机关执法监督暂行规定》规定，工商行政管理机关在执法监督中发现本机关及其派出机构有执法违法、执法不当或者不履行法定职责的，应当依据有关规定予以纠正；必要时可直接做出纠正的决定。上级工商行政管理机关在执法监督中发现下级机关有执法违法、执法不当或者不履行法定职责的，应当依据有关规定提出纠正意见，并向下级机关发出《行政执法纠正通知书》，或者直接予以纠正。下级机关收到《行政执法纠正通知书》后，应当在规定的期限内执行，并于执行完毕后 10 日内向上级机关报告执行结果。在执法监督中发现工商行政管理机关执法人员违反党纪、政纪的，移送纪检、监察机构处理；情节严重，构成犯罪的，移送司法机关处理。公民或者组织对工商行政管理机关工作人员的违法和违纪行为，有权向上级或者本级工商行政管理机关检举、控告。受理机关应当及时查处或者移送有关部门查处，并将处理结果告知检举人、控告人。

四、行政复议

为了维护和监督行政机关依法行使职权，防止和纠正违法或者不当的具体行政行为，保护公民、法人和其他组织的合法权益，根据宪法和有关法律，国务院于 1990 年发布并于 1994 年修订了《行政复议条例》。公民、法人或者其他组织认为行政机关的具体行政行为侵犯其合法权益，可以向行政机关申请复议。复议机关依法对具体行政行为是否合法和适当进行审查。行政复议遵循合法、及时、准确和便民的原则。工商行政管理机关复议案件，应当严格依照《行政复议条例》的规定执行。《行政复议条例》没有规定或者规定不具体的，按照《工商行政管理机关行政处罚程序暂行规定》执行。

（一）申请范围

公民、法人和其他组织对下列具体行政行为不服可以向行政机关申请复议：

1. 对拘留、罚款、吊销许可证和执照、责令停产停业、没收财物等行政处罚不服的；

2. 对限制人身自由或者对财产的查封、扣押、冻结等行政强制措施不服的；

3. 认为行政机关侵犯法律、法规规定的经营自主权的；

4. 认为符合法定条件申请行政机关颁发许可证和执照，行政机关拒绝颁发或者不予答复的；

5. 申请行政机关履行保护人身权、财产权的法定职责，行政机关拒绝履行或者不予答复的；

6. 认为行政机关没有依法发给抚恤金的；

7. 认为行政机关违法要求履行义务的；

8. 认为行政机关侵犯其他人身权、财产权的；

9. 法律、法规规定可以提起行政诉讼或者可以申请复议的其他具体行政行为。

公民、法人和其他组织对下列事项不服，不能申请复议：

1. 对行政法规、规章或者具有普遍约束力的决定、命令不服的；

2. 对行政机关工作人员的奖惩、任免等决定不服的；

3．对民事纠纷的仲裁、调解或者处理不服的，但是，行政机关对土地、矿产、森林等资源所有权或者使用权归属的处理决定除外；

4．对国防、外交等国家行为不服的。

（二）申请

公民、法人或者其他组织向有管辖权的行政机关申请复议，应当在知道具体行政行为之日起 15 日内提出，法律、法规另有规定的除外。因不可抗力或者其他特殊情况耽误法定申请期限的，在障碍消除后的 10 日内，可以申请延长期限，是否准许，由有管辖权的行政机关决定。

复议机关在下列情况下，经局长批准，可以延长复议期限：

1．复议机关自受理之日起至复议法定期限届满日止，不足 30 日的；

2．复议机关需进行调查、取证，方能做出复议决定的；

3．被申请人逾期提交案卷材料，影响复议期限的；

4．其他需要延期的特殊情况。

延长复议期限的决定，应当在复议期限届满之日前做出。延长复议期限不得超过 1 个月。延长复议期限，应当及时书面通知复议申请人，并告知如不同意延期，可以直接就原处罚决定向人民法院提起诉讼。申请人决定向人民法院提起诉讼后，应当及时告知复议机关，申请人不得再就此案申请复议。公民、法人或者其他组织向人民法院起诉，人民法院已经受理的，不得申请复议。公民、法人或者其他组织向复议机关申请复议，复议机关已经受理的，在法定复议期限内不得向人民法院起诉。

申请复议应当符合下列条件：

1．申请人是认为具体行政行为直接侵犯其合法权益的公民、法人或者其他组织；

2．有明确的被申请人；

3．有具体的复议请求和事实根据；

4．属于申请复议范围；

5．属于受理复议机关管辖；

6．法律、法规规定的其他条件。

申请人向行政机关申请复议应当递交复议申请书。复议申请书应当载明下列内容：

1．申请人的姓名、性别、年龄、职业、住址等（法人或者其他组织的名称、地址、法定代表人的姓名）；

2．被申请人的名称、地址；

3．申请复议的要求和理由；

4．提出复议申请的日期。

（三）受理

复议机关应当自收到复议申请书之日起 10 日内，对复议申请分别做出以下处理：

1．复议申请符合规定的，应予受理；

2．复议申请不符合规定的，裁决不予受理并告之理由；

3．复议申请书未载明规定内容的，应当把复议申请书发还申请人，限期补正。过期不补正的，视为未申请。

公民、法人或者其他组织依法提出复议申请，复议机关无正当理由拒绝受理或者不予答复的，上一级行政机关或者法律、法规规定的行政机关应当责令其受理或者答复。法律、法规规定应当先向行政机关申请复议，对复议不服再向人民法院提起诉讼的，申请人对复议机关不予受理的裁决不服的，可以在收到不予受理裁决书之日起 15 日内，向人民法院起诉。法律、法规另有规定的除外。

（四）审理

行政复议实行书面复议制度，但复议机关认为有必要时，可以采取其他方式审理复议案件。

复议机关应当在受理之日起 7 日内将复议申请书副本发送被申请人。被申请人应当在收到复议申请书副本之日起 10 日内，向复议机关提交做出具体行政行为的有关材料或者证据，并提出答辩书。逾期不答辩的，不影响复议。

复议期间具体行政行为不停止执行。但有下列情形之一的，可以停止执行：

1．被申请人认为需要停止执行的；

2．复议机关认为需要停止执行的；

3．申请人申请停止执行，复议机关认为其要求合理，裁决停止执行的；

4．法律、法规和规章规定停止执行的。

复议决定做出以前，申请人撤回复议申请，或者被申请人改变所作的具体行政行为，申请人同意并申请撤回复议申请的，经复议机关同意并记录在案，可以撤回。申请人撤回复议申请，不得以同一的事实和理由再申请复议。

（五）决定

复议机关应当在收到复议申请书之日起两个月内做出决定。复议机关经过审理，分别做出以下复议决定：

1．具体行政行为适用法律、法规、规章和具有普遍约束力的决定、命令正确，事实清楚，符合法定权限和程序的，决定维持；

2. 具体行政行为有程序上不足的，决定被申请人补正；

3. 被申请人不履行法律、法规和规章规定的职责的，决定其在一定期限内履行；

4. 具体行政行为有下列情形之一的，决定撤销、变更，并可以责令被申请人重新做出具体行政行为：主要事实不清的；适用法律、法规、规章和具有普遍约束力的决定、命令错误的；违反法定程序影响申请人合法权益的；超越或者滥用职权的；具体行政行为明显不当的。

复议机关审查具体行政行为时，发现具体行政行为所依据的规章或者具有普遍约束力的决定、命令与法律、法规或者其他规章和具有普遍约束力的决定、命令相抵触的，在其职权范围内依法予以撤销或者改变。复议机关认为具体行政行为所依据的规章或者具有普遍约束力的决定、命令与法律、法规或者其他规章和具有普遍约束力的决定、命令相抵触，而复议机关又无权处理的，向其上级行政机关报告。上级行政机关有权处理的，依法予以处理；上级行政机关无权处理的，提请有权机关依法处理。处理期间，复议机关停止对本案的审理。

复议机关做出复议决定，应当制作复议决定书。复议决定书应当载明下列事项：

1. 申请人的姓名、性别、年龄、职业、住址（法人或者其他组织的名称、地址、法定代表人的姓名）；

2. 被申请人的名称、地址，法定代表人的姓名、职务；

3. 申请复议的主要请求和理由；

4. 复议机关认定的事实、理由，适用的法律、法规、规章和具有普遍约束力的决定、命令；

5. 复议结论；

6. 不服复议决定向人民法院起诉的期限，或者终局的复议决定，当事人履行的期限；

7. 做出复议决定的年、月、日。

复议决定书由复议机关的法定代表人署名，加盖复议机关的印章。

（六）其他规定

除法律规定终局的复议外，申请人对复议决定不服的，可以在收到复议决定书之日起 15 日内，或者法律、法规规定的其他期限内向人民法院起诉。

对申请人逾期不起诉又不履行复议决定的，分别情况处理：

1. 维持原具体行政行为的复议决定，由最初做出具体行政行为的行政机关申请人民法院强制执行，或者依法强制执行；

2. 改变原具体行政行为的复议决定，由复议机关申请人民法院强制执行，或者依法强制执行。

被申请人拒绝履行复议决定的，复议机关可以直接或者建议有关部门对其法定代表人给予行政处分。

五、行政赔偿

为保障公民、法人和其他组织享有依法取得国家赔偿的权利，促进国家机关依法行使职权，我国于 1995 年 1 月 1 日起施行《中华人民共和国行政赔偿法》。所谓行政赔偿是指行政主体及其工作人员违法行使行政职权，侵犯公民、法人和其他组织的合法权益并造成损害的，由法律规定的赔偿义务机关对受害者予以赔偿的法律制度。工商行政管理的行政赔偿是国家行政赔偿的一种，指工商行政管理机关及其行政执法人员侵犯公民、法人和其他组织的合法权益并造成损害的，由工商行政管理机关依法对受害者予以赔偿。工商行政管理的行政赔偿应严格按照《中华人民共和国行政赔偿法》执行。

（一）赔偿范围

行政机关及其工作人员在行使行政职权时有下列侵犯人身权情形之一的，受害人有取得赔偿的权利：

1. 违法拘留或者违法采取限制公民人身自由的行政强制措施的；
2. 非法拘禁或者以其他方法非法剥夺公民人身自由的；
3. 以殴打等暴力行为或者唆使他人以殴打等暴力行为造成公民身体伤害或者死亡的；
4. 违法使用武器、警械造成公民身体伤害或者死亡的；
5. 造成公民身体伤害或者死亡的其他违法行为。

行政机关及其工作人员在行使行政职权时有下列侵犯财产权情形之一的，受害人有取得赔偿的权利：

1. 违法实施罚款、吊销许可证和执照、责令停产停业、没收财物等行政处罚的；
2. 违法对财产采取查封、扣押、冻结等行政强制措施的；
3. 违反国家规定征收财物、摊派费用的；
4. 造成财产损害的其他违法行为。

属于下列情形之一的，国家不承担赔偿责任：

1. 行政机关工作人员与行使职权无关的个人行为；
2. 因公民、法人和其他组织自己的行为致使损害发生的；

3. 法律规定的其他情形。

（二）赔偿请求人和赔偿义务机关

受害的公民、法人和其他组织有权要求赔偿。受害的公民死亡，其继承人和其他有扶养关系的亲属有权要求赔偿。受害的法人或者其他组织终止，承受其权利的法人或者其他组织有权要求赔偿。

行政机关及其工作人员行使行政职权侵犯公民、法人和其他组织的合法权益造成损害的，该行政机关为赔偿义务机关。两个以上行政机关共同行使行政职权时侵犯公民、法人和其他组织的合法权益造成损害的，共同行使行政职权的行政机关为共同赔偿义务机关。法律、法规授权的组织在行使授予的行政权力时侵犯公民、法人和其他组织的合法权益造成损害的，被授权的组织为赔偿义务机关。受行政机关委托的组织或者个人在行使受委托的行政权力时侵犯公民、法人和其他组织的合法权益造成损害的，委托的行政机关为赔偿义务机关。赔偿义务机关被撤销的，继续行使其职权的行政机关为赔偿义务机关；没有继续行使其职权的行政机关的，撤销该赔偿义务机关的行政机关为赔偿义务机关。

经复议机关复议的，最初造成侵权行为的行政机关为赔偿义务机关，但复议机关的复议决定加重损害的，复议机关对加重的部分履行赔偿义务。

（三）赔偿程序

赔偿义务机关对依法确认属行政赔偿范围的，应当给予赔偿。赔偿请求人要求赔偿应当先向赔偿义务机关提出，也可以在申请行政复议和提起行政诉讼时一并提出。赔偿请求人可以向共同赔偿义务机关中的任何一个赔偿义务机关要求赔偿，该赔偿义务机关应当先予赔偿。赔偿请求人根据受到的不同损害，可以同时提出数项赔偿要求。

要求赔偿应当递交申请书，申请书应当载明下列事项：

1. 受害人的姓名、性别、年龄、工作单位和住所，法人或其他组织的名称、住所和法定代表人或者主要负责人的姓名、职务；

2. 具体的要求、事实根据和理由；

3. 申请的年、月、日。赔偿请求人书写申请书确有困难的，可以委托他人代书；也可以口头申请，由赔偿义务机关记入笔录。

赔偿义务机关应当自收到申请之日起 2 个月内依照规定给予赔偿；逾期不予赔偿或者赔偿请求人对赔偿数额有异议的，赔偿请求人可以自期间届满之日起 3 个月内向人民法院提起诉讼。

赔偿义务机关赔偿损失后，应当责令有故意或者重大过失的工作人员或者受委托的组织或者个人承担部分或者全部赔偿费用。对有故意或者重大过失的责任人员，有关机关应当依法给予行政处分，构成犯罪的，应当依法追究刑事责任。

六、对工商行政管理机关的执法监督的实施

工商行政管理机关作为市场经济重要监管部门，应严格实施执法监督，不断完善工商执法监督机制。完善执法监督有利于进一步优化执法环境，避免保障制度流于形式；有利于从客观上减少公职人员滥用职权，避免渎职行为和预防办案中的腐败现象发生；有利于加大对公职人员的封闭办案的制约，真正实现行政执法的公开公正，使办案机构、送审机构的办案质量走上法制化的正确轨道。对于行政执法监督，应当确立明确的管理模式，即以国家法律法规和规章为依据，以统一的格式法律文书为主要形式，以严格、规范的制度措施为保证，以组织授权为保障的强有力的执法监督机构为网络，抓好执法监督。其总体思路是将一般程序的案件确定为：科学掌握备案、适当跟踪查案、分离调查权和确定处罚权，实行核审定案，严肃结销案，以从根本上保证执法监督的效果。①

工商行政管理机关履行职责，依法接受司法机关和行政监察机关的监督。各级工商行政管理机关负责对本级和下级工商行政管理机关的执法活动组织实施监督。各级工商行政管理机关法制机构是主管执法监督的工作部门，在本级工商行政管理机关的领导下，负责组织、实施、协调和指导执法监督工作。各级工商行政管理机关其他有关机构应当依照其职责规定，做好行政执法监督工作。

思考题

一、选择题

1. 行政机关对于重大违法行为给予较重的行政处罚时，在证据可能灭失的情况下，可以采取的措施是（　　）。

A. 经行政机关负责人批准，可以先行封存证据
B. 经行政机关集体讨论决定，可以先行扣押证据
C. 经行政机关负责人批准，可以先行登记保存证据
D. 经行政机关负责人批准，可以先行登记提存证据

2. 当事人逾期不履行行政处罚决定的，做出处罚决定的行政机关可以采取

① 谢广件，《完善工商执法监督机制之管见》，《中国工商管理研究》，2006年，第5期，第54页。

的措施有（　　）。

　　A. 每日按罚款数额的千分之三加处罚款

　　B. 依法拍卖查封扣押的财产

　　C. 划拨冻结的存款

　　D. 申请法院强制执行

　　3. 公民、法人和其他组织对下列具体行政行为不服可以向行政机关申请复议（　　）。

　　A. 对拘留、罚款、吊销许可证和执照、责令停产停业、没收财物等行政处罚不服

　　B. 对限制人身自由或者对财产的查封、扣押、冻结等行政强制措施不服

　　C. 认为行政机关侵犯法律、法规规定的经营自主权

　　D. 对行政法规、规章或者具有普遍约束力的决定、命令不服

二、简答题

　　1. 什么是工商行政管理法律、法规？

　　2. 什么是行政处罚的简单程序？

　　3. 什么是对工商行政管理机关的执法监督？

　　4. 工商行政管理法律、法规有哪些表现形式？

　　5. 工商行政管理的职责是什么？

三、论述题

　　1. 工商行政管理机关查处各类违法行为时，可以使用哪些职权？

　　2. 试论对工商行政管理机关执法监督的方式。

第三章 市场主体注册登记管理

本章重点

1. 市场主体的分类
2. 企业登记管理的程序
3. 企业年检制度
4. 企业法人

第一节 市场主体的分类与概述

一、市场主体的分类

市场主体可以依照不同的标准进行分类，划分标准不同，可以有不同的类型：

1. 按市场主体的法律地位分，可分为企业法人与自然人、自然人企业。企业法人又可分为公司制企业法人（有限责任公司、股份有限公司）与非公司制企业法人（股份合作企业）；自然人指个体工商户；自然人企业指独资企业、合伙企业。

2. 按市场主体的所有制性质分，可分为国有企业（全民所有制企业）、集体所有制企业、外商投资企业（包括中外合资经营企业、中外合作经营企业、外资企业）、联营企业、私营企业及个体工商户。

3. 按市场主体在社会再生产总过程中的不同职能划分，可分为工业企业、商业企业、建筑企业、金融企业、服务业企业等。

4. 按市场主体隶属关系划分，可分为中央属企业、省属企业、市属企业、县属企业、乡镇企业、街道企业等。

5. 按市场主体的规模划分，可分为大型企业、中型企业、小型企业等。

二、市场主体概述

市场主体有广义和狭义之分。工商行政管理机关市场监督管理的客体是狭义的市场主体，是指经国家批准进入市场，从事商品生产、经营、服务，以营利为目的的企业法人与自然人（含个体工商户及自然人性质的企业）。

（一）企业法人

企业法人，是指依法设立、以营利为目的的，独立从事商品生产和经营活动的法人。企业法人不仅具有法人的一般特征，如具有民事权利能力和民事行为能力，依法能独立享有民事权利和承担民事义务等，而且还具有其他法人所没有的特征，主要表现为以下方面。

1. 企业法人是盈利性的法人。企业法人的目的，就是要通过生产经营活动，谋求利润，扩大收入。

2. 企业法人必须拥有国家法律规定的资金数额以上的资产。

3. 企业法人的设立必须经国家授权的登记主管机关核准注册登记，才能取得法人资格。

企业法人在我国的存在形式主要有：有限责任公司（包括国有独资公司）、股份有限公司及股份合作企业。有限责任公司由两人以上五十人以下股东组成，股东以其出资额为限对公司承担有限责任，公司以其全部资产对公司的债务承担有限责任。股份有限公司股东人数上限不定，其中发起方设立时至少有五个发起人，公司全部资产分为等额股份，股东以其所持股份为限对公司承担有限责任，公司以其全部资产对公司的债务承担有限责任。股份合作企业是非公司制企业法人。

（二）自然人

自然人，这里是指个体工商户及自然人性质的企业，包括独资企业、合伙企业等。

独资企业，即由一名出资者出资兴办并负责经营管理的企业，出资者个人需以自己的全部资产对企业负债负无限责任。合伙企业，则是两个或两个以上的合伙人联合经营的企业。合伙人需以全部个人财产对企业的债务承担无限责任与连带责任。每个合伙人在业务范围内都有权作为合伙企业的代理人，其权益转让必须取得全体合伙人的同意；合伙人中如有一人死亡或退出，企业即告解散。

上述按法律地位及资本构成划分市场主体，是国际通常使用的标准。但由于我国的社会主义经济性质要求，一些企业的改制工作尚在进行中，所以我们对市场主体的统计，仍是按所有制性质分为国有经济、集体经济、联营经济、个体经济、私营经济、外商投资经济等市场主体。将来的趋势，将逐渐过渡到按法律地位及资本构成分为企业法人与自然人。

第二节　企业登记管理与审批的基本程序

企业是依法成立的、享有独立经营权利和独立经济利益并能独立承担法律责任的营利的经济组织。企业要取得从事生产经营活动的资格，必须按照有关法律规定的程序，向工商行政管理机关申请登记，经过依法核准后领取营业执照。只有这样，企业的各种生产经营活动才能受到法律的保护。这种依照法定程序，由企业将法定登记的事项向主管企业登记机关进行登记的行为，就是企业登记。企业登记管理是工商行政管理机关依据法律、法规对企业的登记行为进行监督管理的各种行为的总称。因为公司是我国市场经济下的主要企业形式，其他非公司制的企业登记管理模式又与公司的登记管理模式和程序大体一致，所以在此我们重点介绍公司登记管理与审批的基本程序以免赘述。

一、企业登记管理机构

在我国，企业登记的主管机构是国家工商行政管理局和地方各级工商行政管理机构。在各级工商行政管理局内，又设有专门主管企业登记管理工作的专管单位。在国家工商行政管理局内，设有企业注册局和外商投资企业注册局；在省、自治区、直辖市一级的工商行政管理局内，设有企业注册处；在地级市、自治州一级的工商行政管理局内，设有企业注册科；在区、县一级的工商行政管理局内，设有企业注册办公室。工商行政管理机构依据法律、法规对企业登记活动进行监督管理，是一种行政执法机构。登记主管机构依法独立行使职权，实行分级登记管理和授权登记管理的原则。根据《中华人民共和国企业法人登记管理条例》（以下简称《企业法人登记管理条例》）第5条的规定，各级工商行政管理机构的分工如下：经国务院或者国务院授权部门批准的全国性公司、企业集团、经营进出口业务的公司，由国家工商行政管理局核准登记注册。中外合资经营企业、中外合作经营企业、外资企业，由国家工商行政管理局或者国家工商行政管理局授权的地方工商行政管理局核准登记注册。全国性公司的子（分）公司，经省、自治区、直辖市人民政府或其授权部门批准设立的企业、企业集团、经营进出口业务的公司，由省、自治区、直辖市工商行政管理局核准登记注册。其他企业，由所在市、县（区）工商行政管理局核准登记注册。

根据《公司登记管理条例》的规定，国家工商行政管理局负责下列公司的登记：国务院授权部门批准设立的股份有限公司；国务院授权投资的公司；国务院授权投资的机构或者部门单独投资或者共同投资设立的有限责任公司；外商投资的有限责任公司；依照法律的规定或者按照国务院的规定，应当由国家工商行政管理局登记的其他公司。省、自治区、直辖市工商行政管理局负责本辖区内下列公司的登记：省、自治区、直辖市人民政府批准设立的股份有限公司；省、自治区、直辖市人民政府授权投资的公司；国务院授权投资的机构或者部门与其他出资人共同投资设立的有限责任公司；省、自治区、直辖市人民政府授权投资的机构或者部门单独或者共同投资设立的有限责任公司；国家工商行政管理局委托登记的公司。其他公司的登记，由市、县工商行政管理局负责。

各级登记主管机关均有权对管辖范围和区域内的企业和个人进行监督检查，对企业和个人有关登记方面的违法违章行为，有权依法处罚。

国外企业注册登记机关

各国企业登记注册主管机关名称几乎各不相同，所隶属的机构部门也不同。从隶属机关的性质来分主要有三大类：

1. 政府或政府组成部门的行政机关。在新加坡，企业注册主管机关是政府治下的公司商行注册局，通常由政府部长主管且由部长委任登记官具体受理、处理登记注册事宜。美国企业的登记注册机关是州务卿办公室，加拿大在财政部，英国为英国贸易部企业注册局，挪威为商业运输部。

2. 司法机关内设置的登记注册机关。如日本的企业登记注册机关是法务局、地方法务局、支局、派出所，以上统称为登记所。韩国登记注册机构设置在地方法院的商业登记所，也由登记公务员全权负责登记注册事宜。法国、德国、奥地利、比利时、卢森堡等一些欧盟成员国的登记注册机关设在经济法院或法庭。

3. 行业商会中介机构所设的登记注册机构。如荷兰的地区商会，负责企业开办的登记注册。瑞典的斯德哥尔摩专利和注册事务所，则是该国公司登记注册的主管机构。

将企业登记注册机关设置在政府部门、司法部门或由政府授权的中介机构，这些都与该国的法律经济制度和传统惯例相关联，但通过专设机构确认企业合法地位，授予确认证书或执照，将企业治理机构、经营行为等等置于法律监控之中都是共同的目标和要求。

来源：陈甬沪编著，《中国当代企业登记注册制度》，北京：中国工商出版社，2002.12，第303页。

二、企业法人登记与营业登记

符合企业法人条件的企业，应进行企业法人登记；如不具备企业法人条件，则应进行营业登记。

（一）企业法人登记

企业法人登记是符合企业法人条件的市场经营主体进入、存续、退出市场时，依法确立、终止其法律资格和确立、变更、终止其经营资格的法律行为。作为一个企业，它要成为企业法人，首先，要符合企业的标准（依托市场以营利为主要目的）；其次，要具备《中华人民共和国民法通则》（以下简称《民法通则》）中规定的法人条件，即依法成立，有必要的财产或者经费，有自己的名称、组织机构和场所以及能够独立承担民事责任；再次，必须具备其他法律规定的条件；最后，必须依照法定程序经工商行政管理机关的核准登记。企业法人开业时，需进行开业登记；如在其存续期间改变登记注册事项，应进行变更登记；由于种种原因企业法人终止其经营活动，则需进行注销登记。企业法人开业登记是指具有法人条件的企业在开业时依法向国家登记管理机关提出开业申请，经核准登记注册的法律行为。具备法人条件的企业，在其进行企业法人登记、获得法人资格时，即同时获得了合法经营资格。企业享有法律赋予企业法人的各种权利，并受法律的保护，同时，企业也必然要承担与其权利对等的义务。企业法人核准登记注册之后，由登记主管机关发给企业法人营业执照。企业法人凭据《企业法人营业执照》可以刻制公章、开立银行账户、签订合同，进行经营活动。企业法人变更登记是指企业法人存续期间，当企业法人因改变名称、住所、经营场所、法定代表人、经济性质、经营范围、经营方式、注册资金、经营期限，以及增设或者撤销分支机构时，向企业法人登记主管机构办理变更登记事项的法律行为。企业办理企业法人变更登记，并不改变企业的法人地位，只是变更一项或几项登记事项。然而，企业经营场所、经营范围、注册资金等项目的变更往往使企业的经营能力或经营方向发生变化，所以，企业法人变更登记虽然不改变企业法人地位，但常常导致企业法人的经营资格内容发生变化。企业法人注销登记是指企业法人因歇业、被撤销、宣告破产或者其他原因终止营业时，登记主管机关终止其作为法人的经营资格的法律行为。企业法人办理注销登记并获得核准后，即宣告了企业法人资格的取消，该企业的经营资格随之取消，以该企业名义进行的经营活动也依法停止。

（二）营业登记

不具备法人资格的经济组织和个人要进入市场从事经营活动，必须办理营业登记。不具备法人条件的企业和经营单位，如企业法人设立的不具备法人条件的分支机构、机关法人的后勤服务机关、不具备法人资格条件的联营企业以及个体工商户依法确立、变更、终止其经营资格的法律行为就是营业登记，具体表现为不具备法人条件的企业、事业单位和个人的开业营业登记、变更登记和注销登记。不具备法人条件的企业、事业单位和个人在开业前要向政府登记机关办理开业营业登记手续，领取营业执照后，才具备合法经营资格，才能依法进行经营活动。当不具备法人条件的经营主体在依法经营期间，因名称、住所和经营场所、经营者或经营负责人姓名、组织形式、资金数额、经营范围和经营方式等发生改变时，要向登记机关进行变更登记。当不具备法人条件的经营主体歇业时，要向登记机关办理注销营业登记手续。

三、企业登记管理的范围和工作内容

（一）企业登记管理的范围

随着我国市场经济的发展，企业登记管理的范围也在不断扩大。目前，我国企业登记管理的范围几乎囊括了各种经济类型和行业中的企业。今后，凡是作为市场主体从事商品经营和服务经营活动的单位，都将纳入登记范围。

从公司法意义上讲，有限责任公司、股份有限公司、国有独资公司都必须进行登记。从经济类型上看，企业登记管理的范围包括国有企业、集体企业、私营企业、联营企业、外商投资企业、依法需要办理企业法人登记的其他企业、不具备法人条件的企业和经营单位以及个体工商户。从行业上看，企业登记管理的范围包括农、林、牧、渔、水利业及服务业、工业、建筑业、地质普查和勘探业、交通运输业、邮电通讯业、商业、公共饮食业、物资供销业、仓储业、房地产经营业、居民服务业、咨询服务业、金融保险业以及其他行业。工商行政管理机关必须对下列行业中实行企业化经营、国家不再核拨经费的事业单位和从事经营活动的科技性社会团体进行企业登记管理，主要包括公用事业、卫生事业、体育事业、社会福利事业、教育事业、文化艺术事业、广播电视事业、科学研究事业和技术服务事业等。

（二）企业登记管理的工作内容

从工作内容上看，企业登记管理包括登记、日常监督、违法违章查处等三

部分内容。

登记是登记管理机构对市场经营主体进入市场的资格认证工作。登记管理包括开业登记、变更登记和注销登记。登记管理机关通过企业法人登记和营业登记，审核市场经营主体在开业、变更、转业、迁移、歇业时的法人资格和营业资格，确认其参加市场经营活动的权利、义务和责任；对不再具备法人条件和经营能力的企业和个人，取消其经营资格。

日常监督是指登记管理机构对市场上从事经营活动的主体的资格变化、经营活动是否在其核定的资格允许范围内而进行的监督活动。登记管理机构随时监察已获得法人资格和营业资格的企业和个人的经营活动。对其在经营活动期间因某些事项（如法定代表人、经营场所、经营资金等）发生变化而未及时在登记机构变更登记的，要督促其及时办理变更登记；对企业或个人超出经营范围或在经营中违反有关法规的，要督促其及时纠正；对由于主体自身变化或政府政策发生变化，或者由于经营主体的违法经营使经营主体丧失了经营资格的，要及时取消其经营资格或法人资格。

违法违章查处是登记管理机构对参与市场经营的组织和个人违反了国家有关登记的法律和规章而进行的依法处理活动。当参与市场经营的组织或个人没有得到登记管理机构的资格认证，或者已获得经营资格的企业或个人在经营活动中超出其资格允许范围，甚至从事国家禁止的经营活动，或者参与市场经营的企业或个人侵犯了其他主体的合法资格时，登记管理机构都要依法查处。进行违法违章查处工作，可以确保市场经营主体合法经营，保障经营主体合法资格及其权益。

四、企业登记管理的法律依据

各级工商行政管理机关进行法人登记管理的法律依据主要有：《民法通则》中有关企业法人登记管理的规定；各类企业法中有关登记管理的规定；专项登记管理法规，主要有国务院制定的《企业法人登记管理条例》、国家工商行政管理局根据《企业法人登记管理条例》制定的《企业法人登记管理条例施行细则》、国家工商行政管理局根据有关法规单独或与有关部门联合制定的登记管理规定；《中华人民共和国公司法》（以下简称《公司法》）和《公司登记管理条例》。

五、企业登记管理的程序

企业法人登记程序是指具备法人条件或资格的企业申请办理及登记主管机关审核批准开业登记、变更登记和注销登记的步骤和方法。企业申请办理法人登记和登记主管机关审核批准企业法人登记都必须依照法律规定的程序办理。企业法人登记程序可以分为两个部分：一是从企业角度规定的申请办理登记的程序，二是从登记主管机关的角度规定的登记审批程序。

从企业角度规定的申请办理登记的程序包括以下四个步骤：（1）到主管部门或审查批准机关办理批准文件；（2）向登记主管机关领取申请登记表并按照规定填写；（3）填完后向登记主管机关递交填写好的登记申请表和按规定应提交的各种文件及证明材料；（4）领取营业执照。

我国的企业，绝大部分以公司的形式存在。在公司的设立上，各国的立法有着不同的主张，大体上可以分为四种立法主义，即自由设立主义、特许设立主义、许可设立主义和准则设立主义。自由设立主义又称为放任设立主义。此种立法主义对于公司的设立不加任何干涉，公司的设立完全由当事人自行决定，公司一经设立即取得法律上的人格。此种立法主义会导致公司的滥设，有碍交易的安全。此种立法主义流行于欧洲中世纪自由贸易时代，后来逐渐被淘汰。特许设立主义是指欲取得公司法人资格，须经国家的特别许可。有的规定须经国家元首的许可，有的规定须经特别制定的法律许可。此种立法主义盛行于17世纪至18世纪股份公司发展的初期。许可设立主义，又称为核准主义。依据此种立法主义，公司的设立除依据法律所规定的条件外，还须经行政主管机关的核准。它与特许设立主义的区别是：核准是行政上的特权，公司的设立是基于已有的法律而由行政主管机关核准；而特许是立法上的特权，每一公司的设立须制定一定的法律。准则设立主义是国家对于公司的设立规定统一的准则，公司的设立只要符合准则规定的条件即可，无须经行政主管机关核准，但是，通常都规定，公司设立须经主管机关登记才能取得法人资格。登记与核准是不同的，依照准则主义，只要公司设立符合法律规定的条件，设立人申请登记时，主管机关即应予以登记，其职权仅是审查是否符合登记的条件，而不能决定是否准许设立公司；而依照许可主义，行政机关须决定是否准许设立公司，不经核准，当事人不得设立公司。我国对于公司的设立曾有着不同的主张，最终，原则上采取了准则设立主义，同时，对于某些公司的设立采取了核准主义。一般情况下，只要其符合法律规定的企业成立条件，就可以直接到登记主管机关进行开业登记，无须再经政府其他部门批准。对于某些行业的企业，如金融、保险、证券、公用事业等有特殊经营要求的行业，为了保证国家对其的控制和监督，还应采取审批主义，须经政府有关部门批准才能成立。向登记主管机关申请开业登记时，也必须提交有效批准文件。

六、企业登记审批程序

企业登记审批程序，是登记主管机关对申请登记单位的企业法人资格进行审查的方式与步骤。是保证公司登记事项的真实性与合法性，从而保证公司依法设立的重要法律程序。

企业登记审批的一般程序分为申请（受理）、审查、核准、发照、公告五个阶段。

（一）申请（受理）

"申请"是针对公司，"受理"则是针对登记主管机关。一般由公司组建负责人或公司发起人向登记主管机关提出书面申请。登记主管机关对企业实行分级管理的原则。一般企业在企业所在市、县（区）工商行政管理机关申请登记。大型企业、特殊类型的企业，如股份有限公司、企业集团、外商投资企业等，分别向省、自治区、直辖市工商行政管理局或国家工商行政管理局申请登记。企业在申请登记时应提交有关的批准文件、证明文件和法律文书供登记主管机关审查。登记主管机关在这一阶段的工作主要是初步审查、名称预先登记（查询）和政策法规咨询服务。

1. 初步审查

初步审查的主要工作是确定申请登记单位是否属于受理范围：

（1）是否属于企业登记注册范围。只有从事经营活动的市场主体才需要进行登记。而不以营利为目的的事业单位、国家机关、社会团体则不需要到工商行政管理机关登记注册。

（2）是否属于党政机关经商办企业。严禁党政机关经商办企业是党中央、国务院的一贯方针。党政机关经商办企业，与党政机关的职能要求格格不入，也必然造成官商不分、权钱交易，破坏社会的公平竞争，损害党和政府的形象。因而必须坚决禁止，予以驳回。

（3）是否属于本工商行政管理机关的管辖范围。如不属于，可通知企业到应受理的工商行政管理机关申请登记。

2. 政策法规咨询服务

在企业申请登记过程中，有些企业由于不了解国家的法规政策，提交的文件不齐全、不规范，这就需要登记主管机关对企业进行宣传，引导企业遵照国家法规、政策办理登记。

登记主管机关应向企业提供有关经济信息，并根据国家产业政策，引导企业从事国家急需的行业。

登记主管机关对符合申请登记条件的企业，发给《企业法人登记注册书》。《企业法人登记注册书》是企业法人设立登记后存档的重要文件，经登记主管机关审核批准后即具有法律效力，这是区别企业合法经营与非法经营的重要依据。企业必须认真如实填写并应对所填内容的真实性负责。

企业应提交的文件、证件和填报的企业登记注册书齐备后，登记主管机关方予以受理。

（二）审查

审查是登记主管机关履行职责对企业提交的文件、证件和填报的登记注册书的真实性、合法性、有效性进行的全面检查，并核实有关登记事项和开办条件的过程。对企业而言，则是接受审查和接受国家政策、法令的指导，明确自身权利义务的过程。

审查的具体过程是：

1. 程序性审查

主要是对企业提交文件的有效性进行审查。包括：

（1）审查企业提交的批准文件是否符合规范

①是否在有效期内：法规规定，企业法人办理开业登记，应当在审批机关批准三十日内，向登记主管机关提出申请。

②批件、证件是否是原件，是否加盖了相应的公章。如申请登记书必须加盖申请登记单位的印章（如公司设立分支机构或分公司）。

③审批机关是否具备审批资格。审批机关的审批资格源于法律、法规授权。例如申请开办一药品生产厂。根据我国药品管理法的规定，开办药厂必须由所在省、自治区、直辖市卫生部门审核批准。县卫生行政部门、非直辖市的市卫生行政部门的批件即属无效。

（2）审查企业提交的文件所载事项是否齐全

包括申请书、企业章程、企业审批文件中应记载的事项都必须齐全。

登记主管机关在程序性审查中如果发现企业提交的文件不符合规定或审批手续不完备时，应对企业进行法律、法规、政策的宣传解释工作，提出纠正、解决的具体办法，引导企业遵循国家的各项法规、政策规定或登记审批程序，补办所需文件手续。

2. 实质性审查

实质性审查，是指登记主管机关对企业提交批件、证件、企业章程和所填企业登记注册书内容的真实性、合法性进行的书面审查。具体包括提交文件所载内容和所填登记注册事项是否属实，是否符合国家的法律、法规、政策规定。

（1）企业名称。企业名称应符合《企业法人登记管理条例》及其施行细则和《企业名称登记管理规定》的要求。

（2）企业住所。自有房屋应出具产权证明；租用他人房屋，其租赁协议必须合法，国家明令不许租赁的房屋，例如分配给职工的公有的房屋不得租赁。

（3）企业法定代表人。企业法定代表人应提交身份证复印件并填写法定代表人履历表，并贴本人照片，以便登记主管机关审查。

（4）从业人员。企业专职从业人员应符合国家法规、政策规定。聘用外来人员应提交外来人员的临时户口证件。企业财务人员和技术人员应有专业和职称证明。

（5）公司股东和公司发起人。对股东及其发起人的资格进行认定。例如国家公务员不可成为有限责任公司的股东和股份有限公司的发起人股东。

（6）企业资金来源和注册资本。A）审查企业资金来源的真实性。登记主管机关要核实企业注册资本构成的有关凭证。例如，属于社会集资的，必须有各投资单位或主要股东的认股书。B）审查企业资金来源的合法性。登记主管机关根据国家有关政策、法规以及国家规定的财务制度，审查企业资金来源的合法性。例如，机关动用公款兴办劳动服务公司，企业动用专项资金兴办企业，均属资金来源不合法。

（7）经营范围。企业申请的经营范围和经营方式应符合国家的产业政策和各项法律、法规。国家对国有企业、集体企业、私营企业和外商投资企业均有不同的规定。

（8）企业章程。企业章程的书写形式要规范，用语要准确，其内容必须符合国家法律、法规和政策的规定。

3．实地调查

对登记事项和企业章程进行书面审查后，还需进行实地调查。实地调查，是指登记主管机关工作人员深入企业住所或经营场所进行实地调查。主要是对企业厂址、设备、规模、环境等条件进行实地考察。实地调查是保证登记事项真实性的基础，具体包括：

（1）察看经营场地是否与登记注册书上填写的场地面积相符；

（2）察看企业是否真正具备开业条件，实际情况是否与书面材料记载的内容相符；

（3）同企业组建负责人对话，逐项核实登记事项。

（4）实地调查核实后，登记机关工作人员即填写实地调查表。

（三）核准

经过审查和实地核实后，由登记主管机关的审查员提出审查意见，按照审批程序呈报，由核准人或主管领导签署意见。

为逐步向国际通用的登记注册制过渡，本着简便、规范的原则，许多地区的工商行政管理机关建立健全了企业登记注册审核制度。即企业申请登记注册的文件、证件经登记主管机关有资格的审查员依法受理、审查，报经核准人依法予以核准或驳回后，即发生法律效力。对予以核准的企业发《核准通知书》，对不予核准的，也必须及时通知申请单位。未经核准登记的单位，一律不准筹建或开业，不得刻制公章、签订合同、注册商标、刊登广告，银行不予开立账户。

（四）发照

营业执照是登记主管机关代表国家核发给营业单位和个人并准许其营业的凭证，具有法律效力。

营业执照是企业从事生产经营活动的合法证件。企业从领取营业执照之日起，就取得了合法经营权，开始享有从事经营活动的权利，其合法权益受到法律保护。同时，营业执照又是对企业具有约束力的文件。企业在营业执照规定的范围内从事经营活动，如果违反则要受到相应的处罚。

营业执照分《企业法人营业执照》、《营业执照》、《中华人民共和国企业法人营业执照》、《中华人民共和国营业执照》四种。

《企业法人营业执照》是企业取得法人资格和合法经营权的凭证。全民所有制企业、集体所有制企业、联营企业和私营企业，具备国家规定的企业法人条件，经工商行政管理机关核准登记注册，领取《企业法人营业执照》，取得法人资格。

《营业执照》是企业或经营单位取得合法经营权的凭证。不具备法人条件的联营企业和私营独资企业、合伙企业以及企业法人所属分支机构，如具备国家规定的营业条件，经工商行政管理机关核准登记注册，领取《营业执照》。

《中华人民共和国企业法人营业执照》是外商投资企业取得中国法人资格和合法经营权的凭证；

《中华人民共和国营业执照》是外商投资企业设立的分支机构取得合法经营权的凭证。

营业执照由国家工商行政管理局统一制定，由各级工商行政管理机关颁发，其他单位和个人无权颁发营业执照。企业必须悬挂营业执照。营业执照除登记机关依照法定程序可以扣缴或吊销外，其他任何单位和个人不得收缴、扣押、毁坏。

企业不得伪造、涂改、出借、转让、出卖和擅自复印营业执照。企业根据国家规定应当向有关部门提交执照复印件的，应经原登记主管机关同意并在执照复印件上加盖登记主管机关的公章。企业遗失营业执照，必须登报声明作废，并及时向登记主管机关报告，申请补发营业执照。

（五）公告

企业法人登记公告是登记主管机关代表政府发布的具有法律效力的正式公告。建立企业法人登记公告制度，在企业设立上实行公示主义，有利于置企业于社会的监督之下，加强对企业的监督，从而建立有序的市场秩序；同时也有利于正确传递经济信息，更好地维护企业的合法权益。

企业法人登记公告是登记主管机关代表政府发布的正式文告，具有特定的法律效力：企业法人登记公告是企业取得法人资格的必经最后程序，因而公告具有确定企业设立的法律效力；企业法人公告是经登记主管机关审查核准的，因而公告具有企业注册事项真实性的法律效力；企业登记注册事项经公告即受国家法律保护，因而公告具有确认登记内容的合法性以及善意对抗第三者的法律效力。

西方国家在公司设立上实行"公示主义"，公司注册后，一般需发布公司事务公告或公司设立公告。其内容主要是公司注册事项、公司章程或公司章程摘要。例如法国公司法规定，公司注册后必须在政府事务公报上刊载商事注册事项的副本或摘录；比利时公司法规定，公司文件必须在官方公报的附刊上摘要公告，未经摘要公告的文件对第三人没有效力，未摘要公告备忘录和章程的公司没有资格在法院出席。由此可见西方国家对企业设立公告的重视程度。

我国于1985年《公司登记管理暂行规定》颁布后开始对公司实行公告制度。1988年《企业法人登记管理条例》颁布后开始对企业法人实行公告。1990年国家工商行政管理局颁布《企业法人登记公告管理办法》，使企业法人登记公告更加完善。

根据《企业法人登记公告管理办法》的规定，企业法人登记公告，由国家工商行政管理局和省、自治区、直辖市工商行政管理局依法统一组织发布。其他任何部门、单位和个人不得组织发布。

企业法人登记公告分为开业登记公告、变更名称登记公告和注销登记公告。

开业登记公告的内容包括名称、住所、法定代表人、经济性质或企业类别、注册资金或注册资本、经营范围、经营方式、注册号、核准登记注册日期。

企业名称发生变更，经登记主管机关核准，需发布变更名称登记公告。其内容包括原核准的以及变更登记后的名称、住所、法定代表人、经济性质或企业类别、经营范围、核准变更登记日期。企业登记注册其他事项发生变更，如企业本身有要求，经登记主管机关核准，也可发布变更登记公告。

注销登记公告标志着企业法人的消亡。企业法人终止，经登记主管机关办理注销登记，并发布注销登记公告。其内容包括企业名称、住所、法定代表人、注册号、注销原因、核准注销登记日期。有债权和债务的还应公告负责清理债务的单位。

除《企业法人登记公告管理办法》外，《公司登记管理条例》对公司公告作了如下补充规定："股份有限公司应当在其设立、变更、注销登记被核准后的30日内发布设立、变更、注销登记报告，并应当自公告之日起30日内将发布的公告报送公司登记机关备案。"

企业法人登记公告的基本形式为期刊式，刊名为《中国企业法人登记公告》。登记主管机关对登记公告内容必须认真审核，有关登记事项的内容要确认核准无误后，方可发布。企业法人未经登记主管机关批准不得擅自印刷、刊登企业登记公告。登记主管机关有权依法查处非法印刷、刊登、发布企业登记公告的企业或经营单位。

以上是企业法人登记审批程序的一般阶段形式，在不同的具体登记中，程序阶段略有不同。企业开业登记，须经过申请、受理、审查、核准、发照、公告程序阶段；企业变更登记，须经过申请（不含登记主管机关依法强制办理变更登记的）、受理、审查、核准、换照（变更登记涉及原执照注册事项改变的）、公告（只包括涉及法人名称改变的）程序阶段；企业注销登记，须经过申请（不包括因违法行为而被吊销执照或者登记主管机关依法强制办理注销登记的）、受理、审查、核准、公告程序阶段。

第三节　个体工商户的营业登记管理

因为个体工商户的营业登记管理在自然人的登记管理中最具有典型性和代表性，所以这里我们仅以个体工商户的营业登记管理为例加以介绍。

一、办理营业登记注册

根据国家有关法律、法规的规定，个体工商户取得合法经营资格的标志是在政府有关管理部门办理登记注册，经过相关部门的审核批准后，获得政府有关管理部门颁发的营业许可证，其具体规定是：

（一）个体工商户须办理营业登记注册

营业登记注册是公民（自然人）为获得合法经营资格而必须向国家有关管理部门办理的一种登记注册。根据《中华人民共和国民法通则》（以下简称《民法通则》）的规定，个体工商户在法律上属于公民（自然人）的范畴，而所有欲取得合法经营资格的公民，皆须按国家有关法律、法规的规定，向其所在地工商行政管理机关申请营业登记，经县级工商行政管理部门审核批准、领取营业执照后，才真正具备相应法律资格。

（二）办理营业登记注册的个体经营实体

个体工商户通常有狭义和广义之分。法律上所指个体工商户是指狭义上的个体工商户，仅指《民法通则》在第二章第四节的条款中所明确界定的个体工商户。社会上一般认同的个体工商户则指广义的个体工商户，其中除包括狭义的个体工商户之外，还包括由《民法通则》第二章第五节各款所界定的个人合伙形式的经营实体。根据法律条款的界定，无论是狭义的个体工商户还是广义的个体工商户，都属于公民（自然人）的范畴，因此必须按营业登记要求办理登记注册。

（三）个体经营实体不同形式的不同法律内涵

个体工商户形式的个体经营实体具有公民和经营者双重身份。作为公民，其当然享有法律赋予公民的一切权利，包括一般经营组织所不能享有婚姻自主权、财产继承权等民事权利。同时，其作为个体工商户，又享有法律赋予的、不是一般公民（自然人）所能享有的经营的权利。如请帮手、带学徒、起字号、签经营合同等工商经营的权利。按照法律、法规要求，其取得双重身份的前提条件是必须依法经核准登记，领取营业执照，因而属于营业登记适用的市场主体。

个人合伙形式的个体经营实体是公民的集合、财产的集合。合伙人之间具有共同经营、共同劳动、共担风险的经营关系，在一定程度上兼顾了各方面的优势。表现为：

1. 既有合伙人之间的相互制约，又具有比企业股东更为融洽的人际关系，因而出现随意性决策和无益内耗的可能性比较小。

2. 既能实现较为科学的管理，又不必专设管理机构，因而节约了相应的人力物力。

3. 既能实现人、财、物的聚合有度，又不致像公司制企业那样必须经过一定法定程序才能处理问题，因而有经营灵活的优势。

4. 由于所有合伙人都对经营债务承担连带无限责任，使得个人合伙具有相对可靠的商业信用，使经营者与其交易伙伴都具有较强的经营信心。

二、办理经营登记注册的必要条件

按照《中华人民共和国城乡个体工商户管理暂行条例》(以下简称《个体工商户管理暂行条例》)的规定，个体工商户与个人合伙在进行营业登记注册时，须具备一定的条件，具体地讲有一般条件与特定条件之分：

(一)一般条件

个体工商户与个人合伙经营须具备的一般条件大致有人员条件、户籍条件、场所条件、经营范围条件四个方面：

1．人员条件

根据《个体工商户管理暂行条例》，从事个体工商业经营的人员一般须符合以下条件：

(1)有经营能力的城镇待业人员。其中包括城镇待业青年和其他社会待业人员，其中城镇待业青年根据劳动人事部门《城镇人员登记管理办法》规定，是指年龄在十六岁至二十五周岁，具有劳动能力，未能升学而要求就业的初、高中毕业生以及其他要求就业的适龄青年。

(2)农村村民。

(3)国家政策允许的其他人员。

2．户籍条件

按相关法律、法规规定，凡以从事个体工商业经营工商业为由办理经营登记的人员皆需要具有当地户籍，向户籍所在地登记主管部门申报。侨居中国的外国侨民则须有公安部门核发的居住证明和居住地政府的有关证明。

3．场所条件

从事个体工商经营的个体工商户与个人合伙均需具备相对固定的生产经营场所，若经营者限于自身条件约束而无法自行解决的，当地人民政府及有关部门可统筹安排，协助解决。一般需要自身的场地产权证明，与产权方登记的租用协议或政府有关部门的批件。

4．经营范围条件

个体经营实体所经营的业务范围与商品类别必须符合国家法律和政策允许的范围。其大致范围界定在工业、手工业、建筑业、交通运输业、商业、饮食业、服务业、修理业及其他行业。可以一业为主，兼营其他。

(二)须具备的特定条件

某些特定行业的经营要求经营者具备某些特定条件：

1．从事煤矿开采需获得国家煤矿工业管理部门的批准并取得开采许可证。

2. 从事制造、修理简易计量器具的经营需经县级政府计量行政管理部门考核合格并取得制造计量器具许可证或修理器具许可证。

3. 从事农业机械维修须经县农业机械管理部门考核并取得技术合格证。

4. 从事建筑设计需经过有关部门资格审查并取得设计证书。

5. 从事建筑修缮须经当地城建管理部门资格审查、批准并取得批准证书。

6. 从事烟草经营须获得当地烟草专卖局颁发的烟草专卖许可证。

7. 从事饮食、食品加工和经营性销售的须获得食品卫生监督部门核发的证明。

8. 从事旅店业、刻字业、信托寄卖业、印刷业经营应获得所在地公安机关的批准证明。

9. 个体工商户和个人合伙在经营过程中欲请帮手、带学徒的，须按照要求分别与其所请的帮手和所带的学徒签订劳动合同，并将劳动合同的文本报送有关管理部门。

三、登记注册的类别

个体工商户与个人合伙所须进行的登记注册主要包括开业登记、变更登记、停业登记、注销登记、异地经营登记与重新登记。

（一）开业登记

公民为成立个体经营实体，获得从事生产经营活动的合法资格而按有关规定向工商行政管理部门申请办理的登记注册，通常称之为个体工商户或个人合伙的开业登记。

（二）变更登记

个体经营实体由于注册登记之经营事项变化而须按规定变更经营事项而办理的登记手续，称为变更登记。该行为多发生于个体经营实体出现经营场所、经营范围、经营方式、经营字号变更时。

（三）停业登记

个体经营实体由于某些原因需临时性、短暂时间内停止生产经营活动，须按规定向原登记主管部门办理的登记。办理此项登记须申报停业的理由、起止时间和期限。

（四）注销登记

个体经营实体由于某些原因不再从事原生产经营活动而按规定向原登记主管部门就停止生产经营活动的原因和时间等事项进行申报以求获得核准的登记手续。

个体经营实体办理注销登记主要出于三方面原因：

1．因自身原因导致无法继续经营（如经营者升学、参军、出国或经营不善等）而申请歇业。

2．因自身停业超过六个月的期限而被原登记主管部门收缴营业执照而被迫歇业。

3．因违法经营受到有关行政部门处罚，被登记主管部门吊销营业执照而被迫歇业。

无论因何种原因，个体经营实体在办理注销登记手续后不得再从事个体工商业经营活动。

（五）异地经营登记

《个体共商户管理暂行条例》专门规定个体经营实体可以异地经营，因异地经营的需要而办理的登记手续可称之为异地经营登记。

个体经营实体如需外出到县级主管登记部门管辖区以外的地区从事生产经营活动即需办理此种登记。

（六）重新登记

个人经营的个体经营实体因更换经营者须按规定到原登记主管部门先办理注销登记，再办理开业登记的手续。

四、经营登记注册的适用程序

个体工商户与个人合伙进行经营登记注册的程序随具体登记注册类别的不同而有所不同：

（一）开业登记程序

个体经营实体的开业登记程序是由受理申请、审查、核准、发照等不同环节构成的规范性的法律程序。其大致经历的阶段是：

1．受理申请阶段

受理申请阶段，是申请人提出要求，提交从事个体经营的书面申请及相应文件证明，填写由登记主管部门指定的申请书表格（一般指开业登记表）后将所有相关文件证明一并交予登记主管部门，由该部门受理的过程。

个体经营实体申请从事工商业经营活动所需提交的文件证明有：

（1）申请人身份证明。申办个体工商户形式，个人经营者需提交申办者自身的身份证明和户籍证明，家庭经营需提交家庭成员中支持经营者的身份证明和户籍证明及参与经营的家庭成员名单。个人合伙则需提供所有合伙人的身份证明和户籍证明。

（2）场所使用证明。申请人拟使用自有或自住房屋场所从事经营的，须提交自有房屋产权证明或住房证及房产部门同意从事经营活动的证明，使用他人所有房屋场所的须提交租用契约或合同，占用城乡公用面积从事经营活动的须经当地主管部门的批准（城镇一般由街道办事处会同交通部门审批），出具占地证明。

（3）其他相关证明。个人合伙经营的，需提交有合伙人签字的个人合伙协议。请帮手带学徒的还应报送经营者与帮手、学徒分别签订的合同副本，涉及个人人身健康和安全的，还应出具保险凭证。

（4）特定证明。申请从事饮食业、食品加工和销售业，应出示食品卫生监督部门核发的证明；申请从事机动车船客货运输的应出具车船牌照、驾驶执照、保险凭证等；申请从事资源开采、工程设计、制造和修理简易计量器具的，提交有关部门批准文件或资格证明；申请从事旅店业、刻字业、信托寄卖业、印刷业等应提交当地公安局的审查同意证明。

在应提交文件、证据手续齐备，填制登记主管部门所发给的统一格式的开业申请表后，登记主管部门予以受理。至此，受理阶段即可完成。

2. 审查阶段

登记主管部门根据申请人的书面申请和填写的开业申请表格内容，对其从业资格、设备条件、经营场所等经营条件及申报的经营范围、经营方式、字号名称等经营项目进行审查的阶段，其主要审查方面为：

（1）个体经营实体的字号名称。对个体经营的店、厂的全称、字号名称一般情况下要求一致，其全称、字号名称在同一县（区）内不能与其他个体经营实体混同。

（2）经营者资格。审查申请人是否具有国家法律、法规界定的从事经营活动的资格，即看其是否属于有经营能力的待业人员、农村村民以及国家政策允许的其他这三类人员范围。个体经营的是否以主要经营者为申请人，合伙经营的是否以合伙推举的负责人为申请人。

（3）个体经营实体形式。通过审查，区分个体经营实体的人员组成形式、资金组成形式和经营组织形式。

（4）主要经营范围。根据《城乡个体工商户管理暂行条例》及其实施细则的规定，准许个体经营者在工业及手工业、建筑业、交通运输业、商业、饮食业、服务业、修理业、其他行业范围内从事生产经营活动，明确界定个体经营者不得从事生产经营的行业和商品项目主要有：

邮电通讯业（包括电讯公用网络，市内电话、长途电话，长途电信、电报，邮票发行、集邮品制作等业务）；

对外贸易（不得从事商品进出口贸易活动。沿海、边境地区经当地政府批准的小额边境自由贸易除外）；

金融业务（包括银行、信用社、保险公司、信托投资单位等，不得经营存货款、个人储蓄、信托、保险等业务）；

军工产品（包括生产经营武器、弹药及专用材料等）；

贵重、稀缺和特优矿产开采、黄金业、化学危险品（易燃、易爆、剧毒等化学产品）等；

淘汰产品（已被国家行政部门如机电部、建设部、卫生部等部门公布为淘汰产品的产品）；

特殊管理的药品（精神药品、毒性药品、放射性药品和麻醉性药品等）；

污染严重的生产经营项目（如汞制品、砷制品、放射性制品一类的生产经营项目）；机动车、船的购销活动（包括雷管、导火索、炸药、鞭炮、焰火等）；

音像制品制作（包括电影、录音、录像、电视节目等）；

烟草制品的制做与批发经营（包括国内、国外的烟草制品）；

其他。如反动、荒诞、诲淫诲盗的书刊、画片、迷信品，进口旧服装等。另外，由国家有关方面界定为不准个人经营的行业和商品类别皆视为不准个体实体经营。

（5）具体登记项目。除以上四个方面以外，其主要具体登记的项目主要有经营者住所、从业人数、资金数额、经营方式、经营场所等。

经营者住所。根据《民法通则》第十五条规定，公民以其户籍所在地的居住地为住所。经营者居住地与住所不一致的，将经常居住地视为住所，经营者住所须向登记主管部门申报。

从业人员。从业人员为参加个体经营的全体人员，包括经营者和参加经营的帮手、学徒。在实际登记过程中，未独立生活，个人财产与家庭财产区分开的家庭成员不应算在帮手、学徒范畴内。

资金数额。指个体经营者申请注册登记时可用于经营的自有资金。自有资金包括流动资金和固定资金。

经营方式。根据规定可分为自产自销、代购代销、来料加工、零售、批发、批零兼营，客运服务、货运服务、代客储运、代客装卸、修理服务、培训服务、咨询服务等。

经营场所。指工厂、店铺、门市部及经批准的摊位的所在市、区、县、乡、镇、村及街道门牌地址，或所在辖区内流动经营的范围。交通运输业通常无法具体确定经营场所，在填写经营场所时填写经营者的地址。

其审查过程为：首先审查以上诸方面内容是否符合国家有关法律规定，同时要查证有关文件的真实性、有效性、合法性。如有必要，还要到经营场地进行实地调查，查看场所与经营范围要求的是否相适应，查验营业用房证明的真实性、有效性、合法性。工商行政管理所认为符合从业条件要求的，由工商所内的具体承办人在其注册申请表上签署意见，由工商所负责人签字加盖公章后，将全部申请登记的有关材料报送县级工商行政管理部门。

3．核准阶段

县级工商行政管理部门对下级派出机构——工商行政管理所报送的相应申请登记材料进行研究。认为符合条件的，由承办科室负责人在登记表上签署意见后报请局领导核准，无论是否予以核准，其结果都应及时通知申请人。

4．发照阶段

县级以上工商行政管理部门对其派出机构呈报的申请人材料认定符合经营条件而核准的，即可予以颁发经营执照。营业执照是其具备合法经营资格的证明，通常营业执照需在加盖县级工商行政管理部门的公章后由工商所通知申请人领取。

（二）变更登记程序

领取营业执照后的个体经营者因欲改变字号名称、经营人员、经营场所、经营范围、经营方式等原登记内容而向登记主管部门提出变更申请，经工商行政管理部门认定文件证明手续齐备而予以受理、审查、核准的过程，通常由县级工商行政管理部门在法律规定的期限内审批后将核准结果通知申请评价人，在批准申请人的变更事项后，通常须换发营业执照，并在填写的营业执照上加盖"换"字章。

（三）停业登记程序

个体经营实体对此具有与其他经营单位不同的规定，即个体经营实体可因自身须要向登记主管部门申报停业或由有关行政管理部门责令停业。无论属于哪一方面的原因，都须到当地行政管理部门备案，经工商行政管理部门同意后暂时收存其营业执照，当期满希望复业的时候则须再到工商行政管理部门办理复业手续，经有关部门查验符合经营条件或达到了停业整顿要求的，可批准其复业并换发营业执照。

（四）注销登记程序

由工商行政管理部门受理申请、审查、核准直至办理注销登记手续的过程。凡自报歇业的个体经营实体，须事先向当地主管部门提出书面申请，并提供债务清偿证明等相应文件证明，经当地工商行政管理所受理并报县级工商行政管理局核准。县级工商行政管理部门须在自受理之日起三十日内作出决定并将其结果通知申请人，准予歇业的即收缴其营业执照。个体经营实体自行停业超过六个月的即视为自动歇业，由原登记主管部门收缴其营业执照。被相关行政管理部门提请依法吊销其营业执照的个体经营实体自营业执照被吊销之日即视同歇业，须按规定办理注销登记手续，不得再从事任何生产经营活动。

（五）异地经营登记程序

按《城乡个体工商户管理暂行条例》的规定，个体工商户和个体合伙皆可异地经营，但必须按有关异地经营登记程序的规定办理经营登记。其程序为：

（1）欲到异地经营的个体工商户或个人合伙提出书面申请；

（2）经当地行政管理部门受理、备案；

（3）异地工商行政管理部门同意接受后，收存其营业执照及其副本；

（4）发给申请人临时营业执照。

（六）重新登记程序

个人经营的个体工商户改换经营者时须办理重新登记。其重新登记的程序是：首先由原经营者向原登记主管部门提出书面申请，经登记主管部门受理后审查、核准，办理注销登记，然后由新的经营者重新办理注册登记的过程。

个体工商户的权利和义务

一、个体工商户的权利

权利是义务的对称。从法律的角度出发，权利是公民依法行使的权利和享受的利益。个体工商户既是我国的公民，又是劳动者，必须享受国家宪法和法律规定的权利，按照国家规定，他们的权利包括：

1. 财产所有权和合法收入占有权。个体工商户的财产所有权，是指个体工商户依法对其财产享有占有、使用、收益相处分的权利。这是个体工商户最重要、最完整的物权。它可拥有法律准许的并与其经营性质和规模相适应的生产资料，并对这些生产资料有完全的支配权。他们的合法收益和资产，任何单位和个人不得非法侵占或平调。

2. 正当生产经营权。即在法律规定范围内的生产经营权。这是一项最基本的权利。没有这项权利，个体工商户就失掉了生存的条件。因此，它可以根据自己的技术持长、社会需要选择经营项目和安排生产品种；可以根据季节变化、地理环境的持点，改变经营方式，满足消费者的需要；可以根据自己的经营特点，改善经营管理，加强经济核算，加速资金的流转，降低成本和流通费用；可以根据生产情况，遵循产销规律，按照国家规定，采购资源；可以根据国家物价管理的规定，决定商品的价格；有占有、使用经批准的经营网点和摊点位置，抵制非法干涉和侵占；以及有权拒绝税外摊派及不合理费用的权利，个体工商户经过登记核准的经营范围、经营项目、经营方式，属于他们的经营自主权。

3. 知识产权。这是人们对于自己通过脑力劳动创造的精神财富，依法享有的权利。个体工商户与其他民事主体一样享有由于自己智力创造性活动产生的知识产权。主要包括著作权、发明权、科技成果权、专利权和商标专用权等。

4. 人身权。个体工商户享有与法人近似的人身权。主要包括名称权、名誉权、荣誉权。如个体工商户可以起字号、立招牌、刻图章，经过核准登记后其他人不得重复使用或借用。

5. 享有起诉、应诉等诉讼权利。在诉讼法律关系中，也是独立的主体地位。当个体工商户合法权益受到不法侵害时，有以自己的名义提起行政诉讼、民事（经济）诉讼以及轻微的刑事诉讼的权利，国家有关机关须查清事实，负责处理，任何人不得压制和打击报复。

二、个体工商户的义务

权利与义务是不可分离的。按照《民法通则》权利与义务一致的原则，权利的内容总是通过与之相适应的义务表现出来的。个体工商户的主要义务有：

1. 正当经营的义务

个体工商户经工商行政管理机关核准发照后，要依法经营。在经营中不得超出核定的生产经营范围，擅自改变经营方式。要接受顾客的监督，不得欺骗顾客、掺杂使假、缺斤短两、欺行霸市、投机倒把、利用合同进行诈骗等。

2. 依法纳税的义务

必须按照税务机关的规定办理税务登记，有条件的个体工商户要建立账簿，如实申报营业额和所得额，按照国家的规定交纳税款，不得弄虚作假，隐匿不报、偷税漏税、抗税不交。

3. 交付费用的义务

个体工商户应当按照国家、省、自治区、直辖市的规定交付费用。

4. 遵守法律政策的义务

　　个体工商户必须遵守食品卫生、计量、环境保护、集市管理等方面的法律和有关法规，做到知法守法，依法办事，自觉维护市场秩序。

　　5. 履行合同的义务

　　个体工商户应当遵守诚实守信的原则，认真履行合同，成为有信誉的人。

　　6. 偿还债务的义务

　　个体工商户因经营亏损、违反合同或者侵犯他人权利等原因而需要支付赔偿费、违约债款等，应当积极偿还，全部偿还。如果个体工商户拖欠不还，人民法院有强制执行的权力，包括冻结和划拨存款，查封和变卖财产等。

　　来源：阿百法律网 http://www.abailaw.com/chengxu/d-geti.htm

第四节　自然人企业的营业登记注册

一、办理营业登记的自然人企业形式

　　根据《中华人民共和国私营企业暂行条例》(以下简称《私营企业暂行条例》)的规定，私营企业的组织形式有三种，即独资企业、合伙企业、有限责任公司。鉴于有限责任公司具有法人资格，其进行登记的类型本书前文已有解释，这里论述的只是私营企业中的独资企业和合伙企业。

（一）独资企业

　　私营企业中的独资企业，是指一人投资经营的企业。根据当前中国经济体制改革的实际情况，这种形式的私营企业多是由一些经营较为成功的原个体工商业经营活动的积累，因改善经营设施设备条件需配备相应的经营人员，使其投资者之外的从业人员数额达到了私营企业的标准。

　　独资企业的特点是经营方式较为灵活，能凭借个人经验对市场信息和社会经济环境需求作出较快的反应，进行经营分析、预测以及决策。在经营范围上不脱离投资者原已熟悉的行当或相关行业，在经营条件上较以往有所改善，经营上普遍较为成功。独资企业的经营活动的决策主要依赖于投资者个人，因此，由于利益驱动而使其决策的随意性较强，《私营企业暂行条例》规定其企业投资者必须对企业债务承担无限责任，以防止其经营中的不良行为给社会经济运行带来较大的危害。

（二）合伙企业

私营企业中的合伙企业，相当一部分是由个体经营中的个人合伙发展起来的，其原因同样是出于改善条件，扩大经营规模的需要。

合伙企业投资者之间的关系、投资者与所投资企业的关系，通常必须以书面协议的形式确定下来。书面协议的内容通常包括企业合伙人各自的出资数额、出资方式、所占份额、盈余分配、债务承担、入伙退伙、财产转让、合伙开始以及终止的条件等方面的约定条款。

合伙企业的特点是既有独资企业经营方式灵活，经营上比较成功的特点，又具有经营范围较独资企业稍大，个人随意性较少的优势。由于《私营企业暂行条例》中规定合伙企业的合伙人对企业债务承担连带无限责任，合伙企业属于非法人企业。

私营企业中独资企业与合伙企业皆不具备企业法人的资格条件，工商行政管理部门要求其在申请合法经营资格时办理营业登记执照。

二、办理营业登记注册的必要条件

营业登记的法律效力在于确认私营企业经营活动的合法性。因此，办理营业登记注册必须具备合法从事经营活动的必要条件。按照《私营企业暂行条例》及其《私营企业暂行条例实行办法》的要求，私营企业办理营业登记时须具备的必要条件是：

（一）与生产经营和服务规模相适应的资金条件和人员条件

1. 资金条件

私营企业中独资企业与合伙企业必须具备一定数额的自有资金，方可办理营业登记。目前，由于行业的不同和地域的不同，对此项条件尚未形成一个全国统一的标准模式，《私营企业暂行条例》和《实施办法》中也未做明确具体的数额规定。

2. 人员条件

私营企业必须同时具备投资者的条件和雇工的条件方符合法律法规界定的人员条件，其具体要求为：

（1）投资者为农村村民；城镇待业人员；个体工商户业主；个人合伙的合伙人；辞职、退职人员；国家法律、法规允许的离、退休人员和其他人员，投资者可为一人，也可为多人（合伙企业的投资者必须在两人以上）。

（2）投资者以外的雇工不得少于八人，多则不限。

（二）固定的经营场所和必要的设施

私营企业必须具备固定的场所和设施条件方可办理营业登记。其固定的经营场所可以是投资者拥有产权的自有房屋场地，也可以是投资者出自租用的房屋场地（一般要求租期在一年以上）。前者需有投资者出示的产权证明，后者则须投资者向有关部门出示其与房屋场地所有者签订的书面租用协议，以资证明。

设施条件因具体经营行业范围和经营商品类别不同而有所不同，具体条件由有关部门在办理营业登记的过程中予以实地审核加以确定。

（三）符合国家法律和政策规定的经营范围

《私营企业暂行条例》中规定，私营企业可以在国家法律法规和政策规定的范围内从事工业、建筑业、交通运输业、商业、饮食业、服务业、修理业和科技咨询业等行业的生产经营。根据《私营企业暂行条例施行办法》中的规定，其经营范围还包括盈利性的文化、艺术、旅游、体育、食品、医药、养殖等行业，同时也规定，私营企业不得从事军工产品、金融业的生产经营，不得生产、经营国家明令禁止经营的商品。

三、营业登记注册的类别

私营企业中的独资企业与合伙企业所需进行的登记注册主要包括开业登记、变更登记、注销登记与重新登记。

（一）开业登记

独资企业与合伙企业的开业登记指独资企业与合伙企业为取得从事生产经营活动所需要的合法资格，依照国家法律、法规的要求，到当地工商业行政管理部门办理相应的登记手续。按国家相关法规的要求，申办者须持相应文件、证明等手续，到其经营场所所在地的工商行政管理部门办理登记注册手续。

（二）变更登记

指私营企业因已登记注册的主要经营事项变动而依国家法律、法规要求办理的相应登记注册。其主要变更的经营事项包括企业名称、企业负责人、营业地址、经营范围、经营方式、注册资金、合伙企业增加或减少合伙人等。因企业分立、合并而继存的企业亦应就其变动的经营事项办理变更登记。

（三）注销登记

指已经登记注册的私营企业因各种原因须终止其营业活动而按国家法律、法规要求必须办理的相应登记手续。通常导致私营企业终止其经营活动、办理注销登记的主要原因有：

1. 企业主动歇业

指私营企业因自身原因主动停止其生产经营活动，清理债券、债务，向原登记主管部门交营业执照及其副本，办理注销登记。

2．企业破产

指企业因全部资产已不足清偿企业所欠债务，无法从事正常的生产经营活动，由人民法院裁定破产的现象。在此情况下，企业必须按法院的裁定终止生产经营活动，处理企业善后，办理注销登记。

3．企业因分离、合并行为而撤消

企业因分离、合并行为出现而撤消，被撤消企业须及时终止营业行为，办理注销登记。

4．企业因转让而办理注销

当企业转让行为出现时，转让方在将企业资产完全转让给他人后必须立即向主管部门报告，办理注销登记。

5．企业被吊销营业执照

企业因出现违法经营行为而受到相关管理部门的行政处罚，导致被登记主管机关吊销营业执照的，自收到行政处罚的当天起即须终止营业性活动，按有关部门要求办理注销登记。

6．被法院裁定终止营业

企业因各种原因，被法院裁定不得继续从事生产经营活动，主动按有关部门的要求到所在地工商行政管理部门办理注销登记，不得以任何借口拖延。

（四）重新登记

指已经登记注册的私营企业因出现企业重大变化事项而需按国家法律、法规的要求先办理企业注消登记，然后再次办理企业开业登记的作法，其产生的主要原因是：

1．企业分立

指已经登记注册的私营企业，因某些特殊原因分离成两个或两个以上的企业，其中因分立而终止经营的企业须办理注消登记，因分立而新设的企业须办理开业登记。

2．企业合并

指两个或两个以上已经登记注册的独立核算的私营企业因共同的生产经营发展，需要合并成为一个独立核算的私营企业。在合并行为发生后，因合并而撤消的私营企业须向原经营所在地登记主管部门办理注销登记，因合并而产生的新的私营企业则须办理开业登记。

3．企业转让

指已经登记注册的私营企业由于某些特别原因由原企业所有者将企业转让给他人所有的行为。企业转让行为发生后，转让方须将原经营所在地的登记主管部门办理企业注销登记，由受让方向其经营所在地的登记主管部门申办开业登记。

4．企业迁移

私营企业如将经营场所迁出原登记主管部门的行政管辖区，需按国家有关法律规定先到原辖区登记主管部门办理注销登记，取得相应证明后再到新址所属辖区内的登记主管部门办理注册登记。

四、独资企业与合伙企业的营业登记程序

独资企业与合伙企业通常适用的营业登记程序可分为开业登记程序、变更登记程序、注销登记程序和重新登记程序。

（一）开业登记程序

私营企业的开业登记程序，是指国家有关部门对私营企业申请获得合法经营资格的行为进行审查、核准的工作步骤和整体过程，其程序大致可分为一般程序与特定程序两个方面。

1．一般程序

私营企业开业登记的一般程序有受理申请、审查、核准、发照四个阶段组成：

第一，受理申请阶段。

受理阶段，是指登记主管部门接到私营企业注册登记申请阶段。通常登记主管部门在接到私营企业组建负责人提交的书面申请报告后，须根据其申请组建的企业类型和国家法律、法规要求，要求其提供相应的文件、证件等证明手续，负责人发给规范的申请注册登记书或相应表格。在应提交文件手续和填报的注册登记书及相应表格齐备的情况下，登记主管部门方予受理。至此，受理阶段方算完成。

私营企业提出组建申请时应同时提交给登记主管部门的主要材料是：

（1）申请人身份证明。独资企业申请人是指投资者本人。合伙企业申请登记时，除提供申请人的身份证明外，还应提高其他合伙人的身份证明。

（2）场地使用证明。使用自有房屋作为经营场地的须提交房产证明；使用租用房屋场地或公用房屋场地的，须提交租用契约或准用证明，同时，还须提交房屋场地产权部门的产权证明。

（3）验资证明。私营企业须按登记主管部门要求提供指定机构（通常为会

计事务所或审计事务所）出具的验资报告。

（4）合伙企业须提交合伙协议。

第二，审查阶段。

审查阶段，是指登记主管部门对私营企业提交的文件、证明和所填写申请注册登记表中内容的真实性、有效性、合法性进行审核，以检查落实有关登记事项与开办条件的过程。这一阶段是私营企业登记注册程序的中心环节，它既是申请者接受审查和国家法律、法规的指导，明确其义务的环节，也是登记主管部门履行职责执行法规的环节，登记主管部门在受理申请阶段的工作完成后，通常须指定专人负责这一环节内的材料审查和实地调查工作，以保证这一阶段的工作合理、有序进行。

审查阶段的工作大致可分为程序性审查、实质性审查和实地调查三个方面：

1．程序性审查。主要审查企业组建者提交的各项文件、证明是否符合有关法律、法规所规定的时效性、环节性、权威性的要求。如文件是否在有效期内，是否来自规定的有关部门，是否盖有符合规定要求的印鉴等。

2．实质性审查。实质性审查主要审查注册登记的私营企业是否确实具备相应的条件，申请登记的事项是否属实，是否符合国家法律、法规和政策性规定的要求。具体审查内容有：

企业名称是否符合《企业名称登记管理规定》的要求；

企业住所是否具有合法使用的权利，是否有产权证明和租用合同，是否属国家法律、法规不允许占用从事经营性活动的房屋场所；

企业负责人或投资者是否具备相应条件；

企业从业人员是否办理了相应的手续，有符合国家规定的用工证明、身份证明和应有的专业技术证明等；

企业注册资金来源是否合法、足额到位。

3．实地调查。在对申请登记的事项进行程序性审查和实质性审查的同时，登记主管部门还应对申办事项进行实地调查，即由登记主管部门人员深入现场对其企业住所、经营场所、设备、规模、环境等方面条件进行调查，以证实其申请登记事项的真实性，目的在于：

（1）查看企业是否已具备开业的条件；

（2）查看实地条件是否与申报条件基本相符；

（3）查看是否存在与国家其他相关法规冲突的现象（如环境保护、侵占农田等）。

发现不具备国家法律、法规界定条件的予以驳回；发现手续不够完备的要求其说清情况，及时补办；存在情况不实现象的，责令限期更正；对有意弄虚作假、隐瞒真实情况的，不按要求在期限内改正的，严重违反国家相关法规的事项和当事人须按规定予以处罚。

第三，核准阶段。

核准阶段，是指登记主管部门明确向申办者表示其审查后之决定意见的阶段。要求登记主管部门在经过审查阶段的工作之后，须作出准予注册登记或不予注册登记的决定，一般由具体承办人员签署审查意见后报经有关科室审批，再报主管领导批准。无论是否予以注册登记，登记主管部门都须在自受理之日起三十日内明确表示意见并将决定通知申请登记人。

第四，发照阶段。

登记主管部门对准予注册登记的私营企业颁发证明其合法经营资格的《营业执照》的过程属于发照阶段。对于处于这一阶段的私营企业来说，意味着企业申请注册登记的法律过程走向终结。这一阶段还意味着登记主管部门确定企业具备合法经营资格这一法律过程的终止和企业依法经营活动的开端。它既标志着私营企业取得了企业资格与合法经营地位，亦标志相关管理部门取得了对该企业经营活动的监督管理权。至此，注册登记一般程序结束。

2．特定程序

为加强国家宏观管理力度，由政府有关部门对在某些行业领域或地域领域内进行经营活动实行专门性核定的过程通常称之为注册登记的特定程序。按规定，私营企业如拟从事上述领域内的生产经营活动，须首先向相关的主管部门提出申请登记，经这些主管部门同意并获取书面批准意见后，才能向登记主管部门申请登记。因而形成了先经行业主管部门审批，再经登记主管部门核准的前置性注册登记程序。一般包括：

（1）从事矿产资源开采经营，须经矿产资源管理部门、地质矿产管理部门、煤炭工业管理部门等同意，持矿产资源开采许可证明向登记主管部门申请注册登记。

（2）从事易燃、易爆产品的生产经营，须持公安部门批准证明向登记主管部门申请注册登记。

（3）从事饮食业、食品加工业、理发业等行业经营，须持卫生、防疫部门核发的卫生许可证明和从业人员的身体健康合格证明向登记主管部门申请注册登记。

（4）从事涉及"三废"或者噪音污染的行业经营应持环境保护部门证明向登记主管部门申请注册登记。

（5）从事机动车船运输，须持车船牌照、驾驶执照和从业资格证书等经当地交通管理部门批准后向登记主管部门申请注册登记。

（6）从事工程设计、建筑修缮等经营活动，须持城建部门的批准证书和专业资格证书向登记主管部门申请注册登记。

（7）从事旅游业、刻字、信托寄卖、印刷等经营活动，须持公安部门批准证明向登记主管部门申请注册登记。

（8）从事计量器具制造、修理等经营活动，须持计量监督部门许可证明向登记主管部门申请注册登记。

（9）经营农用种子，须经种子管理部门审批，持许可证明向登记主管部门申请注册登记。

（10）从事文化、娱乐、医药等方面生产经营活动，须持文化、医药管理部门的批准证明向登记主管部门申请注册登记。

（11）从事少数民族饮食业，须经民族宗教事务管理部门批准，持批准证明向登记主管部门申请注册登记。

（二）变更登记程序

私营企业变更登记程序，是指上述企业因已经注册登记事项变化而向登记主管部门办理相应变更手续的基本步骤及过程。具体步骤及过程由于变更登记的项目内容不同而有所不同。

1．因分立或合并而履行变更登记的程序

因分立或合并而继存的私营企业应申请变更登记。其程序是由继存企业向登记主管部门提出变更登记申请，并提交分立、合并协议书副本，经登记主管部门受理后加以审查，审查合格后予以核准、换照。

2．因撤消或增设分支机构履行变更登记程序

私营企业在原登记主管部门的管辖地增设或撤消分支机构皆须履行变更登记程序，其程序为先由决定设置或撤消分支机构的企业提出申请，经登记主管部门受理后予以审查，审查合格后予以核准。

3．因转业而履行变更登记程序

企业如需转业，向登记主管部门提出变更申请，经登记主管部门受理、审查、核准后，换发营业执照。

4．因主要登记事项内容变更而履行变更登记程序

企业因其原注册登记的主要事项内容出现变化而向登记主管部门提出变更登记申请，经登记主管部门受理、审查、核准后，办理营业执照更换手续。

企业原注册登记的主要事项内容变化包括企业改变自身名称、住所、经营

场所、经营范围、经营负责人、经营方式、经营期限、注册资本等。办理此类事项变更须由企业向主管部门提交书面申请及相关的文件并填写由登记主管部门统一发给的变更登记表格。企业如变更注册资本，除上述条件外，还须提供有关部门（通常为会计事务所或审计事务所）出具的验资证明。

（三）注销登记程序

私营企业的注销登记程序，是指其因各种原因终止营业而由原登记主管部门办理原企业合法经营资格注销事项的过程。主要表现为企业或有关部门提出注销申请及相关证明，原登记主管部门予以审查，核准后撤消注册企业，收回营业执照及印章，并通过该企业开户银行撤消其经营账户的过程。要求私营企业无论何种原因终止营业行为，都必须主动与登记主管部门合作，履行注销登记程序，具体要求是：

1. 因其自身原因要求歇业的，应在距实际歇业三十日前向登记主管部门提出注销申请，并提交企业资产清理和债务清理证明、完税证明、处分证明等，经登记主管部门受理、审查、核准后办理相应的注销登记手续。

2. 因合并、分立而终止的企业应及时向登记主管部门提出注销登记申请，并提交企业分立、合并的协议书及副本、债券债务及其他权利义务证明等文件，经登记主管部门受理、审查、核准后办理相应的注销手续。

3. 私营企业发生转让时，转让方应及时向登记主管部门提出注销登记申请，并提交企业转让协议及转让协议书副本，经登记主管部门审查、核准后办理相应的注销手续。

4. 因受到行政处罚而被撤销的私营企业，由做出撤消处分的政府相关部门提请企业原登记主管部门依法注销其经营资格。受处分企业在接到登记主管部门通知后持相关证明到该部门办理相应的注销手续。

（四）重新登记程序

重新登记程序，是指私营企业因发生重大变化而按规定先向原登记主管部门办理注销登记，然后重新办理注册登记的过程。重新登记程序主要应用于私营企业出现分立、合并、转让、迁移时的情况。

1. 因企业分立而履行重新登记程序

已经登记注册的私营企业因某种原因需分成两个或两个以上企业时，因分立而终止经营活动的企业须向登记主管部门申办注销登记，因分立而新开办的企业则必须向登记主管部门申办注册登记。此过程即为企业分立必须履行的重新登记程序。

2. 因企业合并而履行重新登记程序

　　两个或两个以上已经核准登记、独立核算的私营企业，因实际发展的需要合并成一个独立核算的私营企业，因合并而撤消的企业向登记主管部门申办注销登记，因合并而重新开办的企业向登记主管部门申办注册登记。

　　3．因企业转让而履行重新登记程序

　　已经登记注册的私营企业由于某些特殊原因，企业所有者将企业转让给他人所有，当转让行为发生时，由转让方办理注销登记手续，受让方重新办理开业登记。转让方与受让方皆须向登记主管部门提交转让协议书。

　　4．因迁移而履行重新登记程序

　　私营企业经营地址迁出登记主管部门的管辖区范围，须向原登记主管部门申报，由原登记主管部门根据企业申请，收回企业营业执照及副本，注销该企业，开出企业迁移证明并将企业档案移交给企业经营新址所在地的登记主管部门，由迁移企业凭着企业迁移证明向经营新址所在地登记主管部门重新申办注册登记。

第五节　对市场主体监督管理的方式方法

　　工商行政管理机关对市场主体资格、市场主体登记事项、市场主体经营行为的管理，是通过年度检验和日常的监督管理工作实现的。

一、企业法人年度检验制度

（一）年度检验制度

　　年度检验制度，是指工商行政管理机关依法按年度对企业法人进行检验，确认法人继续经营资格的法定制度。

　　1．年度检验的执行机关

　　国家工商行政管理局和地方各级工商行政管理局是企业法人年度检验的执行机关。按照授权年检与分级年检相结合的原则，国家工商行政管理局负责由国家工商行政管理局核准登记的企业的年检；省、自治区、直辖市工商行政管理局负责由省、自治区、直辖市工商行政管理局核准登记企业的年检；市、县（区）工商行政管理局负责由市、县（区）工商行政管理局授权管辖的企业的年检。

　　2．年检的对象

　　年检的对象主要是企业法人。凡是领取了中华人民共和国企业法人营业执照的中外合资经营企业、中外合作经营企业、外资企业以及领取了企业法人营业执照的国内企业，均须参加年度检验。企业法人设立的非法人分支机构，随企业法人一同申报年检。

　　3．年检的强制性

　　年度检验制度是工商行政管理机关的法规规定，代表国家对企业进行监督检查的手段，因此，只要是领取了法人执照的企业法人，都应按规定参加年度检验，并保证年检内容的真实性。工商行政管理机关对不按规定时间参加年度检验，以及年检报告书内容与事实不符的，要按规定给予处罚。

　　（二）年度检验制度的作用

　　年度检验制度是工商行政管理机关对企业登记事项和企业经营行为进行监督管理的重要手段和中心环节。年检是工商行政管理机关管好企业经济户口的核心工作，通过年检对多年不参加年检、查无下落、不符合市场主体资格的企业进行处理；通过年检加强对企业名称、资金、经营场所、经营范围、章程等登记事项的监督管理。年检是工商行政管理机关对企业经营行为合法性进行监督管理的主要方式，通过年检对企业一年来遵守国家法律、法规和政策规定的情况进行监督检查；纠正并处理企业的违法、违章行为，发现带有倾向性的问题，为研究制定相应对策，然后有重点深入企业监督检查打下基础。

　　工商行政管理机关通过年检，还可以掌握企业的各种信息，对企业进行政策、法规指导，在服务于企业方面发挥一定的作用。

　　年度检验制度能为各级政府制定宏观经济政策提供依据。各级政府通过对年检资料的审验、统计、分析，能掌握行业结构、产品结构、资金结构及企业产权变化、企业经营状况等方面的情况，并可根据年检资料制定经济发展计划、改革政策，对经济发展进行宏观控制。

　　年度检验制度有利于提高企业遵纪守法的自觉性。企业在年度检验中提交给工商行政管理机关的年度检验报告书，按照核准登记的主要事项检查一年来的执行和变更情况。因此，年检对企业而言是年度的自我总结、自我检查。企业应对登记法规和有关政策规定如实逐项进行自我检查，如有违反国家法规、政策等行为，应在年检报告书中写明。通过年检，利于企业端正经营思想，增强自我约束能力，防止违法经营行为的发生。

　　（三）年度检验的主要内容

　　企业法人年检主要有四个方面的内容：企业法人登记事项的执行及变动情况；企业法人的投资情况；企业法人的资产负债情况；投资者的出资情况。

　　年检内容要围绕企业法人登记事项的执行及变动情况进行，要检查企业名称的使用情况，企业使用印章、账户名称是否与核准登记名称相一致；要检查企业注册资本情况，掌握实际投入资本额；要检查企业经营场所情况，掌握企业住所、经营场所，特别对变更及新开办的企业经营场所要切实掌握；检查经营范围，对超范围或经营国家明令禁止经营的商品以及法律、法规规定的专营、专控商品要从严处理，对一般超范围经营的企业，要督促其规范经营；要检查企业制定的章程、合同的履行情况，督促企业按照章程、合同规定的条款经营。

企业法人的投资情况指企业对外投资的情况。它反映了企业资金变动的情况及产权变动、股权变动的情况；企业的产权变化往往会造成登记事项的变化，要督促企业依法规进行变更登记或重新登记。

对企业法人资产负债情况的检查，通过掌握企业的偿债能力、投资能力，有利于保障国家、企业、债权人的合法权益。

投资者出资情况在外商投资企业的监督管理中具有重要意义，通过年检，强化投资管理，促进外商投资企业的健康发展。

（四）年度检验的基本程序

1．企业法人领取、报送年检报告书和其他有关材料。企业法人参加年检须提交的主要文件包括：企业法人年检报告书；企业法人年度资产负债表和损益表；企业法人营业执照副本；其他应提交的材料。各工商行政管理局可根据实际情况，要求年检企业提交其他年检材料，如修改的企业章程文本、有关的董事会决议、股份有限公司股票发行及上市的有关文件等。

外商投资企业提交财务报表及由注册会计师出具的审计报告，不足一个会计年度的新开业企业，按照章程规定的出资期限提交验资报告。

企业法人应按规定提交年检文件和如实填报年检报表，接受登记主管机关的检查。

2．登记主管机关审核年检材料。各级登记主管机关对企业法人提交的年检材料进行审核，审核期间可以要求企业提交补充材料或有关文件，也可以要求企业法定代表人或有关人员说明情况。必要时，可以请评价信誉度较高的会计事务所、审计事务所和公证部门对企业的年检材料进行审查和公证，以增强年检材料审核的力度。

审核时发现有注册资金不实或其他违法、违章行为须进一步核实的，登记主管机关可以责成企业到会计事务所、审计事务所或其他专门机构进行验资、查账或专项审计，并在规定期限内提交审查报告。

3．登记主管机关加贴年检标识或加盖年检戳记。登记主管机关可以要求年检企业提交全部营业执照正、副本，也可以先提交一个营业执照副本参加年检，年检通过后再履行加贴标识、加盖戳记手续。经审核通过年检的企业，登记主管机关在其营业执照正本上加贴年检标识，副本上加盖年检戳记。外商投资企业在其营业执照正、副本上均加贴年检标识。

4．企业法人缴纳年检费。

5．登记主管机关发还企业法人营业执照。

（五）对年度检验执行情况的监督

1．企业法人年度检验时限

按照规定年度检验的起止日期为每年的 1 月 1 日至 4 月 30 日。企业法人报送年检文件的期限由国家工商行政管理局和各省、自治区、直辖市工商行政管理局具体规定。企业法人必须按照登记主管机关规定的时间和具体办法参加年检。在年检截止日期前未上报年检材料的，要处以罚款，责令限期补办年检手续。对于在规定的报送期限内未申报年检，在注册住所查无下落的，登记主管机关可以依法吊销其营业执照。企业法人连续两年不参加年检，登记主管机关也可以依法吊销其营业执照。

2．企业法人年检材料失实及查处

企业法人年检时报送年检报告书、资产负债表、损益表及有关材料是工商行政管理机关最终决定该企业法人是否具有继续经营资格的依据，企业法人必须提交真实、确切的报告。对于在年检中隐瞒真实情况、弄虚作假的，处以 2 万元以下罚款，并责令限期改正；逾期不改的，再处以 2 万元以下罚款，直至吊销营业执照。

3．对年检不合格企业法人的处理

年检不合格，是指经登记主管机关审核不具备企业法人条件的企业或有严重违法经营行为须停业整顿的企业法人。上述企业的年检暂缓通过。工商行政管理机关对年检不合格的企业法人，依照登记法规和国家有关的法律、法规和政策规定给予行政处罚。待引起暂缓通过的因素消除后，再补办年检。

二、对私营企业的年检制度与个体工商户的验照制度

（一）私营企业年检制度

1．私营企业年检制度的含义

私营企业年检制度，是指私营企业在每一个经营年度内，按照规定的期限对企业在本年度内的生产经营情况进行全面的检查，并向原登记的工商行政管理机关填报年度检验报告书的制度。

私营企业年检的作用在于：通过年检，一方面可以督促私营企业提高管理

水平，及时纠正自身存在的问题，自觉地按照核准登记的事项从事生产经营活动；另一方面，便于工商行政管理机关了解和掌握私营企业的实际生产经营状况和守法状况，发现私营企业有违章违法行为的依法给予惩处。

私营企业年检的方法是企业自报和登记主管机关审查相结合。私营企业在每年的第一季度按照登记主管机关的要求填报《私营企业年检报告书》，由私营企业负责人签字或盖章后交回原登记的工商行政管理机关，工商行政管理机关进行审核，签署意见。

2．私营企业年检的内容

私营企业年检的主要内容有以下几个方面：

（1）对私营企业登记事项的检查。年检时，工商行政管理机关对照私营企业原登记事项逐项检查，看是否有擅自改变登记项目的行为。

（2）私营企业开办分厂、分店、分公司的简况。它主要包括：分厂、分店、分公司的名称、负责人姓名、雇工人数、经营范围和其详细地址。

（3）投资者情况。它包括所有投资者在企业所担任的职务或从事的职业，各个投资者的注册投资额和年检时的实际投资额，每个投资者当年分红数额或者分得的利润数，每个投资者的家庭住址。

（4）私营企业的生产经营情况。它包括企业的主要产品、产量及创造的产值。新增设备及其数量和价值。企业的财务状况，特别是企业的盈利能力和偿还债务的能力。以上内容都由私营企业在年检时如实申报，不得弄虚作假、谎报或隐瞒不报。工商行政管理机关对私营企业年检材料审查后，对年检合格的企业，在营业执照副本上加盖年检戳记。对年检不合格的或有违法经营行为、违章行为的私营企业，要依法予以查处。

（二）个体工商户年度验照制度

验照制度是工商行政管理机关对城乡个体工商户的登记项目和实际经营情况进行核对查验，以确认是否具有继续经营资格的行政管理制度。验照的目的是全面检查个体工商户生产经营情况，及时发现和纠正个体工商户生产经营中的问题，保护合法经营，制止违法经营。

验照的主要内容是检查个体工商户登记项目的执行情况，重点是：字号名称使用情况；主要经营者及从业人员变动情况；经营场所；是否擅自超越核准的生产经营范围。

工商行政管理机关每年3月底以前对城乡个体工商户进行验照工作。个体工商户应在工商行政管理部门通知期限内到原发照机关办理一年一度的验照手续。异地经营一年以上的个体工商户，由经营地的工商行政管理机关进行验照。

如果个体工商户逾期不办理验照手续，且无正当理由，工商行政管理机关可以收缴其营业执照及其副本。异地经营的个体工商户逾期不办理验照的，由经营地工商行政管理机关收缴其营业执照及其副本，并退回原登记的工商行政管理机关注销。

三、对市场主体日常的监督检查

（一）加强对市场主体的法制教育、职业道德教育

加强对市场主体的法制教育、职业道德教育，特别是向各类市场主体作好《反不当竞争法》和《中华人民共和国消费者权益保护法》（以下简称《消费者权益保护法》）等规范市场主体行为的法律、法规的宣传教育工作极为重要。过去，在市场主体监督管理中发现许多违法、违章行为的发生并不是由于市场主体明知故犯、知法犯法所为，而是由于企业不懂法，不了解法律、法规及有关政策的具体规定而发生违法、违章行为。因此，在市场主体监督管理工作中要树立宣传教育为主的原则，帮助市场主体知法、用法，了解自己所应具有的权利及相应承担的义务，了解市场主体的法律责任及有关处罚规定，使企业自觉按法律、法规和政策的要求约束自己的行为，加强法制观念，依法从事合法的生产经营活动。

市场主体监督管理要将宣传教育的方法制度化、经常化，利用一切可能的宣传方式、宣传媒介，将国家有关的法律、法规及政策及时宣传到各类企业和个体工商户。

（二）建立企业经济户口

企业经济户口是企业监督管理工作的基础。经济户口主要包括企业名称、企业资金、经营场所、经营范围等反映企业主体资格及经营条件的重要事项。建立企业经济户口，可以准确掌握辖区内企业变化发展、行业分布及企业状况等资料，为监督管理提供依据。

建立并管好企业经济户口，配合定期的查证、验照制度，使经济户口成为一种反映企业经营状态的动态指标，为监督管理服务。

（三）查证验照检查制度

工商行政管理机关通过查证验照检查，对企业进行日常的监督检查，其形式有以下几种：

1. 全面检查，指对所辖区内所有企业的查证验照检查。全面检查可分片、分行业进行。它可以使工商行政管理机关对所辖区内各行业的企业有一个全面的、总体的了解，做到心中有数，并从中发现问题，为局部检查、重点检查打

下基础。

2.局部检查，指对辖区内同一行业或同一类型或局部地区企业的查证验照工作。工商行政管理机关一般是根据每一时期政府部门或上级登记主管机关的要求，有选择、有针对性地对部分行业、类型及地区的企业进行局部性的监督检查。

3.重点检查，指有针对性地对辖区内某一企业或某几个企业具体问题的检查。对企业的重点检查是针对具体企业的具体问题的检查，这些问题是年检或查证验照工作中发现的，有的则是通过群众及有关单位揭发检举发现的。工商行政管理机关一旦发现问题，则对企业进行重点检查。

4.反复检查，指在一定时期内对同一行业或同一类型的企业进行两次或两次以上的定期检查。例如对生产和销售假冒伪劣产品的企业的检查必须经常进行；对于工商行政管理机关在检查中发现有违法、违章问题责令限期改正的企业，也需要反复检查，以增强监督管理的力度。

5.抽查，指通过随机抽样的方法选出某个或某几个企业对其进行检查。对企业进行抽查的方法可以以点带面，进而发现问题，为其他各种检查提供基础。

6.联合检查，指会同其他有关部门对企业进行的监督检查。联合检查需要会同几个部门共同进行，因而具有一定的综合性，检查的范围往往较广，不只局限于企业登记事项的检查。

工商行政管理机关在对企业进行查证验照检查的工作中，应讲明查证验照的目的和主要做法，积极向企业宣传有关政策及法规，以取得被查企业的积极配合，顺利完成检查工作。对检查中发现的问题，要做到发现问题，解决问题，不留尾巴，并力争将检查中发现的涉及到有关政策及法律、法规的修改、完善等问题及时反映给上级领导机关，以求在实践中不断完善法律、法规的建设。

（四）建立企业联络员制度

企业联络员，又称企业协管员，是指企业的在编人员。企业联络员一般由企业推荐，经工商法规培训后，成为正式联络员。

企业监督管理采取在企业内部设立联络员方法，一方面有助于加强登记主管部门同企业的联系，可以把有关的法律、法规及政策及时地反映落实到企业自身的生产经营活动中，并且将企业的问题及时反馈到登记主管机关，从而沟通了管理者与被管理者之间的联系，使管理有的放矢。同时，企业联络员制度的建立有利于提高监督管理效率。有的地区公开聘请企业联络员，公司下属企业、分支机构申请办理开业登记、变更登记和注销登记手续，均直接由企业联络员到登记主管机关办理。由于联络员熟悉工商法规，因而可以在具体登记过程中少走弯路，既为企业减轻了负担，又使登记主管机关的办事效率得以提高。

（五）设立企业专管员

企业专管员是基层工商行政管理机关为加强企业监督管理而在内部设置的专司企业监督管理的人员。

企业专管员一般设在工商所，直接负责所辖区内的企业监督管理工作，以使企业监督管理职能真正到位，落到实处。企业监督专管员工作在企业监督管理的前沿，因此工商行政管理机关在综合所内应该保持相对稳定的企业专管员队伍，注意不断提高企业专管员的政策法律水平，使其能充分发挥作用，做好企业监督管理工作。

（六）建立定期回访复查制度

定期回访即对新开办企业在核准登记三个月之内进行回访复查，以加强对其监督管理。定期回访检查的重点是检查企业资金是否到位，有无抽逃转移资金的行为；企业是否开业；生产经营情况是否正常；企业住所、人员与注册登记事项是否相符。

思考题

一、名词解释

1. 企业登记管理法律体系
2. 企业法人
3. 企业登记监督管理
4. 企业信用管理
5. 企业名称
6. 公司注册资本
7. 企业年检制度
8. 外国企业常驻代表机构
9. 外资企业
10. 个人独资企业

二、判断题

1. 法人要有自己的名称，在自己的名称中不得含有其他法人的名称。（　　　）

2. 分公司与子公司相同，它们都具有企业法人资格，并能够独立承担民事责任。（　　　）

3. 公司享有全部法人财产权，其资产不属于出资人，而属于公司法人。（　　　）

4.《公司法》规定,有限公司的股东人数为 2 个以上 50 个以下。股东的身份只能是法人,不能是自然人。(   )

5.国有独资公司是股份有限公司的特殊形式,其出资主体是单一的。(   )

6.股份有限公司向社会公开募集股份时,必须经过国务院证券管理部门的批准。(   )

7.企业集团不是企业法人,而是企业法人的联合体。(   )

8.企业集团由母公司、子公司、参股公司等单位组建而成,但事业单位法人、社会团体法人不可以成为企业集团成员。(   )

9.合伙企业与个人独资企业,投资人对企业债务都承担无限责任。(   )

10.中外合资经营企业的活动适用《中华人民共和国合作经营企业法》。(   )

三、简答题

1.企业的特征是什么?

2.企业法人的独立资格表现为哪几个方面?

3.目前我国企业主要分为哪几种类型?

4.企业名称中不使用国民经济行业类别用语表述所从事行业,应符合什么条件?

5.我国企业的组织形式主要有哪几类?

6.企业名称的使用应符合哪些要求?

7.哪些情形,企业登记机关可以撤销登记?

8.企业登记机关应当在企业登记场所公示哪些内容?

9.企业登记机关不予登记的企业经营范围有哪些?

10.中外合资经营企业的特征有哪些?

四、论述题

1.试述我国对企业名称的限制规定。

2.试述企业日常监督管理应遵循的原则和主要内容。

3.试述如何加强企业信用管理体系。

4.试述《宪法》关于个体私营经济的有关规定。

5.试述个体私营经济的地位和作用。

第四章　市场监督管理

本章重点

1. 市场运行的基本原理
2. 市场管理的体制、职能、原则和方法
3. 市场登记管理
4. 商品市场的管理
5. 生产要素市场的管理

第一节　市场运行原理

一、市场的概念

市场属于商品经济的范畴，哪里有商品交换，哪里就有市场。传统的市场是狭义的市场，突出的是"场所"；现代的市场是广义的市场，更强调"活动"。现代市场的概念可以这样表述：它是指在一定生产关系基础上，以商品交换为核心内容，包含商品交换场所、商品交换活动以及商品交换关系的总和。

市场的上述概念包括了三层涵义：

（一）市场是商品交换的场所

"市场"一词，从字面上来看，"市"是买卖交换的意思，"场"即场所，市场就是商品交换的场所。在这里，市场被看作一个空间概念，如集贸市场、小商品市场等。这是人们对商场最基本、最直观的理解。作为交易场所的市场有三种具体形式，第一种是集中交易场所，有众多卖方集中在一起进行交易，如集贸市场等；第二种是代理交易场所，有若干买方或卖方入场与卖方或买方的代理人进行间接、集中、公开交易的场所，如证券交易所等；第三种是商业企业，卖方独自组织交易场所并直接进行商品交换活动。

（二）市场是商品交换的全过程，即商品流通过程

随着商品经济的发展，商品交换开始突破有形场所的限制，不再局限于一定的场所、区域范围内完成，出现了跨越时间、场所或区域的商品交换活动，如远期合约交易、跨地区交易、跨国界交易等。市场的涵义不再围于狭义的商品交换场所，而是指商品交换活动的全过程，也就是从生产者开始，经过若干中间环节，流向最终消费者的全部过程。

（三）市场是商品交换关系的总和

市场是商品交换关系的总和，这是马克思从生产关系的角度对市场内涵所作的科学概括。从现象上看，市场运行表现为商品与货币的相对运动，而从本质上看，市场不仅反映了物与物之间的交换关系，更重要的是反映了隐藏在商品、货币背后的商品所有者即人与人之间的关系。

二、市场运行基础

作为一种普遍的社会现象，市场的运行离不开一定的社会基础，这主要表现在经济、法律、文化等方面。

（一）市场运行的经济基础

市场运行的客观经济基础主要包括反映社会生产力发展水平的社会分工及与之相适应所形成的一定所有制关系。

1. 社会分工

市场运行的核心内容是商品交换，而商品交换必须以一定的社会分工为前提。没有社会分工，就不会有独立又相互依赖的商品所有者，也不会有专业化的协作，商品交换也就无从谈起，从而也就不会形成市场。从人类社会发展史可以看到，人类发展曾经经历了三次大的社会分工：第一次大分工，从农业分出畜牧业，促进了大农业的发展和原始商品交换的产生；第二次大分工，从农业分出手工业，促进了工业的萌芽和商品交换的发展；第三次大分工，商业开始独立，促进了社会各行各业的发展和简单商品经济的形成。每次社会大分工，都大大促进了社会生产力的进一步发展和商品交换活动的更活跃。没有社会分工就没有必要和可能进行商品交换，也就不会有市场运行。

2. 所有制关系

市场体系的建立和运行，除了要有社会分工这个自然基础外，还要有与之相应的所有制形式。任何商品交换都离不开一定的交换主体，即拥有不同商品所有权的商品所有者，他们是具有平等权利的财产主体，具有各自独立的经济

利益，是拥有不同商品所有权的财产主体和交换主体。在专业化协作条件下，为了实现自身利益，他们必须通过相互交换其拥有的商品和要素，积极参与市场活动，并对各种市场信号及时作出合理的反应。市场的功能，就在于通过众多平等市场主体的积极活动，促进物品和要素的充分流动，从而不断优化资源配置。因此，由众多具有平等经济权利的财产主体组成的所有制关系就构成了市场运行的所有制基础。

（二）市场运行的法律基础

市场经济关系的有序发展，离不开完善的市场经济法律体系。完善的市场经济法律体系应包括以下内容：

1．市场主体制度

市场主体是指经国家认可，进入市场从事生产经营活动的自然人、法人和其他经济组织。市场主体制度，是指调节这些市场当事人参加市场活动的权利能力和行为能力等方面的法律规范，包括市场主体资格的确立、市场主体进入与退出市场的程序和条件、市场主体在市场活动中的权利义务等内容。如《公司法》、《个体工商户管理暂行条例》、《私营企业暂行条例》等。

2．市场客体制度

市场客体，即作为交换对象的各种商品，包括有形商品和无形商品。它是市场主体的权利和义务所指向的对象、目标，是市场当事人发生经济关系的媒介。市场客体制度，就是从法律上赋予市场客体一定的性质和特征，规定市场客体进入市场的范围、条件和要求等方面的法律规范，如产品质量制度、食品卫生制度、商品检验制度、卫生检疫制度等。

3．市场契约制度

市场契约，是指两个或两个以上市场当事人之间关于设立、变更或终止民事权利义务关系的协议。它体现了契约当事人之间的一种市场信用关系。市场契约制度，是指确认这些市场信用关系的合理性及法律效力，保证市场信用关系顺利实现的法律规范，如《合同法》、《担保法》以及合同鉴证等。

4．市场竞争制度

市场竞争，就是市场主体为争取各自的经济利益和有利的市场条件而展开相互较量的过程。市场竞争制度，就是规定竞争的原则、范围和各项竞争规则，明确正当竞争与不正当竞争的法律规范，包括反不正当竞争法律规范、反对限制竞争法律规范、反垄断的法律规范等。

5．市场调控制度

市场调控是指国家运用各种手段对社会经济进行直接或间接的干预和控

制，以使社会生产和市场经营正常运转。市场调控制度，是指国家运用一定手段对市场主体和市场活动实施调控的法律规范的总称。它规定了市场调控的主体、对象、范围、程度、手段和程序等，是政府调控市场的法律依据。

（三）市场运行的文化基础

任何社会经济体制，都会有与其相适应的文化基础，市场运行同样离不开一定的文化基础。从市场运行的角度考察，市场文化是由市场价值准则贯穿其中的市场观念体系和市场心理承受力所构成的。其中，市场价值准则是市场文化的灵魂，市场观念体系是市场文化的内层次，市场心理承受力是市场文化的表层次。它们三者有机结合在一起，共同形成了市场活动主体的精神风貌。

市场价值准则，是指对市场活动过程及其后果作出是非善恶判断的标准，根据这个标准，人们能够说明哪些市场行为是"好的"、"应该的"，哪些市场行为是"不好的"、"不应该的"。这种对市场活动与市场行为价值上的肯定或否定，直接决定着人们对理性观念和道德规范的选择。

市场观念体系，是指根据一定的市场价值准则对各种市场行为形成的社会评价和自我意识的总和。具体由以追求利益最大化为核心形成的市场利益观念、以权利平等、地位平等为核心形成的市场权利观念和以改善各自生存条件为核心形成的市场竞争观念几个部分构成。

市场心理承受力，是指人们承担由市场刺激所造成心理压力的心理素质水平。我国市场经济发展正处于转轨时期，价值准则和市场观念正在发生全面的更新，努力提高人们的市场心理承受力显得尤为迫切。

三、市场运行结构

市场体系作为一个由多要素构成的有机整体，是在一定的结构维系下运行的，具体包括主体、客体、行为和秩序结构。

（一）市场运行的主体结构

市场运行主体，是指拥有商品所有权，能够按照自己的意志从事商品交换活动，以实现其经济目的的当事人。我国的市场运行主体呈多元异质结构。多元，是在数量上对市场主体的要求；异质，是在质量上对市场主体的要求。市场主体多元异质是商品经济繁荣发展的客观要求。具体讲，市场主体有各种不同形式，从法律地位上看，有自然人、法人和其他经济组织；从所有制看，有国有制、集体所有制、私人所有制、混合所有制；从规模上看，有特大型企业、大型企业、中型企业、小型企业和个体经营等。

（二）市场运行的客体结构

市场客体是商品交换关系的物质载体，展现在人们面前的市场运动首先即表现为商品运动。按商品的不同属性，可以把市场客体结构分为商品市场和要素市场两大组成部分。

商品市场，一般是指具有价值和使用价值的实物形态的、用于满足人们生产或生活消费需要的商品所构成的市场。其中，满足人们生产需要的市场为生产资料市场，具体又分为农业生产资料市场和工业生产资料市场；满足人们生活需要的市场为消费品市场，具体又分为农副产品市场、工业消费品市场、服务市场、文化市场等。商品市场的主要特征有：市场商流与物流交织并存；市场交易活动分散而又频繁；市场组织结构和形式多样化、多层次。

要素市场，是指作为社会再生产活动的基本构成要素，具有价值和使用价值的特殊形态（如货币形态、智力形态、法权形态等）的商品所构成的市场。按照社会化大生产的要求，生产要素由资金、劳动力、房地产、技术、信息、产权等构成，因而要素市场结构体系主要包括金融市场、劳动力市场、房地产市场、技术市场、信息市场、产权市场。其中劳动力市场是市场经济运行的动力，金融市场是市场经济运行的枢纽，它们与商品市场一起共同构成了现代市场经济体系的三大支柱，分别决定着经济活动中人财物的运动。要素市场的特征主要体现在它的交易对象、交易过程、交易方式以及交易价格上的特殊性。

（三）市场运行的行为结构

市场行为，是市场主体有目的、有意识地通过开展一定的商品交换活动以实现特定目的的行为。它反映着不同商品所有者之间的商品交换关系和经济利益关系。各种具体的市场行为可以归纳为市场交易行为与市场竞争行为两种基本类型。

市场交易行为，是指市场主体建立直接的商品交换关系所实施的行为。这是市场行为的最基本内容。它包括购销行为、契约行为等。市场竞争行为，是指市场主体为了建立商品交换关系、争取有利的市场条件和更大的经济利益所展开的一系列活动。这些活动本身虽不是建立商品交换关系，但它为商品交换的顺利实现创造了更好的条件，是一种间接的商品交换活动。市场管理的基本任务，就是要通过对市场行为的监督管理，建立良好的市场运行秩序。

（四）市场运行的秩序结构

市场秩序是维系市场有序运行的重要保证，它构成对市场主体行为的制约。这种制约来自两个方面：一是来自市场经济活动的内在调节机制，在市场经济活动中影响商品交换关系建立的各种要素之间互相适应、互相协调、互为因果的联系和作用，即市场机制；二是来自市场经济活动的外部约束条件，是由市场管理主体根据市场运行的客观要求制定的、用来约束市场经济活动的当事人行为的各种规范和准则，即市场规则。市场机制和市场规则共同构成了市场运行的秩序结构。

第二节　市场管理体制、职能、原则和方法

一、市场管理的概念和必要性

市场管理的概念有广义和狭义之分。广义的市场管理是指国家运用行政的、法律的和经济的手段，对市场组成要素及其经济活动所进行的组织、计划、控制、调节、监督和服务等活动的总称。狭义的市场管理是指工商行政管理机关依据有关的法规、政策，运用必要的行政手段和一定的法律手段及有关的社会监督机制，对进入市场的当事人及其交易活动与行为依法进行监督的过程。本章所说的市场管理，是指狭义的市场管理。

工商行政管理机关履行其市场管理的职责，是建设和发展社会主义市场经济的必然要求：

（一）市场管理是国家经济管理职能的必然体现

在以经济建设为中心和大力发展商品经济、市场经济的当代中国，以社会管理为主导的国家职能应以社会经济管理为主导，而市场经济条件下的社会经济管理就以市场管理为核心。因此，市场管理是国家职能在当代中国社会经济条件下的直接体现。只要有国家和市场存在，就必然有国家对市场的管理。

（二）市场管理是确立和完善社会主义市场经济体制的客观要求

我国正处在旧体制瓦解、新体制确立的关键时期，尤其在计划经济体制尚未彻底瓦解、市场体制尚未确立之时，新旧体制并存，共同作用，形成过渡中特有的无序状态，市场运行（包括具体的市场交易行为、市场经营活动）都难免出现带有这一时期特点的紊乱，因此，加强市场管理尤为重要。

（三）市场管理是培育市场体系的需要

市场经济是以市场为基础配置资源的经济，培育市场是发展商品经济乃至市场经济的起点。市场的培育离不开国家的支持、扶植和引导，甚至必要的修正和整治。由于受传统的产品经济体制和观念等因素的影响，我国的市场体系发育起点和发育状况很不平稳，总体来说，消费品市场发育的状况最好，市场

化程度最高；生产资料市场的发育程度次于消费品市场的培育；而生产要素市场发育十分欠缺。这一时期的工商行政管理机关的市场管理职能显得尤为重要。

（四）市场管理是维护市场秩序的要求

任何一种经济形态都有其自身的经济运行秩序。市场秩序对于市场经济的正常运转是至关重要的。工商行政管理机关通过对市场经济活动的监督管理，协调市场交换活动中的各种经济关系，规范商品生产者和经营者的市场行为，保护合法交易，制止非法交易，促使商品生产者和经营者依法进行市场经营活动，从而形成一个良好的正常的市场经济秩序，促进社会主义市场经济的运转和充分发展。

二、市场管理体制

市场管理体制属于国家经济行政管理体制的范畴，它是按市场经济的要求和国家经济管理体制改革的方向所设置和构成的市场管理机构体系及其组织制度、管理制度的总称，包括市场管理机构的法律地位，相互之间、上下级之间的职责划分，管理手段和管理方式等。

市场监督管理机构一般都是行政执法机关。在我国，这些机构分为两类：一类是市场管理专门机关，即工商行政管理机关；一类是市场管理专业机关，如技术监督机关、物价管理机关、海关、卫生防疫部门、税务稽查机关等，它们从某一专业方面对市场行为进行规范、监督和查处，但它们对市场的监督管理只是其职责的一部分，而不是全部。

工商行政管理机关是市场的主管机关，是专司市场监督职能的机关，在市场管理体制中充当主角。随着经济体制改革的深入，工商行政管理机关在市场监督管理中的地位将更加突出，从而形成以工商行政管理为代表的、有特色的管理体制。

三、市场监督管理职能

市场监督管理职能，是国家市场管理机关在实施监督管理活动中作用于管理客体的客观功能。通过监督市场来组织和维护市场秩序是工商行政管理机关的基本职能。市场监督管理职能贯穿于市场监督管理活动的全过程，具体包括：

（一）规范职能

它是指在调查研究的基础上，制定出科学、有效的法律规范体系，用以指导、约束市场主体及其交易、竞争行为。法律规范既是市场管理主体实施管理的依据，也是实施管理的手段，又是市场主体实施市场行为的准则，其预见、指引、评价功能在市场监督管理中发挥着重要的作用。规范职能是市场管理的起点，也是市场监督管理的基础，是对市场的事前监督管理。重视规范环节，可以把大量的可能出现的违法行为控制在事前，这应当是更积极的市场监督管理。

（二）监督职能

它是指管理者以市场管理政策、法规等为依据，检查、监测经营者的行为，对有偏离准则倾向或已开始发生偏离的行为人，给予提醒、指导，督促其采取防范措施或及时纠正偏差，使违法行为在即将发生或刚刚发生时就得到避免或制止。强化监督职能，重要的是建立、健全监督手段、监督体系和网络，以便市场行为的信息迅速、准确、全面地传递给管理系统，有效地纳入监督视野。

（三）查处职能

它是对那些违反法律规范并逃脱监督职能，或超出监督职能的纠正范围的市场违法行为依法处罚的职能。对于规范职能、监督职能未能避免和阻止的违法行为，市场管理者将对此进行调查，给予严肃认真的处理，以便强制纠正越轨行为，并对越轨行为产生的后果加以补救，同时，维护法律的严肃性和权威性，警示市场经营者守法经营。查处职能是市场管理职能的集中体现，是市场规范职能、监督职能发挥作用的保证。

此外，工商行政管理机关的组织、协调、服务等职能也是贯穿市场管理全过程的。通过提供政策法规咨询、组织协调市场主体的商品交换活动等，进一步促进市场体系的良性运转。

四、市场监督管理原则

市场管理原则是开展市场管理工作，完成市场管理任务必须严格遵守的准则。它包括市场管理活动的指导思想和国家意志对市场管理过程的基本要求，主要有以下三个基本原则：

（一）按市场经济规律办事的原则

我国经济体制改革的目标是要建立社会主义市场经济体制。工商行政管理机关在建立管理机制和选择管理方式时，要按价值规律、供求规律和竞争规律等市场经济规律办事，要有利于社会主义市场体系和市场机制的发育和健全，要有利于社会主义市场经济体制的建立。

（二）"管而不死，活而不乱"的原则

"管"即依法管理，保护合法，取缔非法，保证良好的交易秩序；"死"即市场萧条，死气沉沉；"活"即市场繁荣，交易活跃；"乱"即违法现象严重，市场秩序混乱。贯彻这一原则的关键在于科学管理，处理好"管"与"活"的关系。这一原则的核心是活，活是管的目的，管是达到活的手段；管是为活服务的，活是对管的要求，二者相辅相成，缺一不可。因此，工商行政管理机关在放开搞好的同时，要加强监督管理。活中有管，则管而不死；以管促活，则活而不乱。

（三）依法管理市场的原则

依法管理市场，要求市场管理机关及其管理人员必须按照有关法律、法规的要求，对市场主体及其所从事的经济活动进行监督管理。坚持依法管理市场的原则，是促进市场交易规范化，防止不正当竞争，维持市场秩序的重要保证，也是防范市场管理中有关机关滥用职权、贪污腐败的重要途径。坚持法制原则，要求市场管理机关做到有法可依、有法必依、执法必严、违法必究，杜绝其在对管理对象的监督管理中及对违法违章案件处理过程中的主观随意性。坚持法制原则，还要求市场管理机关明确自己的职责范围和管理权限，做到在自己的职权范围内各司其职，充分发挥自己的职责，又不超越自己的权限。

五、市场监督管理手段

工商行政管理机关是国家授权监督管理市场的行政执法机关，在市场管理过程中应用的管理手段主要是行政手段和法律手段。

（一）行政手段

它是指工商行政管理部门凭借国家政权的权威，通过发布市场管理的有关政策、命令、指示及其他行政措施或办法，对市场活动进行监督管理。行政手段是以行政权力为前提的，带有权威性和强制性，所有的有关单位和个人必须执行，不得违反，对违反者要给予行政制裁。动用行政手段管理市场，主要可以通过发布政令、行政监督、行政处罚等途径来实现。

工商行政管理机关运用行政手段管理市场必须注意要明确行政手段的使用范围和条件，不能破坏和阻碍市场机制发挥作用；要保证政策的协调、具体和相对稳定；要坚持原则性和灵活性的有机结合。

（二）法律手段

它是指工商行政管理部门运用市场管理的法律、法令、条例等法律规范，调整市场主体之间的经济关系，处理和解决各种经济矛盾和经济纠纷，维护市场秩序。法律手段具有普遍的约束性、严格的强制性、相对的稳定性和明确的规定性，是保护商品生产者、经营者和消费者权益的不可缺少的工具。市场管理的法律手段主要包括市场立法、市场执法和相关法律法规的宣传教育等内容。

工商行政管理机关运用法律手段管理市场，首先要求加强市场管理的经济立法，使市场管理活动有法可依。其次，在执法过程中，要善于区分合法市场活动和非法市场活动的界限，对合法市场活动要坚决保护，对非法的市场活动要坚决打击，做到执法必严，违法必究。最后，还要加强市场管理法规的宣传和守法教育，使所有商品生产者和经营者明白在进行市场交易时，应该做什么，不应该做什么；什么是守法，什么是违法，从而提高他们遵纪守法的自觉性。

第三节　市场监督管理的主要内容

一、市场登记管理

市场登记管理，是指市场登记主管机关根据国家授权，依法审查市场开办单位开办市场的条件，确认其开办市场的合法资格和合法经营权，并依法对市场进行登记注册的监督管理活动。市场登记管理是加强市场建设宏观调控的重要措施。通过市场登记管理，可准确系统地掌握各类市场发展、建设情况，掌握各类商品的价格动向、商品的交易数量等，从而为国家进行宏观经济分析、宏观经济决策提供依据；也便于各级政府对市场建设、市场运行等做好综合服务及疏导协调工作。此外，市场的登记管理对进一步研究确立市场交易规则、加强监督管理、维护市场交易秩序都具有重要意义。总之，为了加强对各类商品交易市场的监督管理，维护正常的流通秩序，加快培育和完善社会主义市场体系，各级工商行政管理机关应在同级人民政府的领导下，加强对各类市场的登记注册和监督管理。

市场登记的范围，按照《商品交易市场登记管理办法》的规定，是有固定场所设施，有若干个经营者入场实行集中、公开交易的各类生产资料、生活资料市场，也包括各类生产要素市场。

根据我国有关法律、法规和规章开办市场应向所在地工商行政管理机关申请办理市场登记注册。单独开办市场的，由开办单位申请登记注册；联合开办市场的，由联办各方共同申请或委托其中一方申请登记注册。市场登记注册事项包括：市场名称、市场地址、市场面积、上市商品种类、开办单位及负责人。

市场登记一般采取属地管辖的原则，即各单位或个人开办的市场由市场所在地的县（区）工商行政管理机关负责登记。需冠上一级或上几级地域名称的市场，先由上各级工商局核定市场名称，再由所在地工商局负责办理登记手续，核发市场登记证。

开办单位申请办理市场登记注册，须提交下列文件：申请报告；可行性论证报告；土地使用证明；当地人民政府或其授权部门批准开办的文件；属于联合开办市场的，应同时提交联办各方共同签署的协议书。工商行政管理机关对开办单位提交的上述文件进行审查,并在受理之日起30日内作出准予登记注册或不予登记注册的决定。

各级工商行政管理机关在市场登记管理过程中，其主要职责是：

第一，监督市场开办单位按照有关规定办理市场登记注册。

第二，审查市场开办单位制定的市场规章制度。

第三，确认入场经营者的资格，并对其经营行为进行监督管理。

第四，查处违法违章行为，维护市场秩序。

第五，行使国家规定的其他管理职责。

随着我国市场经济的不断深入发展，不少地方的市场登记管理逐渐转为公司登记管理，将市场作为公司制的经营实体。对于这些改制的市场的登记，一律按公司法规定的条件和程序进行公司登记注册及管理。

二、商品市场管理

商品市场管理主要包括生产资料市场管理和消费品市场管理。按交易内容分，消费品市场又可分为工业消费品市场、农副产品市场、服务市场和文化市场等。

（一）生产资料市场管理

生产资料是关系到国民经济发展的人民生活的重要物资，生产资料的流通必须在国家计划指导下有秩序地进行，加强对生产资料市场的管理，与搞活生产资料市场的流通是相辅相成的。

1．生产资料市场主体的管理

生产资料商品经营者，必须具备法定的经营资格，已取得由工商行政管理机关核发的营业执照，方可开展经营活动；对某些重要生产资料（包括钢材、化肥、农药、农膜、重要矿产品、石油、成品油等）的经营主体，工商行政管理机关在核发营业执照时，还要审查其是否具备有关主管部门的专项审批文件或经营许可证；重要生产资料的经营以国有企业为主，相应限制集体企业、私营企业、个体工商户从事经营。在严格控制登记发照的基础上，制止无照经营生产资料，取缔生产资料的非法经营。

编号_____

市场开办申请登记表

市场名称：

主办单位： （盖章）

主办单位负责人：

申请日期： 年 月 日

中华人民共和国国家工商行政管理局制

以下各项由申请单位填写

市 场 名 称		(预计)开业时间	
地 址		邮政编码	
负 责 人		电 话	
主 办 单 位			
上市商品范围(大类)			
商品交易方式			
管理人员（人）			
占地面积(m²)			

	合计	其 中	
建筑面积(m²)		室内面积	棚顶面积

	合计	其 中			
建筑总投资（万元）		自 有	集 资	贷 款	财政拨款

经营户（户）	
申请开办市场 需提交的文件 （一式二份）	1.开办申请报告 2.开办申请登记表 3.可行性报告 4.市场负责人的身份证明 5.当地政府批准开办的文件 6.土地、场地所有或使用证明 7.其他如消防证明、联办协议书、设计图纸等。

以下各项由工商行政管理机关填写

受理人员 意　见	签字：　　　　　　年　月　日	
审　查 情　况	市场名称	
	地　址	
	上市商品 范　围 （大类）	
	商品交易方式	
	市场类型	
	开办单位分类	
	审查人员签字：　　　　年　月　日	
处（科、股）长 审核意见	签字：　　　　　　年　月　日	
局长审批 意　见	签字：　　　　　　年　月　日	
核发市场 登记证 情　况	市场登记证　　工商市字第　　号	
	经办人：　　　领证人：　　年　月　日	

来源：阆中红盾信息网　http://www.lzgshd.gov.cn/soft/scbg/200409/39.html

2．生产资料市场客体的管理

要严格监督检查进入市场交易的生产资料的质量，要求产品附有产品质量检验证明和说明书，具有产品名称、产品规格型号和能证明其生产企业、厂址的标识，符合《产品质量法》等法律法规的规定；重要生产资料品种、数量范围，应在深入详细调查和结合实际认真分析的基础上加以确定，范围不宜过宽，但一经确定必须严格执行；国家确定的重要生产资料，一律禁止自由购销，这类产品主要包括：国家指令性分配的物资、国家合同订购的物资、金银及其他贵重金属、废旧生产性金属以及关系人民生命财产安全的工业生产资料等。

3．生产资料市场交易行为的管理

对生产资料市场交易行为监督管理，目的是保护合法的商品交换关系的建立，制止非法的商品交换活动，保证市场的有序运行。主要包括对市场主体购销行为、价格行为、经济合同行为、计量行为以及商标、广告等行为的监管。要求具备生产资料经营资格的企业，必须依核定的经营范围从事经营活动，禁止超越经营范围，投机牟利；计划外的重要生产资料必须在国家设立的生产资料交易市场公开交易，禁止场外私下交易；现货交易应开具发票，远期交易要签订经济合同，并一律通过银行结算，照章纳税；对某些重要生产资料实行"验证盖章"制度，以促进企业入场公开交易。

（二）工业消费品市场的监督管理

1．工业消费品市场主体管理

从事工业消费品生产、加工、经销的企业和个体商业者以及终端个体消费者共同构成工业消费品市场主体。工商行政管理机关要对工业品的生产经营者进行依法审查，符合法定条件的，才能核发营业执照，开展经营活动。要根据国家有关产业政策的规定和要求，规导企业的生产经营方向，使其经营符合产业政策、有利于提高宏观经济效益。要审查企业的技术、经营和管理水平，既要有符合现代市场工业消费品技术级别和技术含量项目和产品，也要有符合要求的技术设备条件和一定经营管理素质的人员条件的企业，才能从事生产和经营活动。

2．工业消费品市场客体管理

工业消费品市场客体管理，主要包括产品价格和产品质量的管理。一是要加强对工业消费品的价格管理，严格执行提价申报制度（包括对产品出厂价、批发价、零售价的监督管理），统一使用国家规定的价签（内容包括品名、货号、规格等级、计量单位、零售价、批零差率等），具体做好市场信息指导，严格查处价格违法行为。二是要加强工业消费品的质量管理，主要包括产品质量管理和商标管理等，防止假冒伪劣产品进入市场，损害消费者利益，扰乱市场秩序。

3．工业消费品经营行为管理

为规范市场经营行为，提高市场运营效率，工商行政管理机关要加强对工业消费品经营行为的管理，保护正当合法经营行为，制止垄断行为和不正当竞争行为，同时放宽对工业消费品经营范围的核定。通过依法有效管理，保持工业消费品市场经营行为规范化、有序化，促进工业消费品市场的繁荣。

（三）集贸市场管理

集贸市场是我国最常见的商品贸易场所，是农产品流通的重要渠道，是组建农产品市场体系的基础和重要组成部分。本章中所指集贸市场，是指由市场经营管理者经营管理，场内经营者集中进行农副产品、日用消费品等现货商品交易的固定场所。

工商行政管理机关主管其行政区域内的集贸市场监督管理工作，其职责主要有：依法审核集贸市场经营管理者和场内经营者的主体资格；对经营主体、商品质量、交易行为等进行监督管理；受理和处理投诉、申诉；维护市场秩序，依法查处违法行为以及法律、法规规定的其他职责。

1．依法审核经营管理者和场内经营者的主体资格

集贸市场经营管理者，是指依法设立，利用自有、租用等方式取得固定场所，通过提供场地、设施和服务，从事市场经营管理的企业。企业、事业单位、社会团体以及其他组织和个人，可以依法投资开办集贸市场。集贸市场实行企业登记，经营管理者应当办理营业执照。法律、法规规定开业前应当取得其他行政许可的，集贸市场经营管理者应当依法办理。集贸市场经营管理者是市场经营管理的第一责任人，对市场内商品质量、经营秩序、食品卫生、环境卫生、治安消防等事务负管理责任。场内经营者，是指在集贸市场内以自己的名义独立从事农副产品、日用消费品等现货商品交易活动的企业、个体工商户、其他经济组织，以及出售自产农副产品的农民。

要严格按照企业和个体工商户登记管理的有关规定，审核集贸市场经营管理者和场内经营者的主体资格，把好市场准入关。对不符合条件的，限期办理变更或注销登记；对违法经营的，依法进行查处，情节严重的吊销其营业执照；对无照经营的，坚决予以取缔。

2．强化质量管理，严厉打击假冒伪劣

改革开放以来，我国各种形式的集贸市场发展迅猛，遍布全国城乡，在衔接产需、引导消费、解决就业、促进市场经济发展等方面发挥了积极作用。但在发展过程中也存在着管理粗放、经销假冒伪劣产品等突出问题，有的集贸市

场甚至成了假冒伪劣商品的集散地，藏污纳垢的庇护所，执法部门进不去的"独立王国"。这不仅扰乱市场秩序，损害消费者的合法权益，还带来了一系列社会和经济问题。强化质量管理，严厉打击假冒伪劣商品，是工商行政管理机关的一项重要工作。

　　集贸市场内经营者在经营过程中禁止经营下列物品：（1）法律、法规规定保护的野生动物、植物及其制品；（2）假冒劣质商品、国家禁止上市的商品和过期失效的商品；（3）麻醉药品、毒性药品、精神药品、放射性物品和国家禁止上市的中药材；（4）反动、淫秽和非法出版的图书报刊和音像制品；（5）农药残留超标的蔬菜、水果；（6）未经检疫或经检疫不合格的猪、牛、羊等肉类及其制品；（7）有毒、有害、污秽不洁、腐烂变质食品、水产品及病、毒致死的禽、畜、兽及其制品；（8）国家和省、市人民政府规定禁止上市的其他商品。经营者应当保证购进商品质量，按照规定保存能够证明进货来源的原始发票、凭证等。场内经营者销售肉类、禽类、豆制品、水产品、熟食品、粮食及其制品等与人体健康、人身安全密切相关的商品，应当向供货方索取有效的产品质量合格证明。工商行政管理机关要依法查处商品销售中掺杂使假，以假充真，假冒或仿冒他人产品商标、名称、包装、装潢，假冒或伪造他人厂名、厂址，以及利用广告或其他手段对产品质量、价格、服务、功效、适用范围等作误导消费者的虚假宣传等违法违规行为。严格检查进入集贸市场商品的质量，重点查处销售无生产许可证、经营许可证、质量合格证的企业生产的产品，以及不合格冒充合格的商品，未经检验检疫或检验检疫不合格的商品，国家明令淘汰的产品，禁止上市销售的产品和变质、失效的产品等。同时，要对集贸市场中的重点商品组织专项质量监督抽查，抽查结果要及时向社会公布，对发现的违法违规行为，要依法组织查处。

　　3.集贸市场交易管理

　　集贸市场交易应当遵循自愿平等、等价交换、诚实信用的原则，遵守公认的商品道德。各类商品一律实行明码标价。不得对销售的商品作引人误解的虚假表示，不准使用未经检定或检定不合格的计量器具，不得利用计量器具弄虚作假，不得将包装、捆扎物品计入商品净重出售。禁止销售假冒他人注册商标、使用虚假产地、假冒其他企业名称或代号、伪造或冒用优秀商品、认证产品、许可证标志及危及人身安全、健康等假冒伪劣商品。严禁垄断货源、抬级抬价、欺行霸市、强卖强买、骗卖骗买、以次充好、掺杂使假。严禁侮辱、谩骂消费者或吵闹、起哄扰乱市场交易秩序，不得有法律、法规禁止的其他行为。工商行政管理机关要维护市场秩序，依法查处违法行为，保证集贸市场交易的正常文明发展。

三、生产要素市场管理

生产要素市场管理主要包括金融市场管理、劳动力市场管理、技术市场管理、房地产市场管理、信息市场管理和产权市场管理等。

(一)金融市场管理

1．对金融机构设置的管理

我国的金融机构体系包括中央银行、各类商业银行和非银行金融机构等。对金融机构的监督管理主要是对商业银行和非银行金融机构的监督管理。

我国金融机构的设置总体上是要坚持以银行为主、多种金融机构并存的原则。设置金融机构必须符合下列条件：

（1）符合经济发展需要，符合各金融部门专业分工要求；

（2）有相当的业务量，符合经济核算原则，有较好的经济效益；

（3）有中国人民银行规定的最低限额资本金；

（4）有完备的章程。

金融机构的设立应当按照法定程序提出申请，其中全国性金融机构由中国人民银行总行审核，报国务院批准；省级金融机构由中国人民银行省级分行审核，报总行批准；地、市及县级金融机构由中国人民银行地、市级分行审核，报省行批准；县级以下的金融机构由中国人民银行地、市级分行批准，报省行备案。经过审批同意设立的金融机构，由中国人民银行总行或有关分行发给《经营金融业务许可证》，并按照《企业法人登记管理条例》的有关规定，向工商行政管理机关申请登记注册，领取营业执照后方可营业。禁止非金融机构经营金融业务。地方人民政府不得擅自设立地方银行，个人不得设立银行和其他金融机构，不得经营金融业务。

2．金融机构行为的监督管理

经批准依法设置的金融机构，必须自觉遵守国家有关法律、法规和金融政策，并在核准登记的范围内开展经营活动，以保持良好的金融秩序。为此，工商行政管理机关和其它金融监督管理部门应合理分工，相互协作，按各自的职责范围对金融市场上的各类行为进行监督管理，做到管而不死、活而不乱，坚持风险与效益相统一，坚持金融市场发展与整个市场经济运行相一致，建立和维护金融市场秩序。工商行政管理部门的管理具体集中在：

（1）通过健全金融市场管理法规，为金融机构和其他参与金融市场的主体设立明确、具体的行为规范。

（2）通过建立金融流通企业档案，随时掌握其基本情况，督促其按照核定的范围开展经营活动。

（3）加强对金融市场行为的日常监督检查，督促金融机构在国家法律、政策许可的范围内开展资金拆借、票据贴现、有价证券的发行和交易以及借贷业务等各类融资活动，实行公平交易、平等竞争。

（4）查处金融市场上的违法金融行为，严禁投机、诈骗、挪用资金、非法集资、黑市交易等违法犯罪行为。对一切违法经营者，监督管理机关有权在自身职责范围内依法责令停业、冻结银行账户、没收非法所得、处以罚款、取消其经营金融业务的资格乃至吊销营业执照。对触犯刑律的，依法追究刑事责任。

3．对货币市场的监督管理

工商行政管理部门的职责主要体现在资金拆借市场管理、票据市场监督管理和票据贴现市场监督管理等方面。

（1）资金拆借市场监督管理。从资金拆借市场的主体来看，根据《中华人民共和国银行管理暂行条例》规定，资金拆借可以在商业银行系统内部和相互之间、非银行金融机构系统内部和相互之间，以及商业银行与非银行金融机构之间进行；在资金拆借方式和拆借利率方面，无论是银行同业拆借，还是银行与其他金融机构之间的资金拆借，一律实行有偿借贷方式，拆借利率由借贷双方在中国人民银行规定的最高幅度内协商确定；资金拆借以临时调剂为主，期限一般较短，少则一两天，多则一至两周，最长不超过一个月，由借贷双方根据实际需要协商确定，并应符合国家有关规定；拆借资金只能用于短期周转，不得用于固定资产投资或从事违法经营活动。

（2）票据市场监督管理。票据具有要式性、文义性、独立性等特征。根据《中华人民共和国票据法》的规定：票据活动应当遵守法律、行政法规，不得损害社会公共利益。票据的签发、取得和转让，应当遵循诚实信用原则，具有真实的交易关系和债权债务关系。票据的取得，必须给付对价，即应当给付票据双方当事人认可的相对应的代价。以欺诈、偷盗或者胁迫等手段取得的票据，不得享有票据权利。

（3）票据贴现市场监督管理。票据持有人除了通过背书实现票据的流通转让外，还可将未到期票据向银行申请贴现，以获取所需要的现款。票据贴现是票据转让的一种特殊形式。银行在审查收到申请贴现的票据合格后，可按票面金额扣除从贴现日至票据到期日的利息后，予以贴现。票据到期后，贴现银行依法向付款人收取票面金额所记载的款项。若付款人拒付或无力支付，则贴现银行可向贴现申请人或其他有关票据债务人行使追索权，请求支付。

专业银行在办理票据贴现业务后，还可将已贴现而尚未到期的票据向其它银行办理转贴现或向中央银行申请再贴现。办理转贴现或再贴现时，请求贴现的银行作为背书人在票据背面签章，并将已经背书的票据交付贴现行，经同意后予以贴现。

票据背书常见错误

背书是指在票据背面或者粘单上记载有关事项并签章的票据行为。《支付结算办法》(以下称《办法》)第二十九条规定：票据背书转让时，由背书人在票据背面签章、记载被背书人名称和背书日期。背书未记载日期的，视为在票据到期日前背书。从中可以看出，签章和背书人名称属绝对记载事项，日期为相对记载事项。但是在具体的业务经办中，时常出现背书人签章和记载错误的现象，造成背书不连续，影响票据的流通或持票人正常收款。主要体现在以下几个方面：

签章错误。首先是单位签章错误。《办法》第十一条规定：单位、银行在票据上的签章和单位在结算凭证上的签章，为该单位、银行的盖章加其法定代表或其授权的代理人的签名或盖章。银行在受理票据时，时常出现有的单位加盖"营业用章"、"工程专用章"甚至"发票专用章"的现象。其次是银行签章错误。《办法》第二十三条规定：银行承兑商业汇票、办理商业汇票转贴现、再贴现时的签章，应为经中国人民银行批准使用的该银行汇票专用章加其法定代表人或其授权经办人的签名或者签章。然而，有的误盖财务专用章，或者误盖单位公章，甚至业务公章。

办理商业汇票贴现后，到期前贴现行通过寄委托收款函到承兑行收款，本应加盖结算专用章而误盖财务专用章或公章、业务公章的情况也时有发生。

被背书人记载错误。《办法》第三十三条规定：已背书转让的票据，背书应当连续。背书连续，是指票据第一次背书转让的背书人是票据上记载的收款人，前次背书转让的被背书人是后一次背书转让的背书人，依次前后衔接，最后一次背书转让的被背书人是票据的最后持票人。

背书记载错误有几种情况：一种是将被背书人名称写成了背书人名称，似乎是背书人自己对自己转让，另一种是被背书人简写过于简单。《办法》第十条明确规定：单位、个人和银行签发票据、填写结算凭证，应按照本办法和《正确填写票据和结算凭证的基本规定》记载，单位和银行的名称应当记载全称或者规范化简称。银行在受理票据时，原则上要求单位填写单位全称，尤其是在商业票据贴现时。而单位却按自身主观臆断，随意填写单位简称或者单位在本地的习惯性简称。这些都造成了票据背书不连续。

背书日期错误。从《办法》第二十九条可以看出，背书日期为任意记载事项，即可以记载，也可以不记载。但是，一些单位在记载背书日期时，出现了不合逻辑的情况。如后手背书人记载的背书日期在前手背书人的背书日期之前，出现明显的逻辑错误，造成背书不连续。

粘单使用错误。《办法》第二十八条规定：票据凭证不能满足背书人记载事项的需要，可以加附粘单，粘附于票据凭证上。粘单上的第一记载人，应当在汇票和粘单的粘接处签章。时常出现不是粘单上的第一记载人签章，而是粘单上第一记载人的前手在签章，造成票据背书不连续。

来源：三晋承兑票据信息网 http://www.sjpjok.com/piaojushichang/piaojufx/200611/20061127093149.html

4. 对证券交易市场的监督管理

为了建立良好的证券市场秩序，维护证券交易者的合法权益和社会公共利益，国家有关部门应加强对证券交易市场特别是股票交易市场的监督管理。具体包括：

（1）对证券交易所的管理。着重监督证券交易所是否贯彻交易所章程及其它有关规章制度，是否认真履行交易所的各项职责，检查它所提供的证券市场信息是否真实、完整、及时，禁止交易所管理人员及其他工作人员直接或间接持有、买卖股票，禁止任何形式的私下交易、内幕交易，不得利用职权和工作之便徇私舞弊。

（2）对证券商的管理。证券商分为证券自营商和证券经济商，对证券商的管理也就体现为以下两个方面：一是对证券自营商的管理。证券自营商的设立应经证券主管机关审批，并由登记机关予以核准注册；证券自营商应在规定的营业范围内进行交易，其资产负债比例要符合法定要求；证券自营商的业务、账册与财务状况要送证券主管机关审核；限制自营商操纵性买卖。二是对证券经济商的管理。证券经纪商应按法定条件和程序取得作为经纪人的合法资格，接受客户委托后应认真履行职责，为客户提供良好的服务；禁止非法挪用客户资金为自己谋利；禁止用各种非法手段引诱、哄骗客户买卖证券；禁止制造和传播谣言，哄抬行市。

（3）对证券交易行为的管理。任何单位和个人转让有价证券，必须通过证券交易机构办理，不得私下交易，禁止同时买卖同一种证券，制造虚假供求，哄抬或扰乱交易价格；禁止以操纵市场为目的，连续抬价或压价买卖同一种证券；禁止故意散布虚假信息，诱使他人交易；禁止私下串通、内外勾结、扰乱市场、从中渔利；禁止"内幕"人士利用自己的特殊地位操纵市场牟取暴利。

（二）技术市场管理

技术商品有别于普通的物质性产品，它在内容与性质上具有非物质性，在使用价值上具有间接性，在商品价值和价格上具有不确定性，同时，其市场风险又具有潜在性和突出性。技术市场是技术交换关系的总和，是各种形式的技术交易的概括。对技术市场的监督管理主要包括：

1．技术市场主体管理

（1）对技术开发、经营机构的管理。

第一，对技术开发、经营机构的登记管理。这主要是指对技术市场主体的资格和业务范围进行审查和确认，准其进入市场从事技术贸易的管理，是技术市场准入制度的重要内容。根据行业归口分级管理原则，应由主管部门向科委提出申请，经审查批准后，向工商行政管理机关申请登记注册，根据是否具备法人条件，分别进行企业法人登记和营业登记，经核准取得营业执照。

第二，技术开发企业应在核准的登记范围内从事技术开发、转让、咨询、服务活动。

第三，技术开发、服务机构应有明确的经营内容和服务方向，有与之相适应的科学技术和经营管理人员以及健全的组织机构和规章制度。

（2）对科技人员兼职活动的监督管理。

科技人员兼职，是指科技人员在本职工作之外从事有报酬的科学技术性质的智力活动，是实现人才价值、搞活技术市场的重要条件。科技人员在完成本职工作和不侵犯本单位技术权益、经济利益的前提下，从事业余技术工作和咨询服务的收入归己；利用本单位技术成果、内部资料的，应经本单位同意并上交部分收入；使用本单位器材、设备的，应当按照事先同本单位达成的协议支付使用费。

科技人员的兼职活动，在下列情况下，应当严格监督管理，乃至限制或禁止：可能泄露国家机密和单位技术秘密的；所在单位与兼职单位之间存在着监督与被监督、同行竞争等利害关系的；本人与兼职单位之间存在着特殊关系可能影响秉公办事的；在本职工作和兼职活动中同时从事同类项目可能引起技术流失和权属争议的。

2．技术市场客体管理

（1）技术商品的质量管理。技术商品的质量标准是"先进性、适用性、经济性"。科学成果的鉴定主要有检测鉴定、验收鉴定和专家评议三种形式。应建立健全具有客观中立、专业权威性质的技术鉴定组织，完善有关技术鉴定的标准、程序和方法等管理制度，防止不成熟、缺乏先进性甚至假技术进入生产流通领域；已获专利权并得到实施，并由实施单位出具证明的技术，视同鉴定。对损害他人或国家利益，违反国家法律、政策，涉及国家安全或重大经济利益的技术，采取行业归口把关、专门审批登记备案程序、市场监督查处等综合管理办法，禁止或限制、引导其流通及应用。

（2）技术商品的权益管理。按技术商品的法律地位，可分为专利技术和非专利技术。

专利技术的管理。根据《专利法》规定，国务院有关主管部门和省级人民政府根据国家计划，有权决定将其所属的全民所有制单位持有的专利权，指定单位实施，由实施单位按照国家有关规定向持有专利权的单位支付使用费。专利所有权有绝对的排他性。集体所有制单位或个人所有的专利权或其使用权可以自行转让，转让收入归其所有。专利技术受到国家法律的保护，有关专利纠纷由专利管理机关或人民法院调处。

专利的种类和期限

专利分为发明、实用新型和外观设计三种。

发明专利，是指对产品、方法或者其改进所提出的新的技术方案。如产品的制造方法或工艺、材料的配方，药品的配方等。

实用新型专利，是指对产品的形状、构造或者其结合所提出的适于实用的新的技术方案。凡是产品结构、形状或者结构和形状相结合，申请实用新型专利。

发明和实用新型专利中都提到"新的技术方案"，简单地讲就是要有创造性，要比现有技术先进，比现有技术落后就不能申请专利。

外观设计专利，是指对产品的形状、图案、色彩或者其结合所作出的富有美感并适于工业上应用的新设计。这里强调"外观"，即外表。如工艺品、包装箱、包装袋、包装盒都是属于外观设计，近几年，本市申请外观设计专利相当多，占专利总申请量中的80%。

发明的保护期是20年，实用新型和外观设计的保护期是10年。从申请日起开始计

来源: 中国知识产权在线 http://www.ipsoon.com/zhli/html/18110. shtml

非专利技术的管理。非专利技术的使用权、转让权与专利技术不同,其权属只在单位与职工之间,在合同当事人之间具有法律约束力,不具有法律意义上的"所有权"的属性。非专利技术的持有人可通过保密措施或者债权约定维护对技术的实际控制,受《合同法》、《反不正当竞争法》的保护。

3. 技术市场交易活动管理

(1)技术合同管理。技术合同是技术交易的法律形式,主要有技术开发、技术转让、技术咨询和技术服务等法定合同形式。我国技术合同管理的法律依据主要是《中华人民共和国技术合同法》及其实施条例,以及《技术合同认定登记管理办法》、《技术合同认定规则》等。技术合同的管理必须严格依法办事,加强综合治理。工商行政管理部门通过市场监督管理,查处技术合同的违法行为。在技术合同的市场监督管理中,应当严格区分技术合同与非技术合同、职务科技成果与非职务科技成果、一般违约与合同诈骗等界限。

(2)技术交易会管理。技术交易会,是指在一定的场所和期间,集中展示技术成果,组织当事人洽谈、签约的技术交易活动。政府有关主管部门和从事技术贸易并具备法人条件的企事业单位以及科技性社会团体,可以举办技术交易会。各单位组织全国性或者跨地区、跨部门的技术成果交易会、技术招标会,应当按属地或行业隶属关系,向科委的技术市场协调机构或管理机构申请,经批准后,举办单位应持批件向当地工商行政管理局备案,承办单位应持批件及有关材料向公安、消防部门备案。技术交易会时间短,交易的品种、数量多,关系复杂,管理难度大,应当对技术交易会的主办者、承办者、参与者的资格和交易活动加强监督检查,对其技术交易的违法行为,除依法追究当事人的法律责任外,还应依法追究技术交易会的主办者、承办者的连带责任。

科学技术部关于印发《技术合同认定规则》的通知

国科发政字 [2001] 253 号

各省、自治区、直辖市及计划单列市科技厅(科委),新疆生产建设兵团科委,各技术合同登记机构:

为促进科技成果转化,加强技术市场管理,提高技术合同认定登记质量,切实保障国家有关技术交易优惠政策的贯彻落实,根据 2000 年 2 月 28 日科技部、财政部、国家税务总局发布的《技术合同认定登记管理办法》，现将修订后的《技术合同认定规则》印发给你们，请遵照执行。

1990 年 7 月 27 日原国家科委印发的《技术合同认定规则（试行）》同时废止。

附件：技术合同认定规则

二〇〇一年七月十八日

来源：中华人民共和国科学技术部 http://www.most.gov.cn/zfwj/zfwj2001/zf01yw/zf01kjzc/200312/ t20031209_31311.htm

（三）劳动力市场管理

在现代商品经济条件下，劳动力市场是社会劳动力流动与资源配置的基本方式，是劳动力供求及其市场活动的总和。劳动力所具有的不同于其它商品的性质，决定了劳动力市场的特殊性。主要体现在：劳动力商品价值构成和价格确定的特殊性；劳动力商品使用价值的特殊性；劳动力商品交换体现劳动者的地位和权益。劳动力市场的监督管理，是在宏观环境下，为维护劳动力市场秩序，实现国家宏观调控目标，对劳动力市场微观运行实施的监督。

劳动力市场的监督管理对象，是用人单位和劳动者及其形成的劳动关系。根据我国《宪法》和《劳动法》，劳动者在劳动就业方面享有充分的权利，主要包括平等就业和选择职业，取得劳动报酬，休息休假，获得劳动安全卫生保护，接受职业技术培训，享受社会保险和福利，提请劳动争议处理，参加和组织工会，参加职工民主管理，参加社会义务劳动和劳动竞赛，提出合理化建议，从事科学研究、技术革新、发明创造，依法解除劳动合同，对危害生命安全和身体健康的行为有权拒绝、提出批评、检举和控告等。同时，劳动者应当完成劳动任务，提高职业技能，执行劳动安全卫生规程，遵守劳动纪律和职业道德。

用人单位依法享有用工自主权、人事管理权、工资奖金分配权和内部机构岗位设置权，享有依法解除劳动合同，辞退、开除职工的权利。同时，用人单位应当依法建立和完善规章制度，执行国家的法定工时和休假制度、最低工资保障制度、职业资格证书制度、劳动安全卫生保护制度、社会保障制度，保障劳动者享有劳动权利和履行劳动义务，创造条件提高劳动者的福利待遇。

具体来讲，对劳动力市场的管理主要有以下几个方面：

1. 改善劳动就业体制，实行双向选择的市场就业机制。进一步确立用人单位和劳动者的市场主体地位,落实用人单位的充分的用工自主权和人事管理权;

赋予劳动者平等竞争、选择职业和就业的权利，提供可供双方自由选择的平台，劳动者自由择业，用人单位择优录用。

2．建立劳动市场服务体系，实行职业指导、就业培训、信息咨询、公正仲裁等的有机结合。职业指导、就业培训等是完善劳动力市场体系的必要前提和条件；信息对等是实现资源优化配置的重要因素；公平公正的就业环境是建设现代化劳动力市场体系的基本要求。作为市场监督管理的专门机关，工商行政管理机关在建设市场服务体系方面有着义不容辞的责任。

3．实行合同聘用制，加强劳动合同管理。劳动合同是用人单位与劳动者在平等协商的基础上确立劳动关系，明确双方权利与义务的协议。用人单位自主用工，公开招收，择优聘用，并签订书面劳动合同，以法律形式确立双方的劳动关系，明确双方的权利与义务关系，保护双方的合法权益。劳动者一方与用人单位可以就劳动报酬、工作时间、休息休假、劳动安全、保险福利等事项，签订集体合同。劳动合同依法签订后，双方当事人应严格履行。用人单位根据劳动者是否符合录用条件，能否胜任工作，遵守劳动纪律和规章制度，以及用人单位的生产经营状况等，可以依法解除合同。劳动者根据用人单位是否遵守国家法律政策，保障劳动者合法权益等情况，有权依法解除合同。用人单位与劳动者发生争议，当事人可以依法申请调解、仲裁，或提起诉讼等。用人单位可以设立劳动争议调解委员会，该委员会由职工代表、用人单位代表和工会代表组成。地方可以组成由劳动行政部门代表、同级工会代表、用人单位方面的代表参加的劳动争议仲裁委员会，对劳动争议依法进行仲裁。

4．加强工作时间和劳动工资管理，实行标准工时制度、按劳分配制度、最低工资保障制度，逐步建立企业集体工资谈判制度，并以货币形式按月支付劳动工资。合同的工作时间和劳动报酬是保护劳动力使用价值，体现按劳分配的重要标志。为合理安排职工的工作和休息时间，维护职工的休息权利，国家确定标准工时制度，并在提高劳动生产率的前提下，逐步缩短标准工时。工资分配应当遵循按劳分配原则，实行同工同酬。用人单位根据本单位的生产经营特点和经济效益，依法自主确定本单位的工资分配方式和工资水平。国家实行最低工资保障制度。最低工资的具体标准须综合参考劳动者本人及平均赡养人口的最低生活费用，社会平均工资水平，劳动生产率，就业状况，以及地区之间经济发展水平的差异，由省级人民政府确定和调整，报国务院备案。

5．加强劳动保护和劳动保险管理。劳动保护是国家和用人单位为了保护劳动者在劳动过程中的健康、安全和劳动能力所采取的立法、安全技术和管理措施，是保证劳动力价值和使用价值顺利实现的必要条件。劳动保险是指劳动者享有的养老、医疗、失业等社会保障权利。加强劳动保护和劳动保险管理，是保障劳动者的劳动安全卫生和养老、医疗、失业等社会保障权利的内在要求。

6. 外来劳动力管理。劳动力跨区域流动，是劳动力市场发展的必然趋势和劳动力资源分配的重要条件。但因其自发性和盲目性，需要加强引导和规范。省级劳动行政部门根据本地区的劳动力供求状况，对外来劳动力实行总量和结构控制。工商行政部门与公安等部门协作，对企业的劳动管理进行监督检查，查处违规招工和侵犯劳动者合法权益的行为。

7. 规范和发展劳动力市场。我国劳动力市场尚处于发育初期。规范和发展劳动力市场是现阶段劳动力市场管理的主要任务，形成统一、开放、竞争、有序的劳动力市场是长远的发展目标。必须根据经济的发展和改革进程，突出重点，抓好试点，循序渐进，逐步规范，发挥国家政策的引导作用，协调好劳动管理部门与人事管理部门的职能分工合作关系，建立市场中介组织的自律机制，加强劳动监察和劳动争议仲裁职能，推进各项配套改革。

涵江区工商局重视劳动力市场
依法管理　热情服务

本报讯　涵江区工商局今年依法管理劳动力市场，热情为下岗职工服务，取得明显成效。

该局严格把好职业介绍机构市场准入关，今年已对 2 家符合开办条件的营利性职业介绍机构依法核发营业执照；同时，积极支持有关部门帮助下岗职工再就业。该局在注册大厅开设"下岗职工办照绿色通道"，为下岗职工优先办照 36 份，每月免收管理费 1 万多元，并鼓励执法人员利用日常巡查之机了解企业用工讯息，先后为 423 名下岗职工穿针引线介绍再就业。

该局还大力清查整治坑工违法行为。有一职业介绍所在江口镇等地的电线杆上张贴虚假招工广告，以招工不成可如数退款的许诺骗取四川籍民工蔡某、李某手续费和登记费共 360 元，事后百般刁难拒绝退款。该局接到投诉后立即展开调查，并依法作出了责令停业整顿、罚款 2000 元的处罚决定，有力打击不法分子。

关锦程

来源：湄洲日报（海外版）http://www.icn.cn/fujian_w/news/mzrb/030617/1_13.html

（四）房地产市场管理

房地产是一种有限的、有固定位置的、个体差异较大的、耐用的基本消费品。相比一般商品市场，房地产市场是一种交易中没有物流、具有明显的地域性、价格刚性和投机性的、不充分竞争的市场。

1．对房地产交易场所的监督管理

房地产交易场所监督管理是指对有领导有组织建立的有形房地产交易场所的监督管理。监督管理的内容包括审查经营者进场交易的资格；对交易合同加强监督，即监督合同双方严格履行各自的经济责任；审查房地产交易手续，对交易行为依法监督；加强对房地产交易价格的控制；加强对土地使用权批租、转让的监督管理；维护市场交易秩序，促进市场发育。

2．对房地产经营单位的监督管理

对房地产经营单位监督管理的重点对象包括房地产开发经营单位和房地产中介交易机构。

（1）对房地产开发经营单位的监督管理。开发经营单位必须有健全的管理机构，固定的办公地点，完备的财务制度和明确的经营管理章程，以及与其承担的经济责任相适应的自有资金和经营管理能力。同时从宏观上要注意掌握、控制开发企业的地理布局、业务分工以及数量。对无照开发经营的，应坚决取缔；对名为开发实为从事炒地皮、买卖或出租房屋等流通领域违法活动的要依法查处；对倒卖开发计划指标，变相搞楼堂馆所，无证开发、越级开发、层层转包、高估冒标工程款等违纪违法行为，要会同有关部门坚决给予制裁；对于利用开发之便大搞违法经营活动的，要坚决予以打击。

（2）对房地产中介交易机构的监督管理。首先要把中介交易机构纳入工商登记管理的范围，规定具体的经营地点、经营条件和经营规范。其次，促使中介交易公开化、票据化和规范化，增加中介交易活动的可控性，以兴利抑弊，使中介交易有利于促进房地产市场的发展。最后，要查处一切违法中介交易活动。

3．对各种房地产交易活动的监督管理

（1）对房屋买卖市场的监督管理，主要包括对进入市场作为买卖对象的房产的监管和监督房产立契签证程序。

根据目前我国的政策、法规，允许投入房产买卖市场的房屋，必须符合以下条件：①房屋的产权归属应当清楚，并有合法的产权证件；②凡是经过改建、扩建的房屋，产权所有者应在房地产行政管理部门办妥变更登记手续之后，方能投入市场进行交易；③对于已经出租的房屋，如要出售，必须提前三个月通知承租人，方可投入买卖市场，以免引起承购者和承租者之间的纠纷；④属于双方或多方共有的房屋，如要出售，出售人须提交共有人同意或委托出卖的证明，方可投入买卖市场；⑤对于享受补贴和以优惠价购买、建造的房屋，在不满原定期限时，如要出售，只能按原价或交易评估价出售给原补贴单位或房地产主管部门；⑥对于继承、赠与所得的房屋，必须有公证机关或人民法院的法律文书，方能投入买卖市场；⑦商品房预售，应符合下列条件：已交付全部土地使用权出让金，取得土地使用权证书；持有建设工程规划许可证；按提供预售的商品房计算，投入开发建设的资金达到工程建设总投资的25%以上，并已经确定施工进度和竣工交付日期；向县级以上人民政府房产管理部门办理预售登记，取得商品房预售许可证明。

具有以下情况的房屋，不得投入市场出售：产权未经确认或产权纠纷未予处理以及有其他权利不清的房屋；产权人出卖房屋，没有合理的居住去向的；未经有关主管部门批准，擅自违章自建、扩建的房屋；经城市房地产管理机关或人民法院裁定，限制产权转移的房屋。

房产立契签证程序是房地产交易管理的重要内容。办理房地产交易立契鉴证，一般程序包括受理、查验证件、产权审查、现场调查、现场勘估、申报审批、立契鉴证、归档等八个方面以确保交易活动的合法性和真实性。

（2）对房屋调换市场的监督管理，主要包括调换房屋的物资管理和房屋调换程序的管理。一般说来，以下几种情况不准进入调换市场：①房产和使用权属不清的房屋；②部队、公安、司法、档案等部门和大专院校、军工企业等单位的房屋；③违章建筑和危险建筑的房屋；④因建设需要，短期内即将拆迁的房屋。

（3）对房屋租赁市场的管理，包括对出租房屋的条件和房屋租赁合同的管理。对于从事生产经营活动的房屋租赁应当将租金中所含土地收益上缴国家。一般说来，有以下情况之一的房产不准出租：①不具有产权或限制产权的；②共有房产未取得共有人同意的；③违章建筑；④危房或不符合建筑物安全标准的；⑤已作为资产抵押，未经抵押权人同意的。⑥法津、法规禁止的其他情形。

（4）对房地产抵押市场的管理。依法取得了房屋所有权连同该房屋占用范围内的土地使用权或者以出让方式取得的土地使用权的房地产可以设定抵押权。房地产抵押应当凭土地使用权证书、房屋所有权证书办理。土地使用权和地上建筑物、其他附着物抵押，应当依照规定办理抵押登记。房地产抵押人和抵押权人应当签订书面抵押合同。对于房地产抵押中的抵押权人的优先受偿，在特定条件下将受到限制：①设定房地产抵押权的土地使用权是以划拨方式取得的，依法拍卖该房地产后，应当从拍卖所得的价款中缴纳相当于应缴纳的土地使用权出让金的款额后，抵押权人方可优先受偿；②房地产抵押合同签订后，土地上新增的房屋不属于抵押财产。需要拍卖该抵押的房地产时，可以依法将土地上新增的房屋与抵押财产一同拍卖，但对拍卖新增房屋所得，抵押权人无权优先受偿。

（5）房地产市场的价格管理。国家实行房地产价格评估制度和成交价格申报制度。对于土地使用权转让价格明显低于市场价格的，市、县人民政府有优先购买权。土地使用权转让的市场价格不合理上涨时，市、县人民政府可以采取必要的措施。

思考题

一、选择题

1. 广义的市场指的是（　　　）

A. 商品交换关系的总和 　　　　B. 商品交换的场所

C. 经济利益关系 　　　　　　　D. 集贸市场

2. 市场体系包括（　　　）

A. 生产资料市场 　　　　　　　B. 劳动力市场

C. 房地产市场 　　　　　　　　D. 技术市场

E. 百货商店

二、简答题

1. 简述市场运行的基础。

2. 工商行政管理应遵循哪些原则？

3. 为什么工商行政管理机关要坚持法制原则？

4. 简述农产品集贸市场管理的主要内容。

5. 金融机构设立的一般程序。

6. 试述对科技人员兼职管理的必要性。

三、论述题

1. 如何正确运用工商行政管理部门的行政手段与法律手段？

2. 如何建设农村集贸文明市场？

3. 如何实现劳动力市场的规范管理？

第五章　合同管理

本章重点

1. 合同订立的方式
2. 合同的效力
3. 合同的担保和履行
4. 合同的变更、转移和终止
5. 违约责任

第一节　合同概述

一、合同的概念与特征

（一）合同的概念

我国《合同法》第二条第一款规定："本法所称合同是指平等主体的自然人、法人、其他组织之间设立、变更、终止民事权利义务关系的协议。"根据《合同法》的规定，我国《合同法》中所指的合同主要指债权关系，而其他同属民事法律领域的关系如婚姻、收养、监护等有关身份的协议则适用于其他法律的规定。

（二）合同的法律特征

根据我国《合同法》的规定，合同具有以下法律特征：

1. 合同的各签订方在地位上是平等的。这种地位上的平等性体现在两个方面。首先，合同是当事人意思表述一致的结果，是当事人共同意愿的产物，任何一方都不得把自己的意志强加给另一方；其次，合同依法生效后任何一方都不得擅自单方面解除或变更合同，否则将依法承担法律责任，另一方有权要求赔偿。

2. 合同是多方当事人的法律行为。合同作为当事人的合意，必须有两个或两个以上的当事人，彼此互为意思表示，单个当事人不能订立合同。合法的合同一旦签订，便具有相应的法律效力，签订各方必需遵守合同内容。

3. 合同是用以规定、变更或终止民事权利义务的法律文件。当事人通过签订合同，实现某种特定的民事权利义务的设定、变更或解除，达到获取各自的经济利益的目的。

二、合同的分类

根据不同的标准，可将合同分为不同的种类。

（一）有名合同与无名合同

根据法律是否对合同规定有确定的名称与调整规则，可以将合同分为有名合同与无名合同。有名合同是指由法律明确予以规定并命名的合同，对于这类合同，可直接适用《合同法》对其的明确规定；无名合同是指法律没有明确规定并命名的合同，这类合同只能适用《合同法》总则中的一般规定，同时参照分则和其他相关法律。

（二）有偿合同与无偿合同

根据合同当事人是否需要为从合同中获得的利益支付代价而将合同分为有偿合同与无偿合同。有偿合同是指合同当事人需要为其从合同中获得的利益支付相应的代价；无偿合同指合同当事人不用为其从合同中获得的利益支付相应代价。

（三）要式合同与不要式合同

根据合同的成立是否要符合特定的形式可将合同分为要式合同和不要式合同。要式合同指合同的成立要符合特定的形式并且符合特定的程序。要式合同又分为法定要式合同和约定要式合同。法定要式合同是指法律予以明确规定形式和程序的合同；约定要式合同指签订方事先约定好合同形式及签订程序的合同。不要式合同是指没有特定形式和签订程序要件约束的合同。

（四）单务合同与双务合同

根据合同当事人是否互相享有权利，负有义务，可将合同分为单务合同和双务合同。单务合同是指只有一方当事人承担义务而另一方当事人享有权利的合同；双务合同是指双方当事人互相承担义务，互相享有权利的合同。

（五）诺成合同与实践合同

根据合同的生效是否需要有支付标的物的行为，可将合同分为诺成合同与实践合同。诺成合同指双方意思表述一致时即告成立生效的合同；实践合同指双方意思表述一致后仍需有交付标的物的实际行动。在有交付标的物的实际行动后才能成立生效的合同。

（六）主合同与从合同

根据合同是否需要以其他合同的存在为前提而成立，可将合同分为主合同和从合同。主合同是指不需要以其他合同的存在为前提，即可单独存在并成立的合同；从合同指必须以其他合同的存在为前提才能成立的合同。

从法律关系的不同角度对合同进行分类，买卖合同同时具备多种类型

2000 年 2 月某运输公司与某机械厂签订买卖汽车轮胎的合同。合同规定：机械厂卖给运输公司 50 套汽车轮胎，单价1000 元，共计 50,000 元，5月底交货付款。同时，运输公司为保证合同的顺利履行，先付给对方定金5,000 元。5 月 31 日，运输公司派人派车到机械厂交款提货，却发现机械厂已将这批轮胎高价转让给另一运输公司，遂向人民法院起诉，请求法院判令机械厂双倍返还定金并赔偿经济损失。试问：

出卖人和买受人签订的合同属于什么类型的合同？

[分析]

本案系机械厂（出卖人）不履行向运输公司（买受人）交付 50 套轮胎的合同义务引起的经济纠纷。其双方签订的这一买卖合同从法律关系的不同角度分类可同时具备以下多种类型：

此合同为双务合同。双务合同是指双方既享受权利也承担义务的合同。双方当事人承担的义务与其所享受的权利，相互关联，互为因果。就此合同而言，它表现为出卖人有向买受人交付轮胎的义务，并享有得到轮胎价款的权利。而买受人有向出卖人交付轮胎价款的义务，并享有轮胎的所有权。

此合同为有偿合同。有偿合同是指当事人享有合同权利而且要偿付相应代价的合同。就此合同而言，它表现为出卖人得到 50000 元价款，同时以丧失 50 套轮胎所有权为代价。而买受人取得 50 套轮胎所有权，同时以支付50000 元货款作为代价。

此合同为诺成合同。诺成合同是指当事人意思表示一致，就合同的主要条款达成协议即为成立的合同。就此合同而言，出卖人和买受人一经正式签订，合同即告生效。

此合同为不要式合同。不要式合同是指只要当事人就合同的主要条款达成协议，无需履行某种特定手续就能成立的合同。就此合同而言，法律既无明文规定，当事人双方也无明确约定需履行某种特定手续，因而属于不要式合同。

此合同为有名合同。有名合同是指合同法分则和其他法律明文规定的合同。此合同属合同法分则明文规定的合同，其应适用合同法总则和分则第九章《买卖合同》的规定。

此合同同时包括主合同和从合同。主合同是指不依其他合同的存在为前提，自己能够独立存在的合同。从合同是指以主合同存在为前提而存在的合同。主合同无效，从合同亦无效；主合同变更、消灭，从合同亦变更、消灭。就此合同而言，它表现为：出卖人卖给买受人汽车轮胎为主合同，该合同能够独立存在。买受人向出卖人交付 5000 元定金为从合同。买受人之所以向出卖人交付 5000 元定金，是因为已存在出卖人卖给买受人 50 套汽车轮胎这一主合同的存在。

三、合同法的基本原则

合同法的基本原则是合同当事人必须遵守的基本准则，也是制订、适用、解释和研究合同法的出发点和依据。合同法的基本原则主要体现在以下几个方面：

（一）平等原则

《合同法》明确规定：合同当事人的法律地位平等，一方不得将自己的意志强加给另一方。这就说明，无论合同当事人处于何种经济地位，社会地位，工作性质，更无论是何种宗教信仰、民族和教育程度，当事方在合同规定中的地位是平等的，即使存在行政上的命令与服从、管理与被管理的关系，也不会影响这种平等性。平等的当事人享有对等的权利，承担对等的义务，这是合同法平等原则的一个重要体现。

（二）自愿原则

自愿原则是指合同当事方有权在法律规定的范围内，根据自己的意思设立、变更和终止合同法律关系。自愿原则包含以下几层意思：首先，合同内容是合同当事方共同意思表述一致的结果，任何一方不得把意志强加给另一方，合同的签订是双方自愿达成的协议；其次，当事人通过协商，自愿决定和调整相应法律关系。只要符合法律规定且不损害社会公共利益，可以自愿地进行合同法律行为，其他任何组织和个人不得干涉。

（三）公平原则

公平原则是指合同当事人要本着利益均衡的原则确定双方的权利义务关

系，同时这种利益均衡要延展到合同的方方面面。首先，合同当事双方不得在合同中规定明显的显失公正的内容。任何一方不得利用自己的优势而达成有损另一方利益的不公正协议；其次，社会上其他组织和个人不得利用各种手段促成合同当事人之间不公正的权利义务关系的形成；再次，司法机关和仲裁机关在审判或仲裁时，要本着公正的原则，不得有明显的偏向性，以保证法律的公正和合同本身的公正。

（四）诚实信用原则

诚实信用原则简称诚信原则，指当事人在订立、履行及终止合同的全过程中，都要诚实，讲信用，要相互协作，具体包括以下几方面：

1. 合同订立时，根据诚实信用原则，合同当事人应当承担通知、协助、保护和善意磋商义务，不得有隐瞒事实和欺诈行为。

2. 在履行合同义务时，当事人应根据合同的性质、目的和交易习惯，及时履行通知、协助、提供必要的条件、防止损失扩大及保密等义务。

3. 合同变更或解除时，如果继续履行合同内容有显失公平的情况发生致使某一方当事人的利益受损，根据诚实信用原则，应当允许当事人合理地变更合同或者解除合同。

4. 合同的解释和争议的处理，应当按照诚信原则解释合同。合同争议发生时，当事双方应当合理合法地行使自己的权利，不能单独考虑自己的利益而无视他人利益。

5. 合同终止时及终止后，当事人仍应当遵循诚实信用的原则履行通知、协助和保密等义务。

（五）遵守法律，不得损害社会公共利益的原则

合同当事人在订立、修改、废止合同时，其行为要遵守国家法律规定，符合行政法规，符合社会道德规范，不得扰乱社会秩序，不得因履行合同而损害社会利益。

第二节　合同的订立

一、合同的内容

合同的内容是合同当事人的各种意思表示，具体体现为合同的条款。合同的条款是明确合同当事人基本权利和义务，使合同成立不可或缺的内容，合同的内容应当具备以下条款：

（一）标的

标的是合同当事人的权利和义务共同指向的对象，它是一切合同必须指向的首要条款。如果没有标的或标的不明确，不能算作是有效的合同。

（二）数量和质量

数量和质量是标的物的具体化，是确定标的物特征的重要因素和标准。因此，在订立合同时应当明确标的物的数量和质量。

（三）价款或者报酬

价款或报酬是指合同当事人一方向另一方支付的以货币为代表的代价。一般是取得标的一方向另一方支付，在标的物为实物时称为价款，在标的物为劳务或者服务时称为报酬。

（四）履行期限、地点和方式

履行期限、地点和方式关系到合同是否能按时履行、完成，能否明确合同当事人的权利和义务等一系列重要问题，因此，在订立合同时，必须对履行期限、地点和方式作出明确的规定。

（五）违约责任

违约责任指合同履行过程中，一方当事人由于某种原因不能继续履行合同内容，或履行合同过程中出现错误而损害了另一方的利益，根据合同规定承担赔偿责任的情况。

（六）解决争议的方式

解决争议的方式是指合同当事人关于如何解决争议的事先约定，包括解决争议的方法、程序和适用法律等方面的内容。

二、合同的形式

我国《合同法》规定，当事人订立合同有书面形式、口头形式和其他形式。口头形式的合同方便易行，但缺点是发生争议时难以举证确认责任，不够安全，所以，重要的合同不宜采取口头形式。法律、法规规定应当采用书面形式的合同，或当事人约定应当采用书面形式的合同，都应当采用书面的形式。若法律、行政法规规定或者当事人约定采用书面形式订立合同，而当事人未采用书面形式，但一方已经履行主要义务且对方接受，则该合同亦成立。

三、合同订立的方式

合同的订立是指两个或两个以上的当事人依法就合同的主要条款，经过协商一致，达成协议的法律行为。合同的当事人可以是自然人，也可以是法人或者其他组织，但都应当具有与订立合同相应的民事权利能力和民事行为能力，当事人也可以依法委托代理人订立合同。合同订立的过程是通过要约承诺完成的。

（一）要约

要约是指一方当事人以订立合同为目的向另一方提出的订约建议，即希望订立合同的意思表示。

1．要约应当具备的条件

首先，要约必须向特定的人发出，可以是特定的一个人，也可以是特定的多数人；其次，要约的意思表示一定要明确清晰，即要约人必须明确地表达自己希望与受要约人订立合同的意愿，这种意愿表达要明确清晰；再次，要约的内容要明确具体；再其次，要约必须送达受要约人，如果要约未及时送达受要约人，那么即使受要约人熟知要约内容，他也不能接受这项要约。

2．要约的生效

要约到达受要约人时生效，采用数据电文形式订立合同，收件人指定特定系统接收数据电文的，该数据进入特定系统的时间，视为到达时间，未指定特定系统的该数据进入收件人的任何系统的首次时间，视为到达时间。

3．要约的撤回和撤销

要约的撤回是指要约人对其要约的通知在到达受要约人之前予以更改或者取消，要约人可以随时撤回要约，但是，撤回要约的通知应当在要约到达受要约人之前或者与要约同时到达受要约人。要约的撤销是指要约人将要约已经送达受要约人之后取消要约，撤销要约的通知应当在受要约人发出承诺通知之前到达受要约人。但是，有下列情形之一的，要约不得撤销：第一，要约人明确了承诺期限或以其他形式明确表示要约不可撤销；第二，受要约人有理由认为要约是不可撤销的，并已经为履行合同做了准备工作。

4．要约的失效

有以下情形之一的，要约失效：第一，拒绝要约的通知到达要约人；第二，承诺期限到期，受要约人未作出承诺；第三，要约人依法撤销要约；第四，受要约人对要约的内容做了实质性的修改；第五，要约的内容违反法律法规。

（二）承诺

1．承诺应当具备的条件。

承诺即接受建议，指接受要约人同意要约的意思表示，有效的承诺需具备以下四个条件：第一，承诺由受要约人本人或者其代理人作出；第二，承诺必须按规定的方式传递；第三，承诺的内容必须与要约的内容完全一致；第四，承诺必须在要约的有效期内作出。

2．承诺的方式

承诺应当以通知的方式作出，通知可以是口头的，也可以是书面的。根据当事人约定，也可以通过实施一定的行为或以其他方式作出。

3．承诺的撤回

承诺方只要对要约进行了承诺，经济合同即告成立，需要承担由此而引起的一切法律责任和经济责任，承诺人可以撤回承诺，但是不能撤销承诺，承诺的撤回是指承诺人对其承诺的通知在到达要约人之前予以更改或取消，撤回承诺的通知应当在承诺通知到达要约人之前或者与承诺通知同时到达要约人。

要约未经承诺，要约人擅自发货其损失应自行承担

某市食品公司因建造一栋大楼急需水泥，其基建处遂向本省的青峰水泥厂、新华水泥厂及原告建设水泥厂发出函电。函电中称："我公司急需标号为150型号的水泥100吨，如贵厂有货，请速来函电，我公司愿前往购买。"三家水泥厂在收到函电后，都先后向食品公司回复了函电，在函电中告知备有现货，注明了水泥价格。而建设水泥厂在发出函电的同时，派车给食品公司送去了50吨。在这批水泥到达之前，食品公司得知新华水泥厂所产的水泥质量较好，且价格合理，于是向新华水泥厂发去了函电："我公司愿购买贵厂100吨150型号水泥，盼速发货，运费由我公司承担。"在发出函电后的第二天上午，新华水泥厂发函称已准备发货。下午，建设水泥厂将50吨水泥送到，食品公司告知建设水泥厂已决定购买新华水泥厂的水泥，因此不能接收建设水泥厂送来的水泥。建设水泥厂认为食品公司拒收货物构成违约，双方协商不成，建设水泥厂遂向法院起诉。试问：

食品公司向三家水泥厂分别发函，属于什么行为？三家水泥厂回函是什么行为？食品公司第二次向新华水泥厂发函是什么行为？食品公司与新华水泥厂之间的买卖合同是否成立？为什么？

建设水泥厂与食品公司之间的买卖合同是否成立？食品公司有无义务接受建设水泥厂发来的货物？本案中建设水泥厂的损失应有谁来承担？

[分析]

本案涉及合同订立程序问题，主要是要约、承诺，还有要约邀请与要约的区别。根据《合同法》第十四条，第十五条规定，要约是希望和他人订立合同的意思表示，而且要约内容必须具体确定，一经承诺，要约人就应受承

诺的约束。与此不同的是，要约邀请仅仅是希望他人向自己发出要约的意思表示，要约邀请人并不受他人承诺的约束。本案中，食品公司向三家水泥厂发函，其内容并未包含合同主要条款，如没有价格方面内容。可见，食品公司只是通过发函希望他人向自己发出要约，因此这一行为属于要约邀请行为。三家水泥厂回函内容具体明确，包含了订立合同所需的标的及其规格、数量、价格条款，因此是要约行为。

根据《合同法》第二十一条、第二十三条规定，承诺是受要约人同意要约的意思表示，承诺的内容应当和要约的内容一致。食品公司向新华水泥厂发出的第二封函电完全符合承诺的要件，是承诺行为。从案情可知，这封函电发出后第二天，新华水泥厂就发函表示准备发货，说明承诺通知到达要约人。根据《合同法》第二十五条、第二十六条规定：承诺需要通知的，承诺通知到达要约人时生效；承诺生效时合同成立。因此，本案中食品公司与新华水泥厂之间的买卖合同已成立。

如前所述，食品公司向建设水泥厂的发函是要约邀请，食品公司并不受其意思表示的约束。建设水泥厂的复函是要约而非承诺，食品公司对要约并未作出承诺，所以二者之间的买卖合同未成立。建设水泥厂的发货行为并非履约行为，食品公司也没有义务接受建设水泥厂的货物。所以建设水泥厂因发货而受到的损失只能由自己承担。

第三节　合同的效力

合同的效力，即合同的法律效力，是指已经成立的合同在当事人之间产生的一定的法律约束力。《合同法》就合同的效力问题规定了有效合同、无效合同、可撤消合同和效力待定合同四种情况。

一、合同的生效

合同的生效就是指依法成立的合同对合同当事人产生法律约束力。

（一）合同的效力体现

1. 合同依法成立后，即对当事人产生法律约束力，我国《合同法》规定："依法成立的合同，对当事人具有法律约束力，当事人应当按照约定履行自己的义务，不得擅自变更或解除合同。"

2．合同依法成立后，即对当事人之外的第三人产生法律约束力，任何当事人之外的其他组织和个人均不得干涉，不得侵犯当事人的合法权利，不得干涉当事人履行义务。

（二）合同生效的要件

合同生效的要件是指合同依法成立，发生法律效力所应具备的条件。合同生效的要件分为一般要件和特殊要件。一般要件是指所有合同生效所应具备的基本的要件，这些基本要件包括：合同已经成立，意思表示真实，不违反法律法规。合同生效的特殊要件是指法律法规明确规定的其他要件或合同当事人约定的其他要件，即合同生效后必须履行的特定手续。

（三）附条件合同的效力

附条件合同，指的是合同当事人双方在合同中约定某种事实状态，并以其将来发生或不发生作为合同生效的限制条件。《合同法》规定，当事人对合同的效力可以约定附条件，这种附条件，可以是事件，也可以是行为，但是必须符合一定条件，这些条件有：1．所附条件必须是当事人约定的事实；2．所附条件必须是合同订立时尚未发生的事实；3．所附条件必须是将来可能发生的事实；4．所附条件必须是合法的事实；5．所附条件必须是与合同的主要内容不发生矛盾的事实。附生效条件的合同，自条件成就时生效，附解除条件的合同，自条件成就时失效。当事人为自己的利益不正当地阻止条件成就的，视为条件已成就，不正当地促成条件成就的，视为条件不成就。

（四）附期限合同的效力

附期限合同是指合同当事人在合同中约定一个明确的期限，并在该期限到来时合同效力发生或终止，这样的合同为附期限合同。附期限合同分为附生效期限的合同和附终止期限的合同。附生效期限的合同，是指所附期限到来时，合同发生法律效力；附终止期限的合同，在所附期限到来时，合同失效。

二、无效合同

无效合同是指虽成立但不具有法律效力的合同。无效合同对当事人不具有法律约束力，不具有任何法律效力，当事人无需承担相应义务也无从享受权利。无效合同自始无效。国家法律不予保护，无须法院及当事人作出某种行为主张其无效。

（一）属于无效合同的情况

根据《合同法》第五十二条的规定，有下列情况之一的合同无效。

1．一方以欺诈、胁迫的手段订立合同，损害国家利益。所谓欺诈是指故意隐瞒真相或故意告知假象而使对方做出错误的意思表示而与之订立合同。所谓胁迫是指以即将发生的损害或直接施加损害相威胁，迫使对方产生恐惧心理而与之订立合同。

2．恶意串通，损害国家、集体或者第三人利益。恶意串通的合同是指合同当事人非法勾结，为谋取私利而共同订立的损害国家、集体或第三人利益的合同。

3．以合法的形式掩盖非法目的。这种合同是一种表面上合法而实际上非法的合同。通过表面上的合法来掩盖内容上的非法，不是当事人真实意思的表示。

4．损害社会公共利益。这种合同可能对于当事人双方而言是合法有效的，但因其损害社会的公共利益，因而是无效的，是不受法律承认和保护的。

5．违反法律，行政法规的强制性规定。法律，行政法规的强制性规定是指法律法规明确规定作出某种行为不作出某种行为，表现为一种强制性。

（二）无效合同的处理

合同无效后，因该合同取得的财产应当予以返还，不能返还或没有必要返还的应当折价补偿，有过错的一方应当赔偿对方因此所受的损失，双方都有过错的应当各自承担相应的责任。当事人恶意串通，损害国家、集体或第三人利益的，因此取得的财产收归国家所有或返还集体、第三人。

三、可撤销合同

可撤销合同是指当事人因意思表示不真实而订立的合同，经有撤销权的当事人依法行使撤销权而使其溯及力无效的合同。可撤销合同在撤销前已发生效力的，合同当事人要受合同条款的约束。即使有撤销权的一方当事人也不得因有撤销权而拒绝履行义务。另外需注意的是，可撤销合同不同于无效合同，可撤销合同在撤销前是有效的合同，而无效合同自始至终都是无效的。可撤销合同由有撤销权的一方当事人撤销，而无效的合同的确认不能由合同当事人来做出，即使当事人不主张撤销，法院也要依法宣布其无效。

（一）属于可撤销合同的情况

根据《合同法》第五十四条的规定，有下列情况之一的属于可撤销合同：

1．一方以欺诈、胁迫的手段或乘人之危而使对方在违背真实意愿的情况下订立的合同。对于该类合同受害人有权请求人民法院或仲裁机构变更或撤销合同。因一方欺诈、胁迫和乘人之危而订立的合同若损害国家利益则属于无效合同，未损害国家利益的，属于可撤销合同。

2．因重大误解而订立的合同

重大误解是指当事人对涉及合同后果的重大事项存在错误认识，违背其真实意思表示而订立合同，并因此受到较大损失或者达不到误解者订立合同目的的行为。重大误解包括以下几种情况：第一，对合同性质的误解；第二，对对方当事人的误解；第三，对标的物种类、数量、质量等的误解。

因重大误解订立的合同误解人有权请求人民法院或仲裁机构变更或撤销

　　某市土产公司业务员到福建某茶场收购茶叶。但该业务员对茶叶的等级知识不懂，以为茶叶级数越高，质量就越高。遂提出购买价格最高的5吨三级茶叶。茶厂业务员暗笑对方草包，且一本正经地附和："茶叶还是三级最好，二级次之，一级最差"，于是双方签订合同，以相当于收购一级毛尖茶叶的价格订购了5吨三级茶叶。茶叶运回土产公司后，公司问明了情况，于是向茶厂提出退货，或按三级茶叶的价钱退还多收的货款。但茶厂不同意退货，也不退钱，称茶厂有权自定价格，合同是双方自愿订立的，白纸黑字，茶厂无任何责任。土产公司愤然向法院起诉茶厂，状告茶厂故意欺骗土产公司业务员，请求法院判决合同无效，赔偿损失。而茶厂则辩称他们并没有欺诈，是原告业务员自己的过错，损失应由其自己承担，和茶厂没有关系。试问：

　　茶厂是否有欺诈行为？本案中合同效力如何？

　　土产公司能否对该合同效力主张权利？其权利应以何程序作出，又受到什么限制？

　　[分析]

　　1. 合同欠缺生效要件，但一方当事人可以找自己的意思使合同的内容变更或者使合同的效力归于消灭的合同是可撤销合同。可撤销合同是一种相对无效的合同，其效力取决于当事人的意志。当事人未请求变更的，人民法院或仲裁机构不得撤销。根据《合同法》规定，导致合同可撤销的原因有：（1）因重大误解订立的合同；（2）在订立合同时显失公平的；（3）一方以欺诈、胁迫或乘人之危，使对方在违背真实意思的情况下订立的合同。对在上诉情况下所签订的合同，受损害方有权向人民法院或仲裁机构申请变更或撤销合同。

　　所谓欺诈，是指一方当事人故意告知对方虚假情况，或者故意隐瞒真实情况，诱导对方当事人作出错误的意思表示。本案中合同的订立，并非茶厂一方的诱使，而是土产公司业务员的过失所致，因此不能认定茶厂有欺诈行为。由于土产公司业务员对标的物质量、价格的错误认识，使意思表示不一致，并造成较大损失，可以认定为重大误解。同时对方当事人利用了土产公司业务员缺乏经验的事实，导致了显失公平的结果。根据《合同法》规定，本案中合同是可变更或可撤销合同。

2．土产公司对本案有撤销权，但应请求人民法院或仲裁机构变更或撤销合同，并且必须在该权利人知道或自应当知道撤销事由之日起1年内行使撤销权。否则，撤销权就将消失。

3．显失公平的合同

显失公平的合同是指一方当事人在紧迫或缺乏经验的情况下订立的使双方当事人的权利、义务明显不对等的合同。我国法律明确规定：一方当事人利用自己的优势或利用对方缺乏经验，致使对方利益受损的行为，属于显失公平的行为。显失公平的合同使当事人的权利义务关系明显失衡，违反了公平、等价有偿原则，对于显失公平的合同，利益受损的一方当事人可请求变更或撤销合同。

（二）被撤销合同的处理

当合同被撤销后，因该合同取得的财产，应当予以返还；不能返还或没有必要返还的应折价补偿。有过错的一方应当赔偿对方因此造成的损失；双方都有过错的应当各自承担相应的责任。

（三）撤销权的行使和消灭

撤销权的行使是有时效限制的。我国《合同法》规定：撤销权应当在撤销权人知道或应当知道撤销事由之日起一年内行使，一年内没有行使的，撤销权消灭。具有以下情形之一的，撤销权消灭：具有撤销权的人知道或者应当知道之日起一年内没有行使撤销权；具有撤销权的当事人知道撤销事由后明确表示或以自己的行为放弃撤销权。

四、效力待定合同

效力待定合同是指虽已成立，但是否发生法律效力尚不确定的合同。它不属于无效合同或可撤销合同，法律允许根据情况予以补救。

属于效力待定合同的情形：

1．限制民事行为能力人订立的合同

限制民事行为能力人民事行为能力受到限制，仅能做出部分民事行为。限制民事行为能力人订立的与其年龄、智力、精神健康状况相适应或纯获利的合同可以直接有效，与上述条件之一不相适应的合同属于效力待定合同，只有经法定代理人追认才能发生法律效力。

法律赋予法定代理人追认权，弥补限制行为能力人意思能力的欠缺，可保护限制行为能力人的利益，同时避免订立的合同长期处于不确定状态而影响相对人的利益。《合同法》赋予相对人的催告权，相对人可以催告法定代理人在一个月内予以追认。法定代理人未作表示的视为拒绝追认。合同被追认前善意相对人有撤销的权利。

2．无权代理订立的合同

无权代理订立的合同是指没有代理权而以他人名义订立的合同，这类合同为效力待定合同。被代理人有追认权，被代理人能根据合同是否有利，自主决定是否确认其法律效力。合同相对人有催告权，催告权的行使期限是一个月，相对人可以在一个月内催告被代理人予以追认。被代理人未作表示的，视为拒绝追认。合同被追认前善意相对人有撤销的权利，撤销应以通知的方式作出，被代理人拒绝追认的无权代理合同，自始至终不发生效力，合同相对人因此遭受损失的，行为人应承担赔偿责任。

无权代理的行为人如果存在外表授权的情况，则构成表见代理。表见代理是指客观上存在使相对人相信无权代理人的行为有代理权的情况和理由，当相对人主观上为善意时，代理行为有效。

3．无权处分的合同

无权处分的合同是指无处分权而就权利标的物所做的处分行为。无权处分合同经权利人追认便可自始生效。追认使无权处分人取得处分权，其所为处分有效。无权处分人在订立合同后，取得处分权的，该合同也自始发生效力。无权处分合同在处分人不能取得处分权且权利人未予以追认时，不发生处分的效力，相对人不能取得相应的权利。

第四节　合同的担保和履行

一、合同的担保

合同的担保是指依照法律的规定或由当事人双方经过协商一致而设定的，为保障合同债权实现的法律措施。设定合同担保的根本目的是保证合同的切实履行，保证合同债权人实现其债权，也保证合同债务人履行其债务。合同的担保一般在合同订立的同时成立，既可以是主合同中的担保条款，也可以是单独订立的书面合同，担保合同是主合同的从合同，担保合同取决于主合同的法律效力，主合同无效则担保合同无效，担保合同另有约定的，按照约定。合同的担保方式主要有保证、抵押、质押、留置及定金五种。

（一）保证

保证是指保证人和债权人约定，当债务人不履行债务时，保证人按照约定履行债务或承担责任的行为。

1．保证和保证人

保证合同的当事人包括主债权人和保证人。按照《中华人民共和国担保法》的规定，具有代为清偿债务能力的法人、其他组织或公民，可以作为担保人。作为保证合同保证人的自然人，只有具备完全民事行为能力者才能担任保证人。按照我国《担保法》的规定，保证担保只能由主合同以外的第三人作为保证人，主合同的债务人或债权人都不能担任担保人。国家机关不得为保证人，但经国务院批准为使用外国政府或国际经济组织贷款进行转贷的除外。学校、幼儿园、医院等以公益为目的的事业单位、社会团体不得为保证人。企业法人的分支机构、职能部门不得为担保人。

2．保证方式

保证方式指保证人对债权人承担保证责任的方式。保证方式有一般保证和连带责任保证。一般保证是指当事人在合同中约定，债务人不能履行债务时，由保证人承担保证责任。一般保证债务的补充性比较明显。只有在债务人不能履行债务时，保证人才承担保证责任。一般保证的保证人享有先诉抗辩权，即在主合同的纠纷未经审判或者仲裁，并就债务人财产依法强制执行仍不能履行债务前，对债权人可以拒绝承担保证责任。

连带责任保证是指当事人在保证合同中约定保证人与债务人对债务承担连带责任。当事人对保证方式没有约定或约定不明确的，按照连带责任承担保证责任。连带责任保证的保证人不享有先诉抗辩权。

3．保证责任

保证责任是指当债务人不履行债务时，保证人依合同约定或法律规定，所承担的代为履行或代为赔偿损失的义务。

保证人承担的保证责任，其范围限于保证合同明确载明的被保证债务数额的一部分或全部。保证合同没有明确保证责任范围的，应认定保证人对被保证债务的全部数额承担责任。保证人对主合同债务的部分或全部承担保证责任，具体数额应包括债权及相应利息、违约金、损害赔偿金和实现债权的费用。保证合同另有约定的按照约定，共同保证人在保证合同中未明确各自保证的具体债务数额的，全部债务由共同保证人承担连带责任。同一债权同时设定保证担保和抵押、质押等物的担保的，保证人的保证责任范围最高只限于主债权数额与抵押质押的担保物价值之间的差额部分。

一般保证的保证期间为主债务履行期届满之日起 6 个月；连带责任保证的保证人与债权人未约定保证期的，债权人有权在债务履行期满之日起 6 个月内要求保证人承担保证责任。保证期间，债权人依法将主债权转让给第三人，保证人在原保证的担保范围内继续承担保证责任。保证合同另有约定的，按照约定。《担保法》规定：债权人和债务人协议变更合同的，应当取得保证人书面同意。未经保证人书面同意的，保证人不再承担保证责任。保证合同另有约定的，按照约定。

具备以下情况之一者，保证责任消灭：

债务人履行债务；债务人经债权人同意但未经保证人同意而转移被保证的债务；债权人与债务人协议变更主合同未经保证人书面同意，保证合同又无特别约定的；一般保证中债权人未在合同约定或法律规定的保证期间内对债务人提起诉讼或申请仲裁的；连带责任保证中，债权人未在合同约定或法律规定的保证期间内要求保证人承担保证责任的。

4. 保证人的权利

保证人的权利是指法律规定的保证人在保证担保法律关系中享有的权利。第一，先诉抗辩权。先诉抗辩权是一般保证的保证人享有的，在债权人就债务人的财产依法强制执行无效果前，拒绝承担保证责任的权利；第二，向债务人的追偿权，指保证人在代为主债务人履行债务或承担保证责任后，以债权人的身份在其承担的保证责任限度内请求债务人偿还的权利；第三，对破产债务人的预先追偿权，被保证的债务人被提起破产程序，债权人有权向人民法院申报债权予以受偿。保证人承担保证责任后，因为被保证的债务人已经破产而无法向债务人行使追偿权，将使保证人处于十分不利的地位。为了保护保证人的利益，《担保法》规定，保证人享有对破产债务人的预先追偿权。

（二）抵押

1. 抵押和抵押权的含义

抵押是指债务人或者第三人不转移对作为抵押物的特定财产的占有，将该财产作为债权的担保。抵押权是指在债务人不履行债务时，债权人依照法律规定，以该财产折价或以拍卖、变卖该财产的价款优先受偿的权利。

2. 抵押物

抵押物，是指可以抵押的财产。其可以包括不动产、动产和无形资产。根据《担保法》的规定，下列财产可以抵押：抵押人所有的房屋和其他地上定着物；抵押人所有的机器，交通运输工具和其他财产；抵押人依法有权处分的国有土地的使用权；抵押人依法有权处分的国有的机器，交通运输工具和其他财产；抵押人依法承包并经发包方同意抵押的荒山，荒沟，荒滩等荒地的土地使用权；依法可以抵押的其他财产。《担保法》也规定了不得抵押的财产：（1）土地所有权；（2）耕地、宅基地、自留地、自留山等集体所有的土地使用权；（3）学校、幼儿园、医院等以公益为目的的事业单位，社会团体的教育设施，医疗卫生设施和其他社会公益设施。（4）所有权、使用权不明或者有争议的财产；（5）依法被查封、扣押、监管的财产；（6）依法不得抵押的其他财产。

3. 抵押物登记和抵押权的实现

当事人以法律规定的需要办理抵押物登记的财产作抵押的，应当向有关部门办理抵押物登记，抵押合同自登记日起生效。以其他财产抵押的可以自愿办理抵押物登记。抵押合同自签订之日起生效。抵押期间抵押人转让已办理登记的抵押物的应当通知抵押权人并告之受让人转让物已经抵押的情况；抵押人未通知抵押权人或者未告知受让人的转让行为无效。

债务履行期满，债务人未履行债务即抵押权人未受清偿的，抵押权人可以和抵押人协议以抵押物折价或以拍卖、变卖该抵押物所得的价款受偿。协议不成的，抵押权人可以向人民法院提起诉讼，请求保护自己的权益。人民法院可决定将抵押物公开拍卖，以实现抵押权人的债权，抵押物折价或者拍卖、变卖后，其价款超过债权数额的部分归抵押人所有，不足部分债务人仍负清偿义务。

4. 抵押合同

抵押合同包括以下内容：被担保的主债权种类、数额；债务人履行债务的期限；抵押物的名称、数量、质量状况、所在地、所有权权属或使用权权属；抵押担保的范围；当事人认为需要约定的其他事项。抵押合同不完全具备以上内容的，可以补正。订立抵押合同时，抵押权人和抵押人不得约定在债务履行期届满抵押权人未受清偿时，抵押物的所有权转移为债权人所有。

5. 抵押权的消灭

抵押权因所担保的债权获清偿而消灭，有时也因抵押物灭失而消灭，因灭失所得的赔偿金，应当作为抵押财产。

（三）质押

1. 质押的含义及分类

质押是指为了担保债权的履行，债务人或第三人将其动产或权利交债权人占有，当债务人不履行债务时，债权人有就其占有的财产优先受偿的权利。质押分为动产质押和权利质押。动产质押担保的范围包括主债权及利息、违约金、损害赔偿金、质物保管费用和实现质权的费用。质押合同另有约定的，按照约定。权利质押，是指债务人或者第三人将其特定的权利凭证交付给债权人占有，作为债权的担保。根据《担保法》规定，可以质押的权利包括：（1）汇票、支票、本票、债券、存款单、仓单、提单；（2）依法可以转让的股份、股票；（3）依法可以转让的商标专用权、专利权、著作权中的财产权；（4）依法可以质押的其他权利。

2．质押合同的内容及生效

质押合同包括以下内容：被担保主债权的种类、数额；债务人履行债务的期限；质物的名称、数量、状况；质押担保的范围，质物移交的时间；当事人认为需要约定的其他事项。质押合同不完全具备以上内容的，可以补正。

质押合同自质物移交于质权人占有时生效，以汇票、本票、支票、债券、存款单、提单、仓单出质的，质押合同自权利凭证交付之日起生效。以依法可以转让的股票、商标专用权、专利权、著作中的财产权出质的，应当向有关部门办理出质登记，质权合同自登记之日起生效。

3．质押的实现

债务履行期满，债务人履行债务的，或者出质人提前清偿所担保的债权的，质权人应当返还质物。债务履行期届满质权人未受清偿的，可以与出质人协议以质物折价，也可以依法拍卖、变卖质物。质物折价或拍卖、变卖后，其价款超过债权数额的部分归出质人所有，不足部分由债务人清偿。为债务人质押担保的第三人，在质权人实现质权后，有权向债务人追偿。质押因质物的灭失而消灭，因灭失所得的赔偿金，应当作为出质的财产。

（四）留置

1．留置的含义

留置是指债权人按照合同约定占有债务人的动产，债务人不按照合同约定的期限履行债务的，债权人有权按照法律规定留置该财产，以该财产折价或者以拍卖、变卖该财产的价款优先受偿。

2．留置权成立的条件

留置权成立，必须具备以下条件：

（1）债权人合法占有债务人的一定动产；（2）债权人占有的动产与被担保债权有牵连关系；（3）债权已届清偿期而债务人未履行债务。

3．留置权人的权利和义务

留置权人的权利有以下几个方面：（1）标的物留置权。留置权人留置标的物、拒绝交付，是留置权人的基本权利；（2）孳息收取权。留置权人可以收取留置物所生的孳息。在首先充抵收取孳息的费用后，用于冲抵债权；（3）保管留置物时的使用权；（4）必要费用偿还请求权；（5）留置权的实现权，即留置权人将留置物变价受偿；（6）留置权转让的权利。留置权是财产权，具有让与性，只是因为其是担保物权，从属于债权，所以必须同债权一起转移。

留置权人的义务：（1）保管留置物的义务。留置权人负有妥善保管留置物的义务，因保管不善致使留置物灭失或损毁的，留置权人应当承担民事责任。（2）返还留置物的义务。留置权消灭时，留置权人应当返还留置物。

4．留置权的实现

《担保法》规定：债务人应当在合同中约定，债权人留置财产后，债务人应当在不少于两个月的期限内履行债务，债权人与债务人在合同中未约定的，应当确定两个月以上的期限，通知债务人在该期限内履行债务。债务人逾期仍不履行的，债权人可以与债务人协议以留置物折价，也可以依法拍卖、变卖留置物。

（五）定金

1．定金与定金合同

定金，是指当事人一方为了证明合同的订立和保证合同的履行而在合同成立后履行前先支付给对方一定数额的货币。定金作为合同债权的一种担保方式，在债务人履行债务后，应当抵作价款或者收回。我国《担保法》规定的定金，属于证约定金。定金合同是主合同的从合同，其成立以主合同的存在为前提；定金的成立，不仅需要有双方当事人的合意，而且应有定金的现实支付，具有实践性；定金作为合同的一种担保形式，是一种违约定金，具有制裁性；定金合同是一种要式合同，应当以书面形式约定，口头约定无效。

2．定金与预付款的区别

定金具有预付款的性质，但定金与预付款相比，存在以下几点区别：（1）定金的作用在于担保合同的履行，而预付款的交付属于履行义务的行为，具有支援的性质。（2）当事人不履行合同时，对定金适用"定金罚则"，对预付款不适用。（3）交付定金的协议属于从合同，定金只有交付后才能生效，是实践合同；交付预付款是合同内容的一部分，是诺成合同。（4）定金在合同中较为广泛使用，而预付款的适用国家有严格限制。

二、合同的履行

合同的履行，是指合同生效后，当事人双方按照合同规定的各项条款，完成各自承担的义务和实现各自享受的权利，使当事人双方订立合同的目的得以实现的行为。

（一）合同履行的原则

1．全面履行原则

全面履行原则，又称适当履行原则，是指合同当事人按照合同约定的标的、数量、质量、价款或者报酬、履行期限、地点和方式等内容完成合同规定的义务。《合同法》第六十条第一款明确规定：当事人应当按照约定全面履行自己的义务。

全面履行要求履行主体适当、履行标的适当、履行期限适当、履行方式适当、履行地点适当等。第一，履行主体适当。合同履行主体包括债务履行人和接受履行人。一般而言，合同履行的主体就是合同关系的债权人和债务人，债务人原则上应当亲自履行合同义务，不得由他人代为履行。第二，履行标的适当。当事人在履行合同时，应当严格依照合同约定的标的履行自己的义务。履行标的适当是指标的的数量、质量等符合合同约定和法律规定。第三，履行期限适当。履行期限是指债务人向债权人履行义务和债权人接受债务人履行义务的时间。当事人一般应按照合同规定的时间履行义务和请求履行，不得提前或延后。第四，履行方式适当。履行方式通常是指债务人履行合同的方法或步骤。当事人应当根据合同的约定，采取适当的履行方式，当合同中未约定履行方式的，当事人应当根据合同的类型，债权性质和交易习惯确定履行方式。第五，履行地点适当。履行地点是债务人履行债务的场所。合同当事人均按合同约定的或者法律规定的地点履行债务。

2．诚实信用履行原则

诚信履行原则，是指合同当事人除应当按照合同约定全面履行自己的义务外，还应根据合同的性质、目的和交易习惯履行合同未做约定的随附义务。《合同法》第六十条第二款规定：当事人应当遵循诚实信用原则，根据合同的性质、目的和交易习惯履行通知、协助、保密等义务。

3．公平合理履行原则

公平合理履行原则是指合同当事人由于疏忽在订立合同时对合同中的某些条款没有约定或约定不明确，为了促使合同得到公平合理的履行，法律规定的一项履行原则。

（二）合同履行中的抗辩权

抗辩权是指在双务合同中，一方当事人有依法拒绝对方要求或否认对方权利主张的权利，抗辩权包括同时履行抗辩权，后履行抗辩权和不安抗辩权。

1．同时履行抗辩权

同时履行抗辩权，是指在双务合同中应当同时履行的一方当事人有证据证明另一方当事人在同时履行的时间不能履行或不能适当履行，到履行期时其享有不履行或部分履行的权利。《合同法》六十六条规定："当事人互负债务，没有先后履行顺序的，应当同时履行，一方在对方履行之前有权拒绝其履行要求。一方在对方履行债务不符合约定时，有权拒绝其相应的履行要求。"

同时履行抗辩权的适用条件：（1）当事人因同一双务合同的互负债务；（2）当事人双方互负的债务没有先后履行顺序且均已届清偿期；（3）对方当事人未履行债务或未按约定履行债务；（4）对方当事人对等给付是可能履行的。

同时履行抗辩权的效力：同时履行抗辩权属于延期履行抗辩权，只有暂时阻止对方当事人请求权的行使，不具有消灭对方请求权的效力，是一种非永久抗辩权。对方当事人完全履行了合同义务，同时履行抗辩权消灭，当事人应当履行自己的义务。

同时履行的当事人不履行债务，另一方具有同时履行抗辩权

2000 年 1 月，某市日化厂与某市百货公司签订一份按期供应化妆品的合同。合同约定：自该年 2 月份开始日化厂按月向百货商场提供化妆品，至同年 10 月份为止；履行日起为每月 20 日至 25 日，每次交付化妆品 100 件，履行方式为送货上门；百货商场于收到每批货物当日，通过银行结算，向日化厂支付货款；任何一方违约，应按该期未履行部分货款的 10%向对方支付违约金。合同签订后，日化厂与 2 月、3 月、4 月三个月按期向百货公司发货。前两期货物的货款，百货公司按期支付，但对第三批货物的货款却以种种理由推诿。日化厂担心以后的货款不能按时收回，遂停止向百货公司发送第四批货物。百货公司因该化妆品畅销，货已售完，要求日化厂尽快将第四批货物发运，遭日化厂拒绝。百货公司遂向人民法院起诉，要求日化厂按期交货。日化厂在答辩中称，自己未按期发货是因为对方未按期支付货款，造成资金紧张，生产受到影响。经查，日化厂的生产并未因百货公司未按时支付第三批货款受到重大影响。试问：

日化厂拒绝交付第四批货物是否构成违约？其可否形成同时履行抗辩权？

[分析]

本案中，日化厂按照合同约定交付了前三期货物后，百货商场对第三批货款未按期支付，而其对此并无可免责的理由。毫无疑问，百货商场违约，

应承担违约责任。问题是，日化厂拒绝供应约定的第四批货物是否也构成违约。本案中，双方签订的按期供应化妆品的合同是一种长期供货合同，且双发约定交付每批货物的当日支付货款。可见，依照该合同的约定，当事人双方负有同时履行合同义务的责任。《合同法》第六十六条规定，当事人互负债务，没有先后履行顺序的，应当同时履行。一方在对方履行之前有权拒绝相应的履行要求。本案中，百货商场事先违约，不按期支付第三批货款，却还要求对方交付第四批货物。此时作为违约相对人的日化厂依法应享有同时履行抗辩权，拒绝供应货物以减少或避免损失。可见，日化厂拒绝继续交付货物，是行使法定的同时履行抗辩权，不构成违约。但在实践中，本案极易被作为双方违约处理，应引起人们的高度注意。据此，人民法院应判决百货商场即日支付第三批货款给日化厂，并承担第三批货款延期支付的违约责任，以后的合同履行期可顺延继续履行。

2．后履行抗辩权

后履行抗辩权，是指双务合同中应当先履行的一方当事人未履行或者不适当履行，到履行期限时对方当事人享有不履行或者部分履行的权利。《合同法》六十七条规定："当事人互负债务，有先后履行顺序，先履行一方未履行的，后履行一方有权拒绝其履行要求，先履行一方履行债务不符合约定的，后履行一方有权拒绝其相应的履行要求。"

后履行抗辩权的适用条件：（1）须当事人双方互负债务；（2）互负的债务有先后履行顺序；（3）先履行一方不履行或不适当履行。

后履行抗辩权的效力。后履行抗辩权的成立并行使，产生后履行一方可暂时中止履行自己债务的效力，对抗先履行一方的履行请求，以此保护自己的期限利益；在先履行一方采取了补救措施，变违约为适当履行的情况下，后履行抗辩权消灭，后履行一方须履行其债务。可见，后履行抗辩权也是延期的抗辩权，而非永久的抗辩权。后履行抗辩权的行使，不影响后履行一方要求先履行一方承担违约责任。

3．不安抗辩权

不安抗辩权，又称先履行抗辩权，是指在双务合同中，应当先履行债务的当事人有确切证据证明对方有丧失或者可能丧失履行能力的情形时，在对方没有履行或者提供担保之前，中止履行自己债务的权利。

不安抗辩权的成立，应当符合以下条件：（1）当事人因同一双务合同互负债务；（2）合同的履行有先后顺序；（3）合同成立后，后履行一方有不能履行或可能不能履行的情形。根据《合同法》第六十八条规定，不能或者可能不能履行的情形包括：①后履行方经营状况严重恶化；②后履行方转移财产，抽逃资金，以逃避债务；③后履行方丧失商业信誉；④后履行方有丧失或者可能丧失履行债务能力的其他情形。

不安抗辩权的效力：①先履行债务人中止履行。根据《合同法》六十八条规定，先履行债务人有确切证据证明后履行债务人的履行能力明显下降，有不能对等履行的现实危险的，有权中止履行，但履行义务并不消除。在后履行债务人提供适当担保时，就应当恢复履行；②先履行债务人解除合同。《合同法》第六十九条规定，先履行债务人中止履行后，后履行债务人在合理期限内未恢复履行能力并且未提供适当担保的，先履行债务人可以解除合同。

（三）合同的保全

合同的保全是指债务人怠于行使权利或者有其他行为致使权利和财产不当减少而危及债权人利益时，法律允许债权人以自己的名义对债务人的行为或债务人与第三人的行为行使一定的权利，以排除对债权的损害，从而保障合同债权的实现。合同履行中的保全措施有两种，一是债权人有权代债务人之位向第三人行使债务人的权利，这是债权人的代位权；二是债权人有权撤销债务人与第三人之间的行为，这是债权人的撤销权。

1. 代位权

代位权是指因债务人怠于行使其到期债权，对债权人造成损害的，债权人可以向人民法院请求以自己的名义代位行使债务人的债权的权利。

代位权的构成要件有：(1)债权人与债务人之间必须有合法的债权债务关系存在；(2)债务人须迟延履行其到期债务且怠于行使其到期债权；(3)债务人的行为须对债权人到期债权造成损害；(4)债务人的债权不是专属于债务人自身的债权；(5)代位权行使的范围，应以保全债权的必要为标准。

代位权的效力：债权人行使代位权，对于债务人，次债务人以及债权人本人会产生不同的法律效力，我国法律将次债务人的给付直接判给债权人，不仅有利于解决长期困扰经济的三角债问题，而且节约诉讼成本。债务人对于次债务人的权利，无论是由自己行使，还是由债权人代位行使，对于次债务人的法律地位及其利益均无影响。代位权的行使对于债权人的效力，主要表现在债权人行使代位权的范围和费用负担方面。

2. 撤销权

撤销权是指债权人对于债务人实施的危害债权实现的行为，有请求人民法院撤销债务人行为的权利。债权人的撤销权也是合同保全措施之一，其目的在于防止因债务人的责任，财产不当减少而损害债权人的债权实现。

具备以下情形之一的，债权人可以行使撤销权：第一，债务人放弃到期债权；第二，债务人无偿转让财产；第三，债务人以明显不合理的低价转让财产，对债权人造成损害的。

撤销权行使的范围和期限：撤销权的行使范围以债权人的债权为限。撤销权行使的效力并不及于债务人处分的全部财产，而应仅限于保全债权的范围。撤销权应当在一定期限内行使，《合同法》七十五条规定：撤销权自权利人知道或者应当知道撤销事由起二年内行使。自债务人的行为发生之日起五年内没有行使撤销权的，该撤销权消灭。

第五节　合同的变更、转移和终止

一、合同的变更

（一）合同变更的概念

合同的变更是指合同成立后，尚未履行或者尚未完全履行之前当事人通过协议对合同的内容进行修改或者补充。简言之，就是在主体条件不变的条件下，对合同的某些条款进行修改或补充。变更的内容包括合同标的数量的改变，履行时间、地点、方式的改变等。

（二）合同变更的条件

1. 已存在有效的合同

合同的变更以既有的合同为基础，没有合同关系就不存在合同的变更问题，因而无效合同和已撤销合同无所谓变更，只有有效成立的合同才谈得上变更问题。

2. 须经当事人协商一致

根据《合同法》第七十七条规定，任何一方未经对方同意，擅自变更合同内容的，不但不具有法律约束力，而且会构成违约。合同是当事人意思表示一致的结果，合同有效成立后，对双方当事人即产生法律约束力，任何一方当事人都不得擅自改变合同的内容，当事人需要对合同内容进行变更的，亦需双方协商达成一致。

3. 合同变更须遵守法定程序和方式

合同变更应适用要约和承诺期限。法律，行政法规规定，变更合同应当办理批准、登记手续的，当事人必须遵守，否则变更无效。

（三）合同变更的效力

合同的有效变更，对当事人双方均具有约束力，当事人需按变更后的合同内容履行自己的义务，否则即构成违约。当事人在合同履行过程中变更合同，如果合同部分内容已被履行的，合同的变更对已履行部分不产生效力。可撤销合同经变更的，合同变更后，撤销权消灭，拥有撤销权的一方当事人不得再要求撤销合同。合同的变更，不影响当事人要求赔偿损失的权利，如果合同的变更给一方当事人造成损失的，即使合同变更了，该方当事人仍可要求有过错的当事人承担赔偿责任。

二、合同的转让

合同的转让是指当事人一方将合同权利或义务的全部或者部分转让第三人：一是合同权利的转让；二是合同义务的转移；三是合同权利义务的概括转移。

（一）合同权利的转让

1．合同权利转让的概念

合同权利转让是指合同的债权人将其在合同中的权利的全部或者部分转让给第三人的行为。合同权利的转让是合同转让的典型形式。

2．合同权利转让的范围

为了维护社会公共利益和交易程序，平衡合同双方当事人的权益，我国《合同法》又对合同权利转让的范围作了一定的限制，具有以下三种情形之一的，债权人不得转让其权利。

（1）根据合同性质不得转让的权利。即指只能在特定人之间生效，如果转给第三人，会使合同内容发生变更，动摇合同订立的基础。违背合同权利转让性质的债权主要包括：第一，当事人基于人身信任关系设立债权；第二，以特定债权人为当事人设立的债权；第三，其内容中对当事人的不作为义务作了规定的合同中的权利；第四，指令性合同或国家定货合同中的权利。

（2）按照当事人约定不得转让的权利。当事人可以在订立合同时或履行合同前特别约定禁止合同权利的转让。只要当事人的约定是出自其真实的意思，并且不违反法律、行政法规的强制性规定，即发生法律效力。任何一方当事人都不得违反该约定，否则便构成违约。

（3）按照法律规定不得转让的权利包括。根据《合同法》第八十七条规定，法律、行政法规规定合同权利转让应当办理批准手续的，债权人如转让其权利，须申请有关机关批准，若申请未得到批准的，则合同权利不得转让。

3．合同权利转让的效力

合同权利的转让经债权人与受让人协商一致，并由债权人将权利转让的事实通知债务人后，即产生合同权利转让的效力。合同权利转让的效力分为对内效力和对外效力两个方面。

合同转让的对内效力，只指合同权利转让在转让双方即转让人（原债权人）和受让人（第三人）之间发生的法律效力。这种法律效力主要表现为：（1）合同权利如果是全部转让，则原债权人脱离债权人的地位，受让人作为新的债权人继承其地位，成为合同权利的主体；如果是部分转让，则受让人加入合同关系，成为债权人之一。（2）从属于主债权的从权利随主债权的转移而转移。从权利主要是指担保物权中的抵押权，质权以及保证，附属于主债权的利息等权利。从权利随主权利的转让而转让，随主权利的消灭而消灭。

合同权利转让的对外效力，是指合同权利转让对债务人所产生的法律效力，这种法律效力主要体现在以下几个方面：（1）债务人应向受让人即新的债权人履行债务，而不得再向转让人即原债权人履行债务；（2）债务人可以对受让人行使其享有的对抗原债权人的抗辩权；（3）债务人接到债权转让通知时，如对让与人享有到期债权或者对与被转让债权同时到期的债权持有异议，则可向受让人主张抵消。

（二）合同义务的转移

1. 合同义务转移的概念

合同义务的转移，又称合同义务的转让或债务承担，是指债务人将合同的义务全部或者部分转移给第三人。合同义务的转移可分为两种情况：一种是合同义务的全部转移，即由第三人受让债务人的全部债务，取代原债务人的地位而成为合同的债务人。合同义务的全部转移又称为免责的债务承担；二是合同义务的部分转移。第三人受让债务人的部分债务，新的债务人和原债务人一起向债权人履行义务。

2. 合同义务转移的效力

合同义务的转移经债权人同意后，发生以下法律效力。

（1）如果是全部转移，新的债务人即取代原债务人的法律地位承担债务，原债务人则脱离该合同关系，如果是部分转移，则第三人加入合同关系成为债务人之一，与原债务人一起共同对债权人承担债务；（2）债务人基于债权债务关系所取得的一切抗辩权，同时转归新债务人；（3）从属于原债务的从债务一并移归新债务人。

债务人未经债权人同意擅自转移合同义务无效

1995年12月，某市手帕厂与某市立新印刷厂签订一份商标印制承揽合同，交货日期为1996年第一季度。但合同成立后，立新印刷厂没有按照规定交货，直到四月底，才由第三人红海印刷厂把货发给定做方手帕厂。手帕厂接货后感到诧异，为什么事先没有协商，立新印刷厂就擅自把任务转给了第三人。经验收，发来的商标与样品相比，在切边、颜色、金边等方面都不符合要求，于是把货退给红海印刷厂，并立即打电话要求立新印刷厂派人前来协商。因立新印刷厂拒不答复，手帕厂便向法院提起诉讼，要求对方履行合同，并承担违约责任。与此同时，红海印刷厂接到手帕厂的退货后，要求立新印刷厂赔偿2万张商标的损失，立新印刷厂也不予答复，于是红海印刷厂也将立新印刷厂告到了法院。试问：

未经手帕厂同意，立新印刷厂可否将业务转让给红海印刷厂？为什么？

[分析]

合同的义务能否由当事人一方转让给第三人，怎样转让，这是本案合同涉及的法律问题。

合同订立后，合同当事人可以在不变更合同内容的前提下，将合同规定的权利和义务转让给第三人，由第三人取代原权利人或原义务人，在转让生效后，取得合同的权利主体或义务主体的法律地位。

按照《合同法》规定，合同权利的转让，由于不影响对方所承担的义务，所以通常无须征得义务人的同意，只要及时通知义务人就可以。而合同义务的转让则不然，义务人必须征得权利人的同意，否则转让无效。这是因为义务人履行合同的能力以及诚实信誉等情况，对于权利人的权利能否实现关系重大。本案中，立新印刷厂在与手帕厂签定承揽合同后，在没有和手帕厂协商的情况下，就把业务转给了红海印刷厂，而红海印刷厂也没有弄清对方是否征得手帕厂同意，就接受了这个任务。因此，立新印刷厂擅自将印刷业务转让给第三方的行为违反了《合同法》关于债务人将合同义务全部或者部分转移给第三人应当经债权人同意的规定，不产生法律效力。给手帕厂造成的损失应由立新印刷厂和红海印刷厂共同承担。

（三）合同权利义务的概括转移

合同权利义务的概括转移，又称合同权利义务一并转让，是指合同当事人一方经过对方同意，将自己在合同中的权利和义务一并转让给第三人，由第三人全部承受这些权利和义务的行为。合同权利义务的概括转移一般包括两种情况：一是当事人订立转让合同，即合同承受；二是当事人合并或分立。

1．合同承受

合同承受，又称合同转移、合同承担，是指当事人一方经对方同意与第三人订立合同，由第三人一并承担该方在被承受的合同中的权利和义务的行为。

根据《合同法》规定，合同承受的法律效力为：

（1）受让人取得让与人享有的一切权利并承担让与人的一切义务，成为被承受合同的新当事人，让与人则脱离原合同关系，另一方当事人只能向受让人主张权利和履行义务；（2）合同被承受时，从权利与从义务一并转移，受让人取得与合同有关的从权利并承担义务，但专属于让与人自身的从权利与从义务除外；（3）合同权利义务的概括转让不影响债务人行使抗辩权；（4）债务人对让与人享有债权的，可以依法向受让人主张抵消。

2．合并和分立

根据我国《合同法》第九十条的规定，当事人订立合同后合并的，由合并后的法人或者其他组织行使合同权利，履行合同义务。当事人订立合同后分立的，除债权人和债务人另有约定的以外，由分立的法人或者其他组织对合同的权利和义务享有连带债权，承担连带债务。

三、合同的终止

（一）合同终止的概念

合同终止是指依法生效的合同，因发生法律规定或当事人约定的情况，使当事人之间的权利义务关系消灭，合同不再具有法律效力。

（二）合同终止的情形

根据《合同法》的有关规定，有下列情形之一的，合同的权利义务终止：

1．债务已按约定履行

债务已按约定履行，即清偿，是指合同义务人按照合同约定的标的、数量、质量、价款或者报酬、履行的期限、地点和方式等全面履行了自己的义务，权利人实现了自己的全部权利，合同的目的已经达到，合同权利义务关系归于消灭。所以，清偿是合同终止最基本、最常见和最理想的方式。

2．合同解除

（1）合同解除的概念

合同的解除，是指合同有效成立后尚未履行前或尚未全部履行前，当事人一方或双方以意思表示消灭合同关系的法律行为。

（2）合同解除的种类

合同解除可分为约定解除与法定解除两大类。

①约定解除

合同的约定解除，是指当事人根据协商或双方约定的条件解除合同。允许当事人通过约定解除合同，是合同自由原则在合同解除制度中的体现。根据《合同法》第九十三条规定，约定解除可分为协商解除与约定解除权的解除。

②法定解除

法定解除是指合同生效后，尚未履行或尚未全部履行前，当事人一方在法律规定的合同解除条件出现时，行使解除权使合同关系消灭的行为。其特征在于法律直接规定了解除条件，只要具备法定条件，权利人即可行使解除权解除合同。根据《合同法》第九十四条规定，有下列情形之一的，当事人可以解除合同：因不可抗力致使不能实现合同目的；在履行期届满之前，当事人一方明确表示或者以自己的行为表明不履行主要债务的；当事人一方迟延履行主要债务，经催告后在合理期限内仍未履行的；当事人迟延履行债务或者有其他违约行为致使不能实现合同目的的。

3．债务相互抵消

（1）债务相互抵消的概念

债务相互抵消是指合同当事人双方互负到期债务而给付的标的物是相同的，须各以其债务与对方债务在对等数额范围内相互抵充。

（2）抵消的分类

抵消可分为法定抵消和约定抵消。

法定抵消应具备的条件。根据《合同法》第九十九条规定，法定抵消应具备以下条件：①当事人双方须互负债务，互享债权；②当事人互负的债务均已到期；③债务的标的物种类、品质相同；④债务为依法或依合同性质允许抵消的债务。

约定抵消应具备的条件。根据《合同法》第一百条规定，约定抵消应具备的条件为：①当事人双方须互负债务，互享债权；②须是标的物的种类、品质不同的债务；③须双方协商一致。

4．提存

（1）提存的概念

提存是指由于债权人的原因，债务人在无法向债权人交付标的物的情况下，将该标的物交给提存机关以消灭合同关系的行为。

（2）提存的条件

根据《合同法》第一百零一条规定，有下列情形之一，难以履行债务时，债务人可以将标的物提存：

债权人无正当理由拒绝受领的。债务人按照合同约定履行债务，债权人能够受领而不受领的，应认定为无正当理由拒绝受领；（2）债权人下落不明的；（3）债权人死亡未确定继承人或者丧失民事行为能力未确定监护人的。如果债权人虽已死亡，但在合理的期间内能确定继承人的，或丧失民事行为能力人只是暂时未确定监护人的，债务人不应进行提存；（4）法律规定的其他情形。

（3）提存的效力

从提存有效成立之日起，债务人与债权人之间的债权债务关系消灭，债权人与提存机关之间发生权利义务关系。债权人对提存物有向提存机关请求领取的权利，也有支付提存标的物保管费用的义务，并承担提存标的物毁损、灭失的风险。在提存期间，标的物的孳息归债权人所有。

5. 免除债务

免除债务，是指债权人依法自愿放弃债权，债务人的债务被解除。债权人免除债务人部分或全部债务的，合同的权利义务部分或全部终止。

6. 混同

（1）混同的概念

混同是指债权和债务同归于一人，致使合同关系归于消灭的事实。由于混同是债权与债务同归于一人的事实，因此混同不必由当事人为意思表示，只须有债权债务同归于一人的事实出现便会产生。

（2）混同产生的原因

导致混同产生的原因可分为概括承受与特定承受两类。

概括承受。概括承受是混同发生的主要原因，其主要包括以下情形：合并前的两个企业之间的债权债务因同归于合并后的企业而消灭；债权人继承债务人，债务人继承债权人，第三人继承债务人和债权人，等等。

特定承受。特定承受包括债务人受让债权人的债权，以及债权人承受债务人的债务。《合同法》第一百零六条规定，如果混同涉及第三人的利益，为了保护第三人的利益，合同不得终止。

第六节　违约责任

一、违约责任的概念

违约责任，又称违反合同的民事责任，是指合同当事人一方不履行合同义务或者履行合同义务不符合约定时应当承担的民事责任。违约责任制度作为保障债务履行和债权实现的重要措施，与合同债务密切相关。一方面，违约责任是以债务的存在为前提，是债务不履行导致的法律后果。所以，只有在债务合法存在的情况下才能发生债务不履行的责任。另外，违约责任是在债务人不履行债务时，国家强制债务人履行债务和承担法律责任的表现。违约责任制度的建立，既有利于促进合同的履行，又有利于弥补违约造成的损失，对合同当事人双方都具有重要意义。

二、违约责任的构成要件

违约责任的构成，须具备一定的条件，违约责任的构成要件包括：（一）有不履行债务的违约行为；（二）有损害事实存在。违约损害事实是指因一方的违约行为而给对方造成的财产损失；（三）违约行为与损害事实之间有因果关系。因果关系是指违约行为与损害事实之间存在的内在的本质的必然的联系。因果关系不仅决定着直接损害和间接损害的区分，而且也对损害赔偿范围作出了限定的标准。

商场单方解除合同应承担违约责任

　　某年 2 月份，甲商场与乙自行车厂签订了一份 1000 辆飞箭牌自行车的合同。按照合同规定，在 3 月初自行车厂发货 500 辆，不料商场在销售 300 多辆后，其余的自行车很少有人问津，原因是当地有些商场组织了一批名牌自行车。相比之下，刚出产不久的飞箭牌自行车，将难以销售，造成积压，对自己很不利。于是，甲商场函告乙自行车厂，要求解除合同，并请求乙自行车厂在一个月内给予答复。乙自行车厂接到商场的函告后，立即按约定期限复信表示同意解除合同，但前提是由甲商场对尚未交付的 500 辆自行车每辆支付违约金 15 元，甲商场拒绝了乙自行车厂的要求。6 月初，乙自行车厂按照合同的规定又发去 500 辆自行车，甲商场将这批自行车退了回去，于是，乙自行车厂遂诉诸法院。试问：

甲商场是否与乙自行车厂就解除合同达成协议？

[分析]

这是一起因中途退货而引起的合同纠纷案件。中途退货是指买卖合同订立后，买受人退掉合同规定的部分或全部货物。中途退货应当经双方当事人协商同意并达成协议，而乙自行车厂并未完全同意中途退货，只有当甲商场对第二批货物支付违约金，才同意解除合同。因此，甲商场单方擅自中途退货，是违约行为，理应承担违约责任，向乙自行车厂支付违约金。

从本案看来，甲商场与乙自行车厂并未就解除合同达成协议，因此，当事人各方仍应按原合同的规定履行自己的义务。而甲商场在合同有效存在的前提下，中途退货，显然违反了合同的规定，理应承担违约责任。根据《合同法》第一百零七条规定：当事人一方不履行合同义务或履行合同义务不符合约定的应当承担继续履行，采取补救措施或赔偿损失等违约责任。

思考题

一、名词解释

1. 合同

2. 无效合同

3. 可撤销合同

4. 效力待定合同

5. 合同义务转移

6. 提存

7. 违约责任

二、简答题

1. 简述合同法的基本原则。

2. 简述合同订立的基本过程。

3. 简述合同的担保的主要方式有哪几种。

三、论述题

1. 从守合同重信用活动的重要意义看建立企业合同信用体系的必要性。

2. 试论查处利用合同进行的违法行为是合同监管工作的重中之重。

四、案例分析题

　　1989 年 12 月 23 日，某省华夏（集团）公司（以下简称华夏公司）从某对外贸易公司购买日产尼桑轿车 5 辆，法国产白安轿车和苏联伏尔加轿车 43 辆，除自用 3 辆和在非法销售时被某市工商行政管理局没收一辆外，其余 44 辆小轿车均以租赁合同的形式出卖给用户，用户名义上付租金，实际是以付贷款形式，逃避有关"控办"（控制集团购买力办公室）、财务和行政管理检查。华夏公司以合法的租赁形式掩盖其非法倒卖进口小轿车的目的，获得非法收入 63. 2 万元。

　　试分析：该租赁合同是否合法？为什么？

第六章 价格管理

本章重点

1. 掌握价格的形成以及价格的变动
2. 掌握政府价格管理的三种形式以及具体的价格管理手段
3. 了解价格管理体制的构成
4. 熟悉价格违法行为以及行政处罚方式

价格管理是国民经济管理的重要组成部分，是社会主义市场经济体制不可或缺的内容之一。价格是市场中最重要的资源配置信号，是厂商和消费者市场行为的指示符号，价格的制定、调整会改变市场资源的配置去向，改变人们收入分配的格局。政府对价格进行管理，目的是保证市场机制的正常运行，促进国民经济持续健康发展，保持价格总水平的相对稳定，保护消费者利益，安定人民生活。

第一节 价格与价格管理

价格是市场经济的产物，是伴随着市场的产生而产生的。人们用一定的货币量来表现商品的交换价值变成了价格。价格是反映商品价值的载体，也是人们交换商品的等价货币形式。对价格的管理就是政府对价格的制定、价格的调整、价格的公布等行为进行的一系列管理活动。通过对价格的管理，实现政府的宏观经济目标。

一、价格概述

（一）价格的概念及分类

价格是商品价值的货币表现。价格是商品的交换价值在流通过程中所取得的转化形式。本质上讲，价格是一种从属于价值并由价值决定的货币形式。因此，商品价格的本质是价值，商品价格是商品价值的表现形式或现象，商品价值是商品价格的内容或本质。

价格是商品交换的产物，并且随着商品交换的发展，不仅价格的表现形式在不断变化，交换的对象也在发生变化，不仅有商品交换，而且还有服务交换。价格是交换双方利益的集中体现。用货币表现的价格，标明了买卖双方互相让渡商品的交换条件。商品价格的任何涨跌都会影响交换双方的经济利益，此消彼长。

在传统的社会主义政治经济学中，价格是指商品价格。然而，随着社会主义市场经济的发展，从现代市场经济学的角度来讲，价格不仅包括商品价格，而且还包括服务价格。价格实际上就是商品、服务同货币交换比例的指数。

1997 年 12 月 29 日通过的《中华人民共和国价格法》（以下简称价格法）规定："价格包括商品价格和服务价格。商品价格是指各类有形产品和无形资产的价格。服务价格是指各类有偿服务的收费。"

商品价格是指各类有形产品和无形资产的价格。其中，有形产品是指消费品、生产资料等有实物形态和物质载体的产品，包括农产品、工业品、房屋建筑产品、土地、资金、劳动力等；无形资产是指长期使用而没有实物形态的资产，包括专利权、非专利权、商标权、著作权、土地使用权、商誉、信息产品等。

《价格法》规定："服务价格是指各类有偿服务的收费。"服务价格是不出售实物，而以一定的设备、工具和服务性劳动，为消费者或经营者提供某种服务所收取的费用。服务价格可分五类：

（1）公用事业收费，主要包括公共交通、邮政、电讯、城市供水排水、热力、供电、供气等价格。

（2）公益服务收费，包括教育收费、医疗服务收费等。

（3）中介服务收费，包括信息咨询费，结算费，配送费，培训费，法律服务收费，公证服务收费，会计事务收费，律师事务收费，审计事务收费，价格事务收费，资产和资信评估机构服务收费，经纪人服务收费，典当行、拍卖行、职业介绍所、婚姻介绍所、人才交流中心等中介组织的服务收费，计量检查、质量检查、生产检验等检查认定机构的服务收费；

（4）其他经营性服务收费，包括修理、餐饮、商业服务、洗澡、照相、理发、放映、体育比赛、文化娱乐、旅游、物业管理、广告收费，金融委托代理、保险费，运费，电费，等等。

（5）国家行政机关收费，主要包括注册登记费、证照费、特许权使用费、环境保护治理费、行政司法调解诉讼费，等等。

（二）价格的职能

简单地说，价格的职能就是价格所应具有的作用。价格具有以下几种职能：

1. 标度职能。即价格所具有的表现商品价值量的度量标记。在商品经济条件下，劳动时间是商品的内在价值尺度，而货币是商品内在价值尺度的外部表现形式。货币的价值尺度的作用是借助价格来实现的，价格承担了表现社会劳动耗费的职能，成为从观念上表现度量商品价值量大小的货币标记。

2. 调节职能。即价格所具有的调整经济关系、经济活动的功能。在一定价格水平下的商品交换，直接影响交换双方的经济利益关系。任何一种商品或服务的价格水平及其变动，都包含着不同社会集团或商品所有者之间的经济利益的重新分配。当由于价格变化引起经济利益的调整，个人利益的得失就会导致他们改变生产计划或者消费决策，进而影响市场上商品的供求关系以至价格水平发生一系列的变动。价格对于商品供求关系的调节，一般表现为:引导劳动力、资本等生产要素向利益增加的行业流向，增加高价商品减少低价商品的供给，同时，价格的变化也会影响消费者的购买决策，从而影响某种商品的市场需求量，进而影响商品的价格水平。伴随着以上过程，整个社会经济资源配置也会出现相应的调整和变动。

3. 信息职能。在市场经济体制下，价格是市场上最活跃的因素，价格的变动反映了商品的市场信息，从而影响商品的供求以及生产要素的流向。市场上某种商品的价格变动，往往可以给人们提供或传递有关生产领域中的成本与盈利变化，分配领域中的利益格局变化，交换领域中的供求关系变化，消费领域中的消费结构与消费水平变化等重要经济信息。价格是市场中很重要的指示器和调节器。

（三）价格的形成和变动

1. 影响价格形成的因素

价格形成受诸多变量因素的影响，主要有成本、供求关系、国家经济政策三大因素。

（1）成本因素

成本是构成价格的重要因素。《中华人民共和国价格管理条例》中第六条明确规定："商品价格构成包括生产商品的社会平均成本、税金、利润以及正常的流通费用。"可见，成本在价格构成中的重要地位。成本是商品价格构成中最基本、最重要的因素，也是商品价格的最低经济界限。

在一般情况下，商品的成本高，其价格也高，反之亦然。商品的成本因素主要包括生产成本、销售成本、储运成本。①生产成本。生产成本是企业生产过程中所支出的全部生产费用，是从已经消耗的生产资料的价值和生产者所耗费的劳动的价值转化而来，包括原材料成本、固定资产折旧费、人工费等。当企业具有适当的规模时，产品的成本最低。但不同的商品，在不同的条件下，各有自己理想的批量限度，其生产超过了这个规模和限度，成本反而要增加。②销售成本。销售成本是发生在商品或服务的流通环节的费用，比如广告费、推销费用、包装费、维修费等等。在计划经济体制下，销售成本在商品成本中所占比重很小，因而对商品价格的影响也微乎其微。但在市场经济体制下，广告、推销等是商品实现其价值的重要手段，用于广告、推销的费用在商品成本中所占的比重也日益增加。③储运成本。储运成本发生在商品运输和储存环节，是商品在生产者手中为了流通环节和销售环节所必需的运输和储存费用。商品畅销时，储运成本较少，商品滞销时，储运成本增加。

在这里，我们所讲的商品的成本不是个别企业的商品成本，而是所有生产同一产品的生产部门的平均生产成本。

（2）市场供求因素

在市场经济条件下，市场供求决定市场价格，市场价格又影响市场供求。因此，商品的市场供求变化也是影响价格变化的重要因素。

供求关系是市场经济体制下价格的直接决定因素。在一定时期内，某种商品的供求状况反映其供给总量与需求总量之间的关系。这种关系包括供求平衡、供小于求和供大于求三种情况。供求平衡是指某种商品的供给与需求在一定时期内相等，在供求平衡状态时某种商品的市场价格称为均衡价格，此时的价格比较稳定。但是当某种商品的市场供给和市场需求不相等时，就会发生价格的波动，根据供求的一般理论，当商品的供给大于需求时，商品均衡价格会下降，价格下降促使供给减少，需求增加。当商品的供给小于需求时，商品的均衡价格会上升，价格上升影响供给增加，需求减少。供求的变动决定价格的变动，而价格的变动又影响供求关系，价格与供求关系是双向影响的。因此，市场的供求关系对价格的变动有着直接的决定性作用。

（3）国家的经济政策

国家经济政策对价格形成的影响既有直接的也有间接的，直接影响就是国家通过对商品价格的直接定价来决定某些特殊商品的价格水平,例如对国家自然垄断行业、关系国计民生的重要产品和服务价格的制定。间接影响主要是国家某些经济政策执行会影响某些商品的供求关系,进而影响该商品的价格变化,例如生猪补贴、粮食补贴、出口补贴等政策都是通过影响商品的供给或需求进而影响其价格水平。国家的经济政策主要有货币政策、财政政策、投资政策、进出口政策、重要商品储备制度和价格调节基金制度。

2. 价格的变动以及影响

一种商品价格的变动会产生一系列的连锁反应,改变交易双方的利益关系,改变厂商的投资结构,调整消费结构,进而会影响产业结构。

首先,商品价格的变动会引起交易双方的利益关系发生改变,使得在新的价格水平下双方的利益重新再分配,此消彼长。当某些具有垄断性质的商品价格飞速上涨时,由于这些商品的可替代性比较小,因此,人们为了满足对该商品的需求必须支付较高的价格购买,在人们的收入保持不变的情况下,就会增加购买者的经济负担,消费者剩余减少。另一方面,对于垄断厂商而言,他们就能高价出售自己的商品,在成本不变的情况下,他们的利益就会增加。因此,某些商品价格上涨就会引起交易双方经济利益的重新分配,此消彼长。这时,交易双方出于自身利益的考虑,会调整他们各自的经济行为。

其次,商品的价格变化还会影响该商品投资存量和流量的变化,因为价格的高低直接决定着投资的预期收益与投资成本间的差额,是生产者选择投资方向的依据;当某些行业物价水平比较高,利润空间比较大时,就会吸引投资商转移投资方向,增加投资规模,调整投资结构,而投资商的投资计划的调整又会改变整个产品结构的分布。

最后,商品价格的变化会产生新的收入分配格局以及新的消费结构。对于大多数商品来说,当市场需求大大增加时,在供给基本不变的情况下,价格就会越高,厂商的收益也就越高。在生产过程中参加生产投入的要素要根据各自的贡献取得回报,当要素所有者获得生产收益的分配后就成为他们的收入。因此,商品价格的高低又会影响人们的收入水平的高低。当某些商品价格上涨,而某些商品价格下跌时,就会出现不同行业,不同企业的收入水平不同,这是国民收入在不同行业、不同产业重新分配的结果。例如,当猪肉价格上涨时,因为猪肉的需求弹性比较小,那么现有的生产猪肉的厂商的利益就会增加。另外,还会引起鸡蛋、海产品等替代品的需求增加。猪肉行业、生猪行业、鸡蛋行业以及海产品行业等相关行业中的要素投入者分配到的收入就会增加。价格的变化由于替代效应的作用还会促使消费者增加便宜商品的购买而减少相对比较昂贵商品的购买，从而社会的消费结构就会发生调整。

二、价格管理的界定

价格管理是国民经济管理的重要组成部分，是社会主义市场经济体制不可或缺的内容之一。政府对价格进行管理，目的是保证市场机制的正常运行，促进国民经济持续健康发展，保持价格总水平的相对稳定，保护消费者利益，安定人民生活。

所谓价格管理主要是指各级政府和政府价格管理部门通过运用法律的、行政的和经济的等手段对商品价格和服务收费的管理和调控。为了更好地界定价格管理的概念，我们必须明确几点：

首先，价格管理不同于价格管制。价格管制是政府为了实现某一经济和社会目标而对于价格的一种限制。它可以是为了扶持某一行业的发展而规定的该行业产品的最低价格，即支持价格（SUPPORT-PRICE），也可以是政府为了限制某些生活必需品价格的上涨而规定的这些产品的最高价格，即限制价格（CELLING-PRICE）。在某些极端情况下，政府可以冻结物价，不允许有任何变化。严格来说，价格管制应该是价格管理的特殊内容。价格管理强调的是对价格水平的计划、组织、调控等一系列对价格的管理活动，价格管理的内容要比价格管制的范围宽得多。

其次，这里的价格管理不同于企业内部的价格管理。对于企业来说，价格是一个非常重要的竞争工具，也是一种非常有竞争力的营销手段。企业进行价格管理的主要内容是如何进行最有利的定价以及如何实施价格策略，最终的目的是通过定价策略增强企业的竞争力，从而获取最大的经济利润。本节中的价格管理的主体是政府，政府进行价格管理是为了稳定物价水平，稳定经济发展，促进收入分配公平等宏观经济目标和社会目标的实现。

再次，价格管理既包括微观规制也包括宏观调控。微观规制主要包括价格规制和经济规制。价格规制就是政府从资源有效配置出发，对于价格水平和价格体系进行规制，其目的是在一定程度上还原价格反映价值的本质特征，确实反映其资源的稀缺程度，为市场经济主体提供市场信息。价格规制包括对商品价格、服务价格、生产要素价格的规制。经济规制的依据是市场失灵的存在，市场在资源配置方面是高效的，但也不是万能的，市场配置在外部性问题、垄断性行业、信息不对称领域以及收入分配领域是低效的，因此，需要政府干预经济。经济规制分直接规制和间接规制两种方式，直接经济规制是以介入企业的经营决策来克服市场失灵问题，而间接规制不是以直接介入的方式而是只制约影响市场机制发挥作用的行为，为市场机制的充分发挥作用消除障碍。价格宏观调控是对价格总水平的调控。价格总水平是经济中各类商品价格的平均物价总水平。价格总水平的基本稳定是保持宏观经济稳定增长的基本条件，而且它本身也意味着国民经济的稳定、协调发展。在经济运行中，价格总水平应该保持基本稳定。否则，价格总水平的急剧上涨或下跌会引发通货膨胀或造成经济衰退。政府对价格水平的宏观调控手段主要有货币政策、财政政策、产业政策、重要商品储备制度、价格调节基金以及价格监督和检测等。

三、价格管理的重要性[①]

（一）是稳定物价，促进经济持续、快速和健康发展的需要

价格是经济发展的晴雨表，是经济各方面的综合反映。价格总水平的稳定，有利于促进经济的持续、快速发展。合理稳定的价格水平有利于发挥价格配置资源的作用。价格总水平过度上涨，会破坏投资环境，影响居民生活，扩大政府财政赤字，增加企业负担，影响经济发展，妨碍社会的稳定。因此，政府对价格的适度管理是十分必要的。

（二）是促进竞争，限制垄断的需要

市场经济中政府的重要职能之一是维护良好的竞争秩序。凡是市场能自发调节的领域，要充分发挥市场竞争调节作用，政府一般不直接干预。但是，政府可以作为市场机制发挥作用的辅助力量，通过保持正常的市场秩序，规范价格行为，使市场机制能够正常地发挥作用。尤其在战争、自然灾害、社会动乱等特殊情况下，市场出现剧烈波动而使竞争机制受到破坏时，政府需要进行直接干预。另外，公共服务行业，由于其具有自然垄断性，政府也必须对其产品和收费进行直接管理和干预，使其控制在适当的水平上。

（三）是保护消费者利益的需要

在市场经济条件下，由于经营主体易于受利益的驱使，会出现价格垄断、价格欺诈、价格暴利等一系列不正当的价格行为，损害消费者的利益。因此，国家必须通过从价格行为上约束经营者，防止经营者在价格上损害消费者的利益。

（四）是弥补市场失灵的需要

随着价格改革的深入，除极少数商品实行政府定价外，绝大多数商品和服务实行市场价。但是，由于市场经济是一种利益机制，其具有盲目性、自发性的特点，且因为垄断会导致出现价格信号扭曲的现象，因而常常会出现市场失

---

① 陈建强，《试论市场经济下的价格管理》，《中国物价》，2004．06

灵的现象，这就需要政府实施必要的管理，调节经济的运行。

四、政府价格管理的基本原则

政府价格管理原则是指价格管理活动必须遵循的准则，是正确处理各方面价格关系的依据。在社会主义市场经济条件下，政府价格管理的基本原则有以下几项：

（一）维护有效价格竞争，促进资源优化配置，维护价格秩序

在建立和完善社会主义市场经济体制的过程中，国家实行并逐步完善宏观经济调控下主要由市场形成价格的机制。而市场形成价格是通过竞争进行的。因此，政府管理价格最主要的原则，就是建立和完善市场体系，促进有效价格竞争的开展，培育和发展合理的价格形成机制，发挥价格合理配置资源的作用。

政府应通过法律和必要的行政管理，保护和支持经营者开展公平、公开、合法的市场竞争，实行等价交换，公平交易，优胜劣汰，提高经济效益。政府要倡导诚实信用原则，讲究商业道德。反对价格垄断，制止价格欺诈等不正当价格行为，以促使生产要素在产业之间、地区之间的自由流动，促进资源优化配置。

（二）维护消费者和经营者合法的价格权益

维护消费者和经营者合法的价格权益，是政府价格管理贯彻落实"三个代表"重要思想的具体体现，也是促进经济发展的必要举措。政府在制定和调整实行价格管制的少数重要商品和服务的价格时，既要使经营者的正常成本得到合理补偿，保证经营者正常经营，又要考虑消费者的承受能力。对放开的商品价格和服务价格，政府主要是创造良好的市场环境，规范市场价格行为，制止价格垄断和价格欺诈等不正当价格行为，以维护经营者和消费者的合法权益，避免收入不合理的分配。政府在价格管理中要注重社会公平，应采取一些必要的价格措施，保护低收入者、老年人和残病人等社会弱势群体。

（三）间接管理为主，直接管理为辅

政府只对少数重要商品和服务项目直接实行政府指导价或政府定价，以及在市场价格出现显著上涨或有可能出现显著上涨时采取直接行政干预，限定部分价格的差价率或利润率、规定限价、实行提价申报制度和调价备案制度等。对绝大多数由市场调节的商品价格和服务价格，主要是通过法律手段规范经营者价格行为，利用税率、利率、汇率、补贴以及吞吐物资等各种经济手段，进行宏观调控，以影响价格水平。政府对价格不论直接管理，还是间接管理，都要依法行政，价格决策要科学化、民主化和程序化。

（四）集中领导，分级管理

关系全局的价格法规、规章、计划和价格方针、政策，必须由中央政府集中统一、全面安排，各部门、各地区不能自行其是，其中特别重要的价格调整、法规、规章的制定和颁布以及组织实施，必须统一指挥、统一行动。除此以外，实行分级管理、分级负责，由各地根据具体情况，因地制宜，制定地方性价格法规、规章和调整属于地方管理权限的价格。

法国政府的价格管理模式

法国政府对于价格的管理，是一种融计划与市场为一体的管理模式。法国的这种管理模式主要强调市场价格机制的作用与宏观经济管理目标的统一性和协调性。一方面，市场竞争是充分的，市场价格机制是完善的；另一方面政府的力量又是十分强大的，引导着市场价格机制运作的方向。

法国政府对于价格进行管理的领域主要有：①带有垄断性的公共服务业，如民航、铁路、城市公共交通、自来水、邮政、电讯等价格的确定。②能源产品，如煤炭、电力、煤气等。③国家专卖品，如烟草、酒精等。④社会保险，如医疗保险、老年保险、工伤保险等。⑤书籍。⑥没有竞争条件的行业，如出租汽车、学生食堂等。⑦农产品收购，法国执行欧洲联盟制定的统一价格。

法国政府对于国有企业的价格也进行必要的管理。政府对于国有化的垄断企业一般实行直接的控制，在价格的制定上，主要以企业收支平衡与市场供求状况为依据，同时考虑抑制通货膨胀的目标，对于这部分企业，价格管理的一个基本原则，就是注重对于边际成本（MC）的补偿。由于法国的国有企业在经济生活中占有相当大的比例，影响较大，因而政府对于国有企业的价格管理，更多地考虑了反垄断和提高社会经济效益等因素。

转引自：刘学敏著，《中国价格管理研究——微观规制和宏观调控》，经济管理出版社，2001年第1版，第70-72页。

英国的价格管理与价格调控

1979年，英国保守党政府上台以后，不主张对物价进行直接干预，将原来的物价和消费者保障部并入到商业部门，只对石油、水电、煤炭、钢铁、铁路运输、造船、航空、公用事业等垄断行业的少数产品和劳务价格实行控制。英国中央一级的物价机构是贸工部的消费者事务局，负责制定和解释价格法律。地方一级包括区一级均在贸工部门下面设立交易标准委员会，负责实施价格法律。英国共有 200 多个地方政府，交易标准委员会人数由各地自定，如伦敦的交易标准委员会有 46 名员工。交易标准委员会只负责对价格行为的规范管理和监督检查，不负责对价格的控制。

英国规范管理价格行为的法律主要有：《价格法（1974）》、《消费者保护法（1987）》、《明码标价规则（1999）》、《食品、餐饮明码标价规则（1979）》。另根据《消费者保护法》制定《价格标示规则》、《支付方法的价格标示规则》、《转售票券价格标示规则》。《价格法》还明确规定，国务部长可对新鲜食品进行价格管制，也可以对那些确实必要的、群众经常支出的、明显影响生活成本的、与低收入群体密切的零售非食品性商品进行价格管制。英国对大多数商品和服务的具体价格并不直接进行干预，但这种放开并不是放任不管，价格放开后在每个行业设立行业监管办公室，属非政府机构，对价格进行必要的控制。

在英国，政府对公用事业的价格规制是与政府对公用事业的规制联系在一起的，在一般情况下，英国没有常设的、明确的公用事业价格规制机构。关于公用事业价格的规制形式，英国政府制定了严密的法律法规体系。英国政府对公用事业价格的规制的具体目标是对价格水平的规制，企业名义价格的调整主要取决于这一时期的通货膨胀率以及企业生产效率提高的百分比。

英国的农产品价格政策的演变过程可归纳为自由价格向法定价格转变，法定价格向保证价格的转变的过程。1930 年以后，第二次世界大战以前，农产品价格是自由价格，政府没有施加任何干预。第二次世界大战期间，根据农产品短缺状况，政府对绝大部分农产品实行了保护价格，又可称为法定价格。1955 年以后，农产品出现了剩余，政府转而采取保证价格。英国政府对农产品价格的干预主要取决于农产品供求的变化。供求平衡时实行自由价格，供不应求时实行法定价格，供过于求时实行保证价格。自由价格完全由市场来决定，法定价格由政府与农民协商而定，保证价格实质上是政府干预下的自由价格。英国的主要农产品实行保证价格，蔬菜、水果等实行自由价格，猪肉等农产品则实行完全的自由价格。

转引自：赵全新，《英国和意大利的价格管理与价格调控》，《市场与价格瞭望》，2003 年第 4 期。

第二节　价格管理的形式与手段

政府价格管理目前主要有三种形式：政府定价、政府指导价和市场调节价。针对不同的商品政府会相应采取不同的管理形式。政府价格管理的手段是政府进行价格管理的方式方法，主要有经济手段、行政手段和法律手段。

一、价格管理的形式

政府对价格的管理形式是价格管理体制的重要内容之一。我国的价格管理形式随着经济管理体制的不断改革，经历了一个不断演变的过程。目前，形成了政府定价、政府指导价和市场调节价三种形式并存的价格管理体制。

（一）政府定价

政府定价又称政府统一定价，或称指令性价格。根据 2006 年 3 月 17 日通过的《政府制定价格行为规则》中第二条规定，政府定价是"省级以上人民政府价格主管部门、有关部门和经省级人民政府授权的市、县人民政府（以下简称定价机关）依法制定或者调整实行政府指导价、政府定价的商品和服务价格"（以下简称制定价格）的行为。政府定价的主体是政府价格主管部门或者政府其他有权部门。定价机关应当按照法定的权限制定价格，不得越权定价。政府定价具有强制性。凡实行政府定价的商品价格和服务价格，不经价格主管部门或者其他有权部门批准，任何单位和个人都无权变动。否则，属于违法行为。

实行政府定价的商品主要包括：与国民经济发展和人民生活关系重大的极少数商品价格；资源稀缺的少数商品价格；自然垄断经营的商品价格；重要的公用事业价格；重要的公益性服务价格。

政府定价的特点：（1）定价主体与经营主体不一致。在我国国民经济体系中，对实行政府定价的商品和服务来讲，它们的生产者和经营者是企业和事业单位。而这些商品和服务的出售价格和收费标准却是由政府价格主管部门和其他相关权力部门来完成的。在定价商品和服务的价格形成过程中，定价主体与生产经营主体是分离的。（2）政府定价要依法行政。政府定价是一种政府行政权力行为，政府价格主管部门及其相关其他部门在制定价格时要根据政府定价的相关规则依法进行。对哪些商品和服务可以实行定价以及如何定价，《价格法》以法律的形式作了明确的界定，政府部门以及政府官员如果违反政府定价法律程序将受到相应的行政处罚以及经济处罚。（3）政府定价并不完全考虑市场因素。在市场经济体制下，市场供求关系是价格的决定性因素，但在政府定价过程中，市场供求关系仅仅是作为制定价格的因素之一，并不起决定性作用。政府在定价过程中除了考虑市场供求因素之外，还要综合考虑国民经济与社会发展的要求以及社会承受能力等因素。这一点显然与企业定价是不同的。（4）政府定价要依据社会平均成本。企业在制定价格水平时为了实现利润目标，要以个人平均成本为限实行利润加成定价，而政府定价既要考虑经济利益又要考虑社会利益，因此，定价主要依据是社会平均成本，实现社会利益最大化。（5）政府定价执行具有强制性和普遍性。政府执行定价政策时商品和服务的生产者、经营者必须贯彻执行，否则按违法行为处理。可见，政府定价价格一经制定，其执行就具有强制性的特点。政府的定价对于大多数符合条件的商品和服务均适用，而不是对某个地区或某个企业的产品和服务专门制定的价格，其对社会和经济的影响是普遍的。

政府定价的目标：政府定价行为的目标，也就是政府定价或政府在其法定权限内进行价格决策的目标，是指政府实行政府指导价和政府定价的商品和服务的价格所要达到的经济效果和社会效果。从西方主流经济学的观点看，在市场经济条件下，政府之所以要干预经济，是因为存在着"市场失灵"和"外部性问题"，市场机制难以实现经济效率的帕累托最优和社会福利最大化，从而需要政府这只"看得见的手"来改善资源配置，以增进经济效率，实现社会福利最大化。总之，政府定价目标就是通过政府的行政行为，依据《中华人民共和国价格法》赋予的权力，制定和管理价格，实现资源配置的最优化，达到社会总体福利的最大化。

当前政府定价的程序一般为：（1）由申请调价的企业或部门向管理机关提交申请报告，包括成本利税指标；（2）由管理机关的有关部门审查报告，进行成本调查；（3）一部分价格在批准前要举行价格听证会；批准调价并下达执行文件。其中收费还要颁发行政事业性收费许可证或经营性收费监审证。

（二）政府指导价

政府指导价是指由县级（含县级）以上各级人民政府价格管理部门、业务主管部门按照政府规定权限，通过规定基准价格和浮动幅度、差价率、利润率、最高限价和最低保护价格等形式，指导企业制订商品价格和收费标准。政府指导价适用于比较重要的，同时花色品种多、供求变化快、季节性强的商品。政府指导价是一种具有双重定价主体的价格形式，由政府规定基准价及浮动幅度，引导经营者据此制订具体价格。经营者可以在政府规定的基准价和浮动幅度内灵活地制订调整价格。政府指导价既体现了国家行政定价强制性的一面，又体现了经营者定价相对灵活性的一面。政府指导价格主要有浮动价格、最高限价和最低保护价格三种形式。

1. 浮动价格。它是由政府对实行浮动的商品价格和收费标准，规定基准价格和浮动幅度，允许企业根据市场的供求状况，在一定的范围内自行制订和调整价格。例如：旅游景点门票、律师费、列车客票等实行浮动价格。这种价格既有利于稳定市场价格，又有利于企业根据不同的产销情况灵活掌握。

2. 最高限价。它是指政府对企业出售或购买某些商品的价格规定最高的限价，企业只能在政府规定的价格限度内出售或购买商品。这种价格管理形式，是为了加强价格管理、制止哄抬价格、保持市场价格基本稳定的重要手段。通常用于以下几个方面：限制市场零售商品价格上涨，如对猪肉、鸡蛋、水、电、天然气等规定最高限价；对进口商品实行最高限价，防止其商品价格过高，刺激国内暴涨；对边远地区食盐、火柴、煤油等等工业品实行最高限价，由此产生的政策性亏损由财政补贴。

3. 最低保护价。它是政府对企业出售或购买的商品价格规定的最低限度，企业只能高于政府规定的价格限度出售或购买商品。这种价格通常用于防止发生由于一时供大于求造成的价格暴跌，打击生产。例如粮食最低保护价、土地出让金最低保护价、最低工资等。最低保护价主要用于收购某些重要的农产品，它是保护农业生产的重要手段，目的在于保护生产者的积极性。

（三）市场调节价

市场调节价是指经营者（从事生产、经营商品或者提供有偿服务的法人、其他组织和个人）自主制订，通过市场竞争形成的价格。从政府对市场价格监管的角度而言，凡是已明确放开由市场形成价格的，都必须要坚决放开让市场自发形成价格，不能随意收回定价权，或对其价格形成进行任意干预，但是政府可以通过对经营者价格行为的规范，间接调控市场价格，促进市场调节价的合理形成。目前市场调节价主要有以下三种类型：一是议购议销价格。它是商品经营企业同农民协商议定的收购农副产品的价格，以及同定购任务以后的一、二类农副产品。价格随行就市，有涨有落。二是工商协商定价。由工商双方根据产品成本变化和市场供求状况协商自主制订价格。国家既不规定价格水平，也不控制各种差率，完全由企业自主定价。三是集市贸易价格。主要是农村集市和城镇农副产品贸易市场上自由形成的价格。它的价格水平因时因地受价格规律的支配，自由涨落。市场调节价完全受市场竞争和供求状况影响，具有灵活性和波动性。但它并不是放任自流的，国家对其仍然要实行以经济手段为主的间接控制。

综上所述，政府指导价、政府定价是政府对价格的直接管理，其本身属于政府价格行为；市场调节价是由市场竞争形成的，其价格行为属于经营者价格行为，政府对其不进行直接管理，但可以通过经济的、法律的和行政的手段进行间接干预。

二、政府价格管理手段

政府对价格的管理需要借助一定的管理手段。在社会主义市场经济条件下，政府对价格的管理手段主要有经济手段、法律手段和行政手段。分析这些管理手段的性质、特点和功能，可以使我们正确地认识和理解政府的价格方针政策，自觉做好价格工作。

（一）经济手段

经济调控手段是市场经济国家普遍使用的重要调控手段之一，它是指政府根据价格形成的内在规律和市场供求规律，调节商品的需求和供给，影响价格形成的各种要素，从而达到调控市场价格的目的。在市场经济条件下，政府经济调控手段主要有：

1. 货币政策。在经济运行的不同阶段，政府运用货币政策，调节货币供应量和货币使用方向，通过影响企业投资成本或控制金融机构贷款规模来影响企业的投资规模，进而影响某种商品的总供给。比如通过提高银行贷款利率或提高存款准备金率来控制企业的贷款规模进而控制企业的生产投资规模，减少该企业商品的总产量，从而减少该商品的市场供给量，在市场需求不变的情况下，该商品的价格就会上涨。国家可以通过货币政策实现物价总水平的基本稳定，控制通货膨胀的发生。货币政策是稳定价格总水平最有力的手段。

2. 财政政策。财政政策主要是国家利用改变财政收支来影响社会总供给和社会总需求，从而影响物价总水平。财政政策主要工具是税收和购买性支出，这两大工具对社会生产产生直接的影响。当政府实施积极的财政政策即增加政府购买性支出，减少政府税收收入时，那么就会增加社会总需求，在社会总供给不变的情况下，物价水平就会上升。反之，当实施紧缩性财政政策即增加政府税收收入，减少财政支出时，就会减少社会总需求，在社会总供给基本不变的情况下，物价水平就会出现下滑，有利于稳定物价，抑制通货膨胀。

3. 投资政策。企业的投资需求是构成社会总需求的很重要的因素，因此，政府可以制定一系列的投资政策，通过影响企业的投资规模，进而影响社会总需求与社会总供给的关系，使其达到基本平衡，实现价格总水平的基本稳定。

4. 进出口政策。在市场供不应求，物价飞速上涨的情况下，政府可以通过采用限制出口、扩大进口的政策手段，缓解一些商品的国内市场供不应求矛盾；在市场供过于求的情况下，国内市场疲软物价滑坡时，政府可以采取限制进口、鼓励出口的政策手段，缓解一些商品的国内市场供大于求矛盾，从而可以达到稳定国内价格总水平的目的。

5. 重要商品储备制度。所谓重要商品储备制度，是政府为平抑或稳定某些重要商品市场价格水平，建立起这些商品的调节性库存，通过吞吐库存来调控市场价格的管理制度。一般来说，重要商品储备制度主要是对国计民生有重大影响的农副产品，如粮、棉、植物油和糖等主要农副食品，以及原油、重要稀有金属等战略物资而言的。当重要商品的市场供给出现较大缺口，价格暴涨时，要适时抛售储备商品，增加市场供给，平抑市场价格；反之，当供大于求、价格下滑时，政府要适时入市收购，转入储备，增加市场需求，遏制价格过度下滑。

6. 价格调节基金制度。所谓价格调节基金，是政府为了平抑市场价格，用于吞吐商品、平衡供求或者支持经营者的专项基金。价格调节基金是针对某些容易发生市场价格波动、对国计民生有重大影响的粮、棉、油、肉、蛋、菜、糖等农副产品。目前我国已建立的价格调节基金主要有副食品价格调节基金、粮食风险调节基金。价格调节基金主要用于：一是扶持商品生产。包括对所调控商品的生产基地建设的资金支持，对生产者的收购奖励或补贴。二是对流通企业的政策性差价补贴。三是支持市场建设。对有利于价格调控而建立的某些商品的批发市场和直销市场建设，政府可以用价格调节基金支持。

（二）法律手段

价格管理的法律手段是指政府通过制定价格法律和法规的形式，来规范价格决策主体的权利与义务、价格制订与调整的依据和程序、价格管理的形式和办法、价格的监督与检查、违法行为的处理与制裁等价格行为，使之具有法律的规范性和稳定性。

《价格法》是我国社会主义市场经济法律体系中的一部重要法律，是价格工作中最重要的法律。《价格法》把适应社会主义市场经济要求，建立和完善新的价格机制，作为主线贯彻始终。

我国法律中除《价格法》专门对价格行为进行规范外，其他法律中涉及价格、收费内容的有很多，主要有：《电力法》、《铁路法》、《煤炭法》、《药品管理法》、《烟草专卖法》、《农业法》、《反不正当竞争法》、《合同法》、《证券法》、《招标投标法》、《产品质量法》、《海关法》、《民用航空法》、《教育法》、《律师法》、《戒严法》、《广告法》、《献血法》、《档案法》、《进出口商品检疫法》、《野生动物保护法》、《动物防疫法》、《进出境动植物检疫法》等。

我国的价格法规、规章主要是以专项价格法规、规章为主，分散在其他法规中的价格管理规定不多。比较重要的价格法规、规章有：《价格管理条例》、《价格违法行为行政处罚规定》、《制止牟取暴利的暂行规定》、《电信条例》、《城市房产交易价格管理暂行办法》、《餐饮、修理业价格行为规则》、《城市住宅小区物业管理服务收费暂行办法》、《乡镇法律服务收费管理规定》、《公证服务收费管理办法》、《律师服务收费管理暂行办法》、《抵押、追缴、没收物品估价管理办法》、《汽车运价规则》、《城市供水价格管理办法》、《价格监测规定》、《农产品成本调查管理办法》、《价格认证管理办法》、《中介服务收费管理办法》、《关于商品和服务实行明码标价的规定》、《政府价格决策听证办法》、《政府制定价格行为规则》、《禁止价格欺诈行为的规定》、《价格行政处罚程序规定》、《价格违法行为举报规定》、《制止价格垄断行为的暂行规定》、《非常时期落实价格干预措施和紧急措施暂行规定》、《水利工程供水价格管理办法》等。

（三）行政调控手段

价格管理的行政手段是指政府依靠行政组织，运用行政命令或行政法规，下达统一的价格或实行带有强制性的措施、方法以及相应建立的一整套行政管理制度的总称。价格管理的行政手段在调节关系国民经济全局利益、长远利益的经济活动方面，起着不可或缺的特殊作用。

我国行政管理机构所采用的行政管理手段包括行政法规、行政措施、行政监督和行政处罚等一系列行政管理方法和管理制度。

1. 行政法律规范。价格管理的行政法律规范是指国家行政机关行使权力依法制定和发布管理价格活动的各种规范性文件的总称。价格行政法律规范不仅是重要的法律手段，亦是重要的行政手段。

2. 行政措施。价格管理的行政措施是指行政机构在价格管理活动中，针对具体价格问题和行为所做出的单方面的处理办法。这种处理办法体现了行政机关单方面的意志，不需要取得当事人的同意

3. 行政监督。价格管理的行政监督是指国家行政监督机关对各种价格法律、法规、规章政策的执行情况实施监督，对各种价格违法行为进行检查、纠正和制裁的一种管理职能。通过行政检查监督，有利于消费者和经营者知法懂法，有利于创造公平的价格竞争环境，有利于规范和提高价格执法水平，最终有利于维护消费者和经营者的合法权益以及国民经济的健康发展。

4. 行政处罚。价格管理的行政处罚是指国家行政机关对于那些违反价格行政法规，但尚未构成犯罪的公民或法人所给予的一种行政制裁。行政处罚的种类主要有警告、通报批评、没收违法所得、罚款、责令停业整顿和吊销营业执

照六种形式。

三、价格管理的行政部门及其职责

价格管理的国家政府部门是国家发展改革委员会，发改委专管价格管理的机构主要是价格司和价格检查监督司。价格司下属的相关价格部门有：综合处，政策法规处，监测分析处，成本处，农产品和水资源价格处，石油和工业品价格处，电力价格处，运输通信价格处，医药价格处，收费管理处，服务价格处。价格监督检查司的相关价格部门设有：综合处，法制工作处，监督指导处，价格检查处，收费检查处。

价格司的主要职责是：

1．监测、预测居民消费价格，重要商品的零售价格，主要生产、生活资料价格的变动趋势。

2．分析价格形势，提出年度价格总水平控制目标，研究提出综合运用价格政策和其他经济政策，法律、行政手段调控市场，保持价格稳定的政策建议。

3．研究起草价格和收费管理的法律、法规和规章。

4．研究提出政府管理商品、服务价格和收费的原则和作价办法。

5．组织对重要商品、服务价格项目的成本调查和监审；发布价格信息，引导经营者价格行为。

6．拟订重要商品价格、服务价格和收费政策并组织实施。

7．研究提出中央政府管理的商品价格、服务价格、政府机关收费改革方案并组织实施。

8．审核少数中央政府管理的商品价格、服务价格和收费标准。

9．指导地方政府价格主管部门、国务院其他部门的价格和收费管理工作；指导行业组织价格自律工作；组织指导价格评估、鉴证工作。

10．依据《价格法》，组织纳入中央定价目录的价格听证工作。

11．承办委领导交办的其他工作。

价格监督检查司的主要职责：

1．指导全国价格监督检查工作，提出价格监督检查方针、政策、任务、工作计划及实施意见。

2．监督检查价格改革方案和价格调控管理措施的贯彻落实情况，提出加强和改进价格调控管理的建议；参与涉及价格监督检查的有关改革工作。

3．组织实施全国性价格、收费监督检查，明确实施检查的法律法规依据和政策界限，协调解决检查中出现的政策问题。

4. 查处中央各部门、省级人民政府及中央企事业单位的价格、收费违法案件；组织调查、认定和处理重大的不正当价格行为和案件，协调处理省际间的价格、收费违法案件，会同省级政府价格主管部门查处重大价格、收费违法案件。

5. 起草价格监督检查的法律、法规、规章，依法界定各类价格违法行为，参与涉及价格监督检查的有关立法工作。

6. 按规定受理不服省级政府价格主管部门行政处罚的复议案件和申诉案件。

7. 指导全国价格社会监督和举报工作；推行明码标价和价格、收费公示制度；负责对市场价格行为的监督检查，促进经营者实行价格自律；推进价格信用制度建设。

8. 指导全国价格监督检查干部队伍的业务建设。

9. 承办委领导交办的其他事项。

2006 年我国重大价格政策措施展示

●实施石油综合配套调价方案

2006 年 3 月 26 日，国务院实施了以完善价格形成机制、调节利益分配为中心的石油综合配套调价方案。同时建立了石油企业内部上下游利益调节、相关行业的价格联动、对部分困难群体和公益性行业给予补贴，以及石油企业涨价收入财政调节等四个配套机制。

●着力推进城乡用电同价

——基本实现城乡居民用电同价。

——大力推进城乡工商业用电同价。

——降低农村养殖业用电电价。

——降低中小学教学用电电价。

●稳定化肥等农资价格

一是扶持生产。抓好化肥生产用煤、电、油和天然气等原燃料的供应，对化肥生产用电、用气实行优惠价格，暂免征收尿素产品增值税。

二是促进流通。增加化肥用煤和化肥产品的铁路运输计划，对化肥铁路运输实行优惠运价，并免收铁路建设基金。

三是加强储备。采取财政贴息的办法，建立化肥淡季商业储备制度。

四是控制出口。对尿素、磷酸一铵、磷酸二铵等主要化肥品种暂停出口退税，对尿素出口征收季节性暂定关税。

五是加强监管。对尿素等化肥出厂价实行政府指导价或最高限价，对批发和零售环节按照从紧从严的原则规定进销差率、批零差率，对无烟块煤价格实行干预措施，控制化肥生产用煤价格过度上涨。

六是建立种粮农民的农资增支综合直补制度。

● 全面规范教育收费

——制止农村中小学乱收费行为。

——加强中小学教材价格管理。

——加强教育收费监督检查

● 整顿药品价格秩序

——调整政府定价药品价格。国家发展改革委陆续降低了 20 多种类近 900 多种药品零售价格，平均降价 20%，最大降幅达到 80%。

——限制医院销售药品的加价率。将县及县以上医院销售药品的加价率严格控制在 15% 以内。

——推动社区卫生机构药品零差率销售试点。

——进一步加强医药价格监督检查。

● 清理整顿涉及出租汽车收费

2006 年 5 月 24 日，国家发改委与财政部要求各地区对现行涉及出租汽车企业和司机负担的行政事业性收费、政府性基金、政府性集资、摊派、经营服务性收费和其他费用进行清理整顿，取消不合法、不合理的收费（基金）项目，落实国家已公布取消的收费（基金）项目，减免收费（基金），规范各类检验、检测收费行为，禁止强制服务、强行收费，强化监督机制。

● 实施促进就业再就业收费优惠政策

2006 年 1 月，国家发展改革委和财政部联合发文规定，除国家限制的行业外，凡下岗失业人员从事个体经营的，自 2006 年 1 月 1 日起至 2008 年 12 月 31 日，免交有关登记类、证照类和管理类的各项行政事业性收费；高校毕业生毕业后两年内从事个体经营的，自工商部门登记注册之日起 3 年内免交有关登记类、证照类和管理类收费。同时，国家还规定，对到西部县以下基层单位和艰苦边远地区就业的高校毕业生，免予偿还其在校学习期间获得国家助学贷款本金及其全部偿还之前产生的利息；需要人事代理服务的，由有关机构提供全面的免费代理服务。

● 出台律师服务收费管理办法

政府制定律师服务收费应当考虑当地经济发展水平和社会承受能力；律师事务所要严格履行法律援助义务，对经济确有困难、但不符合法律援助范围的公民，可以减收或免收律师服务费。

●抑制门票价格过快上涨

2005 年 12 月，规定宗教人士进入游览参观点前往宗教活动场所免收门票。2006 年 2 月，又下发通知明确规定在重大历史事件、历史人物纪念日和重要节庆日等免费向社会开放。2007 年 1 月，又下发了《关于进一步做好当前游览参观点门票价格管理工作的通知》对门票价格提出严格的管理规定。

转引自：国家发展与改革委员会价格司子站 http://jgs.ndrc.gov.cn

第三节　价格管理体制

价格体制也叫价格管理体制，是价格管理机构、制度、政策、方法和法规等的总称。是国民经济管理体制的重要组成部分。具体来说，价格管理体制包括三个方面的内容：一是价格管理形式的结构；二是中央与地方政府价格管理机构及权限的划分；三是政府制定、调整、监督和调控价格的各种制度。

一、价格管理形式的结构

价格管理形式的结构是价格管理体制的核心内容。由于国家的价格管理行为对价格形成的影响不同，就有了不同类型的价格体制。如果政府定价范围很大，那么价格体制就属于高度集中型的；如果市场调节价格范围很大，则属于高度分散型的价格体制。《价格法》第三条对我国价格管理的形式结构作了明确规定："国家实行并逐步完善宏观经济调控下主要由市场形成价格的机制。价格的制定应当符合价值规律，大多数商品和服务价格实行市场调节价，极少数商品和服务价格实行政府指导价或者政府定价。"我国价格体制改革的实质就是调整价格管理形式的结构，缩小政府定价的范围。

二、中央与地方政府价格管理机构及权限的划分与调整

价格管理机构是履行政府价格监管职能的政府部门，建立价格管理机构是保证政府价格监管职能落实到位的组织保障。目前中央和地方在价格管理权限的划分上，主要是以产品或服务在国民经济中的重要程度，以及各级政府在宏观调控中的地位为基本标准。凡是关系到整个国民经济发展状况的、具有全国性意义的重要政策和价格，价格管理权限属于中央政府。地方政府价格主管部

门主要制定和管理辖区内区域性特征较强的重要的公用事业和公益性服务价格。

《价格法》第五条对价格管理机构及其权限划分作了明确规定："国务院价格主管部门统一负责全国的价格工作。国务院其他有关部门在各自的职责范围内，负责有关的价格工作。县级以上地方各级人民政府价格主管部门负责本行政区域内的价格工作。县级以上地方各级人民政府其他有关部门在各自的职责范围内，负责有关的价格工作。"

在建立社会主义市场经济体制的过程中，我国中央与地方价格管理机构及权限将随着生产力和生产关系的发展以及所管制商品和服务的垄断程度、资源稀缺程度和重要程度的变化，以《价格法》为依据，按照发展社会主义市场经济的要求，以建立政府宏观调控下主要由市场调节的价格机制为目标。

三、国家管理价格的主要制度

国家管理价格的制度是国家实现价格监管职能的重要手段。近年来，围绕建立社会主义市场经济条件下的政府价格调控体系，增强政府价格调控能力，我国不断建立和完善以《价格法》为核心的价格法律法规体系和各项价格管理制度。目前我国已经建立、实行的价格管理制度主要有：价格总水平调控目标责任制度、价格监测制度、价格调节基金制度、明码标价制度、成本监审制度、价格审批制度、价格决策听证制度、价格决策集体审议制度、政府定价调价公告制度、政府定价定期审查制度、价格监督检查制度、涉农价格和收费公示制度、教育收费公示制度等。

四、我国价格管理体制存在的问题以及改革方向

经过 20 多年的努力，我国的价格管理改革取得了显著的成就。由市场形成价格的机制已经基本建立，市场价格机制在社会资源配置中已经处于主导地位，价格管理模式已经基本上明确了。虽然我们取得了一些成绩，但是随着市场环境的变化，政府行政职能的转变，价格管理也面临着新的情况和挑战，存在的问题也越来越突出。

（一）政府价格管理行为存在越位、错位和缺位

在价格管理工作中，政府价格管理行为的越位主要是指政府管了那些不属于政府或价格管理部门管理的事情；随意扩大管理范围，管理本不属于价格主管部门管理的价格问题。例如，政府运用行政手段干预企业的自主定价，强制企业按政府意图定价，妨碍甚至干预正当合法的市场竞争。政府价格管理行为的错位主要是指政府价格主管部门运用不当的手段或办法对价格进行管理，目

前这一现象的突出表现就是政府依法治价不够，行政管理过滥，价格形成和审批程序不科学等。政府价格管理行为的缺位是指该管的没有管好，甚至没有管，例如，缺乏对垄断行业的价格监管；价格管理力度微弱，对价格违法行为查处不力等。

（二）价格管理方法单一

目前，对我国自然垄断行业还没有建立科学的价格管制模式，在相当程度上取决于政府与企业之间讨价还价的能力和各利益集团之间的协调程度。另外，我国的价格管理方法主要是行政手段，而法律手段和经济手段的作用没有得到充分的发挥。而且，目前的管理方法缺乏充足的科学论证，其科学性、民主性还有待进一步完善。最后，目前的价格管理方法中存在重实体、轻程序的情况。

（三）价格管理体制不尽合理

目前的价格管理体制由于其管理主体的多元化导致政出多门，管理弱化。价格的管理主体与价格形成主体同一化，造成价格管理上的政企不分，难以做到公正客观的管理。价格执法体制不健全，价格检查监督机构缺乏相对独立，价格检查执法机制运转不畅。

（四）价格管理的法律法规不健全

我国现有的《价格法》、《反不正当竞争法》对暴利、价格欺诈、价格垄断、价格倾销等不正当价格竞争行为的认定，只有一些原则性的禁止条款，缺乏具体的实施细则。除此之外，我国地方立法不统一，存在地方利益的痕迹，而且，执法不严，不能做到有法可依，有法必依，执法必严。

为了适应市场经济体制发展的要求，同时也为了迎接新的经济环境和国际环境的挑战，必须要深化价格管理体制改革，其主要从以下几个方面入手：

（一）明确政府管理价格定位，转换政府管理价格职能

首先，政府必须增强法制意识，坚持依法管理价格。一方面，政府的价格行为必须接受法制的约束，不能超越法制行事，为依法公正管理和约束生产经营者价格行为创造前提。另一方面，政府对价格的管理必须主要依法进行，改变以权代法主要用行政手段管理价格的做法。

其次，从定调价为主转变为制定规则为主。完善价格形成主体，尤其是对自然垄断行业中非垄断生产经营环节，应尽快放开价格管制，引入竞争机制；完善市场环境，规范市场运行规则，使价格竞争有序进行；明确政府职能，既要为价格发挥作用创造条件，又要减少不必要的行政干预；建立和完善企业进退市场的机制。

再次，明确各级政府价格管理的职权。要严格划分中央与地方的职权，界定清楚哪些价格行为归中央政府管，哪些价格行为归地方政府管。正确处理政府价格主管部门和行业主管部门的关系。

最后，要树立公共意识，增强服务职能。要建立完善的价格调查、监测体系，健全价格监测分析和成本调查制度，建立完善重要商品监测分析体系和预警体系，做好价格趋势分析和预测，为政府宏观经济决策提供依据。在充分利用现有价格信息网络的基础上，开辟更加广泛可行的信息源，形成快速的信息服务网络。

（二）完善价格管理的法律法规体系

首先，根据价格管理的新情况，新问题，新要求修改《价格法》，补充新的条款和新的内容，删除不适合新情况的内容或条款。其次，制定和完善价格法规，细化《价格法》的原则规定，使之明晰化、具体化、可操作化。再次，建立与《价格法》相配套的相关价格规则，补充完善价格法规体系。

（三）改革政府管理价格机构

从理想的状况看，机构设置可以考虑按以下模式进行：

设立一般竞争产业价格管理机构。对于一般竞争产业，价格是在市场竞争中形成的，政府的责任是建立市场竞争规则和场管理机制，监督市场主体遵守规则公平竞争，维护市场机制正常运行。

设立特殊产业价格监管机构。对于垄断性产业，如电力、铁路、公用事业等，必须针对各行业的不同特点、不同垄断方式和垄断程度，制定相应的法律法规，依法设立专门管理机构，从市场准入标准、市场经营行为、市场退出行为等进行全方位管理。

建立我国价格安全信息监测系统。随着加入 WTO 和国内外市场的接轨，国内市场价格难免不受国际市场价格的冲击，从而产生价格安全问题。建立我国的价格安全预警管理体系十分必要。为此，需要建立我国的价格安全信息监测中心，价格安全审计机制和价格安全审计机构，价格安全预警管理系统。

第四节　价格监督与行政处罚

价格监督检查工作是整个价格工作的重要组成部分，是价格工作中最重要的一支裁判队伍。价格监督检查部门工作的主要内容就是开展价格监督检查，维护公平竞争的市场价格秩序，制止各种形式的乱收费行为，对违反价格法规、政策的价格违法行为进行查处。价格监督检查部门的"裁判"作用发挥得如何，直接影响价格部门所定"规则"的实施效果。同时，价格监督检查部门工作是整个价格工作的落脚点和归宿点。

一、价格监督的界定

根据《价格法》，价格监督检查是指县级以上各级人民政府价格主管部门，依法对价格活动进行监督检查，并依照本法的规定对价格违法行为实施行政处罚。

为了更好地界定价格监督的含义，我们必须要明确以下几点：

1. 价格监督的目标。价格监督的目标是通过监察和督导，促使形成和保持一个相对合理完善的价格决策制度，在贯彻国家的方针政策、法律法规的同时，充分发挥价格机制的作用。促进社会生产力的发展，促进社会主义市场经济的良好发展。

2. 价格监督的主体。目前我国价格监督的主体是：各级人民代表大会；各级政府价格监督检查执法机构；社会监督机构与组织，主要是工会、妇联、共青团、行业协会、工商业联合会、个体劳动者组织、职工价格监督员、街道群众价格监督站等等；企业价格部门、人员或价格监督组织。

3. 价格监督的客体。价格监督客体是指价格运动及其当事人。价格监督的客体主要包括对价格总水平实际运行状况的监督、对相对价格水平的监督和对市场各类具体商品价格变动的监督。

4. 价格监督的依据。价格监督的法律依据是国家立法机关依照立法程序制度所颁布的与价格行为有关的法规和《中华人民共和国价格法》。价格监督的行政依据主要是国家行政机关依法制定的以行政命令下达的与价格行为有关的规则。价格监督的经济依据是由立法机关、行政机关或有关部门规定应当达到的价格指标。价格监督的社会依据是国家立法机关或有关部门规定的应满足社会对价格的要求，如不被价格歧视、必须质价相符等等。

二、价格监督的程序

目前，我国政府对价格监督的程序如下：

1. 确定各种价格监督的规范标准。

2. 监测检查，取得相应的信息，根据不同的需要，采取多种多样的价格监督检查形式。

3. 在分析偏差的基础上采取纠正的措施。

香港价格监管的做法及启示

　　香港实行的是与市场经济相适应的由政府、法定团体和行业公会互相衔接、互相补充的价格监管模式。对属于竞争性的产品和服务价格，政府采取间接的、宏观的调控措施；对不宜竞争的、带有公共物品性质的商品和服务价格，则实行多种形式的直接调控管理。香港政府价格管理的方式主要有四种：

　　一、由政府直接提供产品和服务，其价格由政府定价，实行直接的控制和管理。概括为"住"（住房类的公营房屋租金）、"行"（主要交通服务）、"水"（水资源由香港政府管控）、"服"（包括学费、政府医院、邮政服务等均按香港相关法规定的程序确定）四大类。

　　二、对财团或者私营公司投资经营的公用事业，政府采用专营控制的办法，对其价格或收费标准实行间接调控。如对电力、港九铁路、港口、电话、煤气、电车、地铁、轮渡、巴士、的士、海底隧道等等，均实行专利经营价格或收费标准。

　　三、由政府与供应商签订"自愿性业务守则"和"资料及咨询协议"，但价格由供应商确定。如香港的煤气价格，是由经济发展及劳工局与中华煤气公司签订协议，旨在令中华煤气公司的定价收费机制及价格调整过程更加透明化。虽然煤气公司的收费及利润不受政府监管，但调整收费的程序中包含有：一是在调整收费及添置主要系统时，公司需向政府咨询；二是每年向公众披露相关公司资料，以此确保消费者权益。

　　四、对部分由市场形成价格的重要商品，政府通过组织供应，调节市场供求来保持价格的相对稳定。对于粮、油、肉、禽、鱼、蛋、菜、果等重要食品，由鱼农处和贸易署共同调控，长期保持供求基本平衡，实现价格相对稳定的目标。对其他重要的生活资料、基础设施等也都有周密的宏观调控措施，保持供求平衡，从而稳定价格。

　　资料来源：国家发展和改革委员会价格监督检查司子站

三、价格违法行为

（一）价格违法行为的界定及其特征

　　价格违法行为指公民、法人或者其他组织违反价格法律、法规、规章的规定，给社会造成危害的有过错行为。认定价格违法行为，一般应当具备三个要件：第一，主体是价格管理相对人，即接受价格管理的公民、法人或者其他组织；第二，侵害了价格法律规范所保护的客体，即侵害了合法的价格关系和价格秩序；第三，管理相对人从事了违反价格法律、法规、规章的行为，并造成价格法律、法规、规章所规定的危害后果。

价格违法行为是一种独立于刑事违法行为和民事违法行为，并与之相并列的行政违法行为。具有三个特征：

1．社会危害性。指价格违法行为侵犯了价格法律规范所保护的价格行政管理秩序。具体是指由于经营者的价格违法行为，影响了价格合理配置资源的作用，影响了市场价格总水平的稳定，侵犯了消费者或者其他经营者的合法权益，从而不利于社会主义市场经济的健康发展。不具有社会危害性的行为，就不能认定为价格违法行为。

2．行政违法性。指价格违法行为违反了价格行政法律、法规、规章及规范性文件。价格违法行为的行政违法性是价格违法行为的社会危害性在法律上的表现。

3．应受惩罚性。指价格违法行为依法应当受到价格法律制裁。价格违法行为的应受惩罚性，是由价格违法行为的社会危害性和行政违法性派生出来的，是社会危害性和行政违法性的必然法律后果。

（二）价格违法行为的具体表现形式

1．经营者不执行政府指导价、政府定价的价格违法行为。根据《价格违法行为行政处罚规定（2006 修订）》第七条规定，经营者不执行政府指导价、政府定价，有下列行为：

（1）超出政府指导价浮动幅度制订价格；（2）高于或者低于政府定价制订价格；（3）擅自制订属于政府指导价、政府定价范围内的商品或者服务价格；（4）提前或者推迟执行政府指导价、政府定价；（5）自立收费项目或者收费标准；（6）采取分解收费项目、重复收费、扩大收费范围等方式变相提高收费标准；（7）对政府明令取消的收费项目继续收费；（8）违反规定以保证金、抵押金等形式变相收费；（9）强制或者变相强制服务并收费；（10）不按照规定提供服务而收取费用；（11）不执行政府指导价、政府定价的其他行为。

2．地方各级人民政府或者各级人民政府有关部门违反《价格法》规定，超越定价权限和范围擅自制定、调整价格的行为。

3．不执行法定的价格干预措施、紧急措施的价格违法行为。根据《价格违法行为行政处罚规定（2006 修订）》第八条规定，有下列情形之一者：（1）超过规定的差价率、利润率；（2）不执行规定的限价；（3）不执行提价申报制度；

（4）不执行调价备案制度；（5）不执行集中定价权限的措施；（6）不执行部分或者全面冻结价格的措施；（7）不执行法定的价格干预措施、紧急措施的其他行为。

4. 经营者不正当价格行为。根据《价格法》第十四条规定，以下行为属于经营者不正当价格行为：（1）相互串通，操纵市场价格，损害其他经营者或者消费者的合法权益；（2）在依法降价处理鲜活商品、季节性商品、积压商品等商品外，为了排挤竞争对手或者独占市场，以低于成本的价格倾销，扰乱正常的生产经营秩序，损害国家利益或者其他经营者合法权益；（3）捏造、散布涨价信息，哄抬价格，推动商品价格过高上涨；（4）利用虚假的或者使人误解的价格手段，诱骗消费者或者其他经营者与其进行交易；（5）提供相同商品或者提供服务，变相提高或者压低价格；（6）采取抬高等级或者压低等级等手段收购、销售商品或者提供服务，变相提高或者压低价格；（7）违反法律、法规的规定牟取暴利；（8）法律、行政法规禁止的其他不正当价格行为。

5. 违反明码标价规定的价格违法行为。根据《价格违法行为行政处罚规定（2006 修订）》第十一条规定，有下列情形之一者：（1）不明码标价；（2）不按规定的内容和方式明码标价；（3）在标价之外加价出售商品或收取未标明的费用；（4）不能提供标价记录或者有关核定价格资料；（5）擅自印制标签或价目表；（6）使用未经监制的标价内容和方式；（7）其他违反明码标价规定的行为。

6. 经营者拒绝提供价格监督检查所需资料或者提供虚假资料的行为。根据《价格违法行为行政处罚规定（2006 修订）》第二十条规定，有下列情形之一者：（1）不提供价格监督检查所需资料；（2）不按规定提供价格监督检查所需资料；（3）提供虚假资料；（4）拒绝提供价格监督检查所需资料或者提供虚假资料的其他行为。

此外，还有经营者被责令暂停相关营业而不停止，或者转移、隐匿、销毁价格监督检查过程中被依法登记保存的财物等价格违法行为，以及现实生活中大量存在的国家行政机关乱收费行为。

四、价格行政处罚

价格行政处罚是价格主管部门在行政管理中运用的一种行政执法手段。为了有效地保障当事人的合法权益，体现公平和效率兼顾的原则，国家计委制定了《价格行政处罚规定》（以下简称《规定》）。将一些重要的行政处罚程序用法律形式统一规定下来，作为各级价格主管部门实施行政处罚的依据，使价格行政处罚法律化，充分体现了依法行政的原则。

（一）价格行政处罚的原则

价格行政处罚的原则是指现行法律所规定的，设定和实施价格行政处罚所必须遵循的基本准则。根据《行政处罚法》、《价格法》和《价格违法行为行政处罚规定》的规定，实施价格行政处罚应遵循以下原则：

1. 处罚法定原则

《行政处罚法》第 3 条规定："公民、法人或者其他组织违反行政管理秩序的行为，应当给予行政处罚的，依照本法内法律、法规或者规章规定，并由行政机关依照本法规定的程序实施，没有法定依据或者不遵守法定程序的，行政处罚无效。"

主要包括三方面内容：

（1）处罚的依据法定。处罚的依据法定包含两层含义：一，行政处罚要有法律法规规章为依据；规范性文件不得作为行政处罚的依据。目前价格行政处罚所依据的法律、法规主要有《价格法》、《价格违法行为行政处罚规定》以及地方性法规。二，行政处罚依据的法律法规规章要依法制定。要由有设定权的国家机关在规定的权限范围内设定，并且依法定程序制定、公布。

（2）处罚的主体法定。行政处罚只能由有行政处罚权的行政机关、法定授权或委托的机关组织实施。按照《价格法》第二十二条的规定，价格处罚的主体为县级以上各级入民政府价格主管部门。

（3）处罚的程序法定。《行政处罚法》、《价格行政处罚程序规定》对价格行政处罚的程序予以了具体规定。

2. 公正公开原则

（1）公正原则。公正是行政程序的本质和目的，是指导处罚程序设置和运行的根本准则。公正原则的基本内容和要求是：设定和实施行政处罚必须以事实为依据，与违法行为的事实、性质、情节以及社会危害程序相当。为了保证行政处罚的公正性，规定了一系列实体和程序性规则和制度，如加重、减轻处罚规定，听证制度、回避制度等。

（2）公开原则。公开是公正的体现和要求，也是保证行政处罚合法、公正的重要措施。公开原则的要求是：第一，行政处罚的依据必须公开，即对违法行为给予行政处罚的规定必须公布；未经公布的，不得作为行政处罚的依据。目前价格行政处罚的规定一般通过《物价公报》予以公布。第二，行政处罚的过程必须公开。主要包括公开执法身份、公开调查取证、公开举行听证、公开处罚理由、公开执法结果等。

3. 处罚与教育相结合原则

这一原则是由行政处罚的根本目的和宗旨所决定的。行政处罚的根本目的在于维护公共利益和社会秩序，而要实现这一目的，最根本的一点就是要使相对人知法懂法并自觉守法。这就决定了行政主体不能将行政处罚作为一种对违法者实施报复和惩罚的手段，而应从教育相对人守法的目的出发，将它与处罚结合起来，通过处罚达到增强相对人法律意识和守法自觉性的目的。

4．保护当事人合法权益原则

在行政处罚领域保护当事人的合法权益，主要有两种途径：其一，切实保障当事人在行政处罚实施过程中享有的必要的防卫权。当事人享有知情权、陈述权、辩护权、申请回避权、听证权等一系列权利。其二，为当事人提供有效的法律救济。当事人对行政处罚不服的有权依法申请行政复议或者提起行政诉讼。因行政执法主体违法给予行政处罚受到损害的，有权提出赔偿请求。

（二）行政处罚的范围及其方式

1．对不执行政府指导价、政府定价行为的处理规定。《价格法》第三十九条、《价格违法行为行政处罚规定》第七条规定，经营者不执行政府指导价、政府定价，由价格主管部门责令改正，并可给予下列行政处罚：

（1）有违法所得的，没收违法所得，可以并处违法所得 5 倍以下的罚款。违法所得是经营者不执行政府指导价、政府定价获取的违法收入。按照《价格法》第四十一条、《价格违法行为行政处罚规定》第十四条规定，经营者应当将违法所得退还给多付价款的消费者或其他经营者；无法退还的，由价格主管部门收缴。

（2）没有违法所得的，可处以 2 万元以上 20 万元以下的罚款。没有违法所得主要指经营者低于政府指导价浮动幅度的最低限或低于政府定价制定价格等情况。鉴于政府指导价、政府定价具有强制性，经营者应当遵守，否则就会扰乱正常的价格秩序，甚至给国民经济的正常运行造成不利影响。因此，对经营者不执行政府指导价、政府定价但没有违法所得的行为，也可依法处以罚款。

（3）情节严重的，责令停业整顿。情节严重主要包括：价格违法行为严重或社会影响较大；屡查屡犯；伪造、涂改或者转移、隐匿、销毁与价格违法行为有关的账簿、单据、凭证、文件及其他资料；转移与价格违法行为有关的资金或商品；价格违法行为对国家或消费者、其他经营者利益造成重大损失，等等。责令停业整顿指政府价格主管部门责令违法经营者在一定期限内暂时停止生产、经营活动，是一种比较严厉的行政处罚，直接影响经营者的生产、经营及其职工的生活。因此，使用时应十分慎重，只有确定必须采取这种方式，没有其他行政处罚可以替代时才使用。

2. 对不执行价格干预措施、紧急措施行为的处理规定。《价格法》第三十条规定，当重要商品和服务价格显著上涨或者有可能显著上涨时，国务院和省、自治区、直辖市人民政府可以对部分价格采取限定差价率或者利润率、规定限价、实行提价申报制度和调价备案制度等干预措施。

《价格法》第三十一条规定，当市场价格总水平出现剧烈波动等异常状况时，国务院可以在全国范围内或者部分区域内采取临时集中定价权限、部分或者全面冻结价格的紧急措施。

《价格违法行为行政处罚规定》第八条规定，经营者不执行价格干预措施、紧急措施，由价格主管部门责令改正，并可给予下列行政处罚：

（1）没收违法所得，可以并处违法所得 5 倍以下罚款。经营者不执行价格干预措施、紧急措施获取的违法所得，应当先退还给多付价款的消费者或其他经营者；无法退还的，由价格主管部门收缴。

（2）没有违法所得的，可处以 4 万元以上 40 万元以下罚款；情节严重的，责令停业整顿。由于价格干预措施、紧急措施是在发生严重自然灾害、战争、恶性通货膨胀等特殊情况下实行的，不执行就会严重损害国家、消费者、经营者利益，影响经济发展和社会稳定，因此，对不执行价格干预措施、紧急措施的价格违法行为，处罚是最重的。

3. 对政府越权定价行为的处理规定。《价格法》第四十五条规定，地方各级人民政府或者各级人民政府有关部门违反本法规定，超越定价权限和范围擅自制定、调整价格或者不执行法定的价格干预措施、紧急措施的，责令改正，并可以通报批评；对直接负责的主管人员和其他直接责任人员，依法给予行政处分。

4. 对国家行政机关乱收费行为的处理规定。《价格法》第四十七条规定，国家行政机关的收费应当依法进行，严格控制收费项目，限定收费范围、标准。收费的具体管理办法由国务院另行制定。1999 年，国家国务院法制办公室在《对〈国家计委关于请明确国家行政机关收费管理执法主体问题的函〉的复函》（国法函〔1999〕27 号）中明确规定："在国务院有关收费管理的行政法规出台前，由价格主管部门和其他有关部门按照党中央、国务院有关收费管理的规范性文件的规定，查处国家行政机关乱收费行为。地方已经制定地方性法规的，可以依照地方性法规的规定执行。"据统计，全国有 20 个省（自治区、直辖市）的人大常委会制定了行政事业性收费管理条例或价格管理条例，另有 8 个省（自治区、直辖市）以政府令的形式发布了行政事业性收费管理办法或行政事业性收费管理暂行规定，这些条例或办法规定价格主管部门是行政事业性收费的主管部门之一，负有依法查处乱收费的职责。各地价格主管部门可依据本地的法规和规章查处行政机关乱收费行为。此后，国家计委经国务院法制办公室同意，在给江西省物价局《关于查处国家行政机关乱收费的执法依据的复函》（计办经调〔2000〕1005 号）中也明确规定："查处国家行政机关的乱收费行为，除按照党中央、国务院有关收费管理的规范性文件执行外，可依据《价格管理条例》对国家机关的乱收费行为进行处罚。"这样，没有地方性法规、规章的地方，可以依据《价格管理条例》查处行政机关乱收费行为。

5. 对不正当价格行为的处理规定。《价格违法行为行政处罚规定》第四条规定，经营者违反《价格法》第十四条的规定，有下列行为之一的，责令改正，没收违法所得，可以并处违法所得 5 倍以下的罚款；没有违法所得的，给予警告，可以并处 3 万元以上 30 万元以下罚款；情节严重的，责令停业整顿，或者由工商行政管理机关吊销营业执照：

（1）相互串通，操纵市场价格，损害其他经营者或者消费者的合法权益的；

（2）除依法降价处理鲜活商品、季节性商品、积压商品等商品外，为了排挤竞争对手或者独占市场，以低于成本的价格倾销，扰乱正常的生产经营秩序，损害国家利益或者其他经营者的合法权益的；

（3）提供相同商品或者服务，对具有同等交易条件的其他经营者实行价格歧视的。《价格违法行为行政处罚规定》第五条规定，经营者违反《价格法》第十四条的规定，捏造、散布涨价信息，哄抬价格，推动商品价格过高上涨的；或者利用虚假的或者使人误解的价格手段，诱骗消费者或者其他经营者与其进行交易的，责令改正，没收违法所得，可以并处违法所得 5 倍以下的罚款；没有违法所得的，给予警告，可以并处 2 万元以上 20 万元以下的罚款；情节严重的，责令停业整顿，或者由工商行政管理机关吊销营业执照。

《价格违法行为行政处罚规定》第六条规定，经营者违反《价格法》第十四条的规定，采取抬高等级或者压低等级等手段收购、销售商品或者提供服务，变相提高或者压低价格的，责令改正，没收违法所得，可以并处违法所得 5 倍以下的罚款；没有违法所得的，给予警告，可以并处 1 万元以上 10 万元以下的罚款；情节严重的，责令停业整顿，或者由工商行政管理机关吊销营业执照。

《价格违法行为行政处罚规定》第十条规定，经营者违反法律、法规的规定牟取暴利的，责令改正，没收违法所得，可以并处违法所得 5 倍以下的罚款；情节严重的，责令停业整顿，或者由工商行政管理机关吊销营业执照。

6. 对违反明码标价规定行为的处理规定。《价格法》第四十二条规定，对违反明码标价规定的价格违法行为，价格主管部门应当责令改正，没收违法所得，可以并处 5000 元以下罚款。经营者利用明码标价进行价格欺诈的，由价格主管部门依照《价格违法行为行政处罚规定》第五条，责令改正，没收违法所得，可以并处违法所得 5 倍以下的罚款；没有违法所得的，给予警告，可以并处 2 万元以上 20 万元以下的罚款；情节严重的，责令停业整顿，或者由工商行政管理机关吊销营业执照。

湖北省嘉鱼县物价检查所及时制止洗车业主价格串通行为

　　2007 年 8 月 5 日，嘉鱼县价格举报中心接到群众举报，反映城区洗车价格由原来的每车 5 元统一提高到每车 10 元。嘉鱼县物价检查所当即派出检查人员对这一情况进行调查核实。

　　经过两天的深入走访、调查取证，嘉鱼县物价检查所查清了基本情况。嘉鱼县城共有洗车门店 17 家，8 月 2 日下午，茶庵新区两位洗车业主向位于北门湖洗车一条街的 9 家洗车业主提议涨价，9 家洗车业主一致同意涨价提议，并商定 8 月 3 日派代表到茶庵新区共同协商涨价事宜。8 月 3 日上午有关人员商讨了洗车价格上涨事宜，初步拟定洗车价格由每车 5 元提高到每车 10 元，并于当日下午召集了 16 家洗车业主一起开会商议涨价。会议商定了 4 点意见：一是洗车价格上涨，汽车清洗价格由 5 元提高到 10 元，摩托车由 3 元提高到 5 元；二是 8 月 3 日下午统一涨价；三是为保证涨价执行到位，每户缴纳保证金 500 元，统一指定两人保管，凡不执行涨价政策的保证金予以没收；四是统一印发涨价告示，分户张贴。

　　根据上述情况，嘉鱼县物价检查所认定参与协商涨价的有关洗车业主的行为，已经构成了《价格法》明令禁止的"相互串通，操纵市场价格，损害其他经营者或者消费者合法权益"的违法行为。嘉鱼县物价检查所认真研究分析了这一行为可能造成的影响，在当前消费价格相对过快增长的情况下，一些行业企业都有涨价冲动，一些经营者采取相互串通的方式推动价格过快增长的行为如不及时制止，很可能形成示范效应，带动物价水平全面波动，此风不可长，必须依法坚决遏制。

　　嘉鱼县物价检查所于 8 月 6 日召开洗车业主参加的警示告诫会。会议通报了调查洗车业主价格串通案件的相关事实和法律定性意见，宣讲了相关价格法律法规，提出了五点处理意见：一是要求相关洗车业主立即解除价格同盟，不得搞统一价；二是立即退还所收保证金；三是恢复原来的价格标准；四是洗车价格根据服务内容实行差异化标准，可参照周边县市价格水平作适当浮动；五是对相互串通涨价的违法行为予以警告，经营者承认错误并保证不再发生类似事情。洗车业主对认定的事实没有异议，表示接受处理意见，立即整改。在嘉鱼县物价检查所的监督下，上述措施得到了落实。至此，一起历时5天的串通涨价行为得以及时制止。

转引自：国家发展和改革委员会价格监督检查司子站工作动态栏目

贵州、西藏、黑龙江等地及时查处制止肉类、鸡蛋等食品价格及收费违法行为

自2007年8月1日国家发展改革委部署开展全国主要食品价格及相关收费专项检查后，各地价格主管部门高度重视，迅速行动，严肃查处了一批价格违法案件，及时制止了串通涨价行为，有力维护了食品市场价格秩序。

近日，贵州省价格主管部门在市场价格检查中发现，贵阳市南明区商务局下属市场服务中心超标准收取肉类摊位费，将规定的每月每户180元擅自提高到每月每户200元，违法收费金额共计11.38万元。查清事实后，价格主管部门当即下达了责令退还通知书，现已经进入了清退程序。该举措有力维护了摊位经营者的利益，降低了其经营成本，有利于该市场肉类价格保持基本稳定。

8月13日，西藏区价格专项检查组对拉萨市动植物检疫站进行巡查，发现该站对生猪贩运户重复收取检疫费，即宰前收取每头2元，宰后收取每头6元。经过调查取证，价格主管部门要求检疫部门立即纠正重复收费行为，取消宰前收费，减轻生猪经营户的负担。最近该区猪牛羊肉、酥油等主要食品价格相对平稳。

8月13日，黑龙江省价格主管部门检查发现，大庆市一家超市广告标注"特价"出售鸡蛋，经检查超市销售台账，未发现有降价行为，该"特价"宣传构成了价格欺诈，当即进行立案处理，并责令整改。

近日，浙江省嘉兴市物价局及时制止了市品牌餐饮企业预谋串通涨价的行为。据嘉兴市《南湖晚报》于8月3日头版刊登的《嘉兴市品牌餐饮酝酿涨价20%》文章称，记者从嘉兴市餐饮协会了解到，一场涉及嘉兴所有品牌餐饮企业的涨价浪潮正在紧张酝酿中，从8月中旬起价格将上调20%。嘉兴市物价局及时组织力量进行调查，发现该市餐饮协会确有此酝酿，但尚没有形成正式书面协议，当即对其进行价格提醒告诫。餐饮协会表示，已认识到自身行为的严重性，将严格遵守价格法律政策，积极引导企业采取有效

措施应对原材料涨价，保持餐饮价格的稳定。

　　转引自：国家发展和改革委员会价格监督检查司子站工作动态栏目

思考题

一、名词解释

1. 价格　2. 价格管理　3. 政府限价　4. 价格监督

二、简答题

1. 我国价格法中对价格的内容是如何界定的？

2. 简述价格管理的重要意义。

3. 价格管理的主要手段有哪些形式？

4. 简述价格管理的主要形式以及适用的商品类型。

5. 分析价格管理的行政部门的职能以及行政效率。

三、论述题

1. 论述我国工商行政管理中价格管理的现状以及存在的问题。

2. 论述我国现行价格监督的行政手段以及作用。

四、案例分析题

1. 甘肃省兰州市某酒店采用两套标价簿欺诈消费者。在顾客点菜时提供价格低的标价簿，在结账时按价格高的标价簿结算，某顾客点了12种炒菜，在结算时却发现其中10种菜肴的价格高于提供的标价簿所标的价格，最高的超出9元，最低的超过2元，共多收36元。请分析这种行为属于什么性质的价格违法行为？对于该种违法行为工商行政部门应该做如何处理？

2. 上海市金山区某商场销售皮夹子，使用降价标价签标示原价158元，现价98元。不能提供原价的交易票据。广东省广州市某百货商场降价销售某品牌服装，虚构原价3500元，现价190元，不能提供此次降价前一次在本交易场所成交的原价交易票据。试谈谈你对该种商场行为作何评价。

第七章 商标管理

本章重点

1. 商标专用权的取得
2. 商标使用的管理
3. 商标专用权的保护
4. 驰名商标的保护

商标管理是指各级工商行政管理机关运用法律和行政手段,对商标的设计、注册及使用进行管理。国务院工商行政管理局商标局主管全国的商标管理工作,地方各级工商行政管理机关负责管辖该地区的商标管理工作。国务院工商行政管理部门设立商标评审委员会,负责处理商标争议事宜。

商标是关系到企业生存和发展的重要知识产权,加强商标管理具有重要意义。首先,加强商标管理有利于保护企业注册商标专用权,维护市场经济秩序;其次,加强商标管理有利于监督生产者、经营者保证商品质量,维护商标信誉,保障消费者的合法权益;最后,加强商标管理有利于促使企业提高产品质量,提升商标的知名度,鼓励公平竞争,促进社会主义市场经济的发展。在当前世界经济趋于一体,我国加入世界贸易组织的形势下,加强商标管理,提高企业的市场竞争力,维护良好的市场经济秩序,既是强化工商行政管理职能的重要切入点,也是我国深化改革和加快发展,积极参与国际市场竞争的客观需要。

第一节 商标和商标法概述

一、商标的概念及特征

商标(TRADEMARK),俗称牌子或品牌,是商品或服务的标记。世界知识产权组织（WIPO）将商标定义为"用来区别某一工业或商业企业或这种企业集团的商品的标志"。国际保护工业产权协会（AIPPI）认为："商标是用以区别个人或集体所提供的商品及服务的标"。我国《商标法》指出："任何能够将自然人、法人或者其他组织的商品与他人的商品区别开的可视性标志，包括文字、图形、字母、数字、三维标志和颜色组合，以及上述要素的组合，均可以作为商标申请注册。"因此，商标是指由文字、图形、字母、数字、三维标志和颜色组合以及上述要素的组合，以区别不同生产者和经营者的产品或服务的可视性标志。

　　商标具有以下几个方面的特征：

　　1．依附性。商标是用于商品或服务上的标记，因此，商标与商品或服务不能分离，必须依附于商品或服务。

　　2．显著性。商标的显著性是指商标易于区别含其他商标的商品、服务等的可识别性和独特性，消费者可以凭借该商标特征区别商品或服务的出处、特点、信息等。商标的显著性是其区别于其他商品的能力。商标显著性越强，其区别作用就越大，越有利于消费者识别。

　　3．独占性。使用商标的目的就是为了区别于他人的商品或服务，便于消费者识别。所以，注册商标所有人对其商标具有专用权、受法律保护。未经商标权所有人的许可，任何人不得擅自使用与该注册商标相同或相类似的商标，否则即侵犯注册商标权所有人的商标专用权，将承担相应的法律责任。

　　4．价值性。商标是一种无形资产，代表着商品的质量和企业的信誉、形象。商标所有人通过商标的创意、设计、申请注册、广告宣传及使用，使商标具有了价值，也增加了商品的附加值。

　　5．竞争性。商标是商品信息的载体，商品借助商标参与市场竞争，商标是企业竞争的武器。生产经营者的竞争就是商品或服务质量与信誉的竞争，其表现形式就是商标知名度的竞争，商标知名度越高，其商品或服务的竞争力就越强。

二、商标的种类

（一）依据商标的结构分类

　　依据商标的结构，商标可分为文字商标、图形商标、字母商标、数字商标、三维标志商标、组合商标等。

　　文字商标是以文字组成的商标。构成商标的文字可以是汉字、少数民族文字、外国文字或不同文字的组合。文字商标的字体及艺术变化均没有限制，并且文字的组合可以是有意义的，也可以是无任何意义的。文字商标具有易于呼叫名称，便于宣传的特点，但也易受语言文字的限制。

图形商标是以图形构成的商标。构成商标的图形可以是自然图形、几何图形、符号、记号等。各种图形、绘画和图案都可以用作商标，所能使用的图形涵盖的范围非常广泛。它不受语言文字的限制，只要认识图形就很容易识别。但受图形设计多变的表达方式的影响，会造成不同的主观判断结果。

字母商标是以字母构成的商标。构成商标的字母可以是拼音字母和外文字母，字母商标可以由缩写、字头或者无含义的字母组合乃至单个字母组成，如DELL。由于字母数量有限，字母商标的注册一直受到严格的限制。由两个以下字母组成的商标通常不被认为具备显著性，或者必须结合特殊的字体或颜色，或者提供具备显著性的证据，否则不能得到法律保护。

数字商标是以数字构成的商标。构成商标的数字可以是阿拉伯数字和中文大写数字。由于容易与商品或服务的型号混淆，数字商标的注册长期受到限制，但也有个别数字由于长期使用，获得了较高的显著性和知名度，最后被接受注册，如三九医药股份有限公司的"999"商标以及著名的德国科隆4711香水等。

三维标志商标是以三维标志构成的商标。构成商标的三维标志以长、宽、高三种度量的立体形态出现，可以表现在商品的外形上，也可以表现在商品的容器或其他地方，通常具有显著的立体感。对于三维标志商标的注册，《商标法》第12条规定："以三维标志申请注册商标的，仅由商品自身的性质产生的形状、为获得技术效果而需有的商品形状或者使商品具有实质性价值的形状，不得注册。"

组合商标是指以文字、图形、字母、数字、三维标志和颜色组合等要素组合而成的商标。这种要素之间的组合可以是两两间组合或两个以上的组合，一般以图形为主、文字为辅。组合商标要求文字与图形联系紧密、和谐一致，否则很难获得注册。另外，组合商标获得注册后被视为整体对待，注册人不得任意改动某一部分。若想单独使用其中某一部分则需要分别进行注册申请。

（二）依据对商标的管理分类

依据对商标的管理，商标可分为注册商标和未注册商标。

注册商标是指依据法定程序经国家商标主管机关核准注册的商标。商标注册者在商标注册的有效期内具有该商标的专用权，受法律保护。

未注册商标是指未经国家商标主管机关核准注册而在市场上使用的商标，无商标专用权，一般不受法律保护。

（三）依据商标的使用者分类

依据商标的使用者，商标可以分为制造商标、销售商标和集体商标。

　　制造商标，也称为生产商标，是商品的生产者、制造者或加工者持有的商标，往往突出生产企业的名称。制造商标不仅可以区别不同生产者，吸引消费者的注意，还可以保护生产者的利益不受销售者的不法侵犯。在我国已注册的商标中，绝大多数属制造商标。

　　销售商标，也称为商业商标，是商品销售经营者使用的商标。这种商标是为了标明销售者，通常由于销售者与生产者相比实力较强影响力较广，或者需将散装商品重新组合包装。如外贸公司本身不生产商品，而是将自己的商标使用在采购来的商品上，然后出口到国外；一些大型连锁超市在部分商品上也使用自己的商标进行销售。

　　集体商标是指以团体、协会或者其他组织名义注册，供该组织成员在商事活动中使用，以表明使用者在该组织中的成员资格的标志。集体商标注册人所属成员须在遵守该商标的使用管理规定并履行一定手续后均可使用该集体商标。集体商标代表若干企业组成的团体、行会、集团或其他集体组织，一般不允许转让，其意义在于表明所有企业生产的同一商品具有相同的质量和规格。

（四）依据商标的特殊性质分类

　　依据商标的特殊性质，商标可以分为联合商标、防御商标、证明商标和等级商标。

　　联合商标是指同一商标所有人在相同或类似商品上使用的若干个近似的商标。其中，首先注册或主要使用的商标为正商标，其余为该商标的联合商标，其目的在于保护正商标，防止被他人影射。联合商标是一个整体，不得分割转让。

　　防御商标是指在非相似商品上使用的同一商标。最先创设的是正商标，以后在不同类别上使用的同一商标是防御商标。防御商标多用于保护驰名商标，其目的在于保护正商标的信誉，防止他人在不同类别的商品上使用该商标。

　　证明商标，也称为保证商标，是由对某种商品或者服务具有监督能力的组织所控制，而由该组织以外的单位或者个人使用于其商品或者服务，用以证明该商品或者服务的原产地、原料、制造方法、质量或者其他特定品质的标志。如食品上的绿色食品标志就是证明商标。

　　等级商标是指商标所有人为区别不同质量和品种的同一产品而使用的商标。等级商标表明该产品的不同质量、等级和档次，便于消费者根据自身情况来选购商品。这种商标根据名称、图形、文字字体、颜色或者其他标志的不同加以区别，如沈阳啤酒厂是以不同的商标来区分等级的；上海白猫股份有限公司拥有"美加净"、"中华"、"白玉"、"留兰香"、"上海"等商标，借以区别各类牙膏的等级和特点。

三、《商标法》

《商标法》是一部以保护商标专用权为核心的关于保护知识产权的重要法律。《商标法》是指调整商标在注册、使用、管理和对商标专用权的保护过程中所发生的各种社会关系的法律规范的总称。凡是因商标注册、商标使用和转让、商标管理以及制裁反商标法行为的过程中发生的各种社会关系，都是商标法调整的对象，其中既包括我国商标在国内市场发生的各种社会关系，也包括外国商标在我国国内市场发生的各种社会关系。

我国现行的《商标法》于 1982 年制定，经 1993 年第一次修订和 2001 年第二次修订。该法共八章，分别是：第一章总则，第二章商标注册的申请，第三章商标注册的审查和核准，第四章注册商标的续展、转让和使用许可，第五章注册商标争议的裁定，第六章商标使用的管理，第七章注册商标专用权的保护和第八章附则。《商标法》涉及面广，内容包括商标法的立法目的、商标管理机关、商标专用权的取得与保护、驰名商标的保护等。国务院工商行政管理部门商标局主管全国商标注册和管理的工作。国务院工商行政管理部门设立商标评审委员会，负责处理商标争议事宜。商标管理是《商标法》赋予地方各级工商行政管理机关的重要职责和职能。这部法律的制定和实施，对于保护商标专用权，促使商标的所有权人保证商品或服务质量、维护商标信誉，保障消费者的利益，促进经济发展，发挥了重要的作用。

《商标法》的立法宗旨是：加强商标管理，保护商标专用权，促使生产、经营者保证商品和服务质量，维护商标信誉，以保障消费者和生产、经营者的利益，促进社会主义市场经济的发展。

《商标法》的基本原则有：

1．注册原则

注册原则是指确认商标专用权归属的原则，是相对使用原则而言的。所谓使用原则，是指商标专用权归属于最先使用该商标的人所有。注册原则即不论商标是否实际使用，只要某商标获得国家商标主管机关的核准注册，其商标专用权即受到法律保护。

2．自愿注册和强制注册相结合原则

自愿注册是相对强制注册而言的，即商标使用人是否将其使用的商标申请注册随其自愿，可以申请注册，也可以不注册就使用。强制注册是指使用的商标必须注册，否则不得使用。自愿注册符合商品经济发展的要求，但决不是鼓励使用未注册商标。未注册商标不受法律保护，易受侵权。我国《商标法》第

5 条规定，国家规定必须使用注册商标的商品，必须申请商标注册。现在国家规定必须使用注册商标的商品有人用药品和烟草制品两种。

3. 保护注册商标专用权原则

保护注册商标专用权原则，是指国家运用法律手段，根据商标立法的宗旨，按法定程序，赋予商标注册申请人以商标专用权，并对其予以保护的立法准则。保护商标专用权是商标立法的核心和基础，只有商标专用权确定并有了保障，商品流通领域的秩序才会稳定，竞争才能正当，商品经济才能发展，消费者的合法权益才能得到保障。

4. 申请在先原则

申请在先原则是一个时间概念。我国《商标法》规定："两个或者两个以上的申请人，在同一种商品或者类似商品上以相同或者近似的商标申请注册，初步审定并公告申请在先的商标，驳回申请在后的商标。如同一天在相同或类似商品上申请的两个或两个以上相同或近似的商标，由国家商标主管机关通知申请人在 30 天内提交该商标实际使用日期的有效证明，初步审定使用在先的商标。若申请商标系同日使用或均未使用的，商标局通知申请人自行协商。协商一致后，30 天内将协商结果书面报送商标局，超过 30 天达不成协议的，在商标局主持下，由申请人抽签决定，或者由商标局裁定。"

5. 集中注册、分级管理原则

集中注册是指由国家工商管理总局统一负责商标注册工作；分级管理是指各级工商行政管理机关依据法律法规，在本地区开展商标管理工作。集中注册有利于保证商标注册的权威性和准确性，而分级管理则有利于把商标管理与各地实际情况结合起来，将有关法律落实到实际。

6. 行政保护与司法保护相结合原则

《商标法》规定，被侵权人对侵权行为可以由工商行政管理机关处理，也可以向人民法院起诉。工商行政管理部门处理时，认定侵权行为成立的，责令立即停止侵权行为，没收、销毁侵权商品和专门用于制造侵权商品、伪造注册商标标识的工具，并可处以罚款。当事人对工商行政部门的处理决定不服的，可以自收到处理通知之日起 15 日内依照《中华人民共和国行政诉讼法》向人民法院起诉。行政与司法相结合的保护原则为注册商标权利人提供多种处理途径，更好地保护了权利人的利益。

第二节　商标专用权的取得

一、商标注册

（一）商标注册的概念

商标注册是指商标所有人为取得商标专用权，依照法定程序向国家商标主管机关提出申请，经审核予以商标注册。我国《商标法》第 4 条规定："自然人、法人或者其他组织对其生产、制造、加工、拣选或者经销的商品，需要取得商标专用权的，应当向商标局申请商品商标注册。自然人、法人或者其他组织对其提供的服务项目，需要取得商标专用权的，应当向商标局申请服务商标注册。"经注册的商标受法律保护，注册人对注册商标享有专用权。

（二）商标注册的原则

所谓注册原则，是指商标所有人对其商标必须通过核准注册，才能取得对该商标专用权的确认。我国《商标法》第 3 条规定："经商标局核准注册的商标为注册商标，商标所有人享有商标专用权，受法律的保护。"

1．国家统一注册原则

国家统一注册原则是指我国的商标注册工作必须由国家商标主管部门统一审核批准注册。《商标法》第 2 条予以了明确的规定"国务院工商行政管理部门商标局主管全国商标注册和管理的工作"。

2．自愿注册与强制注册相结合的原则

自愿注册是指商标所有人根据商品的实际情况、需要和个人意愿决定是否申请注册。通过申请并经国家工商行政管理局商标局核准注册的商标为注册商标。未经注册的商标也可以使用，但不受法律保护，所有人不享有商标专用权，不得与他人的注册商标相冲突。

所谓强制注册原则，是指国家对生产经营者在某些商品或服务上所使用的全部商标，规定必须经依法注册才能使用的强制性规定。《商标法》第六条规定："国家规定必须使用注册商标的商品，必须申请商标注册，未经核准注册的，不得在市场销售。"目前，我国规定强制性注册的商标有对人用药品（西药、针剂和中成药）和烟草制品（卷烟、雪茄烟和有包装的烟丝）。因此，我国《商标法》对商标注册采取自愿注册与强制注册相结合的原则。

3．先申请原则为主，先使用原则为辅

申请在先原则，又称注册在先原则，是指两个或两个以上的申请人，在同一或者类似的商品上以相同或者相近似的商标申请注册时，注册申请在先的商标和申请人获得商标专用权，在后的商标注册申请予以驳回。我国《商标法》第 29 条规定："两个或者两个以上的申请人，在同一种商品或者类似的商品上，以相同或者近似的商标申请注册的，初步审定并公告申请在先的商标……驳回其他人的申请，不予公告。"

使用在先原则指在无法确认申请（注册）在先的情况下采用最先使用者取得商标注册的原则。《商标法》第 29 条规定"两个或者两个以上的商标注册申请人，在同一种商品或者类似商品上，以相同或者近似的商标申请注册的……同一天申请的，初步审定并公告使用在先的商标，驳回其他人的申请，不予公告。"这说明在同一种商品或者类似商品上，如果两个或者两个以上的商标注册申请人以相同或者近似的商标申请注册，则商标局以收到申请文件的日期为准，初步审定并公告申请在先的商标，以先申请原则为主；如果申请日期相同，则商标局初步审定并公告使用在先的商标，实行先使用原则。使用在先原则在遇到与商标权类似的其他知识产权的权利（如专利权、著作权）相冲突时，往往起到重要的决定作用，

（三）商标注册的条件

1．申请注册的商标，应当有显著特征，便于识别，并不得与他人在先取得的合法权利相冲突。商标注册人有权标明"注册商标"或者注册标记。

2．下列标志不得作为商标注册：

（1）仅有本商品的通用名称、图形、型号的；

（2）仅仅直接表示商品的质量、主要原料、功能、用途、重量、数量及其他特点的；

（3）缺乏显著特征的。

如果上述所列标志经过使用取得显著特征并便于识别，可以作为商标注册。

3．以三维标志申请注册商标的，仅由商品自身的性质产生的形状、为获得技术效果而需有的商品形状或者使商品具有实质性价值的形状，不得注册。

4．标中有商品的地理标志，而该商品并非来源于该标志所标示的地区，误导公众的，不予注册并禁止使用；但是，已经善意取得注册的继续有效。所谓地理标志，是指标示某商品来源于某地区，该商品的特定质量、信誉或者其他特征，主要由该地区的自然因素或者人文因素所决定的标志。

地理标志所标示的产品具有某种与其他地方同类产品不同的特点，这些特点是由生产这些产品的地域所具有的独特的自然因素或者人文因素所决定的。

这些产品具有地域不可更换性,离开该地域生产的同类产品将不具有这些特点。在我国,地理标志所使用的产品涉及农产品、食品、中药材、手工艺品、工业品等多种产品,已注册的地理标志主要有水果、茶叶、大米、蔬菜、家禽、花卉、黄酒、豆瓣、枸杞等商品。

为什么要保护地理标志?

国际上保护地理标志的历史可以追溯到 1883 年签订的《保护工业产权巴黎公约》。世界贸易组织的《与贸易有关的知识产权协定》中采用了地理标志这一术语,要求成员对地理标志予以保护。地理标志保护问题之所以在国际上受到重视,是因为对地理标志的保护,有利于保护自然资源和人文资源,有利于保护生产者和经营者生产特色产品的积极性,有利于满足人们越来越高的物质需求。在我国,对地理标志加强保护还有着特别重要的现实意义。地理标志产品的生产者主要是农民,保护地理标志就是保护农民的利益,有利于促进农民增收。所以农民是地理标志保护的直接受益者,山东“章丘大葱”的情况很好说明了这一点。据山东省章丘市人民政府调查,“章丘大葱” 作为地理标志获准注册后的两年间,产品单价增加 2-5 倍,产区 10 个乡镇农民收入增长了 3 倍,大葱面积已由不足 10 万亩扩大到 15 万亩。产品出口到日本、韩国,同时“促进了产品升级换代”,“推动了基地发展”,“带动了运输、餐饮业的发展”。

由此可见,保护地理标志,有利于促进农民增收,有利于促进农业产业化、规模化发展,还有助于形成我国农产品在国际市场上的竞争力,保持竞争优势。在目前,积极做好地理标志保护工作,对促进“三农”问题的早日解决,有着十分重要的意义。

转引自: 中国商标网 http://sbj.saic.gov.cn/pub/show.asp?id=240&bm=sbyw

(四) 必须使用注册商标的商品

国家规定必须使用注册商标的商品,必须申请商标注册,未经核准注册的,不得在市场销售。依照《商标法》第五条和《商标法实施细则》第七条的规定,必须使用注册商标的人用药品包括中成药(含药酒)、化学原料药及其制剂、抗生素、生化药品、放射性药品、血清疫苗、血液制品和诊断药品;烟草制品包括卷烟、雪茄烟和有包装的烟丝。

二、商标注册的申请、审查、核准和异议

（一）商标注册的申请

商标注册的申请是取得商标专用权的前提，商标所有人通过向商标注册主管机关提出申请来表达取得商标专用权的要求和意愿。

1. 商标注册申请人

我国《商标法》第 4 条规定："自然人、法人或者其他组织对其生产、制造、加工、拣选或者经销的商品，需要取得商标专用权的，应当向商标局申请商品商标注册。自然人、法人或者其他组织对其提供的服务项目，需要取得商标专用权的，应当向商标局申请服务商标注册。"根据以上规定，注册商标的申请人为自然人、法人或者其他组织。

2. 商标注册申请文件

申请商标注册应向商标局提交《商标注册申请书》1 份、商标图样 5 份（指定颜色的，并应当提交着色图样 5 份、黑白稿 1 份）。此外还需提供有关证明文件，交纳商标注册费用。

对于商标图样，《商标法》中规定："商标图样必须清晰、便于粘贴，用光洁耐用的纸张印制或者用照片代替，长或者宽应当不大于 10 厘米，不小于 5 厘米。"以三维标志或颜色组合申请注册商标的，均应在申请书中予以声明。同时，以三维标志申请注册商标的，需提交能够确定三维形状的图样；以颜色组合申请注册商标的，需提交文字说明。另外，申请注册集体商标、证明商标的，也应在申请书中予以声明，并提交主体资格证明文件和使用管理规则。商标为外文或者包含外文的，应说明含义。

商品名称或者服务项目应按照商品和服务分类表填写；商品名称或者服务项目未列入商品和服务分类表的，还应附送对该商品或者服务的说明。

此外，申请人还应提交能够证明其身份的有效证件的复印件。商标注册申请人的名义应当与所提交的证件相一致。如果当事人委托商标代理组织申请商标注册或者办理其他商标事宜，应提交代理委托书。代理委托书应当载明代理内容及权限；外国人或者外国企业的代理委托书还应当载明委托人的国籍。

3. 商标注册申请日期

根据我国《商标法》实施条例的有关规定，商标注册的申请日期，以商标局收到申请文件的日期为准。申请手续齐备并按照规定填写申请文件的，商标局予以受理并书面通知申请人；申请手续不齐备或者未按照规定填写申请文件的，商标局不予受理。

申请手续基本齐备或者申请文件基本符合规定，但是需要补正的，商标局通知申请人予以补正，限其自收到通知之日起 30 日内，按照指定内容补正并交回商标局。在规定期限内补正并交回商标局的，保留申请日期；期满未补正的，视为放弃申请。

（二）商标注册的审查

对商标注册人提出的商标注册申请，应在商标局进行审查后方可决定是否予以核准。根据我国《商标法》的规定，我国对申请注册的商标采取形式审查与实质审查。

1．形式审查

商标注册的形式审查是指审查商标注册申请是否具备法定条件和手续，从而确定是否受理该商标申请。

商标注册的形式审查的内容包括：

（1）商标注册申请人是否具备申请商标注册的资格或法律规定的条件。商标注册申请人如为自然人，应提供其有效的身份证明；商标注册申请人如为法人或者其他经济组织，商标注册申请人的名义应与《营业执照》上核定的名义及申请人的章戳一致。

（2）商标注册的申请日期、申请文件、商标图样等是否规范齐全，是否交纳申请注册费用，并确定申请编号。两个或者两个以上的商标注册申请人，在同一种商品或者类似商品上，以相同或者近似的商标申请注册的，如果是同一天申请的，初步审定并公告使用在先的商标，驳回其他人的申请，不予公告。

2．实质审查

实质审查是指经过形式审查后，商标局对申请注册商标的构成要素的含义及效果等方面进行审查，即审查是否符合《商标法》的规定，从而决定是否予以核准。

商标注册的实质审查的内容包括：

（1）商标是否具备法定的构成要素。

（2）商标构成的文字、图形、字母、颜色等或者其组合是否具有显著特征并易于识别。

（3）商标构成的文字、图形、字母、颜色等或者其组合是否违反禁用条例。如我国《商标法》第 10 条第 1 款明文规定："同中华人民共和国的国家名称、国旗、国徽、军旗、勋章相同或者近似的，以及同中央国家机关所在地特定地点的名称或者标志性建筑物的名称、图形相同的"标志不得作为商标使用。

（4）申请商标注册不得与他人在先取得的合法权利相冲突，不得损害他人现有的在先权利，也不得以不正当手段抢先注册他人已经使用并有一定影响的商标。

（5）申请注册的商标是否同他人在同一种商品或者类似商品上已经注册或者初步审定并公告的商标相同或者近似，是否与申请在先的商标以及撤销、注销不满 1 年的注册商标相同或者近似。

（三）商标注册的初步审定和核准注册

商标注册申请经审查后，对于符合规定的商标，商标局予以初步审定并公告。

初步审定是指商标局对申请注册的商标进行审查后做出初步核准的审定。对初步审定的商标，自公告之日起 3 个月内，任何人均可以提出异议。公告期满无异议的，予以核准注册，发给商标注册证，并予公告。因此，初步审定不等于核准注册，只有在公告期限内无异议才能核准注册。如果有人提出异议，必须进行异议与异议复审。

对于初步审定的商标，公告期满无人提出异议或者异议不能成立的，当事人又不提复审或者复审理由不成立的，商标局应为该商标核准注册，颁发商标注册证并予以公告。商标的核准注册标志着商标注册申请人在商品上申请的商标获得注册，是商标注册申请人取得商标专用权的决定环节。

（四）商标异议与复审

对初步审定、予以公告的商标提出异议的，商标局应当听取异议人和被异议人陈述事实和理由，经调查核实后，做出裁定。当事人不服的，可以自收到通知之日起 15 日内向商标评审委员会申请复审，由商标评审委员会做出裁定，并书面通知异议人和被异议人。

当事人对商标评审委员会的裁定不服的，可以自收到通知之日起 30 日内向人民法院起诉。人民法院应当通知商标复审程序的对方当事人作为第三人参加诉讼。

当事人在法定期限内对商标局做出的裁定不申请复审或者对商标评审委员会做出的裁定不向人民法院起诉的，裁定生效。经裁定异议不能成立的，予以核准注册，发给商标注册证，并予公告；经裁定异议成立的，不予核准注册。

经裁定异议不能成立而核准注册的，商标注册申请人取得商标专用权的时间自初审公告 3 个月期满之日起计算。

对商标注册申请和商标复审申请应当及时进行审查。

三、注册商标的期限、续展、变更和转让

（一）注册商标的期限

注册商标的期限是指注册商标所有人享有商标专用权，以及注册商标受法律保护的有效期限。我国《商标法》中认定注册商标的有效期为 10 年，自核准注册之日起计算。

（二）注册商标的续展

在注册商标期限将满之时，商标所有人可以向商标局申请续展注册，以延长注册商标专用权的期限，使注册商标继续受到法律保护。

注册商标有效期满，需要继续使用的，应当在期满前 6 个月内申请续展注册；在此期间未能提出申请的，可以给予 6 个月的宽展期。宽展期满仍未提出申请的，注销其注册商标。续展注册的有效期为 10 年，自该商标上一届有效期满次日起计算。续展注册经核准后，予以公告。商标注册续展可以连续进行，不受次数限制。

（三）注册商标的变更

注册商标变更是指注册商标所有人改变注册人名义、地址或其他注意事项。

申请人应当向商标局提交变更申请书。商标局核准后，发给商标注册人相应证明，并予以公告。变更商标注册人名义的，应当向商标局提交变更申请书和有关登记机关出具的变更证明。未提交变更证明的，可以自提出申请之日起 30 日内补交。变更商标注册人名义或者地址的，商标注册人应当将其全部注册商标一并变更。因行政区划名称的改变而使注册人名义改变的，也应办理变更注册人名义的手续。

（四）注册商标的转让

注册商标的转让是指商标注册人依据法定程序将注册商标移转给他人的行为。

注册商标原所有人为转让人，接受注册商标移转的一方为受让人。转让注册商标时，需由转让人和受让人签订转让协议，并共同向商标局提交转让申请书。受让人应当保证使用该注册商标的商品质量。商标局核准转让注册商标申请后，发给受让人相应证明，并予以公告。受让人自公告之日起享有商标专用权。

注册商标的转让涉及商标专用权的获得和保护，以及转让人和受让人的利益，因此在转让注册商标时应注意以下事项：商标注册人对其在同一种或者类似商品上注册的相同或者近似的商标，应当一并转让；对可能产生误认、混淆或者其他不良影响的转让注册商标申请，商标局不予核准；注册商标专用权因

转让以外的其他事由发生移转的，接受该注册商标专用权移转的当事人应当凭有关证明文件或者法律文书到商标局办理注册商标专用权移转手续。

第三节 商标使用的管理

商标使用管理是工商行政管理部门依据法律法规，通过一定的手段和措施，对商标的使用进行监督管理的活动。自然人、法人或其他组织在使用商标时，不仅享有法律赋予的权利，而且还要承担一定的法律义务。工商行政管理机关通过加强商标使用的管理，维护良好的商标使用秩序，营造健康的市场环境，保护消费者的合法权益。

一、注册商标的使用许可

（一）注册商标使用许可的概念及种类

注册商标使用许可，是指商标注册人通过签订商标使用许可合同，许可他人使用其注册商标的法律行为。注册商标所有人为许可人，获得注册商标使用权的一方为被许可人。与注册商标转让不同的是，注册商标的使用许可仅是商标使用权的转移，商标所有权未发生转移，被许可人只获得使用权。而商标的转让则是将商标的所有权完全转移给他人，转移后原商标所有人不再具有对该商标的专用权。

《商标法》第 40 条规定的商标使用许可包括以下三类：

1. 独占使用许可，是指商标注册人在约定的期间、地域和以约定的方式，将该注册商标仅许可一个被许可人使用，商标注册人依约定不得使用该注册商标；

2. 排他使用许可，是指商标注册人在约定的期间、地域和以约定的方式，将该注册商标仅许可一个被许可人使用，商标注册人依约定可以使用该注册商标，但不得另行许可他人使用该注册商标；

3. 普通使用许可，是指商标注册人在约定的期间、地域和以约定的方式，许可他人使用其注册商标，并可自行使用该注册商标和许可他人使用其注册商标。

（二）商标使用许可的注意事项

1. 签订商标使用许可合同

商标注册人可以通过签订商标使用许可合同，许可他人使用其注册商标。订立商标使用许可合同，应当遵循自愿和诚实信用的原则。商标使用许可合同自签订之日起 3 个月内，许可人应当将许可合同副本报送商标局备案。

商标使用许可合同至少应当包括下列内容：（1）许可使用的商标及其注册证号；（2）许可使用的商品范围；（3）许可使用期限；（4）许可使用商标的标识提供方式；（5）许可人对被许可人使用其注册商标的商品质量进行监督的条款；（6）在使用许可人注册商标的商品上标明被许可人的名称和商品产地的条款。

2．被许可人应当保证商品质量并由许可人予以监督

许可人应当监督被许可人使用其注册商标的商品质量。被许可人应当保证使用该注册商标的商品质量。

3．标明被许可人的名称和商品产地

经许可使用他人注册商标的，必须在使用该注册商标的商品上标明被许可人的名称和商品产地。

二、对注册商标的使用管理

根据《商标法》的有关规定，商标局对注册商标的使用进行必要的管理，并有权对违反规定者予以处罚，责令其限期改正或者撤销其注册商标。

对注册商标的使用管理主要包括以下方面：

（一）检查使用注册商标是否在商品、商品包装、说明书或者其他附着物上标明"注册商标"或者注册标记。

注册标记包括注和®。使用注册标记，应当标注在商标的右上角或者右下角。

（二）检查商标注册人是否自行改变注册商标。

注册商标经工商行政管理机关审查核准，不得随意改动。如果商标注册人擅自改变，工商行政管理机关有权责令其限期改正或者报请商标局撤销其注册商标。

（三）检查商标注册人是否自行改变注册商标的注册人名义、地址或者其他注册事项。

注册商标的变更应遵循法定程序，由工商行政管理机关审核确定，不得任意改动。如果商标注册人擅自改变以上内容，工商行政管理机关有权责令其限期改正或者报请商标局撤销其注册商标。

（四）检查商标注册人是否自行转让注册商标。

转让注册商标应遵循法定程序，不得私自转让。如果商标注册人自行转让，工商行政管理机关应限期改正或撤销其注册商标。

（五）检查商标注册人是否连续 3 年停止使用其注册商标。

如果商标注册人连续 3 年停止使用，商标局可视情况撤销其注册商标。

（六）加强商品质量的管理，维护消费者利益。

《商标法》规定，使用注册商标，其商品粗制滥造，以次充好，欺骗消费者的，由各级工商行政管理部门分别不同情况，责令限期改正，并可以予以通报或者处以罚款，或者由商标局撤销其注册商标。

（七）加强对已注销或撤销的商标的管理。

《商标法》规定，注册商标被撤销的或者期满不再续展的，自撤销或者注销之日起1年内，商标局对与该商标相同或者近似的商标注册申请，不予核准。

此外，《商标法》第10条还对不得作为商标使用的标志做出规定：

（一）同中华人民共和国的国家名称、国旗、国徽、军旗、勋章相同或者近似的，以及同中央国家机关所在地特定地点的名称或者标志性建筑物的名称、图形相同的；

（二）同外国的国家名称、国旗、国徽、军旗相同或者近似的，但该国政府同意的除外；

（三）同政府间国际组织的名称、旗帜、徽记相同或者近似的，但经该组织同意或者不易误导公众的除外；

（四）与表明实施控制、予以保证的官方标志、检验印记相同或者近似的，但经授权的除外；

（五）同"红十字"、"红新月"的名称、标志相同或者近似的；

（六）带有民族歧视性的；

（七）夸大宣传并带有欺骗性的；

（八）有害于社会主义道德风尚或者有其他不良影响的。

县级以上行政区划的地名或者公众知晓的外国地名，不得作为商标。但是，地名具有其他含义或者作为集体商标、证明商标组成部分的除外；已经注册的使用地名的商标继续有效。

三、对未注册商标的使用管理

未注册商标是未经商标局核准注册而直接在市场上使用的商标，没有获得商标专用权，一般不受法律保护。我国对商标注册采取自愿与强制相结合的原则，允许企业根据需要决定是否申请商标注册。目前市场上存在大量未注册商标，为了保护注册商标专用权，维护消费者的利益，促进市场经济的发展，应加强对未注册商标的使用管理。

根据《商标法》的有关规定，对未注册商标的使用管理主要包括以下方面：

（一）检查未注册商标是否使用《商标法》规定的禁用标志

依据我国《商标法》第10条规定，工商行政管理机关应检查未注册商标的文字、图形、字母、数字、三维标志和颜色组合及要素的组合是否可以用作商标。如果违反该规定，则由工商行政管理部门予以制止，限期改正，并可予以通报或者处以罚款。

（二）检查未注册商标使用人是否将未注册商标冒充注册商标

未注册商标上不得表明"注册商标"字样或者注册商标标记，否则构成冒充注册商标的行为。地方工商行政管理部门应予以制止，限期改正，并可予以通报或者处以罚款。

（三）加强未注册商标商品的质量管理

检查未注册商标商品是否粗制滥造，以次充好，欺骗消费者。如果出现以上情况，则由地方工商行政管理部门予以制止，限期改正，并可予以通报或者处以罚款。

四、特殊标志管理

为了加强对特殊标志的管理，推动文化、体育、科学研究及其他社会公益活动的发展，保护特殊标志所有人、使用人和消费者的合法权益，我国于1996年7月13日制定了《特殊标志管理条例》。该条例所称特殊标志，是指经国务院批准举办的全国性和国际性的文化、体育、科学研究及其他社会公益活动所使用的，由文字、图形组成的名称及缩写、会徽、吉祥物等标志。经国务院工商行政管理部门核准登记的特殊标志，受该条例保护。

（一）特殊标志的登记

1．登记条件

举办社会公益活动的组织者或者筹备者对其使用的名称、会徽、吉祥物等特殊标志，需要保护的，应当向国务院工商行政管理部门提出登记申请。登记申请可以直接办理，也可以委托他人代理。含有下列内容的文字、图形组成的特殊标志，不予登记：

（1）有损于国家或者国际组织的尊严或者形象的；

（2）有害于社会善良习俗和公共秩序的；

（3）带有民族歧视性，不利于民族团结的；

（4）缺乏显著性，不便于识别的；

（5）法律、行政法规禁止的其他内容。

2．登记材料

申请特殊标志登记，应当填写特殊标志登记申请书并提交下列文件：

（1）国务院批准举办该社会公益活动的文件；

（2）准许他人使用特殊标志的条件及管理办法；

（3）特殊标志图样 5 份，黑白墨稿 1 份。图样应当清晰，便于粘贴，用光洁耐用的纸张印制或者用照片代替，长和宽不大于 10CM、不小于 5CM；

（4）委托他人代理的，应当附代理人委托书，注明委托事项和权限；

（5）国务院工商行政管理部门认为应当提交的其他文件。

3．审批程序

国务院工商行政管理部门收到申请后，按照以下规定处理：

（1）符合本条例有关规定，申请文件齐备无误的，自收到申请之日起 15 日内，发给特殊标志登记申请受理通知书，并在发出通知之日起 2 个月内，将特殊标志有关事项、图样和核准使用的商品和服务项目，在特殊标志登记簿上登记，发给特殊标志登记证书。特殊标志经核准登记后，由国务院工商行政管理部门公告。

（2）申请文件不齐备或者有误的，自收到申请之日起 10 日内发给特殊标志登记申请补正通知书，并限其自收到通知之日起 15 日内予以补正；期满不补正或者补正仍不符合规定的，发给特殊标志登记申请不予受理通知书。

（3）违反该条例第 4 条规定的，自收到申请之日起 15 日内发给特殊标志登记申请驳回通知书。申请人对驳回通知不服的，可以自收到驳回通知之日起 15 日内，向国务院工商行政管理部门申请复议。

4．延期、变更与无效申请

特殊标志有效期为 4 年，自核准登记之日起计算。特殊标志所有人可以在有效期满前 3 个月内提出延期申请，延长的期限由国务院工商行政管理部门根据实际情况和需要决定。

特殊标志所有人变更地址，应当自变更之日起 1 个月内报国务院工商行政管理部门备案。

已获准登记的特殊标志有下列情形之一的，任何单位和个人可以在特殊标志公告刊登之日至其有效期满的期间，向国务院工商行政管理部门申明理由并提供相应证据，请求宣告特殊标志登记无效：

（1）同已在先申请的特殊标志相同或者近似的；

（2）同已在先申请注册的商标或者已获得注册的商标相同或者近似的；

（3）同已在先申请外观设计专利或者已依法取得专利权的外观设计专利相同或者近似的；

（4）侵犯他人著作权的。

国务院工商行政管理部门自收到特殊标志登记无效申请之日起 10 日内，通知被申请人并限其自收到通知之日起 15 日内做出答辩。被申请人拒绝答辩或者无正当理由超过答辩期限的，视为放弃答辩的权利。国务院工商行政管理部门自收到特殊标志登记无效申请之日起 3 个月内做出裁定，并通知当事人；当事人对裁定不服的，可以自收到通知之日起 15 日内，向国务院工商行政管理部门申请复议。

（二）特殊标志的使用与保护

特殊标志所有人可以在与其公益活动相关的广告、纪念品及其他物品上使用该标志，并许可他人在国务院工商行政管理部门核准使用该标志的商品或者服务项目上使用。特殊标志的使用人应当是依法成立的企业、事业单位、社会团体、个体工商户。特殊标志使用人应当同所有人签订书面使用合同。

特殊标志所有人或者使用人有下列行为之一的，由其所在地或者行为发生地县级以上人民政府工商行政管理部门责令改正，可以处 5 万元以下的罚款；情节严重的，由县级以上人民政府工商行政管理部门责令使用人停止使用该特殊标志，由国务院工商行政管理部门撤销所有人的特殊标志登记：

1. 擅自改变特殊标志文字、图形的；

2. 许可他人使用特殊标志，未签订使用合同，或者使用人在规定期限内未报国务院工商行政管理部门备案或者未报所在地县级以上人民政府工商行政管理机关存查的；

3. 超出核准登记的商品或者服务范围使用的。

有下列行为之一的，由县级以上人民政府工商行政管理部门责令侵权人立即停止侵权行为，没收侵权商品，没收违法所得，并处违法所得 5 倍以下的罚款，没有违法所得的，处 1 万元以下的罚款：

1. 擅自使用与所有人的特殊标志相同或者近似的文字、图形或者其组合的；

2. 未经特殊标志所有人许可，擅自制造、销售其特殊标志或者将其特殊标志用于商业活动的；

3. 有给特殊标志所有人造成经济损失的其他行为的。

特殊标志所有人或者使用人发现特殊标志所有权或者使用权被侵害时，可以向侵权人所在地或者侵权行为发生地县级以上人民政府工商行政管理部门投诉；也可以直接向人民法院起诉。工商行政管理部门受理特殊标志侵权案件投诉的，应当依特殊标志所有人的请求，就侵权的民事赔偿主持调解；调解不成的，特殊标志所有人可以向人民法院起诉。

五、奥林匹克标志的管理

奥林匹克标志是奥运会和奥运精神的象征，是国际奥林匹克委员会和奥运会主办城市的重要知识产权。因此，保护奥林匹克标志专有权是主办国的责任和义务。为了加强对奥林匹克标志的保护，保障奥林匹克标志权利人的合法权益，维护奥林匹克运动的尊严，国务院于 2002 年颁布了《奥林匹克标志保护条例》，以法规的形式对奥林匹克标志的保护问题做出专门规定。国务院工商行政管理部门依据本条例的规定，负责全国的奥林匹克标志保护工作。县级以上地方工商行政管理部门依据本条例的规定，负责本行政区域内的奥林匹克标志保护工作。

（一）奥林匹克标志

根据《奥林匹克标志保护条例》的规定，奥林匹克标志是指：

1. 国际奥林匹克委员会的奥林匹克五环图案标志、奥林匹克旗、奥林匹克格言、奥林匹克徽记、奥林匹克会歌；

2. 奥林匹克、奥林匹亚、奥林匹克运动会及其简称等专有名称；

3. 中国奥林匹克委员会的名称、徽记、标志；

4. 北京 2008 年奥林匹克运动会申办委员会的名称、徽记、标志；

5. 第 29 届奥林匹克运动会组织委员会的名称、徽记，第 29 届奥林匹克运动会的吉祥物、会歌、口号，"北京 2008"、第 29 届奥林匹克运动会及其简称等标志；

6. 《奥林匹克宪章》和《第 29 届奥林匹克运动会主办城市合同》中规定的其他与第 29 届奥林匹克运动会有关的标志。

（二）奥林匹克标志权利人

根据《奥林匹克标志保护条例》的规定，奥林匹克标志权利人是指国际奥林匹克委员会、中国奥林匹克委员会和第 29 届奥林匹克运动会组织委员会。奥林匹克标志权利人依照本条例对奥林匹克标志享有专有权。未经奥林匹克标志权利人许可，任何人不得为商业目的(含潜在商业目的)使用奥林匹克标志。

国际奥林匹克委员会、中国奥林匹克委员会和第 29 届奥林匹克运动会组织委员会之间的权利划分，依照《奥林匹克宪章》和《第 29 届奥林匹克运动会主办城市合同》确定。

（三）奥林匹克标志商业目的使用

根据《奥林匹克标志保护条例》的规定，奥林匹克标志商业目的使用是指以营利为目的，以下列方式利用奥林匹克标志：

1．将奥林匹克标志用于商品、商品包装或者容器以及商品交易文书上；

2．将奥林匹克标志用于服务项目中；

3．将奥林匹克标志用于广告宣传、商业展览、营业性演出以及其他商业活动中；

4．销售、进口、出口含有奥林匹克标志的商品；

5．制造或者销售奥林匹克标志；

6．可能使人认为行为人与奥林匹克标志权利人之间有赞助或者其他支持关系而使用奥林匹克标志的其他行为。

（四）奥林匹克标志的备案

为了加强对奥林匹克标志的保护，保障奥林匹克标志权利人的合法权益，规范奥林匹克标志的使用，根据《奥林匹克标志保护条例》的有关规定，国家工商行政管理总局于 2002 年颁布了《奥林匹克标志备案及管理办法》。

根据该办法的规定，奥林匹克标志权利人应当将需要保护的奥林匹克标志向国家工商行政管理总局商标局申请备案。申请奥林匹克标志备案的，应当填写申请书并附送下列书件：

1．奥林匹克标志图样 5 份。图样应当清晰，便于粘贴，用光洁耐用的纸张印制或者用照片代替，长和宽分别不大于 10CM、不小于 5CM。

2．委托他人代理的，应当附代理人委托书，注明委托事项和权限。

申请备案的标志符合《奥林匹克标志保护条例》及本办法规定的，商标局予以备案，书面通知权利人并公告。不符合规定的，不予备案，书面通知权利人。

奥林匹克标志权利人许可他人为商业目的使用奥林匹克标志的，应当签订使用许可合同。自签订使用许可合同之日起 1 个月内，奥林匹克标志权利人应当将使用许可合同副本报商标局备案。商标局备案后书面通知权利人。经许可使用奥林匹克标志的，应当在使用时标明使用许可备案号。对违反规定的，由县级以上工商行政管理机关责令限期改正；对逾期不改的，处以 1 万元以下的罚款。

（五）奥林匹克标志的保护

未经奥林匹克标志权利人许可，为商业目的擅自使用奥林匹克标志，即侵犯奥林匹克标志专有权，引起纠纷的，由当事人协商解决；不愿协商或者协商不成的，奥林匹克标志权利人或者利害关系人可以向人民法院提起诉讼，也可以请求工商行政管理部门处理。工商行政管理部门处理时，认定侵权行为成立的，责令立即停止侵权行为，没收、销毁侵权商品和专门用于制造侵权商品或者为商业目的擅自制造奥林匹克标志的工具，有违法所得的，没收违法所得，可以并处违法所得 5 倍以下的罚款；没有违法所得的，可以并处 5 万元以下的罚款。当事人对处理决定不服的，可以自收到处理通知之日起 15 日内依照《中华人民共和国行政诉讼法》向人民法院提起诉讼；侵权人期满不起诉又不履行的，工商行政管理部门可以申请人民法院强制执行。进行处理的工商行政管理部门应当事人的请求，可以就侵犯奥林匹克标志专有权的赔偿数额进行调解；调解不成的，当事人可以依照《中华人民共和国民事诉讼法》向人民法院提起诉讼。

利用奥林匹克标志进行诈骗等活动，触犯刑律的，依照刑法关于诈骗罪或者其他罪的规定，依法追究刑事责任。

对侵犯奥林匹克标志专有权的行为，工商行政管理部门有权依法查处。进出口货物涉嫌侵犯奥林匹克标志专有权的，由海关参照《中华人民共和国海关法》和《中华人民共和国知识产权海关保护条例》规定的权限和程序查处。

侵犯奥林匹克标志专有权的赔偿数额，按照权利人因被侵权所受到的损失或者侵权人因侵权所获得的利益确定，包括为制止侵权行为所支付的合理开支；被侵权人的损失或者侵权人获得的利益难以确定的，参照该奥林匹克标志许可使用费合理确定。销售不知道是侵犯奥林匹克标志专有权的商品，能证明该商品是自己合法取得并说明提供者的，不承担赔偿责任。

深化认识，做好保护奥林匹克标志专有权工作

随着 2008 年奥运会的日益临近，全国各级工商行政管理机关进一步深化对奥林匹克标志保护工作的认识，不断加强奥林匹克标志行政保护力度，严厉打击侵犯奥林匹克标志专有权的行为。特别是北京市工商局高度重视奥林匹克标志专有权保护工作，从强化日常监管入手，构建快速反应、积极有效的奥林匹克标志执法巡查网络体系，充分发挥市、区、所三级执法平台优势，有效保护了奥林匹克标志专有权，树立了奥运主办城市的良好形象。根据总局 7 月 20 日下发的《保护奥林匹克标志专有权行动方案》要求，保护奥林匹克标志专有权行动将于 8 月开始在全国范围内全面深入展开。

上半年共查处违法使用奥林匹克标志的一般违法案件 33 件，案值 30.17 万元，罚款金额 28.42 万元，收缴和消除违法标识 5123 件；查处侵犯奥林匹克标志专有权的违法案件 109 件，案值 89.15 万元，罚款金额 106.51 万元，收缴和消除违法标识 12923 件，收缴专门用于侵权的模具印版等工具 15 件，没收、销毁侵权商品 3.12 吨。

转引自：中华人民共和国工商管理总局网
http://www.saic.gov.cn/ggl/zwgg_detail.asp?newsid=602

第四节　注册商标专用权的保护

一、注册商标专用权的概念和特征

注册商标专用权是指注册商标所有人依法享有的独占使用其注册商标的权利。注册商标专用权具有以下特征：

1．独占性

注册商标所有人对其注册的商标享有专用的权利。任何人未经许可不得擅自使用该注册商标，否则将构成侵权行为。

2．时间性

注册商标专用权具有一定的时间限制，在有效期内受法律保护，超过有效期而未进行续展则不再受法律保护。我国《商标法》规定注册商标的有效期为10年，自核准注册之日起计算。

3．地域性

注册商标专用权只能在注册授予该权利的国家内受到保护，在其他国家不受法律保护。

二、注册商标专用权的范围

我国《商标法》第51条规定，注册商标的专用权，以核准注册的商标和核定使用的商品为限。"核准注册的商标"是指依法经过商标局核准注册的具有显著特征、便于识别可视性标志，包括文字、图形、字母、数字、三维标志和颜色组合，以及上述要素的组合。"核定使用的商品"是指已经商标局核准注册在案的某一类别中的具体的商品。经过注册的商标核定了使用商品的范围，他人不得在同类商品上使用相同或者相近的商标。核准注册的商标和核定使用的商品是界定商标专用权保护范围的标准，注册商标所有人使用的商标只能是经核准注册的且使用在核定商品上。对商标专用权的保护做上述范围的限制，有利于保护注册商标所有人的合法权益，制裁商标侵权行为。

三、商标侵权行为的表现形式

根据《商标法》第 52 条规定，商标侵权行为主要有以下几种形式：

（一）未经商标注册人的许可，在同一种商品或者类似商品上使用与其注册商标相同或者近似的商标

这一侵权行为具体包括四种情况：

1．在同一种商品上使用与他人注册商标相同的商标；

2．在同一种商品上使用与他人注册商标相近似的商标；

3．在类似的商品上使用与他人注册商标相同的商标；

4．在类似的商品上使用与他人注册商标相近似的商标。

《商标法》第 40 条规定："商标注册人可以通过签订商标使用许可合同，许可他人使用其注册商标。""经许可使用他人注册商标的，必须在使用该注册商标的商品上标明被许可人的名称和商品产地。"因此，未经商标注册人许可而出现上述行为均视为对他人注册商标专用权的侵犯。

（二）销售侵犯注册商标专用权的商品

未经注册商标所有人许可而故意在同一种或者类似商品上使用与其注册商标相同或者近似的商标，均属于侵犯他人注册商标专用权的行为。销售明知是假冒注册商标的商品，是对注册商标专用权的侵害，也会对消费者的利益造成一定损害。

（三）伪造、擅自制造他人注册商标标识或者销售伪造、擅自制造的注册商标标识

商标标识是由商标图案构成的物质实体，附于商品之上。伪造他人注册商标标识是伪造他人商标图案及物质实体，擅自制造他人注册商标标识是未经注册商标所有人许可而制造其注册商标标识，销售伪造、擅自制造的注册商标标识是以伪造或者擅自制造的注册商标标识为对象进行买卖。

注册商标的文字、图形、字母、数字、三维标志和颜色组合以及要素的组合为注册商标所有人专用，而伪造、擅自制造他人注册商标标识或者销售伪造、擅自制造的注册商标标识则会对注册商标所有人及消费者的利益造成损害，因此《商标法》将上述行为视为侵权行为。

（四）未经商标注册人同意，更换其注册商标并将该更换商标的商品又投入市场

未经商标注册人许可，将他人商品上的合法商标消除、变动或更换后冒充为自己的商品而进行销售，不仅损害了注册商标所有人的合法权益，而且损害了消费者的利益，对商品出处产生误导，同样属于侵权行为。

（五）给他人的注册商标专用权造成其他损害

除上述行为外，会对他人注册商标专用权造成损害的行为也属于侵权行为。如销售明知或者应知是侵犯他人注册商标专用权的商品；在同一商品或者类似商品上，将与他人注册商标相同或者近似的文字、图形作为商品名称或者商品装潢使用；故意为侵犯他人注册商标专用权行为提供仓储、运输、邮寄、隐匿等便利条件等。

浙江省杭州市春雷电器厂侵犯上海市轻工业品进出口公司"春雷"注册商标专用权案

1994年12月21日，浙江省杭州春雷电器厂销往桂林三丰贸易公司武汉经营部的300台14英寸黑白电视机，在运输途经河南省商城县时，商城县工商行政管理局钟铺检查站发现该批电视机标注的厂名、厂址与实际生产厂的厂名、厂址不符，于是，对该批电视机依法予以查扣。

商城县工商行政管理局经过调查，查明：该批电视机及包装箱、说明书、保修卡上所标的生产厂家是"上海无线电三厂美多公司"，厂址是"上海昌平路88弄10号"，生产许可证编号是XK… 09…003…267，注册商标是"春雷"。而实际生产厂家是杭州春雷电器厂，该厂以每台380元的价格准备销给桂林三丰贸易公司武汉经销部，总价款共97435.90元。使用在电视机商品上的"春雷"商标注册人是上海市轻工业品进出口公司，该公司未曾许可杭州春雷电器厂使用"春雷"注册商标。

商城县工商行政管理局认为，杭州春雷电器厂未经"春雷"注册商标所有人许可，擅自在自己生产的黑白电视机上使用"春雷"注册商标，其行为违反了《商标法》第38条第(1)项规定，侵犯了"春雷"注册商标专用权。1995年1月3日，商城县工商行政管理局根据《商标法实施细则》第43条的规定，对杭州春雷电器厂做出如下处理：

1. 消除现存300台黑白电视机上的侵权商标；

2. 处以非法经营额97435.90元40%罚款，计人民币38974.36元。

转引自中国商标在线网 http://www.21etm.com/anli/anli9.asp

四、对商标侵权行为的处理

（一）商标侵权行为的处理机关

当发生侵犯注册商标专用权行为时，商标注册人或者利害关系人可以向人民法院起诉，也可以请求工商行政管理部门处理。对侵犯注册商标专用权的行为，工商行政管理部门有权依法查处；涉嫌犯罪的，应当及时移送司法机关依法处理。县级以上工商行政管理部门根据已经取得的违法嫌疑证据或者举报，对涉嫌侵犯他人注册商标专用权的行为行使职权进行查处。

（二）对商标侵权行为的处理方式

1．协商解决

根据我国《商标法》规定，侵犯注册商标专用权行为引起纠纷的，可以由当事人协商解决。在商标侵权纠纷发生后，由当事人双方就争议进行磋商，在彼此均可以接受的基础上达成和解协议并自觉履行协议。协商解决由双方本着平等、协作、合法的原则，面对面直接进行，简单易行且省时，具有较大的灵活性，有利于纠纷的及时解决。

2．工商行政调解

进行处理的工商行政管理部门根据当事人的请求，可以就侵犯商标专用权的赔偿数额进行调解。工商行政管理机关在调解商标侵权案件时应遵循当事人自愿原则和合法性原则。调解只有在双方当事人都完全出于自己的意愿、不受任何第三人强迫的情况下才能进行，并且行政调解协议一旦达成，即可强制执行。通过行政调解处理商标侵权纠纷是当事人之间共同协商的结果，容易得到双方当事人的自觉履行，有利于及时有效地解决纠纷。

3．工商行政处理

商标注册人或者利害关系人可以请求工商行政管理部门处理商标侵权纠纷。工商行政管理部门处理时，认定侵权行为成立的，责令立即停止侵权行为，没收、销毁侵权商品和专门用于制造侵权商品、伪造注册商标标识的工具，并可处以罚款。对侵犯注册商标专用权的行为，罚款数额为非法经营额 3 倍以下；非法经营额无法计算的，罚款数额为 10 万元以下。对侵犯注册商标专用权的行为，工商行政管理部门有权依法查处；涉嫌犯罪的，应当及时移送司法机关依法处理。

4．向人民法院起诉

不愿协商或者协商不成的，商标注册人或者利害关系人可以向人民法院起诉，依法保护自己的合法权益。通过诉讼解决争议必须依照严格的法定程序进行，用强制手段执行裁判，具有较高的权威性。当事人对工商行政部门"责令立即停止侵权行为，没收、销毁侵权商品和专门用于制造侵权商品、伪造注册商标标识的工具，并可处以罚款"的处理决定不服的，可以自收到处理通知之日起15日内依照《中华人民共和国行政诉讼法》向人民法院起诉。当事人就侵犯商标专用权的赔偿数额进行调解不成的，可以依照《中华人民共和国民事诉讼法》向人民法院起诉。

（三）商标违法行为的刑事责任

1.《商标法》第59条规定：未经商标注册人许可，在同一种商品上使用与其注册商标相同的商标，构成犯罪的，除赔偿被侵权人的损失外，依法追究刑事责任；伪造、擅自制造他人注册商标标识或者销售伪造、擅自制造的注册商标标识，构成犯罪的，除赔偿被侵权人的损失外，依法追究刑事责任；销售明知是假冒注册商标的商品，构成犯罪的，除赔偿被侵权人的损失外，依法追究刑事责任。

2.《中华人民共和国刑法》规定：

（1）未经商标注册人许可，在同一种商品上使用与其注册商标相同的商标，构成犯罪的，除赔偿被侵权人的损失外，依法追究刑事责任。情节严重的，处3年以下有期徒刑或者拘役，并处或者单处罚金；情节特别严重的，处3年以上7年以下有期徒刑，并处罚金。

（2）伪造、擅自制造他人注册商标标识或者销售伪造、擅自制造的注册商标标识，构成犯罪的，除赔偿被侵权人的损失外，依法追究刑事责任。情节严重的，处3年以下有期徒刑、拘役或者管制，并处或者单处罚金；情节特别严重的，处3年以上7年以下有期徒刑，并处罚金。

（3）销售明知是假冒注册商标的商品，构成犯罪的，除赔偿被侵权人的损失外，依法追究刑事责任。销售金额数额较大的，处3年以下有期徒刑或者拘役，并处或者单处罚金；销售金额数额巨大的，处3年以上7年以下有期徒刑，并处罚金。

3.《最高人民检察院、公安部关于经济犯罪案件追诉标准的规定》中的判定如下：

（1）未经注册商标所有人许可，在同一种商品上使用与其注册商标相同的商标，涉嫌下列情形之一的，应予追诉：个人假冒他人注册商标，非法经营数额在10万元以上的；单位假冒他人注册商标，非法经营数额在50万元以上的；假冒他人驰名商标或者人用药品商标的；虽未达到上述数额标准，但因假冒他人注册商标，受过行政处罚2次以上，又假冒他人注册商标的；造成恶劣影响的。

（2）销售明知是假冒注册商标的商品，个人销售数额在 10 万元以上的，单位销售数额在 50 万元以上的，应予追诉。

（3）伪造、擅自制造他人注册商标标识或者销售伪造、擅自制造的注册商标标识，涉嫌下列情形之一的，应予追诉：非法制造、销售非法制造的注册商标标识，数量在 2 万件(套)以上，或者违法所得数额在 2 万元以上，或者非法经营数额在 20 万元以上的；非法制造、销售非法制造的驰名商标标识的；虽未达到上述数额标准，但因非法制造、销售非法制造的注册商标标识，受过行政处罚 2 次以上，又非法制造、销售非法制造的注册商标标识的；利用贿赂等非法手段推销非法制造的注册商标标识的。

第五节　驰名商标及其保护

一、驰名商标的概念及特征

（一）驰名商标的概念

驰名商标这一概念首创于 1883 年的《保护工业产权巴黎公约》。所谓驰名商标，俗称"名牌"，是指在市场上享有较高声誉并为相关公众熟知的商标。其中，相关公众包括与使用商标所标示的某类商品或者服务有关的消费者，生产前述商品或者提供服务的其他经营者以及经销渠道中所涉及的销售者和相关人员等。

（二）驰名商标的特征

1. 知名度高。这是驰名商标首要的和本质的特征。驰名商标经使用人的长期使用和广告宣传，在相关的公众中享有较高的知名度。

2. 标识性强。驰名商标的识别性比一般商标强，消费者很容易通过驰名商标联想到特定的经营者和特定的商品或服务。对于一般商标，公众只将特定的商品或服务与企业相联系，而驰名商标即使用在非类似商品或服务上，也会对公众产生吸引力，就会使人联想到驰名商标所有人的相关产品或服务，或者认为其生产者与商标权人有某种经济上的联系，如联营、隶属、合作等。

3. 商业价值大。驰名商标能使企业在市场竞争中处于优势地位，迅速而大量地推销产品，获取巨大利润，成为企业开拓市场和占领市场的最有效武器。

4. 易受侵害。驰名商标具有巨大的商业价值，往往成为商标侵权行为的主要对象。例如行为人将他人的驰名商标抢先在一国进行注册，或者将与他人驰名商标相同或近似的商标，用在与驰名商标标示的商品或服务相同、类似或非类似的商品或服务上，使消费者误认为该商品或服务是驰名商标所有人的，或与驰名商标所有人有经济上的联系，从而不正当地利用他人的商业信誉，损害驰名商标的价值。

二、对驰名商标的认定

驰名商标的认定机关是国家工商行政管理总局商标局。注册商标所有人可以向国家工商行政管理总局商标局提出认定驰名商标的申请。

（一）认定条件和证明文件

1．相关公众的知晓程度

根据《驰名商标认定和保护规定》第2条第2项的规定，相关公众包括与使用商标所标示的某类商品或者服务有关的消费者，生产前述商品或者提供服务的其他经营者以及经销渠道中所涉及的销售者和相关人员等。驰名不是指为所有人所知或者在所有社会公众中均有很高的知名度，而是指在相关消费者中驰名即可。根据《驰名商标认定和保护规定》第3条第3项的规定，申请人需提供证明相关公众对该商标知晓程度的有关材料。

2．商标使用的持续时间

商标权利人利用和行使商标专用权的主要方式是使用其商标。商标不论注册与否，只有使用才能在交易中体现其价值，才有可能产生显著性，从而在相关公众中产生知名度。因此，有必要把商标使用的持续时间作为认定驰名商标的一个因素。根据《驰名商标认定和保护规定》第3条第2项的规定，证明该商标使用持续时间的有关材料，包括该商标使用、注册的历史和范围的有关材料。

3．宣传工作的持续时间、程度和地理范围

在市场竞争日益激烈的今天，不论是商品的生产商还是服务的经营者，都把宣传、推销自己的产品作为重中之重，宣传力度不断加大，特别是随着通信技术、信息网络技术的发展，电视、广播、网络、报刊等各种宣传媒体的宣传效果越来越明显，不少公众对某个品牌(商标)的知晓，来源于生产商或者经营者的各种广告宣传。因此，通过了解对一个商标任何宣传工作的持续时间、程度和地理范围，就可以比较明确地得知该商标在一定区域内公众的知晓程度。根据《驰名商标认定和保护规定》第3条第3项的规定，证明该商标的任何宣传工作的持续时间、程度和地理范围的有关材料，包括广告宣传和促销活动的方式、地域范围、宣传媒体的种类以及广告投放量等有关材料。

4．作为驰名商标受保护的记录

如果一个商标曾经作为驰名商标在我国被保护过，该商标所有人就可以提供相关证明文件，为认定该商标是否具备驰名商标提供重要的参考价值。根据《驰名商标认定和保护规定》第 3 条第 4 项的规定，证明该商标作为驰名商标受保护记录的有关材料，包括该商标曾在中国或者其他国家和地区作为驰名商标受保护的有关材料。

5．其他因素

根据《驰名商标认定和保护规定》第 3 条第 5 项的规定，证明该商标驰名的其他证据材料，包括使用该商标的主要商品近三年的产量、销售量、销售收入、利税、销售区域等有关材料。

《驰名商标认定和保护规定》第 10 条规定："商标局、商标评审委员会在认定驰名商标时，应当综合考虑商标法第 14 条规定的各项因素，但不以该商标必须满足该条规定的全部因素为前提。"

（二）认定程序

企业商标权受到以下损害时，可以申请认定驰名商标：

1．他人将与申请人申请认定的商标相同或者近似的标识在非类似商品或者服务上注册或者使用，可能损害申请人权益的；

2．他人将与申请人申请的商标相同或者近似的文字作为企业名称的一部分登记或者使用，可能引起公众误认的；

3．申请人申请认定的商标在境外被他人恶意注册，可能对申请人在境外的业务发展造成损害的；

4．申请人申请认定商标的权益受到其他损害而难以解决的。

企业需要申请认定驰名商标的，必须向所在地省、自治区、直辖市工商行政管理局报送有关材料。对企业申请认定驰名商标的有关材料，各省级工商局应进行初审，并签署意见。各省级工商局应将经过其初审并签署意见的有关申请材料以邮寄方式及时报送国家工商行政管理总局。

企业在申请认定驰名商标时，应提交驰名商标认定申请报告，在报告中须提供其商标权益受到损害的证据。同时应如实填写《驰名商标认定申请表》，并提供相应的证明材料。这些证明材料主要包括：

1．驰名商标认定申请人的营业执照副本复印件；

2．驰名商标认定申请人委托商标代理机构代理的，应提供申请人签章的委托书，或者申请人与商标代理机构签订的委托协议（合同）；

3．使用该商标的主要商品或服务近 3 年来主要经济指标（应提供加盖申请人财务专用章以及当地财政与税务部门专用章的各年度财务报表或其他报表复印件，行业证明材料应由国家级行业协会或者国家级行业行政主管部门出具)；

4. 使用该商标的主要商品或服务在国内外的销售或经营情况及区域(应提供相关的主要的销售发票或销售合同复印件)；

5. 该商标在国内外的注册情况(应将该商标在所有商品或服务类别以及在所在国家或地区的注册情况列明，并提供相应的商标注册证复印件)；

6. 该商标近年来的广告发布情况(应提供相关的主要的广告合同与广告图片复印件)；

7. 该商标最早使用及连续使用时间(应提供使用该商标的商品或服务的最早销售发票或合同或该商标最早的广告或商标注册证复印件)；

8. 有关该商标驰名的其他证明文件（如省著名商标复印件等)。

企业申请认定驰名商标，可以自行准备申请材料，也可以委托国家工商行政管理总局批准的商标代理机构代理。凡委托不具备商标代理资格的机构或个人提交的驰名商标认定申请材料，各省级工商局不予受理。接受企业委托办理申请认定驰名商标有关事宜的商标代理机构，除收取适当的代理费用外，不得向委托人收取其他任何费用。

（三）工商行政管理部门对驰名商标申请的处理

根据《驰名商标认定和保护规定》的规定，工商行政管理部门在商标管理工作中收到保护驰名商标的申请后，应当对案件是否属于《商标法》第 13 条规定的下列情形进行审查：（1）他人在相同或者类似商品上擅自使用与当事人未在中国注册的驰名商标相同或者近似的商标，容易导致混淆的；（2）他人在不相同或者不类似的商品上擅自使用与当事人已经在中国注册的驰名商标相同或者近似的商标，容易误导公众，致使该驰名商标注册人的利益可能受到损害的。对认为属于上述情形的案件，市（地、州）工商行政管理部门应当自受理当事人请求之日起 15 个工作日内，将全部案件材料报送所在地省(自治区、直辖市)工商行政管理部门，并向当事人出具受理案件通知书；省（自治区、直辖市）工商行政管理部门应当自受理当事人请求之日起 15 个工作日内，将全部案件材料报送国家工商行政管理总局商标局。当事人所在地省级工商行政管理部门认为所发生的案件属于上述情形的，也可以报送商标局。对认为不属于上述情形的案件，应当依据《商标法》及实施条例的有关规定及时做出处理。

省（自治区、直辖市）工商行政管理部门应当对本辖区内市（地、州）工商行政管理部门报送的有关驰名商标保护的案件材料进行审查。对认为属于上述情形的案件，应当自收到本辖区内市（地、州）工商行政管理部门报送的案件材料之日起 15 个工作日内报送商标局。对认为不属于上述情形的案件，应当将有关材料退回原受案机关，由其依据《商标法》及实施条例的有关规定及时做出处理。

商标局应当自收到有关案件材料之日起 6 个月内做出认定，并将认定结果通知案件发生地的省（自治区、直辖市）工商行政管理部门，报送当事人所在地的省（自治区、直辖市）工商行政管理部门。除有关证明商标驰名的材料外，商标局应当将其他案件材料退回案件发生地所在省（自治区、直辖市）工商行政管理部门。

商标局、商标评审委员会以及地方工商行政管理部门在保护驰名商标时，应当考虑该商标的显著性和驰名程度。

三、对驰名商标的保护规定

驰名商标是企业宝贵的无形资产，是国家的重要财富。一个国家在世界范围内拥有多少驰名商标，在一定程度上可以反映出该国在世界上的经济地位和实力。万宝路香烟总裁马克斯韦尔曾指出："名牌就是企业发展的最大资产"。驰名商标依靠其显著的特点和强大的优势，背后蕴藏的巨大市场和利润，在现代经济生活中日益体现出其重要性，成为众多国家重点保护的对象。

与一般商标相比，驰名商标的保护具有以下特殊性[①]：（1）保护力度大。一般商标必须注册才能受到法律保护；而驰名商标即便是未注册，同样受到法律的保护；（2）保护范围广。一般商标的保护只是要求在同一种商品或类似商品上不得出现与之相同或近似的商标，而驰名商标的保护范围则扩大至不相类似的商品或服务上；（3）争议解决的期限长。如果对方是以欺诈手段注册或使用驰名商标的，驰名商标所有人可以不受时间限制，随时请求撤销注册或者禁止使用；（4）保护地域广。一般商标只在其注册国受到法律保护，而驰名商标不仅在注册国受法律保护，而且在所有《巴黎公约》会员国内均受到法律保护。

（一）国际社会对驰名商标的法律保护

驰名商标既具有一般商标的区别作用，又有很强的竞争力，知名度高，影响范围广，已经被消费者、经营者所熟知和信赖，具有相关的商业价值。这些特点使之常成为侵犯的对象。《保护工业产权巴黎公约》、《与贸易有关的知识产权协议》都对驰名商标的特殊保护作了行之有效的具体规定。《保护工业产权巴黎公约》在 1925 年修订的海牙协定中率先在国际公约层面对保护驰名商标做出

---

① 王梦飞，《驰名商标法律规制综述》，《商场现代化》，2007 年 3 月(上旬刊)，总第 496 期，第 313 页。

了规定。

《保护工业产权巴黎公约》规定，用于相同或类似商品上，对已在该国驰名的商标进行复制、模仿，易造成混淆的，应拒绝或撤销此商标的注册，并禁止使用。驰名商标如果被他人在同类或类似商品上注册，驰名商标所有人有权自模仿注册之日起至少 5 年内，提出撤销此项注册的请求。对恶意取得注册或者使用的商标，驰名商标所有人提出撤销注册或者禁止使用的请求期限不受限制。

《保护工业产权巴黎公约》对驰名商标的保护着重于商标的注册和使用，并且对驰名商标的保护不以注册商标为前提，这就拓宽了驰名商标保护的区域和领域。目前，绝大多数国家对一般商标的保护采用注册原则、先申请原则，未注册的商标不能得到法律保护。但是对驰名商标的保护不必要求是注册商标。由此可见，与一般商标相比，法律对驰名商标的保护力度明显加强。

1994 年 4 月，世界贸易组织《与贸易有关的知识产权协议》（即 TRIPS 协议）在《保护工业产权巴黎公约》的基础上进一步扩展了对驰名商标的保护范围。《与贸易有关的知识产权协议》第 16 条第 3 款规定，巴黎公约 1967 年文本第 6 条之 2 原则上适用于与注册商标所标示的商品或者服务不类似的商品或者服务，只要一旦在不类似的商品或者服务上使用该商标，即会暗示该商品或者服务与注册商标所有人存在某种联系，从而使注册商标所有人的利益可能因此受损。TRIPS 协议将驰名商标保护的客体扩展至服务商标，并将驰名商标所有人的权利延伸到不相类似的商品或服务上。

我国是《保护工业产权巴黎公约》成员国，并已经加入世界贸易组织，履行《保护工业产权巴黎公约》和《与贸易有关的知识产权协议》的规定，保护成员国在我国已注册或者未注册的驰名商标是我国应尽的义务。

（二）我国对驰名商标的法律保护

1.《驰名商标认定和保护规定》对驰名商标的保护措施

2003 年 4 月 17 日国家工商行政管理总局发布了《驰名商标认定和保护规定》，其中对驰名商标的保护措施作了如下规定：

（1）当事人认为他人经初步审定并公告的商标违反《商标法》第 13 条规定的，可以依据《商标法》及其实施条例的规定向商标局提出异议，并提交证明其商标驰名的有关材料。当事人认为他人已经注册的商标违反《商标法》第 13 条规定的，可以依据《商标法》及其实施条例的规定向商标评审委员会请求裁定撤销该注册商标，并提交证明其商标驰名的有关材料。

（2）在商标管理工作中，当事人认为他人使用的商标属于《商标法》第 13 条规定的情形，请求保护其驰名商标的，可以向案件发生地的市（地、州）

以上工商行政管理部门提出禁止使用的书面请求，并提交证明其商标驰名的有关材料。同时，抄报其所在地省级工商行政管理部门。

（3）当事人要求依据《商标法》第 13 条对其商标予以保护时，可以提供该商标曾被我国有关主管机关作为驰名商标予以保护的记录。所受理的案件与已被作为驰名商标予以保护的案件的保护范围基本相同，且对方当事人对该商标驰名无异议，或者虽有异议，但不能提供该商标不驰名的证据材料的，受理案件的工商行政管理部门可以依据该保护记录的结论，对案件做出裁定或者处理。所受理的案件与已被作为驰名商标予以保护的案件的保护范围不同，或者对方当事人对该商标驰名有异议，且提供该商标不驰名的证据材料的，应当由商标局或者商标评审委员会对该驰名商标材料重新进行审查并做出认定。

（4）当事人认为他人将其驰名商标作为企业名称登记，可能欺骗公众或者对公众造成误解的，可以向企业名称登记主管机关申请撤销该企业名称登记，企业名称登记主管机关应当依照《企业名称登记管理规定》处理。

2．对未在我国注册的驰名商标的保护

《商标法》第 13 条第 1 款规定了对未在我国注册的驰名商标的保护，即就相同或者类似商品申请注册的商标是复制、摹仿或者翻译他人未在中国注册的驰名商标，容易导致混淆的，不予注册并禁止使用。

根据《商标法》第 13 条第 1 款规定，对未在中国注册的驰名商标的保护，仅限于相同或者类似商品或者服务上，对不相同或者不相类似商品或者服务，不适用这个规定；相同或者类似商品申请注册的商标是复制已在中国注册的商标的，则明显是侵犯注册商标专用权行为。从具体行为看，对未在中国注册的驰名商标的侵犯，表现为复制、摹仿或者翻译他人未在中国注册的驰名商标，容易导致混淆的。其中复制是指以印刷、复印等方式将驰名商标制作为商标，摹仿是指照驰名商标的样子制作，翻译是指将文字商标从一种文字翻译成另一种文字。就相同或者类似商品或者服务申请注册的商标是复制、摹仿或者翻译他人未在中国注册的驰名商标，容易导致混淆的，属于侵犯驰名商标专用权的行为，主管机关不予注册并禁止使用。

商标局撤销抢先注册在相同商品（巧克力）上的"金莎及图"商标

费列罗公司是世界四大巧克力生产厂商之一，其"FERREROROCHER 及图"商标在世界上（包括中国）有较高知名度。1986 年，该商标在中国注册，其产品开始进入中国市场，并在其产品上使用"金莎"中文字样及图形，但没有注册。张家港市乳品一厂于1992年将"金莎及图"商标在第30类"巧克力"、"糖果"商品上抢先注册。商标局认为：费列罗公司的商标是驰名商标，该商标被他人在相同或类似商品上注册和使用，易引起消费者混淆与误认，依据《巴黎公约》，张家港市乳品一厂的"金莎及图"商标不予核准注册。

转引自中国商标在线网：http://www.21etm.com/jingtai/cm4.asp

3. 对已在我国注册的驰名商标的保护

《商标法》第13条第2款规定了对已在我国注册的驰名商标的保护，即就不相同或者不相类似商品申请注册的商标是复制、摹仿或者翻译他人已经在中国注册的驰名商标，误导公众，致使该驰名商标注册人的利益可能受到损害的，不予注册并禁止使用。此款规定与《商标法》第13条第1款的不同是，如果某一驰名商标没有注册时，其最终获得的保护须限制在"相同"或者"相类似"的商品上，而对于"不相同"或者"不相类似"的商品上使用该驰名商标的情形，就不能主张权利；如果该驰名商标已经注册，那么其最终获得的保护就可以扩大到"不相同"或者"不相类似"的商品上。

根据《商标法》第13条第2款的规定，如果某一商标被认定为驰名商标并且已在我国注册，如果就不相同或者不相类似商品申请注册的商标构成对该驰名商标的复制、模仿或者翻译，并且这种复制、模仿或者翻译已经误导公众，并足以导致该驰名商标注册人的利益受到损害，则国家工商行政管理总局商标局对该商标不予注册，若擅自使用该驰名商标，则应予以禁止使用。这里的限制条件是"误导公众，致使该驰名商标注册人的利益可能受到损害"。如果缺少这一前提条件，就不能驳回该商标的申请注册，也不能禁止其使用。这也是为了限制驰名商标所有人滥用权利，以维护其他商品生产者的合法权益，为商品生产市场创造公平合理、健康有序的竞争局面。

经济全球化的发展，推动了世界各国的贸易往来和经济交流，驰名商标的无形价值日益显现。因此，驰名商标保护问题越发成为各国关注的焦点。目前，世界各国政府在促进知识产权保护方面取得了许多进展。在我国，保护驰名商标就要促进我国企业创立自己的品牌，保护我们的民族产业。中国要走向世界，参与经济全球化，必须努力创造和发展具有特色的在中国乃至全世界驰名的商标，促进我国市场经济和民族产业的发展，提高国家综合实力。为了顺应世界潮流，我国必须进一步提高对驰名商标的保护能力，借鉴国外先进经验，积极探索保护对策，加强同世界各国的交流与合作，促进全球经济繁荣与发展。

思考题

一、选择题

1. 注册商标有效期为（　　　）。

A. 10 年　　　　　　　　　　　　B. 15 年

C. 20 年　　　　　　　　　　　　D. 30 年

2. 哪些要素组合可以作为商标申请注册（　　　）。

A. 文字、图形　　　　　　　　　B. 字母、数字

C. 三维标志　　　　　　　　　　D. 颜色组合

3. 使用注册商标的哪些行为，由商标局责令限期改正或者撤销其注册商标（　　　）。

A. 自行改变注册商标的

B. 自行转让注册商标的

C. 连续三年停止使用的

D. 自行改变注册商标的注册人名义、地址或者其他注册事项的

4. 注册商标，包括（　　　）。

A. 商品商标　　　　　　　　　　B. 服务商标

C. 集体商标　　　　　　　　　　D. 证明商标

二、判断题

1. 凡集体注册人所属成员，均可使用该集体商标，但须按该集体商标的使用管理规则履行必要的手续。（　　　）

2. 任何具有显著特征，便于识别的三维标志均可以获得商标注册。（　　　）

3. 某公司注册的"玫瑰"牌商标被国家工商局认定为驰名商标，该公司认为此商标使用在所有的商品上都能受到商标法的保护。（　　　）

4. 驰名商标是指众所周知，家喻户晓的商标。（　　　）

三、简答题

1. 哪些标志不得作为商标注册？

2. 商标侵权行为有哪些表现形式？

3. 《商标法》对未注册商标的使用管理包括哪些方面？

四、论述题

试论驰名商标的保护。

五、案例分析题

1. 2001 年 3 月 19 日新疆维吾尔自治区工商行政管理局商标监督管理处接

到新疆火焰山葡萄开发有限责任公司的举报，乌鲁木齐沙区巨仁炒货食品厂生产了侵犯山东淄博周村巨仁食品厂的注册商标"巨仁"商标专用权的香瓜子。工商行政管理局当场封存了还未使用的带有"巨仁"商标的包装袋1217700个及印制包装袋的版样，并收缴了私刻的公章和用私刻的公章开据的假证明函件。经调查证实，乌鲁木齐沙区巨仁炒货食品厂在未取得"巨仁"商标合法使用权的情况下，擅自在自己生产的香瓜子上使用"巨仁"商标，并私刻山东淄博周村巨仁食品厂公章。

试分析:（1）乌鲁木齐沙区巨仁炒货食品厂行为应怎样处理？依据是什么？

（2）此案的特点是什么？对今后开展保护商标专用权的工作有怎样的警示？

2. 2005年10月，某体育用品有限公司经查处自2005年2月起，未经授权便擅自在其销售的运动服装上印制了北京2008年奥运会会徽及商用标志图案，并已销售数十套。

试分析:（1）该体育用品有限公司的行为属于什么行为？

（2）这种行为应怎样处理？依据是什么？

第八章 广告管理

本章重点

1. 广告及广告管理的概念
2. 对广告活动主体的管理
3. 广告内容审查的概念、原则
4. 对广告活动过程的监督内容
5. 违法广告行为处罚的构成要件，要承担的法律责任

广告作为一种传播方式，在现代社会中占有越来越重要的地位，也是工商行政管理活动的重点内容。本章通过对广告的概念、广告经营者、广告内容的审查、广告经营过程的监督、对违法广告行为的处罚的介绍，力求使读者对工商行政管理中的广告管理有比较深刻的认识。

第一节 广告及广告管理

一、广告概述

（一）广告的概念

"广告"一词源于古拉丁语，其含义为"引诱"；中古时期传入欧洲演化为英语的"ADVERTISE"，其含义为"引起人们的注意"；产业革命后，大规模的商业活动开始，"广告"一词普遍流行并广泛使用。

广告的定义随着社会政治、经济的发展而变化。由于广告活动涉及面广泛，广告运作十分复杂，使得现代意义上的广告很难有一个中外公认、权威性强的广告定义。但无论如何，现代社会的广告活动，它都应该包含以下几个方面：

第一，广告是一种宣传方式；

第二，这种宣传方式必须有被传播的信息内容；

第三，这种宣传方式的使用必须通过有偿的方式实现；

第四，这种宣传方式的使用是一种有目的的行为；

第五，这种宣传方式的使用者是谁；

第六，这种宣传方式的使用必须借助一定的媒介才能实现。

一般情况，广义的广告是指广告主为了特定的目的，通过一定的媒介或形式向社会公众传播某种信息的一种宣传方式，它包括营利性广告和非营利性广告；狭义的广告仅指营利性广告，即商业广告。工商行政管理机关广告监督管理所针对的主要是狭义的广告，即商品经营者或者服务提供者承担费用，通过一定媒介和形式直接或者间接地介绍自己所推销的商品或者所提供服务的商业广告。

中外有影响的"广告"的定义

1919 年北京大学新闻研究会出版的中国第一本新文学著作——《新文学》，徐宝璜著，对"新闻纸之广告"作了论述。

1932 年美国的专业广告杂志《广告时代》（Advertising Age）公开向社会征求广告定义，得票最多的入选定义是："广告是由广告主支付费用，透过印刷、书写、口述或图画等，公开表现有关个人、商品、劳务或运动等讯息，用以达到影响并促成销售、使用、投票或赞同的目的。"

1952 年过你商会（The International Chamber of Commerce）发行了一本《市场营销术语词典》，把广告定义为："对市场的商品、服务或商业上的观念作非亲身的多次陈述，由一位可确认的广告客户付款给为其传达讯息的运送者（即广告媒介）；与宣传报道之区别，在于后者并不付款给媒介，也不必确认广告客户。"

中国《辞海》对广告的定义是："广告是向公众介绍商品、报道服务内容或文娱节目的一种宣传方式。一般通过报刊、电台、电视台、电影、招标、幻灯、橱窗布置、商品陈列等形式来进行。"

来源：国家工商行政管理局广告监管司编，《广告专业技术岗位基础知识》，北京：中国统计出版社，1999 年 6 月版，第 19 页。

（二）广告分类

广告的分类方法和分类标准很多，从不同的角度按不同的标准，可以做不同的划分。正确科学地对广告进行分类，便于掌握各类广告的特点，有助于广告监督管理工作的顺利进行。同时，选择适当的分类标准对统计广告事业的发展情况和监督广告活动也具有十分重要的意义。

1. 按广告的发布目的，可以把广告分为营利性广告和非营利性广告两大类。营利性广告指发布的目的具有商业追求，即不管广告行为最终是否为广告主带来商业利益，只要广告主发布广告的目的在主观上想获得某种商业利益，就应该属于营利性广告的范畴，如商品广告、劳务广告等。非营利性广告是指发布的目的不具有商业追求的广告，如政府公告，即国家采用广告的形式来公布政府法令、政策、告示等；公益广告，如保护妇女、儿童的合法权益，防止环境污染，计划生育等方面的广告；社团活动广告，如社会团体活动、学术会议等；节日民俗广告，即节假日的宣传活动；个人启事广告，如征婚、寻人启事等。

2. 按广告传播的信息内容，可以把广告分为商品广告、劳务广告和企业广告。商品广告是指以介绍商品的厂牌、商标、性质、特点、功能为主，以达到促进商品销售目的的广告；劳务广告是指由饭店、旅游、银行、保险等行业制作，旨在提供服务信息的广告；企业广告是指以建立企业商业信誉，进而间接获取其经济利益的广告，它往往通过对企业理事、职工福利、经营业务、售后服务和社会责任等方面的介绍，增强消费者对企业的好感和信任。

3. 按广告的覆盖范围，可以把广告分为国际性广告、全国性广告，和国内区域性广告。国际性广告是指具有国际性影响力的媒介所发布的广告，如跨国发行的报刊、杂志或国际广播电台等发布的广告；全国性广告是指利用全国性媒介在全国范围内发布的广告；国内区域性广告则指区域媒介发布的广告。

4. 按广告受众划分，可以把广告分为消费者广告、工业用户广告和商业批发广告。消费者广告是指直接向最终消费者发布的广告，广告宣传的商品多为生活资料，因此也称为零售广告；工业用户广告是指主要由工农业生产部门或商业批发部门发布，对象是使用其产品的工业企业，广告宣传的商品多为机械设备、原材料、零配件和其他工业用品等；商业批发广告是指有生产企业向商业批发和零售企业发出的广告或批发商之间、零售商之间的广告，它的受众对象是商业企业。

5. 按广告的媒介，可以把广告划分为印刷广告、电子广告、邮寄广告、户外广告和交通广告等。印刷广告是指利用印刷物进行宣传的广告，主要包括报纸广告、杂志广告、画册广告、挂历广告、招贴广告、书籍广告等；电子广告是指利用电波讯号进行宣传的广告，主要包括电视广告、广播广告等；邮寄广告是利用邮政渠道进行宣传的广告；户外广告是指利用各种户外媒介进行宣传的广告，主要包括路牌广告、橱窗广告、旗帜广告等；交通广告是指利用交通工具的空间所做的广告，如车身广告、地铁车厢广告等。

广告分类的标准还有很多，如按广告时机划分，按广告效益产生的速度划分，按广告宣传商品所处的市场周期阶段划分等，但是基本的分类标准还是以是否营利为依据。从广告监督管理的角度出发，大量的以营利为目的的商业广告，成为监督管理的主要对象。

（三）广告的作用

1．加速商品流通，节约流通费用

社会再生产分为四阶段，即生产、交换、分配、消费。以货币为媒介的商品交换被称为流通过程。流通过程将生产和由生产所决定的分配与消费联系起来，使社会再生产各个环节在实践上连续，在空间上继续地进行。作为沟通生产和消费中介的广告，能加速商品流通速度，节约流通费用，并能克服人为和自然的障碍。广告及相关的活动一方面促进了消费，另一方面又指导了生产。如果没有广告作用的发挥，不仅会使流通费用支出过大，而且会因信息不畅导致流通过程的中断和停滞，从而影响社会再生产的正常进行。

2．促进生产，满足消费

广告对生产的促进作用表现在两个方面：首先是生产者运用广告向市场发出商品信息，开拓市场，扩大销路；其次是生产者搜索市场上的广告信息，制定生产决策，使企业生产的产品更能适应市场的需求，从而进一步满足消费者的需求。广告在促进生产和满足消费两方面充分体现了其对整个社会经济活动的积极影响。

广告是生产与消费联系的媒介。广告向消费者提供商品信息，使消费者有可能对不同生产者所生产的商品进行比较和选择，更合理地安排生活。每个社会成员的消费需求最后凝聚成为社会需求，给企业生产以改进和扩大的动力。生产的扩大使新产品更加丰富，再一次通过广告向消费者提供自由选择的机会，使得消费水平进一步提高。如此周而复始，良性循环，推动社会生产的发展和加速人民生活水平的提高。

3．有利于开展竞争

在商品经济中，商品生产者个别劳动时间转化为社会必要劳动时间要通过竞争来实现。竞争促使商品生产者改进技术，缩短生产的流通时间，降低生产成本，提高产品质量，注意和掌握市场信息。而广告由于它内在的功能，就自

然成了商品生产者从事竞争活动的武器。广告主利用广告向消费者推出产品、提出保证，以求建立信誉和长期占领市场。广告的成功预示着竞争的胜利。在当今社会化大生产的条件下，竞争不能没有广告，广告推动竞争，并在竞争活动中发挥越来越大的影响。

4. 促进对外贸易的发展

国际贸易是社会生产力发展到一定阶段的产物，而广告活动在国际贸易过程中发挥着重要作用。特别是目前的国际市场，商品种类繁多，竞争异常激烈，行情瞬息万变，更需要通过广告了解情况，通过广告宣传产品，通过广告展示中国企业形象。

5. 有利于社会主义精神文明建设

现代社会广告在传播各类信息的过程中，必然要借助一定表现形式，如语言、画面、色彩、图案、人物活动等，但不管是哪一种表现形式，总是有一定实际内容的，总要携带着一定社会条件下的某种意识形态、某种观念和某种价值取向的东西。在现代广告的传播过程中，同时也在传播着某种思想、某种观念和某种价值观。如果我们能注意到广告信息传播中的这种作用，尽量赋予广告健康、文明、美好的表现形式，那么无疑会极大地促进精神文明的建设。所以，广告既要讲究经济效益，又要讲究社会效益，要杜绝精神污染和各种消极现象，使广告事业在我们社会主义现代化建设中发挥更大的作用。

二、广告监督管理概述

（一）广告监督管理的概念

广告监督管理，是指国家各级政府工商行政管理机关为了保护广告活动主体和社会公众的合法权益，保障广告业健康发展，依据法律、法规和国家授予的职权，代表国家对广告活动主体及广告活动全过程进行监督、检查、控制和指导的活动。

广告监督管理的主体各级工商行政管理机关，根据《广告法》第六条，"县级以上人民政府工商行政管理部门是广告监督管理机关。广告监督管理的客体是广告活动主体以及广告活动全过程。广告活动主体主要包括广告主、广告经营者和广告发布者；广告活动的全过程包括广告活动主体的一系列广告行为。广告监督管理的目的是保护广告活动主体各方和社会公众的合法权益，保障广告业健康发展。这一目的和《广告法》第一条所指的广告法的目的是一样的，都指出了立法和实施监督管理的目的是"保护广告活动各方和社会公众的合法权益，维护社会主义经济秩序，保障广告业健康发展。"强调了广告主、广告经营者和广告发布者对消费者、对行业、对社会的责任，必须奉公守法。

（二）广告监督管理的职能

广告管理的职能主要包括立法、审批、监督、查处、协调、指导几个方面。

1．立法

这里所说的立法，主要是指有关广告管理法律、法规的制定。广告立法是广告管理的首要职能。这一职能是由国家管理国民经济的职能所决定的。广告立法，是通过制定广告活动行为规范，不仅明确参与活动各方各自的权利、义务及相互间的经济关系，还规定管理机关内部的管理原则、方法、职责及管理程序等。广告管理法规，既包括调整国家行政管理机关在国家行政管理活动过程中所发生的各种社会关系的行政法规，又包括调整经济关系的经济法规。为了适应经济基础的发展变化，广告立法不仅是制定广告管理法规的活动，还包括修改、废除广告管理法规的活动。所以，广告立法是全面调查、起草、审议、修改、通过、公布、宣传广告管理法规的有序过程。

2．审批

这是指广告经营、发布的审批登记，是工商行政管理机关依照《广告管理条例》及有关法规，审查申请单位和个人是否具备条件，决定核准或驳回其申请的过程。保护合法广告行为，取缔非法活动，是广告管理的重点任务之一，审批是实现这一任务的重要手段。审批，是一个受理经营广告申请、审查、核准、发证的有序过程，主要包括对申请者资格和业务范围的审批。审批过程中，在考虑申请者的条件的同时，还要考虑广告行业发展的规模、速度、方向、动力。审批要有利于搞活广告市场，有利于把竞争机制引入广告行业中，以打破垄断，促进广告行业的合理分工和向专业化方向发展，促进广告行业提高服务质量和更新服务手段。

3．监督

监督是指对广告活动的监察督导。监督的作用，一方面是把广告主、广告经营者和广告发布者的行为与广告管理法规的要求对照，实行事后审查，以发现偏差和问题，并督促、引导情节较轻微的违法违章行为及时得以纠正；另一作用是发现广告管理本身的问题，通过反馈问题改善工作。

4．查处

查处是指对日常监督发现的、群众揭发的、以及有关部门函转来的广告违法案件的审查处理。查处广告违法案件，由不同区域、级别的工商行政管理机关负责。查处违法案件，要按法定的程序进行。

5．协调

协调指协调各方面的活动，理顺纵、横关系，排除矛盾，使广告管理顺利进行。一方面是指广告监督管理机关对从事广告活动的主体之间的关系进行协调，使其在优化的环境中从事广告活动；另一方面是指协调广告管理机关与其他政府行政管理部门之间以及广告管理机关内部工作中的矛盾。

6. 指导

根据国务院有关规定，工商行政管理部门还担负着研究制定广告业方针、政策和发展规划；发布各类广告发布标准，开展广告法规宣传；组织、培训广告经营者等项职能，以便提高、改进广告服务质量，总结、交流经验，不断提高广告服务水平。此外，广告管理机关还担负着指导广告行业协会工作的职能。

（三）广告监督管理的原则

1. 行政法治原则

行政法治原则是工商行政管理部门对广告实施监督管理的基本原则。20世纪90年代以来，我国广告管理方面的立法进展较快，作为广告监督管理依据的法律、法规主要包括《中华人民共和国广告法》、《广告管理条例》、《广告管理条例施行细则》，基本法（如《宪法》、《民法》等）和综合法（如《反不正当竞争法》、《保护消费者权益法》等）以及专项广告管理法规（如《药品广告管理办法》、《医疗器械广告管理办法》）等。在广告管理中，工商行政管理机关要严格而准确地执行法律和法规。加强广告的立法工作，建立健全各种行之有效的管理规范及其制度和方法，使我国的广告法规日益完善，是摆在工商行政管理部门面前的重要任务，作为行政执法部门的工商行政管理部门对广告进行管理，必须做到有法必依、执法必严、违法必究。

2. 规范与服务相结合的原则

广告管理的目的是保护广告活动主体各方和社会公众的合法权益。广告监督管理机关既要规范广告行为，制止不正当竞争和虚假、违法广告，为广告活动营造一个良好的社会环境；又要及时向广告活动主体发布各种相关法制、业务信息，为其提供一个良好的信息服务平台，协调广告活动主体间的关系，促进其经验与业务的交流与合作，从而发挥广告对社会和经济发展的积极作用，促进广告业的健康发展，维护社会公众的利益。

3. 教育与处罚相结合的原则

法是靠国家强制力来保证实施的，但这种强制是与教育密切联系、互相渗透的。一方面，法律的实施必须靠教育人们自觉遵守；另一方面，法律又是人们保护自己，打击危害国家、社会利益行为的有力武器。《广告法》等广告监督管理相关法律法规的实施，首先要求广告活动主体遵纪守法，自觉在法律法规的框架内活动，出现违法乱纪的情况时，方予以处罚。教育与处罚相结合是广告监督管理的一项重要原则，处罚是主要的手段，法制教育是必要的前提。对广大人民进行法制教育，开展广告管理法规的宣传工作，也是工商行政管理部门的重要管理工作之一。

4．综合治理的原则

综合治理的原则是工商行政管理部门广告管理机关开展工作的基本原则之一。广告活动是一种较为复杂的经济活动，涉及国民经济的各个部门。单靠工商行政部门的广告监督管理机关是难以完成广告管理任务的。广告管理机关要与有关单位和部门密切配合，开展综合治理，才能顺利进行行之有效的管理，才能准确、全面地执行和完成法律赋予的任务。除广告监督管理机关外，司法机关、广告自律机构、相关行政部门以及社会公众等社会方方面面应共同做好对广告的综合治理。

5．产业原则

产业原则是指进行广告监督管理时，必须有利于广告产业的发展。广告行业的发展不仅是速度、营业额的增加，而且是整个行业的健康、快速、协调和其他产业的平衡发展。广告活动是为发展商品经济服务，为发展生产力服务的。

第二节　对广告活动主体的管理

作为工商行政管理对象的广告活动主体主要包括广告主、广告经营者和广告发布者三类。

一、对广告主的管理

在广告活动中，广告主具有多种身份，既是广告活动的发起者、投资者，又是广告信息的发出者、广告效果的受益者、法律责任的承担者。广告主可以是企业、事业单位，也可以是机关、社会团体和自然人。

广告主是广告的源头，其广告意识和法律意识的强弱都会对其广告活动产生影响。他们在日常生活中所形成的广告意见、态度和观念都会直接影响到他们对本企业所提出的广告宣传方向、目的、要求以及对企业内部广告宣传的管理，鉴于此，必须对广告主加以引导和管理，使其树立正确的广告意识和法律意识，了解广告活动的行为界限，确保广告主在享受权利、履行义务的同时，切实维护消费者的合法权益。

（一）广告主的概念和特点

《广告法》第二条规定："广告主，是指为推销商品或者服务，自行或者委托他人设计、制作、发布广告的法人、其他经济组织和个人。"由此可见，广告主具有以下几个方面的特点：

1. 广告主必须是法人、其他经济组织或者个人

法人，是指具有民事权利能力和民事行为能力，依法独立享有民事权利和承担民事义务的组织。主要包括企业法人、事业单位法人、社会团体法人。

其他经济组织，是指不具备法人资格，但依法可以从事商品经营或者提供服务的社会组织。这些组织一般拥有一定的资金，有自己的经营场所，具备生产能力，其合法经营权经登记机关核准并颁发《营业执照》。

个人，是指依法能够从事商品经营或者提供服务的自然人，包括个体商户、农村承包经营户及其他从事生产经营的个人等。

2. 广告主发布广告的范畴为商业广告

广告主发布广告，是以直接或者间接推销商品或者提供服务为最终目的，其范畴属于商业广告。《广告法》未把非商业广告的广告主作为行为人予以规范，因此，对非商业广告的广告主行为仍由《广告管理条例》及其《实施细则》进行管理规范。

3. 广告主的行为范围是自行或者委托他人设计、制作、发布广告

广告主自行设计、制作、发布广告，主要是指广告主利用自己的生产场所、工作区域介绍自己生产、销售或服务项目，这是一种自我广告服务行为。在广告活动中多数广告主都是委托他人设计、制作、发布广告，如，委托广告经营者进行广告设计、制作、发布、部分代理服务、全面代理服务。

广告主自行或者委托他人设计、制作、发布广告，其所推销的商品或者提供的服务应当符合广告主的经营范围。国家通过颁发营业执照和核定经营范围，对企业进入市场从事经营活动的范围予以规范，经营范围一经确定，企业必须在其范围内从事市场经营活动，广告活动也不例外。

（二）广告主的权利和义务

广告主的权利是指广告主在参与广告活动中，根据法律的规定，在财产和人身方面，应当享有的民事权利。一般来说，广告主享有以下权利：（1）广告决定权。（2）对广告代理公司和广告媒介的选择权。（3）拒绝行政机关乱收费、乱摊派的权利。（4）要求进行不正当竞争的企业停止侵害、恢复名誉、赔偿损失的请求权。（5）要求广告管理机关依法保护其合法权益的权利。（6）申请复议和提起诉讼的权利等。

广告主的义务是指广告主在参与广告活动中根据《广告法》和有关法规的规定，应当为一定行为或者不为一定行为的责任。一般来说，广告主的义务主要有两个方面：一是提供广告证明材料的义务，以证明自己有做此广告的资格和能力；二是保证广告活动遵守法律规定的义务，具体包括以下几个方面：（1）广告主的广告宣传内容必须在其经营范围或者国家许可的范围内，超越其经营范围的内容不得上广告。（2）广告主必须委托经工商行政管理机关核准登记，具有广告经营业务权的广告经营者承办广告宣传业务。（3）广告主委托广告经营者承办或者代理广告业务，应当与广告经营者签订书面合同，明确各方的责任。（4）广告主应当对其发布的广告内容提供证明文件、资料加以证实，务必保证广告内容的真实、客观、合法。（5）广告主应当遵守诚实、信用、公平竞争等市场经营的基本原则从事广告宣传活动，不得用广告宣传贬低或损害竞争对手，不得用广告宣传损害用户或消费者的合法权益。

依据《广告法》第二十四条的规定："广告主自行或者委托他人设计、制作、发布广告，应当具有或提供真实、合法有效的下列证明文件：（1）营业执照以及其他生产、经营资格的证明文件。（2）质量检验机构对广告中有关商品质量出具的证明文件。（3）确认广告内容真实的其他文件。"

依照《广告法》第三十四条的规定，发布广告需要经有关行政主管部门审查的，还应当提供批准文件。即利用广播、电视、电影、报纸、刊物以及其他媒介发布药品、医疗器械、农药、兽药等商品的广告和法律、行政法规由有关行政主管部门对广告内容进行审查，未经审查，不得发布。

根据《广告法》这两条规定的精神，广告证明一般是由广告主自行办理并向广告经营者和广告发布者提交；广告主委托广告代理公司代为办理广告业务的，也可以由广告代理公司代为办理广告证明，并向广告发布者提交。广告主要交验的广告证明，主要有以下几种：

（1）关于广告主的生产、经营资格的证明。《广告法》第二十二条规定："广告主自行或委托他人设计、制作、发布广告，所推销的商品或者提供的服务应当符合广告主的经营范围。"因此，工商企业和个体工商户分别应交验《企业法人营业执照》和《营业执照》的副本；有限责任公司、股份有限公司、外商投资企业应交验《公司法人营业执照》；外国企业常住代理机构应交验《外国企业在中国常驻代表机构登记证》。

（2）表明质量标准的商品广告。应提交省辖市以上标准化管理部门或者经计量认证合格的质量检验机构出具的证明，且要达到国家标准、行业标准或企业标准。未表明质量标准的商品广告，也应出具商品质量合格证。

（3）表明获奖的商品广告。应当提供省级以上行政主管部门颁发的本届、本年或者数届、数年度连续获奖的证书，并在广告中表明广告级别和颁奖部门。

（4）标明优质产品称号的产品广告。应当提交政府颁发的优质产品证书，并在广告中标明授予优质产品称号的时间和部门。

（5）标明专利权的商品广告。应当提交专利证书。专利证书不能作为产品合格的广告证明使用。

（6）标明注册商标的产品广告。应当提交商标注册证。

（7）实施生产许可证的产品广告。应当提交生产许可证。

（8）各类文艺演出广告。应当提交所在县级以上文化主管部门准许演出的证明。

（9）大专院校招生广告。应当提交国家或省级教育行政部门同意刊播广告的证明；中等专业学校的招生广告，应当提交地（市）教育行政主管部门同意刊登广告的证明；外国来中国招生的广告，应当提交国家教育行政部门同意刊登广告的证明。

（10）各类文化实习班或职业技术培训班招生广告、招工或招聘广告。应当提交县级以上（含县级）教育行政主管部门或劳动人事部门同意刊播广告的证明。

（11）个人行医广告。应当提交县级以上（含县级）卫生行政主管部门批准行医的证明和审查批准广告内容的证明。

（12）药品广告。应当提交省级卫生行政主管部门审查批准的《药品广告审批表》。

（13）兽药广告、农药广告。应当提交省级农业行政主管部门审查批准的《兽药广告审批表》、《农药广告审批表》。

（14）医疗器械广告。应当提交医药行政主管部门审查批准的《医疗器械广告审批表》。

（15）食品广告。应当提交卫生许可证，其中保健食品广告还应提交国务院卫生行政部门核发的《保健食品批准证书》、《进口保健食品批准证书》；新资源食品广告，应当提交国务院卫生行政部门的新资源食品试生产卫生审查批准文件或新资源食品卫生审查批准文件；特殊营养食品广告，应当具有或者提供省级卫生行政部门核发的准许生产的批准文件；进口食品广告，应当提交输出国（地区）批准生产的证明文件、口岸进口食品卫生监督检验机构签发的卫生证书，中文标签。

（16）房地产广告。应当具有或者提供房地产开发企业、房地产权利人、房地产中介服务机构的工商营业执照或者其他主体资格证明；建设主管部门颁发的房地产开发企业资质证书；土地主管部门颁发的项目土地使用权证明；工程竣工验收合格证明。发布房地产项目预售、出售广告，应当具有地方政府建设主管部门出具的预售、销售许可证明；出租、项目转让广告，应当具有相应的产权证明；中介机构发布所代理的房地产项目广告，应当提供业主的委托证明。

（17）各种展览会、展销会、订货会、交易会等广告。应当提供主办单位的主管部门的批准证明。

（18）有奖储蓄广告。应当提供上一级人民银行的证明。

二、对广告经营者的管理

（一）广告经营者的概念和种类

依据《广告法》第二条规定："广告经营者，是指受委托提供广告设计、制作、代理服务的法人、其他经济组织或者个人。"

在我国，广告经营者主要是指各类广告公司。广告公司，是指依法办理登记注册，经核准成立的专门的广告服务企业。其最明显的特征是代理，即接受委托，提供服务，包括为广告主提供广告宣传计划服务，又称客户代理服务；为广告媒介提供销售版面和时段的服务，又称媒介代理服务。在广告活动中，广告公司处于中间的地位，为广告主和广告媒介提供双向的服务。客户代理服务，即广告公司接受广告主委托，实施市场调研、广告策略拟定、广告创作等全部或部分广告业务。媒介代理服务，即广告公司接受媒介的委托销售版面和时段。

从广告监督管理的角度，根据广告公司的服务功能和经营范围，可将广告公司分为全面服务型公司和部分服务型公司。全面服务型公司，是指为广告主提供关于广告运作的全过程、全方位的服务，包括产品分析、市场调研、广告策略、媒介计划和购买、广告创意和制作及其他相关活动的公司。部分服务型公司，是指为广告主提供广告活动中的某一项或几项服务的公司。

其他兼营广告的企业或媒介单位主要包括广播电台、电视台、报刊出版单位，事业单位及法律、行政法规规定的其他单位。这些单位可根据相关规定申请办理广告经营许可登记。

（二）专业广告公司的职责

广告公司的职责是由其代理行为产生的，主要可分为对广告主和对媒介的职责两部分。

1. 专业广告公司对广告主的职责包括：（1）为广告主提供详尽的市场调查

和消费者调查，为广告主开发新产品提出建议，并为广告活动的开展打下基础。（2）确认市场和产品的特点。分析市场状况，找出目标市场，确认显现市场和潜在市场，分析广告主的产品与竞争对手的差异，找出自己的特点。（3）研究影响广告主产品销售的各种因素，提出改进意见。如，产品的设计、品牌、包装、销售渠道等。（4）了解各种媒体的功能、特点、接收对象的状况、收费情况等，分析广告主的商品最适宜采用什么样的媒介，采用什么样的发布形式等。（5）在市场调查的基础上，配合商品的销售策略，帮助或协助广告主制定广告规划，提出广告目标、广告战略、广告预算的建议，供广告主选择、确认。（6）根据广告代理合同，实施广告战略，运用专业知识、技能和手法，将广告主的意愿表达出来，即设计、制作广告作品。（7）根据代理合同约定，与广告媒介签订广告发布合同，保证广告在特定的媒介、特定的时期或版面上发布，把广告主的信息传递给目标受众。（8）检测广告发布是否符合发布合同的约定，测定广告效果，向广告主反馈市场信息，总结广告宣传工作，及时调整广告计划。（9）协助广告主进行其他促销活动。如，开展公关活动、产品设计，包装装潢、企业形象设计等。（10）为广告主提供各种有关的信息，如，环境变化资料、社会状况、政策变化等等。（11）帮助广告主共同遵守广告管理法规，审查广告内容，保证广告符合法律规定的发布标准。（12）提供其他的相关服务。

2. 专业广告公司对媒介单位的职责主要有：（1）为媒介提供广告业务来源，代理媒介销售版面和时间段，以扩展媒介的广告业务量。（2）不断将广告主对媒介发布的需求动向转达给媒介单位。（3）帮助媒介单位守法把关，减轻媒介单位的审查压力。

（三）对广告经营者的资格认证

对广告经营单位进行资格认定，是在经过申请单位申请登记，登记主管机关对申请登记单位进行审核核实后，进一步对申请登记单位进行认定批准、颁发营业执照和广告经营许可证的最后阶段。营业执照和广告经营许可证的颁发，标志着申请登记单位广告经营权的确立，以及广告经营资格审定的最终完成。登记主管机关填写在营业执照和经营许可证上的具体事项，必须符合国家的政策法规的要求，对此，登记主管机关负有全部的法律责任。

1. 营业执照

营业执照是经营广告业务的企业单位或个体工商户，被国家允许从事合法广告经营活动的书面形式的凭证。申请经营广告业务的企业，除符合企业登记等条件外，还应具备下列条件：（1）有负责市场调查的机构和专业人员。（2）有熟悉广告管理法规的管理人员及广告设计、制作、编审人员。（3）有专职的财会人员。（4）申请承接或代理外商来华广告，应当具备经营外商来华广告的能力。申请经营广告业务的个体工商户，除应具备《城乡个体工商户管理暂行条例》规定的条件外，本人还应具有广告专业技能，熟悉广告管理法规。设立经营广告业务的企业，向具有管辖权的工商行政管理局申请办理企业登记，发给营业执照；经营广告业务的个体工商户，向所在地工商行政管理局申请，经所在地工商行政管理局依法登记，发给营业执照。

经营广告业务的企业单位领到营业执照，即是它的合法权益受到保护并承担相应义务的象征，又是它开展符合国家政策法规的正常生产经营活动的依据。经营广告业务的企业单位只有在领取营业执照后，才能在银行开立账户，才能刻制公章，签订合同，注册商标和开展广告经营业务。

2．广告经营许可证

广告经营许可证是兼营广告业务的单位从事广告经营业务活动的书面形式的合法凭证，由国家工商行政管理局统一印制。广播电台、电视台、报刊出版单位，事业单位以及法律、行政法规规定的其他单位办理广告经营许可登记，应当具备下列条件：（1）具有直接发布广告的媒介或手段。（2）设有专门的广告经营机构。（3）有广告经营设备和经营场所。（4）有广告专业人员和熟悉广告法规的广告审查员。申请兼营广告业务应当办理广告经营许可登记的单位，向省、自治区、直辖市、计划单列市或其授权的县级以上工商行政管理局申请登记，发给《广告经营许可证》。它既是国家授予兼营广告的单位在主要业务之外，利用自由媒介的便利条件，经营广告业务的权利象征，又是对广告兼营单位在核准登记的经营范围内从事合法广告活动的限定。经营广告业务的单位如果出现违法行为，必须依法查处。

三、对广告发布者的管理

（一）广告发布者的概念和作用

依据《广告法》第二条规定："广告发布者，是指广告主或者广告主委托的广告经营者发布广告的法人或者其他经济组织。"

广告发布者主要有两类：一类是新闻媒介单位，即利用电视、广播、报纸等新闻媒介发布广告的电视台、广播电台、报社；另一类是具有广告发布媒介单位的企业、其他法人或经济组织，如利用自有或者自制音响制品、图书、橱窗、灯箱、场地（馆）霓虹灯等发布广告的出版（杂志、音响）社、商店、宾馆、体育场（馆）、展览馆（中心）、影剧院、机场、车站、码头等。

1．广告媒介的传播作用

在广告活动中，广告媒介承担着广告信息发布的职能。广告媒介一方面是广告信息传播过程中的载体，另一方面是广告信息从发出者到接受者的中介。不同媒介有不同的传播特性、不同的受众构成、不同的持久性、不同的影响力，媒介选择、媒介组合、媒介安排的合理性，在很大程度上会影响广告信息能否准确到达目标消费者，即广告的诉求对像，并最终影响广告的效果。广告信息被广告的创作者和制作者根据不同的传播特性转化成媒介传播需要的符号，如，报纸媒介的文字与图片、广播媒介的声音、电视媒介的画面和声音、户外路牌所需要的大型图片和文字，均由广告媒介承载，显示于广告媒介的版面、荧屏、声音或者画面上，使受众可以通过听觉、视觉或感觉来感知或者接受。

2. 广告媒介的市场作用

从市场营销的角度看，自从大规模市场开始形成，企业的产品就必须通过中间商和零售商才能到达消费者的手中，企业失去了与消费者的直接联系。但是，企业为了顺利地销售和实现更大的销售量，向消费者传播关于产品的信息，于是，现代广告应运而生，广告成了联系企业的桥梁和纽带。如果没有广告媒介，企业的广告信息就无法到达目标消费者。所以，从根本上说，广告媒介实际上是企业与消费者沟通的工具，是现代市场经济中企业与消费者之间不可缺少的联系纽带，对于企业的市场营销起着至关重要的作用。

（二）媒介广告部的职能

大众传播媒介一般都设立广告部，负责本媒介的广告经营。

1. 广告部门的职能

（1）媒介广告版面和时段的推广：制定广告刊例、向广告公司介绍本媒介的广告版面和时段，以提高广告营业额。（2）广告业务谈判：负责与广告公司接触，商定广告播出的时间和价格。（3）广告来稿审查：审查广告公司代理资格和广告主刊登广告证明文件的合法性，审查广告内容是否真实、合法，是否符合本媒介的要求。（4）与广告公司签订广告刊播合同。（5）收取广告刊播费用，（6）安排协调广告刊播并及时向广告公司反馈刊播信息。（7）向广告公司通过本媒介受众调查资讯，以加深广告公司对本媒介的了解。

2. 广告发布的程序

（1）制定广告发布计划。（2）谈判。（3）签订广告发布合同。（4）支付播出费用。（5）交付印刷胶片、录音录像带。（6）媒介刊播。（7）发布监测。

（三）对广告发布者的审批登记

根据有关法律、法规的规定，一切新闻、出版单位，包括报社、电台、电视台和书刊出版单位，申请经营或者兼营广告业务，必须向当地工商行政管理局提出申请，经审核批准，领取广告经营许可证或营业执照后方可经营。凡申请经营广告发布业务，必须经工商行政管理局核准登记，禁止无证照的法人和其他经济组织经营广告发布业务。

申请广告发布业务的事业单位，应当具备以下条件：

（1）具有法人资格。（2）有直接发布广告的媒介。（3）有专门的广告经营机构和经营场所，经营场所面积不小于20平方米。（4）有与广告经营范围相适应的广告经营管理人员和编审技术人员（以上人员均需取得广告专业技术岗位资格证书）、财务人员和广告经营管理制度。（5）有熟悉广告法律、法规的专职广告审查人员。（6）有健全的广告业务承接登记、审核、档案管理制度。（7）报纸、杂志兼营广告发布业务的必须达到一定的发行量。（8）省级以上的报纸、电台、电视台申请直接承办外商来华广告，还必须有能够直接与外商洽谈业务的翻译人员。（9）广告费收入单独立账。

申请经营广告发布业务的其他经济组织，也应当具备发布广告的一般条件，并经工商行政管理机关审核批准，方可从事广告发布活动。

根据《广告法》第十三条第二款的规定："大众传播媒介不得以新闻报道形式发布广告。通过大众传播媒介发布的广告应当有广告标记，与其他非广告信息相区别，不得使消费者产生误解。"为了使消费者识别新闻与广告的界限，要求广告必须在有广告标记的版面、栏目或时间中刊播，在节目进行中，不得中断节目播出广告。

（四）广告发布者的行为规范

1. 广告应当有明显的标志

《广告法》第十三条规定："广告应当具有可识别性，能够使消费者辨明其为广告。通过大众传播媒介发布的广告应当有广告标记，与其他非广告信息相区别，不得使消费者产生误解。"

标明广告标识的作用，是使受众明确广告与新闻以及其他宣传的区别，避免消费者发生误认。大量的广告是利用新闻媒介发布的，在各种新闻媒介上，既有新闻报道和其他宣传，又有广告宣传。广告是广告主的自我宣传，与新闻是两种不同性质的宣传。因此，要求广告要具有可识别性，发布广告时要有广告标志，如"广告专版"、"广告专页"、"广而告之"、"音乐与广告"等，使消费者和用户能够辨认出是广告。在外文报纸或外语广播电台、电视台的节目中可使用英语中广告一词的缩写"AD"作为广告标志或明确地说明"下面是广告节目"，以告知受众。

2. 不得以新闻报道的形式发布广告

　　新闻是最近发生的事实，是报纸、通讯社、广播电台、电视台等新闻机构对当前国内外政治、经济、社会、科学等诸方面的形势、动态、事件所做的客观报道，以满足受众知情权的需要。而广告，是广告主以付费的方式，以推销商品或服务为目的，利用媒介向消费者的劝说、诉求。新闻具有时效性，一般出现一次，重要的新闻也只能在一天内出现几次，而广告则不受时效的限制。只要企业出资付费，可以在一个月、一年或更长的时间连续刊播，新闻与广告性质不同、目的不同，不能混为一谈。

　　以新闻报道的形式发布广告，又称新闻广告，它是指以新闻采编、新闻报道的名义发布的广告。新闻广告从表面上看是新闻报道，而从宣传过程的实质条件来看却是广告。它是把广告宣传混同为新闻或其他节目，用新闻的形式发布并收取一定的费用。新闻广告往往失去了新闻的公正性、客观性。出于对新闻单位的信任，读者、听众、观众极易受其误导。起到广告所起不到的特殊作用，更具有隐蔽性、欺骗性。新闻广告是一种违法行为，它既危害了新闻事业的健康发展，又扰乱了广告业的正常营业秩序，必须坚决予以制止。

　　3. 严禁新闻记者借采访的名义招揽广告

　　《中国新闻工作者职业道德准则》规定：新闻工作者要克服行业不正之风，不刊发各种形式的"有偿新闻"，不得以新闻或版面作为交易，索要财物，谋取私利，不得以任何方式接受被报道地区、单位和个人的礼金或有价证券。新闻活动与经营活动要严格分开。记者、编辑不得从事广告或其他经营活动，从中牟利。

　　4. 广告发布者提供的媒介统计资料应当真实。

　　《广告法》第十三条规定："广告发布者向广告主、广告经营者提供的媒介覆盖率、收视率、发行量等资料应当真实。"

　　媒介覆盖率，是指报纸、杂志、广播电台、电视台可能传播的地域范围和空间范围及能够接触媒体信息的读者、听众、观众的人数占全体人口的百分比。一般来说，媒介覆盖率的大小，决定其发行量的大小、收视率、收听率的多少。媒介覆盖率说明某一媒介可传播的有效范围和目标对象的数目，为广告主、广告经营者在广告活动中提供决策依据。

　　收视率，是指在某一特定时间内，收听、收看某一广播节目或某一电视节目的有效人数在某一特定受众群体中所占的百分比。

　　发行量，是指杂志、报纸等出版物对外公开发行的数量（包括赠送数量），如日报每日发行的份数，杂志每期发行的份数。

　　媒介统计资料的真实性、准确性直接影响到企业广告费的投向和广告发布效果，关系到广告主的切身利益。因此，广告法不仅要求广告发布者要提高广告发布质量，而且要向广告主、广告经营者提供真实、准确的媒介统计资料。

5. 广告发布者应当公开广告收费标准、收费办法

《广告法》第二十九条规定："广告收费应当合理、公开，收费标准、收费办法应当向物价和工商行政管理部门备案。广告发布者应当公布其收费标准和收费办法。"

广告收费，是广告发布者为广告主、广告经营者提供广告发布服务时所收取的费用。

6. 媒介下属的广告公司必须与媒介广告部门相脱离，不得以任何形式垄断本媒介的广告业务

媒介部门成立了自己的广告公司，既可解决媒介自身被裁减下去的一部分富余人员的再就业问题，又可代理媒介的版面或时间，相互收益，但这样很容易形成媒介下属的广告公司对本媒介广告业务的垄断，不利于公平竞争。因此，广告管理规章要求媒介下属的广告公司必须与媒介广告部门相脱离，不得以任何形式垄断本媒介的广告业务。

"特别节目"涮你没商量

199×年的1月23日、24日，《郑州晚报》在头版显著位置连续刊发了一则欲言又止的奇怪消息："广大市民，元月25日早晨6时30分请注意收看郑州电视台特别节目"，与此同时，郑州电视台也多次播发了同样的消息；一些配有BP机的朋友，也多次收到了传呼台发布的与上述内容一样的信息。由于像这样在晚报、电视台、传呼台反复刊登、播发同一内容的消息没有先例，加之这一则悬念片一般颇为"玄虚"的广告用语，在市民中间引起了各种猜测，议论纷纷。一时间此字幕广告弄得人心惶惶，甚至有些年事已高的离退休老人，为了观看所谓的"特别节目"，而又因为害怕受过度刺激，在收看节目前就准备好了急救药品……

1月25日凌晨，事先获得消息的郑州市民，早早地起床围坐在电视机前，等待收看所谓的"特别节目"。6点30分，节目准时播出，仅是一部酒类产品的广告专题片！郑州市民在"没商量"的情况下实实在在地被"涮"了一把！众多的观众才不禁大呼上当。事件发生后，河南省委宣传部和郑州市委宣传部对有关新闻单位进行了严肃批评。

广告是一则带有违法性质的广告。据分析，可知其违反了《广告法》第

13条第1款规定："广告应当具有可识别性，能够使消费者辨明其为广告"。该广告却明显违反了这一规定。"特别节目"特在哪里，又和其他新闻或产品广告报道"别"在何处，却使得民众分不清事实真伪，而反倒造成了种种猜测和不安。

来源：包淳一主编，《广告管理》，北京：中国建筑工业出版社，1999年，第209页。

第三节　对广告活动的监督管理

一、对广告内容的审查

对广告活动进行监督的首要问题，是对广告内容的审查监督。

（一）对广告内容审查的范围

1. 特种广告

特种广告包括两大部分。第一部分在目前主要指药品、医疗器械、农药、兽药等四类特殊商品的广告。《中华人民共和国广告法》第三十四条规定："利用广播、电视、电影、报纸、期刊以及其他媒介发布药品、医疗器械、农药、兽药等商品的法律、行政法规规定应当进行审查的其他广告，必须在发布前依照有关法律、法规由有关行政主管部门对广告内容进行审查；未经审查，不得发布。"由于这些商品有的是关乎人民身体健康和生命安全，有的直接影响生命安全和经济秩序，其社会影响都比较大，目前存在问题也比较多，因此，极有必要由有关行政主管部门对其在发布前进行严格审查把关。特种广告的第二部分是，除了上述四种商品广告之外，由广告监督管理机关依据有关法律和行政法规，或根据国务院授权，规定应当在发布前由有关行政主管部门进行审查的其它广告。随着我国经济的不断发展，广告将被运用到更加广阔的领域，还可能出现一些事关人身安全、生产安全和市场经济秩序的商品，这些商品的广告，也需要予以严格的审查。

2. 普通广告

普通广告是相对于特种广告而言的，特种广告之所以特殊，是因为它需要由熟悉该商品业务的有关行政主管机关进行事前审查。普通广告一般不需要有关行政主管机关审查，而是由广告经营单位进行事前审查，由广告监督管理机关进行发布后监督。

普通广告的范围比较广泛，凡是不属于特种广告的，均属于普通广告。其种类主要包括：烟草广告、酒类广告、食品广告，医疗广告、融资广告、类药品广告、体育广告、文化广告、教育广告、印刷品广告、其他各种工业品广告，等等。

对广告内容的管理要求主要包括以下几个方面：（1）广告内容应当真实。广告内容应当如实介绍商品和服务，不能进行任何形式的虚假、夸大的宣传。（2）广告内容应当合法。凡是广告中有违反国家法律、行政法规、政策，有损我国民族尊严，有种族、宗教、性别歧视，有反动、恐怖、暴力、淫秽、丑恶、迷信内容，有诽谤性宣传，有违反国家保密规定等，都应禁止刊登、播映、设置和张贴。户外广告还应该遵守地方政府和广告监督管理机关的有关规定，不得妨碍环境和自然资源的保护。（3）广告内容应当健康。广告内容是通过艺术形式表现出来。内容健康、格调高雅的广告，对公众、对社会起着积极的影响和感染作用。但是，目前我国的广告市场上还经常出现一些内容不健康、格调低下的广告。例如，宣传奢华、豪门、霸气、贵族化的广告；脂粉气、色情味太浓，以"娇"、"媚"为美的广告；以幼儿为模特或受众，误导儿童的广告；"洋"味太浓的广告等等。这些广告有悖于时代精神，败坏社会风气。对此类广告，广告监督管理机关必须进行严格的监督控制，坚决干预、制止。

（二）对广告内容审查监督的方式

按照有关的法规规定，对广告内容审查监督的责任者及其方式主要包括：广告审查机关事前审查，广告活动主体事前审查，广告监督管理机关事后监督，具体要求如下：

1．广告审查机关事前审查

所谓广告审查机关，是指与待发布的特种广告的商品或服务有关的行政主管部门。因为这些部门熟悉该类商品或服务的专业技术，负责管理商品的生产、销售环节，由这些部门负责对商品和服务的待发特种广告进行事前审查，会更加有利于控制广告的发布质量。关于特种商品或服务的有关行政主管部门，国家法律和行政法规都有明确的规定。例如：药品的行政主管部门是卫生部，农药的行政主管部门是农业部。

2．广告活动主体事前审查

广告经营者、广告发布者是广告活动中的两个主要行为主体，对于有效地遏制和杜绝违法广告负有极为重要的责任。因此，广告经营者、广告发布者依法查验证明文件，核实广告内容，保证广告内容真实、合法，既是法律明确规定的义务，也是保护消费者合法权益，维护社会经济秩序的有效措施。广告经营者、广告发布者对广告内容进行事前审查的范围比较广，无论是特种广告，还是普通广告，只要是由他们经营或发布的广告，均应进行事前审查。

3．广告监督管理机关事后监督

在经过广告审查机关事前审查，广告经营者、广告发布者事前审查之后，如果符合发布条件，待发布广告就可以由广告发布者正式发布。在广告发布的过程中，广告监督管理机关还应对其进行事后监督，以确保广告发布的质量，维护社会经济秩序，维护消费者的合法权益不受侵犯。广告监督管理机关对广告内容进行发布后监督的对象，不仅是特种广告，还包括各种普通广告。

（三）对广告内容审查的法律依据

除《广告法》及《广告管理条例》及其实施细则外，还有若干种广告管理单项法规，如《药品广告管理办法》、《食品广告管理办法》、《化妆品管理办法》、《酒类广告管理办法》、《烟草广告管理暂行办法》、《兽药管理条例》、《关于加强融资广告管理的通知》、《广告发布标准》等。其中《广告发布标准》是国家广告监督管理机关依据《广告法》第二章"广告标准"中的各项原则规定制定的广告质量标准，它对广告的语言、文字、画面、形象等做出了更加详尽的规定，是"广告标准"的具体化和操作规范。

（四）对广告内容审查的程序

根据《广告法》的有关规定，广告审查机关对广告内容审查的程序，主要包括申请、审查、审查决定三个阶段。

（1）申请：广告主向广告审查机关申请广告审查。

（2）审查：广告审查机关依照有关法律、行政法规，对广告主的申请进行审查。

（3）审查决定：广告审查机关对广告申请进行审查后，要做出审查决定。此决定一般有三种可能：审查合格予以发布；审查不合格驳回申请；建议修改后再进行审查。审查决定一律准确明白，不得含糊其词。

各国（地区）关于烟草广告的规定

世界各国对烟草广告都是有严格限制的，加拿大的《烟草控制法》规定，禁止报刊、影视、广播中刊登烟草广告，同时在香烟盒子上必须有 1/5 的地方写有"吸烟有害健康"的字样。另外，广告牌中的烟草广告和商店内的香烟广告分别在 1991 年和 1993 年取消，违反者将被处以 10 万加元的罚款和 1 年的监禁。

欧洲共同体委员会也通过一项法令，从 1993 年 1 月 1 日起，除了在专门经销烟草产品的商店外，禁止所有有关烟草产品的直接广告和间接广告。此外，还禁止用某一已经出名的产品的品牌来命名一种新推出的烟草产品。作为欧共体主要国家的英国政府，为响应这一号召，于 1991 年与烟草广告商达成一次新的协议，将原来印在香烟盒上的"吸烟有害健康"的字样一律改成触目惊心的"吸烟送命"的字样，同时进一步规定了禁止电台、电视台为雪茄和烟斗丝做任何形式的广告，并对烟草广告牌的大小及树立的地点也作了明确的规定，以防止烟草商和广告代理公司钻空子。

韩国严禁外国香烟在其国内销售，更不允许出现外国香烟的广告。

新西兰的《无烟环境法》规定：从 1991 年起必须禁止所有直接的烟草广告，包括报刊、影视、广播和广告栏，同时要求各企业老板与工人协商后写出书面的保证，不在单位的公共场所和标出禁止吸烟的地方吸烟。

来源：王军著，《广告管理与法规》，北京：中国广播电视出版社，2003.6，第 171 页。

二、对广告活动过程的监督管理

对广告活动主体的广告行为实行经常性的不间断的监督控制，及时发现并纠正广告活动过程中的不规范行为，及时查处并严厉打击其违法行为，整顿市场经济秩序，才能有效地规范广告活动主体的广告行为，树立广告业的良好形象，维护广告市场的正常秩序，维护广告活动主体与消费者的合法权益和地位，保证广告市场健康有序地发展。

广告监督管理机关要通过定期或不定期的执法检查，规范广告活动主体的广告行为。定期检查一般分为季检和年检，检查内容大多成综合性特点；不定期检查往往属于专项治理检查，一般需要广告监督管理机关与其他有关行政部门互相配合行动。值得注意的是，执法检查只是手段而不是目的，其最终目的是通过检查发现问题，及时查处、纠正、规范广告活动主体的不规范广告行为。因此，在检查过程中，不仅要对广告活动主体的违法行为、违规行为进行严厉打击和严肃处理，还要通过执法检查，广泛宣传有关法律、行政法规和政策，积极开展咨询辅导活动，有条件的要组织广告经营者、广告发布者和广告主进行培训，不断增强他们的法律意识，提高他们的政策水平和业务素质，规范他们的广告行为。此外，还要针对检查中发现的问题，认真进行典型案例分析研究，从中摸索规律，总结经验，以便提醒、指导其他广告活动主体避免重犯类似错误。

（一）对日常广告活动过程的监督管理重点

1．对不正当竞争行为的监督管理

广告活动中的不正当竞争行为具体表现为：①广告主主要利用广告中直接比较或间接比较手段，贬低同类或其它产品、服务或竞争的对手，发布虚假夸大广告等。②广告经营者主要表现为以回扣或给广告主提供某种便利条件为诱饵，拉拢广告主；以种种不正当手段从广告发布者手中争夺有力或紧俏的时间版面；以不正当手段争取户外广告发布阵地；联合其他广告经营者、广告发布者排挤竞争对手。③广告发布者主要是利用自己拥有的媒介或其他发布手段，妨碍、排斥广告经营者之间的正当竞争，如对不同的广告主、广告经营者实行不同的收费标准和收费办法；利用自己的优势要挟、刁难广告主、广告经营者；拒付广告经营者代理费；委托某一广告经营者全权代理本媒介的广告业务而排斥其他广告经营者等等。广告活动中的不正当竞争行为损害了其他广告活动主体的合法利益，扰乱了社会主义广告市场秩序，严重地影响了我国广告业的健康发展，必须予以严厉打击。

2．对侵犯人身权利行为的监督管理

在广告活动中侵犯人身权利的行为，主要是指事先未经同意擅自使用他人的名义和形象。公民、法人的名义、形象，属于公民、法人的人身权，是受法律保护的合法权利。当这种权利受到他人的非法侵犯时，当事人就可以通过民事诉讼程序，请求国家予以保护。因此，为了保护公民、法人的人身权，《广告法》对广告中使用他人名义、形象的，应当事先取得他人的书面同意；使用无民事行为能力、限制民事行为能力的人的名义、形象的，应当事先取得其监护人的书面同意。凡未经事先取得书面同意的，应认定为侵权。

3．对发布广告禁止事项的监督管理

国家从保护社会公众利益和广大消费者利益出发，在许多法律、行政法规中都规定了禁止生产、销售的商品或者禁止提供的服务，以及禁止发布的广告，这对提高发布质量，扩大媒介传播效果，将会产生积极的作用。

4．对广告合同的监督管理

在广告活动中的每个环节，广告活动主体都必须签订广告合同来约定各方的权力、义务，以保护广告活动的正常进行。因此，《广告法》规定广告活动主体必须依法签订广告合同，而且必须采取书面合同形式。广告活动是一个或长或短的过程，一般不能及时结清，因此必须签订书面合同，目的是为了更好地区分法律责任，保护当事人的合法权益。

5. 对广告收费的监督管理

广告收费是指广告经营者为他人提供设计、制作、代理服务时所收取的服务费和广告发布者为他人提供广告发布服务时所收取的广告费。广告收费由成本费与发布费两部分组成。成本费是制作广告所花费的物化劳动和活劳动的总和。发布费是广告收费构成中的利润部分。《广告法》规定，广告收费应当合理、公开，收费标准和收费办法应当向物价和工商行政管理部门备案。广告经营者、广告发布者应当公布其收费标准和收费办法。广告监督管理部门应当协同有关部门认真监督广告经营单位的广告收费标准的制定和执行，并要求使用广告收费专用发票，以加强对广告费用的监督管理。

不得刊播贬低同类产品的广告

案情：某地一家生产热水器的企业，为了推销自己的热水器，1990 年 3 月间，在一家报纸上刊登了一则广告，说"产品体积小，样式美观，质量好，出水量大，安全可靠，同类产品中它最好"。这家企业通过新闻媒介，刊登提高自己产品知名度、贬低同行业同类产品的广告来促进本企业产品销售的做法，激起同行企业的极大不满，纷纷要求工商行政管理机关查明处理，保护公平交易，维护市场秩序。

处理：某地区工商行政管理局根据一些生产、销售热水器企业的反映，对这个生产热水器的厂家刊登广告的情况进行检查。查明其广告图案设计、文字解说，都有明显贬低同类产品、抬高自己产品的不正当宣传，违反了国家关于广告管理的有关规定。某地区工商行政管理局作出行政处罚决定如下：

1. 对广告客户和广告经营者的违法行为予以通报批评。

2. 广告客户通过刊登抬高自己的产品、贬低同类产品的广告，来促进本企业产品的销售，所获得的非法收入 3 万元，予以没收。

3. 广告经营者帮助广告客户贬低同类产品，进行不正当竞争，处 5000 元罚款。

评析：为了促进市场经济的健康快速发展，我国鼓励企业间的公平、合法竞争，禁止不正当竞争行为。我国《广告管理条例》第 4 条规定："在广告经营活动中，禁止垄断和不正当竞争行为"。第 8 条第 6 项规定，不得刊播"贬低同类产品"的广告。违反上述规定的要依照《广告管理条例施行细则》第 20 条规定进行处罚，"广告客户违反《条例》第七条规定的，视其情节予以通报批评、处五千元以下罚款"。利用虚假广告或者通过刊播贬低同类产品的广告，企图垄断市场，推销产品，获得不正当收益，都是违法行为，是国家法律所禁止的。工商行政管理机关对本案违法者的行政处罚是正确的。

（二）专项广告管理

1. 对户外广告的监督管理

户外广告是指利用户外场所、空间、设施等发布的广告。户外广告发布单位（包括为他人发布户外广告的单位以及发布户外广告进行自我宣传的单位和个人）发布户外广告应当依照本规定向工商行政管理机关申请登记，接受工商行政管理机关的监督管理。法律、法规和规章规定在登记前需经有关部门审批的，应当首先履行相关审批手续。根据《广告法》的规定，主要对以下五种情形禁止设置户外广告：（1）利用交通安全设施、交通标志的；（2）影响市政公共设施、交通安全设施、交通标志使用的；（3）妨碍生产或者人民生活，损害市容、市貌的；（4）国家机关、文物保护单位和名胜风景点的建筑控制地带；（5）当地县级以上人民政府禁止设置户外广告的区域。

根据《户外广告登记管理规定》，要求对4类户外广告进行发布前登记，领取《户外广告登记证》：（1）利用户外场所、空间、设施发布的，以展示牌、电子显示装置、灯箱、霓虹灯为载体的广告；（2）利用交通工具、水上漂浮物、升空器具、充气物、模型表面绘制、张贴、悬挂的广告；（3）在地下铁道设施，城市轨道交通设施，地下通道，以及车站、码头、机场候机楼内外设置的广告；（4）法律、法规和国家工商行政管理总局规定应当登记的其他形式的户外广告。在本单位的登记注册地址及合法经营场所的法定控制地带设置的，对本单位的名称、标识、经营范围、法定代表人（负责人）、联系方式进行宣传的自设性户外广告，不需要向工商行政管理机关申请户外广告登记。地方法规规章另有规定的除外。户外广告由发布地县级以上工商行政管理机关登记管理。国家工商行政管理总局负责指导和协调全国户外广告的登记管理工作；省、自治区、直辖市工商行政管理机关负责指导和协调辖区内户外广告的登记管理工作；县级工商行政管理机关负责辖区内户外广告的登记管理工作；地级以上市（含直辖市）工商行政管理机关对辖区内的户外广告，认为有必要直接登记管理的，可以直接登记管理。

户外广告发布单位申请户外广告发布登记，应提交下列申请材料：（1）《户外广告登记申请表》；（2）户外广告发布单位和广告主的营业执照或者具有同等法律效力的经营资格证明文件；（3）发布户外广告的场地或者设施的使用权证明，包括场地或设施的产权证明、使用协议等；（4）户外广告样件；（5）法律、法规和国家工商行政管理总局规定需要提交的其他文件。受委托发布户外广告的，应当提交与委托方签订的发布户外广告的委托合同、委托方营业执照或者具有同等法律效力的经营资格证明文件。广告形式、场所、设施等用于户外广告发布，按照国家或者地方政府规定需经政府有关部门批准的，应当提交有关部门的批准文件。发布法律、法规和规章规定应当审批的广告，应当提交有关批准文件。工商行政管理机关对户外广告发布单位提交的申请材料应当依法进行书面审查。对申请材料不齐全或者不符合法定形式的，应当当场或者在 5 日内一次告知申请人需补正的全部内容；对申请材料齐全、符合法定形式的，应当出具受理通知书，并在受理之日起 7 个工作日内做出决定，对符合规定的予以核准登记，核发《户外广告登记证》，对不符合规定的不予核准登记，书面说明理由。

2. 对印刷品广告的监督管理

印刷品广告，是指广告主自行或者委托广告经营者利用单页、招贴、宣传册等形式发布介绍自己所推销的商品或者服务的一般形式印刷品广告，以及广告经营者利用有固定名称、规格、样式的广告专集发布介绍他人所推销的商品或者服务的固定形式印刷品广告。根据《印刷品广告管理办法》发布印刷品广告，不得妨碍公共秩序、社会生产及人民生活。在法律、法规及当地县级以上人民政府禁止发布印刷品广告的场所或者区域不得发布印刷品广告。

广告主自行发布一般形式印刷品广告，应当标明广告主的名称、地址；广告主委托广告经营者设计、制作、发布一般形式印刷品广告，应当同时标明广告经营者的名称、地址。广告经营者发布固定形式印刷品广告，应当向其所在地省、自治区、直辖市及计划单列市工商行政管理局提出申请，提交下列申请材料：（1）申请报告（应载明申请的固定形式印刷品广告名称、规格，发布期数、时间、数量、范围，介绍商品与服务类型，发送对象、方式、渠道等内容）；（2）营业执照复印件；（3）固定形式印刷品广告登记申请表；（4）固定形式印刷品广告首页样式。省、自治区、直辖市及计划单列市工商行政管理机关对申请材料不齐全或者不符合法定形式的，应当在 5 日内一次告知广告经营者需补正的全部内容；对申请材料齐全、符合法定形式的，应当出具受理通知书，并在受理之日起 20 日内做出决定。予以核准的，核发《固定形式印刷品广告登记证》；不予核准的，书面说明理由。《固定形式印刷品广告登记证》有效期限为二年。广告经营者在有效期届满 30 日前，可以向原登记机关提出延续申请。

3. 对店堂广告的监督管理

店堂广告，是指利用店堂空间、设施发布的广告及在店堂建筑物控制地带发布的店堂牌匾广告。这里的店堂主要包括：商场（店）、药店、医疗服务机构；体育场（馆）；各类等候室、休息室、会议室、阅览室、展览厅（室）；影剧院、歌舞厅等娱乐场所；宾馆、饭店、酒吧等营业场所；地铁车站、地下停车场；铁路、民航售票厅及营业厅；邮电、金融、证券等营业厅；各类游乐场所以及其他店堂。

　　为推销商品、服务，在店堂建筑物控制地带自行设立的店堂牌匾广告（仅以企业登记核准名称为内容的标牌、匾额除外），应当向当地工商行政管理机关办理登记，同时提交下列证明文件：（1）营业执照或者其他关于法定主体资格的证明文件；（2）含有广告发布地点、形式的申请报告；（3）广告样件；（4）广告管理法规规定应当提交的其他证明文件。工商行政管理机关应当在申请人提交的证明文件齐备后予以受理，并在10个工作日内做出批准或者不予批准的决定。对批准设立的店堂牌匾广告核发《店堂牌匾广告发布登记证》。各类店堂牌匾广告，属于当地人民政府户外设置规划范围，设置地点依法律、法规须经政府有关部门批准的，应当按照户外广告予以管理，可不再进行店堂牌匾广告登记。店堂管理者是指具有店堂经营管理权或者被授权负责店堂日常经营管理的法人、其他组织或者个人，若从事店堂广告经营，应当设立广告经营机构，依法取得广告经营资格。

　　在店堂举办的展览、展销、模特表演和体育、文化活动等涉及广告经营的，依照《临时性广告经营管理办法》管理。店堂内发布印刷品广告、显示屏广告，分别依照《印刷品广告管理办法》、《广告显示屏管理办法》管理。

　　4.对广告显示屏的监督管理

　　根据《广告显示屏管理办法》规定，凡在户外或者公共场所建筑物内设置的，用以发布广告并可以即时变换内容的各类显示屏，均在管理范围之内。未经工商行政管理机关批准，任何单位不得设置广告显示屏。省级工商行政管理局或者其授权的市工商行政管理局负责本辖区市内广告显示屏设置的批准工作。广告显示屏联网，需经省级工商行政管理局审核同意后，报国家工商行政管理局批准。

　　申请办理广告显示屏审批，应当交验下列证明文件：（1）营业执照；（2）广告经营许可证；（3）可行性研究报告；（4）上级主管部门批准文件；（5）场地使用协议；（6）设置地点依法律、法规需经政府有关部门批准的，应当提交有关部门的批准文件；（7）广告显示屏主办单位制定的内部管理制度；（8）经营单位负责人情况证明；（9）专职审查人员的资格证明。广告显示屏的设置申请，应当在设置30日前提出。工商行政管理机关在证明文件齐备后，予以受理，自受理之日起 15 日内，做出批准或者不予批准的决定。经审查符合规定条件予以批准设置的，核发《广告显示屏登记证》。凡在户外设置的，应当同时按《户外广告登记管理规定》的要求，办理户外广告登记。

广告显示屏一般不得播放非广告信息。有特殊需要播放新闻信息的，需经所在地省级新闻主管部门批准，并只限于播发国家通讯社、中央电视台、中央人民广播电台发布的和省级以上党委机关登载的新闻，不得播发其他来源的新闻信息。有特殊需要播发其他非广告信息的，须分别经有关主管部门批准。其中播放文艺类节目，只限于符合国家有关规定的音乐电视和旅游风光片，不得播放电影、电视剧等有情节的文艺节目。广告显示屏经营单位持上述有关部门批准文件，到负责批准设置的工商行政管理机关办理《广告显示特殊信息准播证》后，方可播出上述非广告信息。

5. 对临时性广告的监督管理

临时性广告经营，是指某项活动的主办单位，面向社会筹集资金，并在活动中为出资者提供广告服务的经营行为。临时性广告经营，应当由活动主办单位委托广告经营者承办；经省、自治区、直辖市以上人民政府同意举办的大型活动，经过省级及省级以上广告监督管理机关批准，也可以成立临时性广告经营机构自行承办。

申请临时性广告经营，应当提交下列文件、证件：（1）广告经营申请单位负责人签署的，包括广告经营时间、地点、广告经营范围、广告征集地域、广告收费标准等内容的申请报告；（2）活动主办单位委托广告经营单位承办广告业务的委托书和双方各自权利、义务的协议书；（3）主办单位就该项活动合法性、公益性所提出的可行性报告；（4）政府有关主管部门对可行性报告的批准文件；（5）广告经营单位的营业执照或广告经营许可证；（6）省级以上人民政府批准设立临时性广告经营机构及其职能的文件；（7）临时性广告经营机构的广告专业人员和广告审查人员名单、广告管理制度；（8）经主办单位和承办单位认可的经费预算书；（9）广告管理法规及有关法律、法规规定应当提交的其他文件、证件。各级工商行政管理机关按下列分工办理临时性广告经营审批：

（1）经国务院或中央和国家机关各部门、各人民团体同意举办的活动，活动举办地或广告征集涉及不同省(自治区、直辖市)的，由国家工商行政管理局审批；

（2）经中央和国家机关各部门、各人民团体同意举办的活动，广告征集在一省(自治区、直辖市、计划单列市)内的，由所在省(自治区、直辖市或计划单列市)工商行政管理局审批；（3）经地方政府或其所属部门同意举办的活动，由活动举办地的省辖市及省辖市以上工商行政管理局或其授权的县及县以上工商行政管理局审批。

临时性广告经营申请，应当在活动举办 30 日前提出。工商行政管理机关在提交文件、证件齐备后予以受理，在受理后 7 日内作出批准或不批准的决定。经审查，符合临时性广告经营条件的，由工商行政管理机关发给《临时性广告经营许可证》。批准的主要事项有：活动申请者名称、活动名称、活动举办地、广告征集地、广告经营者名称、经营范围、经营期限。已经批准，但需要延长经营期限或增加广告经营范围、增加广告征集地、改变活动举办地的，广告经营者应当向批准机关办理变更手续。临时性广告经营时间超过一年的，应当按有关规定，接受工商行政管理机关进行的广告经营专项检查，对检查不合格的，不得继续经营临时性广告业务。

第四节　对广告违法行为的处罚

一、广告违法行为的概念及构成要件

广告违法行为，是指违反我国广告法律、行政法规的行为。广告违法行为具有以下特点：（1）具有社会危害性的行为。（2）违反我国广告法律、法规。（3）依据我国广告法律、法规应当受到行政、民事、刑事处罚。

广告违法行为的构成要件主要有：

（一）广告违法行为主体是广告活动的参与者

广告违法行为主体是从事广告活动的法人、其他经济组织和个人，包括广告主、广告经营者、广告发布者。

（二）广告违法行为人主观上有过错

过错有两种：故意和过失。行为人明知自己提供虚假的广告证明或对广告证明审查不严，发布虚假违法广告会给用户或消费者造成财产受损的后果，由于急功近利，希望或放任这种结果的发生，就是故意行为。

行为人应当预见到或者虽然预见到这种弄虚作假、违背广告法律、法规的行为会导致消费者权益受损的后果，由于存有侥幸心理，或因疏忽大意，或轻信能够避免，致使这种结果发生，就是过失行为。

（三）行为人实施了广告违法行为

行为人应该按广告管理法规的有关规定，向广告经营者、广告发布者提供真实、合法、有效的广告证明文件，但其提供的却是虚假、伪造的广告证明。

广告经营者、广告发布者未严格按照广告管理法规的具体要求，查验广告主提供的有关广告证明，而代理、发布了无合格证明、证明不全或内容不实的虚假违法广告，致使用户或消费者上当受骗，造成财产损失的发生。

（四）使用户、消费者遭受了损失

由于广告违法行为人发布了不真实的、违法的广告，欺骗或误导了消费者，使之上当受骗，在使用按照广告购买来的商品后，经济利益遭受损害。

广告违法行为具备了以上几个构成要件，就应当承担法律责任。

二、广告违法行为的种类和表现形式

广告违法行为可分为行政违法、民事违法和刑事犯罪三种。行政违法，是指广告违法行为违反了国家对广告活动的管理规定。行政违法在广告违法行为中占很大比例。民事违法，是指广告活动中的债务不履行和侵权行为。债务的不履行是指广告合同的当事人不履行或不完全、不适当履行广告合同约定的义务；广告中的侵权行为是指广告活动或广告内容侵害了他人人身权、财产权的行为。侵害他人人身权包括侵害他人姓名、肖像、专利、商标、著作权等权利。广告活动中的刑事犯罪行为，是指广告违法行为已经触及到我国刑法，应受刑法制裁的行为。

广告违法行为的表现多种多样，概括起来主要有：（1）发布虚假广告，欺骗和误导消费者。（2）广告内容违反广告法律、行政法规禁止的情形。（3）广告内容不清楚，使用资料不真实，不准确。（4）广告中侵犯他人专利和注册商标。（5）广告中有贬低他人生产经营的商品或提供的服务的内容。（6）以新闻报道形式刊登广告。（7）发布广告法律、行政法规规定应当在广告发布前经有关行政主管部门审查批准而未经审查批准的广告。（8）利用广播、电视、电影、报纸、报刊发布烟草广告，以及在各类等候室、影剧院、会议厅、体育比赛场馆等公共场所设置烟草广告。（9）广告主提供虚假证明。（10）伪造、变造广告审查决定文件。（11）在广告活动中，进行不正当竞争。（12）未经工商行政管理机关批准或登记，擅自经营广告业务。（13）超越经营范围经营广告业务。（14）非法设置户外广告。（15）广告主发布超越其经营范围的广告。（16）广告审查机关出具非法或虚假证明。

三、广告违法行为的法律责任

比较广告违法行为的分类，其法律责任主要分为行政法律责任、民事法律责任和刑事法律责任。

（一）行政法律责任

广告违法行为的行政法律责任，是指广告主、广告经营者或广告发布者在不履行广告管理法规中所规定的义务规范或实施广告管理法规所禁止的行为时，依法所应承担的后果。

依据《广告法》的有关规定，广告违法行为的行政处罚形式主要有以下几种：

1.责令改正，是指广告监管机关对违反有关规定发布的情节轻微的违法广告，监督其予以修改，使该广告符合法律规定后，再准予发布。

2.停止发布广告，是指广告监督管理机关对违反广告法律、法规的广告，采取行政措施，强制广告活动主体取消该广告的发布。

3.公开更正，是指广告监督管理机关对违反广告法律、法规的广告，强制违法当事人承担费用以同样的传播方式在该广告所影响涉及的范围内，向社会公众和消费者作公开澄清，说明该广告的违法之处，以消除该广告的消极影响。

4.没收广告费用或没收非法所得，是指广告监督管理机关对发布违法广告的当事人，依法将其所收取的广告费用或经营收入无偿收归国有，上缴国库的处罚措施。

5.罚款，是指广告监督管理机关强迫违法广告当事人缴纳一定数量的货币，以剥夺违法当事人某些财产权的处罚。如《广告法》规定对违法当事人的罚款幅度为"广告费用一倍以上五倍以下。"

6.停止广告业务，是指广告监督管理机关对违法情节严重，造成一定社会危害后果的广告活动主体，依法取消其广告经营资格的处罚。

7.停业整顿，是指广告监督管理机关对违法情节严重的企业法人或其他经济组织，强制其在一定时期内停止从事经营活动的处罚。

8.吊销经营执照或者广告经营许可证，是指广告监督管理机关对违法情节恶劣，已不适宜继续从事广告活动的企业法人或者其他经济组织，依法剥夺其经营资格的处罚。

依据《广告法》的规定，违法当事人对广告监督管理机关的处罚不服，认为行政处罚认定事实不清，适用法律错误，或者有其他枉法裁判的，可以向上一级广告监督管理机关申请行政复议或者向人民法院提起诉讼。在复议期限（15个工作日）内，当事人既不申请复议也不向人民法院起诉，又不履行行政处罚决定的，作出行政处罚的广告监督管理机关可以申请人民法院强制执行。

（二）民事法律责任

广告违法行为的民事法律责任，是指广告主、广告经营者、发布者因违反合同或者其他民事义务，进行广告违法活动，欺骗或误导消费者，使购买商品或接受服务的消费者的合法权益受到损害（包括物质损害和精神损害）依法应承担的民事责任。

在下列情况下广告违法行为人应当承当侵权的民事责任：（1）发布虚假广告，欺骗和误导消费者，致使消费者合法权益受到损害的，广告主应当依法承担民事责任；对明知或者应知广告虚假仍设计、制作、发布的，广告经营者、广告发布者应当依法承担连带责任。（2）对不能提供广告主的真实姓名、地址的，广告经营者、广告发布者应当依法承担全部民事责任。（3）广告损害未成年人或者残疾人的身心健康的。（4）假冒他人专利的。（5）贬低其他生产经营者的商品或者服务的。（6）未经同意使用他人的名义、形象的。（7）侵犯他人合法民事权益的。

根据《民法通则》的规定，承担民事责任的方式有十种，即停止侵害；排除妨害；消除危害；返还财产；恢复原状；修理、重作、更换；赔偿损失；支付违约金；消除影响、恢复名誉；赔礼道歉。《广告法》规定了广告违法行为人承担民事责任的类型，即单方责任和连带责任。一般由人民法院根据实际情况和具体情节，依法作出判决。

（三）刑事法律责任

广告违法行为的刑事责任，是指广告主、广告经营者和广告发布者严重违反广告管理法规的有关规定，利用广告对商品或服务做虚假宣传；伪造、变造、转让广告证明文件；广告监督管理机关和广告审查机关的工作人员玩忽职守、滥用职权、徇私舞弊，构成犯罪的，依法应当承担的法律责任。

有下列行为之一的，追究广告违法行为人的刑事责任：

1. 虚假广告罪。利用广告对商品或者服务做虚假宣传，情节严重，构成虚假广告罪的，追究刑事责任。根据《中华人民共和国刑法》第二百二十二条规定，广告主、广告经营者、广告发布者违反国家规定，利用广告对商品或者服务做虚假宣传，情节严重的，处二年以下有期徒刑或者拘役，并处或单处罚金。

2. 制作、贩卖、传播淫秽物品罪。发布广告违反《广告法》第七条第二款规定，情节严重，构成犯罪的，依法追究广告违法行为人的刑事责任。利用广告传播淫秽的书刊、影片、音像、图片或者其他淫秽物品的，构成制作、贩卖、传播淫秽物品罪。

3. 妨害国家机关公文、证件、印章罪。在广告活动中伪造、变造或者转让广告审查决定文件，情节严重，构成犯罪的，依法追究广告违法行为人的刑事责任。

4．诈骗罪。以非法占有为目的，利用虚假广告骗取数额较大的公私财物的行为。

5．诽谤罪。利用广告捏造并散布虚伪事实，损害他人的商业信誉、商品信誉，给他人造成重大损失或者有其他严重情节的行为。

6．假冒注册商标罪。以营利为目的，违反《商标法》，利用广告假冒其他企业的注册商标，情节严重的行为。

7．渎职罪。广告监督管理机关和广告审查机关的工作人员玩忽职守、滥用职权、徇私舞弊，情节严重，触犯《刑法》的行为。

四、广告行政处罚的复议和诉讼

（一）广告行政处罚的复议

1．广告违法行为行政处罚复议的概念

广告行政处罚复议，是指公民、法人或者其他经济组织不服广告监督管理机关的行政处罚决定而提起复议，由上一级广告监督管理机关依法对该行政处罚决定进行审查并作出裁决的活动。

2．申请广告行政复议的范围

参照国务院《行政复议条例》的规定，公民、法人和其他组织对下列管理行政行为不服的，可以申请行政复议：

（1）对罚款、吊销许可证和营业执照、责令停业整顿等行政处罚不服的。

（2）认为符合经营广告业务法定条件申请工商行政管理机关颁发许可证和营业执照，工商行政管理机关拒绝颁发或者不予答复的。

（3）认为广告监督管理机关侵犯法律、法规规定的广告经营主权的。

（4）认为监督管理机关违法要求履行义务的。

（5）认为广告监督管理机关侵犯人身权、财产权的。

（6）法律、法规规定可以提出申请复议的其他行为。

3．申请复议的条件

申请广告行政处罚复议必须具有法定的条件，否则申请复议无效，复议的广告监督管理机关也不予受理。申请复议应当符合下列条件：

（1）申请复议人是认为广告监督管理机关的行政处罚决定侵犯其合法权益的广告主、广告经营者、广告发布者。申请复议必须以广告行政处罚为前提，没有广告行政处罚，也就不存在申请复议。

（2）有明确的被申请人。被申请人是指作出广告行政处罚的广告监督管理机关。

（3）有具体的复议请求和事实根据。如果没有具体的复议请求和事实根据，广告行政处罚机关不予受理。

（4）属于申请复议的范围。超出申请复议的范围，复议机关不予受理。

（5）属于受理复议机关管辖。广告行政处罚复议申请只能向做出行政处罚机关的上一级广告监督管理机关提出。

（6）申请复议必须有提请复议的真实意思表示和行为。如果申请复议是由于误解或胁迫所致，申请复议无效；如果只有申请复议的意思，而没有表示这种真实意思的具体行为，申请复议无效。申请人应当向广告行政处罚复议机关递交复议申请书。

（7）申请复议必须在法定期限内提出。《广告法》第四十八条规定："当事人对行政处罚决定不服的，可以在接到处罚通知之日起 15 日内向作出处罚决定的机关的上一级机关申请复议。"如果超过法定期限，复议机关不予受理。当事人仍然坚持复议的，按申诉处理。因不可抗拒或者是其他特殊情况耽误法定申请期限的，在障碍消除后的 10 天内，可以申请延长期限，是否准许，由有管辖权的复议机关决定。

（8）广告主、广告经营者、广告发布者已向人民法院起诉，人民法院已经受理的，不得申请复议。

4．复议申请的受理、审理和裁决

复议机关收到复议申请书后，应当自收到之日起 10 日内对复议申请进行审查，符合规定条件的应予受理；不符合规定条件的，裁决不予受理，并告知理由；认为复议申请书内容不符合规定要求的，把复议申请书发还申请人，限期补正。过期不补的，视为未申请。

受理复议申请后，复议机关对被申请复议的具体广告管理行政行为在法律、法规、行政规章和具有普遍约束力的决定、命令的适用上是否准确、事实认定是否清楚、是否符合法定权限和程序几方面进行审查。

复议机关对复议申请的审理，应当在收到申请复议书之日起两个月内，作出复议决定。

（二）广告行政诉讼

1．广告行政诉讼的概念

行政诉讼是国家司法机关在当事人及其他参与人的参加下，依照法定程序，对行政案件进行审理并作出裁决的活动。广告行政诉讼，是指广告主、广告经营者、广告发布者认为广告监督管理机关作出的广告行政处罚决定侵犯其合法权益，而向人民法院提起诉讼，由人民法院作出裁判的活动和制度。

2．广告行政诉讼的范围

根据《行政诉讼法》规定，公民、法人和其他组织对下列具体广告管理行为不服的，可以提起行政诉讼：

（1）罚款、吊销许可证、责令停业等行政处罚行为。

（2）认为符合法定经营广告业务的条件申请广告监督管理机关颁发许可证和执照，广告管理机关拒绝颁发或不予答复的行为。

（3）认为广告监督管理机关侵犯法律规定的广告经营自主权的行为。

（4）认为广告监督管理机关违法要求履行义务的行为。

（5）认为广告监督管理机关侵犯其人身权、财产权的行为。

（6）法律、法规规定其他可以提起诉讼的广告管理行政案件。

3．提起广告行政诉讼的条件和几种情况

广告主、广告经营者、广告发布者提起广告行政诉讼，应当具备下列条件：

（1）原告必须是被广告监督管理机关处罚，并认为具体广告管理行政行为侵犯其合法权益的广告主、广告经营者、广告发布者。

（2）有明确的被告。根据《行政诉讼法》的规定，经复议的案件，复议的广告监督管理机关决定维持处罚决定的，作出原广告行政处罚的机关为被告；复议的广告管理机关改变原处罚决定的，复议的广告监督管理机关为被告。

（3）有具体的诉讼请求和事实依据。诉讼请求，是原告提出请求人民法院予以保护的主张，如撤销、变更广告行政处罚决定。这种请求必须是具体的、明确的，而不是模糊不清，难以认定的。事实根据是指原告向人民法院起诉所依据的事实和依据，包括案件的案情事实和证据事实，而不是要求原告提供证明具体广告行政处罚违法的依据。一般说来，只要有一定的书证、物证或人证，证明广告监督管理机关作出了广告行政处罚决定，就应该认为有事实根据。

（4）属于人民法院受案范围和受诉人民法院管辖。根据《行政诉讼法》规定，广告行政处罚诉讼案件，属于人民法院受案范围。基层人民法院管辖第一审行政案件，中级人民法院管辖对国务院各部门或省、自治区、直辖市人民政府所做的具体行政行为提起诉讼的案件。对广告行政处罚复议决定不服的，凡复议广告监督管理机关维持原处罚决定的，原告向最初作出广告行政处罚决定的广告监督管理所在地的基层人民法院起诉；复议广告管理机关改变原处罚决定的，原告向复议广告管理机关所在地的人民法院起诉，也可以向作出原广告行政处罚决定的广告监督管理机关所在地基层人民法院起诉。

人民法院对符合上述起诉条件的广告行政诉讼案件应当依法受理；对欠缺起诉条件的，可要求当事人补齐有关证据、材料，待符合条件后再予以受理；

对不具备起诉条件的，人民法院不予受理。

根据《广告法》第四十八条的规定，广告主、广告经营者、广告发布者提起广告行政诉讼，主要有以下三种情况：当事人对行政处罚决定不服的，可以在接到处罚通知之日起 10 日内直接向人民法院起诉；当事人对复议机关做出的复议决定不服的，可以在接到复议决定之日起 15 日内向人民法院起诉；复议机关逾期不作出复议决定，当事人可以在复议期满之日起 15 日内向人民法院起诉。

4. 工商行政管理机关在广告行政诉讼中的权利和义务

在广告行政诉讼中，工商行政管理机关作为实施广告行政处罚的行为人，处于被告的地位；同时在广告行政诉讼中，原告和被告处于平等的法律地位，享有平等的权利和义务。

（1）工商行政管理机关在广告行政诉讼中的权利

不停止处罚决定的执行。处罚决定不因提起诉讼而停止执行。但有下列两种情况之一的，应停止执行处罚决定：作为被告的工商行政管理机关认为需要停止执行的，或者原告申请执行，人民法院认为处罚决定的执行会造成难以弥补的损失，并且停止执行不会损害社会公共利益，而裁定停止执行的。

辩论的权利。工商行政管理机关在广告行政诉讼中，有权就所争议的问题陈述自己的意见和理由，进行答辩和反驳。辩论的形式可以为书面辩论和法庭辩论。

申请回避权。工商行政管理机关认为审查案件的审判员以及书记员、翻译人员或者鉴定人员是案件的当事人或当事人的近亲属，或者是与本案有利害关系的，或者与本案当事人有其他应当回避的关系的，有权向法庭申请其回避。

委托代理人代理诉讼。在广告行政诉讼中，工商行政管理机关有委托代理人进行诉讼的权利。委托的诉讼代理人可以是本机关或者本系统的工作人员，也可以是律师或者其他人员。

申请法庭证据保全。广告行政诉讼案件起诉后，若出现了证据可能灭失或者以后难以取得的情况，工商行政管理机关有权向人民法院申请证据保全。

改变原处罚决定。在人民法院对广告行政诉讼案件宣布判决以前，工商行政管理机关可以改变原处罚决定，原告同意改变的处罚决定，可以申请撤诉，但是否准许，应由人民法院裁定。

上诉权和申诉权。工商行政管理机关不服一审人民法院判决的，有权向上一级人民法院起诉，要求复审一审判决的准确性和合理性。对于二审人民法院作出的发生法律效力的判决不服的，可以向原审人民法院或者上一级人民法院提出申诉。但二审人民法院的判决不停止执行。

申请法院强制执行权。对于人民法院判决维持工商行政管理机关广告行政处罚的决定，原告没有改变法院判决的，工商行政管理机关可以向人民法院申请强制执行。

（2）工商行政管理机关在广告行政诉讼中的义务

应诉。广告被管理者向人民法院起诉后，作为被告的工商行政管理机关应当应诉，不应诉的，不影响人民法院的依法审理。

提供答辩状。在收到应诉通知后10日内，工商行政管理机关应向人民法院作出书面答复，并将作出处罚决定的全部材料移送法院。不作答辩的，不影响人民法院审理。

举证。在广告行政诉讼中，工商行政管理机关负有举证责任，向法院提供处罚原告时依据的证据和法律依据。在诉讼期间，工商行政管理机关不得自行向原告和证人收集证据。

遵守诉讼程序。工商行政管理机关在整个诉讼过程中应当遵守法律规定的诉讼程序，服从法庭的指挥，使诉讼按法定的程序进行。

履行人民法院的判决。对人民法院变更或者撤销工商行政管理机关广告行政处罚的决定的判决、裁定，在其发生法律效力后，工商行政管理机关应当自觉遵行，否则人民法院将强制执行。

承担败诉费用。工商行政管理机关在广告行政诉讼中败诉的，应当承担诉讼费用。

5. 广告行政案件的审理和判决

人民法院审理广告行政诉讼案件实行两审终审制。人民法院应当在立案之日起 5 日内，将起诉状副本发送被告。被告应当在收到起诉状副本之日起 10 日内向人民法院提交作出具体行政行为的有关材料，并提出答辩状。人民法院应当在收到答辩状之日起 5 日内，将答辩状副本发送原告。人民法院由审判员组成合议庭或者审判员、陪审员组成合议庭审理广告行政诉讼案件。合议庭成员应是三人以上的单数。经人民法院两次合法传唤，原告无正当理由拒不到庭的，视为申请撤诉；被告无正当理由拒不到庭的，可以缺席判决。人民法院审理广告行政诉讼案件，不适用调解。

人民法院经过审理，根据不同的情况，分别作出下列判决：

（1）广告行政处罚决定证据确凿，使用法律、法规正确，符合法定程序的，判决维持原处罚决定。

（2）对原告行政处罚决定的主要证据不足，或适用法律、法规有错误，或违反法定程序，或滥用职权、超越职权的，判决撤销或部分撤销原广告行政处罚决定，并可以判决被告重新作出处罚决定。

（3）广告行政处罚决定显失公平的，可以判决变更原处罚决定。

人民法院判决被告重新作出行政处罚决定的，被告不得以同一事实和理由作出与原广告处罚决定基本相同的处罚决定。当事人不服人民法院第一审判决的，有权在判决书送达之日起 15 内向上一级人民法院提起上诉。当事人不服人民法院第一审裁定的，有权在裁定书送达之日起 10 内向上一级人民法院提起上诉。逾期不提起上诉的，人民法院的第一审判决或者裁定发生法律效力。

6. 发生法律效力的广告行政处罚决定及执行

《广告法》第四十八条规定："当事人逾期不申请复议也不向人民法院起诉，又不履行处罚决定的，作出处罚决定的机关可以申请人民法院强制执行。"

广告行政处罚决定在下列情况下发生法律效力：

（1）广告监督管理机关作出广告行政处罚后，当事人在法定期限内未申请复议也未向人民法院起诉的，处罚决定在法定期限届满后即发生法律效力。

（2）复议的广告监督管理机关作出复议决定的，在复议决定书送达复议申请人后，即发生法律效力。诉讼期间，复议决定不停止执行。

对已发生法律效力的行政处罚决定，当事人应当自觉执行。当事人不履行的，作出处罚决定的机关可以申请人民法院强制执行。

思考题

一、名词解释

1. 广告监督管理

2. 广告主

3. 广告经营者

4. 广告发布者

5. 广告违法行为

二、简答题

1. 简述广告的作用。

2. 广告监督管理的原则有哪些？

3. 简述广告主的权利和义务。

4. 广告发布者的行为规范有哪些？

5. 广告违法行为的构成要件有哪些？

三、案例分析题

1. 2002 年 11 月，某电视台发布了一则特制黑发灵化妆品广告。该广告称"黑发效果可百分百保持数年之久"，并配发了两张对比照片。一青年看了该广告之后，购买了该化妆品，使用后不但黑发效果没有保持多久，而且还伴有大量头发脱落。试从广告法律、法规角度评述该行为。

2. 2003 年 10 月某报纸发布了一则关于某药品的广告，该广告称该药品是"解决男性泌尿疾病久治不愈的特效药"，并称该药品为"部颁标准"，并承诺"无效退药、退款"等。

问：该广告是否违法？广告监督管理部门对此行为应作出怎样的处理？

第九章　消费者权益保护

本章重点

1. 消费者及消费者组织
2. 消费者的权利
3. 消费者权益争议的解决
4. 侵犯消费者权益的法律责任

　　保护消费者权益是发展社会主义市场经济的一个重要问题。首先，保护消费者权益，营造和谐、放心的市场环境，有利于促进经济健康、稳步地发展。其次，保护消费者权益是实现社会公平公正的重要体现。最后，消费者权益问题也关系到社会的稳定。在现实生活中，部分消费者对如何维权并不十分清楚，并且由于目前维权的途径单一，程序繁琐，成本偏高，使得许多消费者最终选择放弃维权。缺乏规范的市场交易环境，必然会影响和谐社会的建设。因此，应该重视消费者权益的保护工作。要在全社会形成维护消费者权益的良好氛围，从法律和制度上为消费者权益提供保障并落到实处；要完善政府规制和公共服务，在发生消费者权益纠纷时，能够提供公正协调的平台；要强化消费者维权的意识，健全相关社会组织，使消费者能够积极主动地维护自身利益。

第一节　消费者及消费者组织

一、消费者

（一）消费者的概念

消费者是指为生活消费需要购买、使用商品或者接受服务的个人或单位。

对"消费者"这一概念可以从以下几个方面理解：

1. 消费者是从事消费行为，即购买、使用商品或接受服务的人。

消费通常是指人们消耗一定的资源以满足物质和文化生活需要的过程。《现代汉语词典》将"消费"定义为：为了生产或生活需要而消耗物质财富。因此，"消费"包含"消耗"和"满足需要"这两层涵义。前者表示的是客观的行动，后者则是主观的目的。[①]

消费者与消费行为概念具有内涵同一性，消费者是实施消费行为的人，而消费行为是消费主体所实施的行为。在市场经济社会中，实行的是经营者与消费者的二分法，消费者是和经营者相对应的范畴。消费者是向经营者直接购买、商品、服务或者最终使用商品、接受服务的人。[②]

2. 消费者是为生活消费需要而购买、使用商品或接受服务的人。

消费者所实施的消费行为，即购买、使用商品或接受服务应以"生活消费需要"为目的。《消费者权益保护法》的调整范围就是为生活消费的需要而购买使用商品或者接受服务的消费者，与经营者所形成的关系，即生活消费关系。

在实际生活中出现的"知假买假"行为引发一场关于确定"生活消费"的标准的激烈争论。如何界定"生活消费"是确定《消费者权益保护法》使用范围的必要前提。有学者认为"知假买假"者不属于消费者，理由是其购买商品的目的不是为了生活消费。而判断购买商品是否为"生活消费"又有两种观点：一是所谓的"经验法则"，即以购买者购买的动机与目的作为识别是否为"生活消费"的标准，凭一般人的社会生活经验加以判断。二是以生活消费品为消费对象为识别标准，不论购买者目的是为物质文化生活直接消耗，还是为打假获得物质利益，只要其购买的是生活消费品就属于"生活消费"。判断是否为"生活消费"不应该从正面直接规定为生活消费需要而购买、使用商品或者接受服务，即既不应该仅考虑购买者的购买动机和目的，也不应该完全考虑其购买的产品是否属于生活消费品，而应该采取"排除法则"，即仅仅排除以销售为目的且事后确实再次投入市场的行为人的消费者身份。根据"排除法则"，无论购买者购买了多少商品，是不是生活消费品，只要其没有把购买的商品或接受的服务再次投入市场进行商品交易活动，那么他就具有消费者资格。只要行为人购买商品和接受服务不是用于交易和营利，都可以看作是一种消费。[③]

---

① 景睿、周汶，《对"消费者"概念的思考》，《南方论刊》，2007年，第3期，第32页。

② 郭明龙，《消费者与消费行为的界定》，《团结》，2006年，第5期，第43页。

③ 狄丽媛，《对〈消费者权益保护法〉中消费者的界定》，《科技创业月刊》，2007年，第2期，第152页。

3．消费者包括个人或单位。

"消费者"概念具有极大的广泛性，包括了个人和单位。单位是否为消费者主体是理论界与地方消费者权益保护立法争论的焦点问题。多数学者认为，消费者仅指为生活消费的需要而购买商品或接受服务的个体成员，主要理由如下：（1）《消费者权益保护法》保护的是现代消费社会中的弱者，即单个的社会成员。单位不是消费关系中的弱者，"有足够的经济实力或者团体力量与之抗衡"，因此不必对单位予以特殊保护。（2）《消费者权益保护法》规定的消费者享有的9项权利都是和个人联系在一起的，都是个人享有的权利，不是赋予单位的。（3）单位不是最终的消费者，单位消费虽以单位的名义实施，但最终要转化为个人消费行为来实现。"单位不能直接使用某种商品或直接接受某种服务，也就是说不能从事某种生活消费"，因此只有个人才是生活资料的最终消费者。①

与之不同的是，我国各地的地方性消费者权益保护立法几乎一致认为单位可以成为消费者，并且近年来一些学者也赞同《消费者权益保护法》同样适用单位。首先，虽然单位与个人相比在诉讼过程中有较充足的人力、物力和财力，但与经营者相比，单位和个人一样欠缺商品交易经验和交易信息，同样处于弱者地位。无论是个人还是单位，只要不是专门从事特定商品买卖的主体，它的弱者地位就无法改变，并不因是个人还是单位而有本质上的差别。因此，单位也应该纳入消费者范围受《消费者权益保护法》保护。其次，《消费者权益保护法》赋予个人所享有的安全权、知情权、选择权、公平交易权、求偿权、结社权、获知权、尊重权、监督权等，这些权利可以扩展到单位，并非只能个人享有。最后，虽然单位消费在大多数情况下最终会转化为个人消费，但在某些情况下单位所购买的商品或接受服务并不能转化为个人消费，并且一旦单位实施了法律上的消费行为，其消费者的身份也就得到法律的认可。因此，并不能将单位排除在消费者范围之外，《消费者权益保护法》中的消费者应该包括单位。

（二）消费者的法律特征

消费者具有以下法律特征：

1．消费者的主体包括个人和单位；

2．消费客体是商品和服务；

3．消费性质为生活消费；

4．消费方式有购买、使用（商品）或者接受（服务）。

---

① 景睿、周汶，《对"消费者"概念的思考》，《南方论刊》，2007年，第3期，第33页。

二、消费者组织

（一）消费者组织的概念

消费者组织是依法成立的对商品和服务进行社会监督的保护消费者合法权益的社会团体，包括消费者协会和其他消费者组织。各种类型的消费者组织在维护自身利益，改善自身地位，同损害消费者权益的行为做斗争的运动中发挥着重要的作用。

消费者组织是伴随着消费者运动的发展而产生发展的。消费者运动起始于19 世纪末、20 世纪初的美国，垄断资本家为了攫取高额利润垄断了各种消费品的生产和销售，使得消费者利益得不到应有的保护。[①] 侵害消费者权益的经营者受不到应有的惩罚，消费者不得不通过自己的行为改善处境，于是开展了自发的消费者运动，以后逐渐成为有组织的消费者运动。1891 年，"纽约消费者协会"成立，成为世界上第一个消费者组织；1899 年，美国消费者联盟诞生，成为世界上第一个全国性的消费者组织。目前世界各国消费者组织大部分属民间社团组织，少数是半官方半民间的；其成员多为消费者个人或消费者选出的代表；都以维护消费者权益为宗旨，不以谋利为目的。

（二）消费者组织的性质

在我国消费者组织体系中，消费者协会发展最成熟，体系最健全，影响最大。中国消费者协会于 1984 年 12 月经国务院批准成立，是对商品和服务进行社会监督的保护消费者合法权益的全国性社会团体。其宗旨是：对商品和服务进行社会监督，保护消费者的合法权益，引导广大消费者合理、科学消费，促进社会主义市场经济健康发展。消费者协会在保护消费者权益和推动国家经济发展以及社会进步中起到重要作用，成为对商品和服务进行社会监督，维护社会经济秩序，促进社会主义市场经济健康发展的重要力量。

《中华人民共和国消费者权益保护法》第 31 条规定："消费者协会和其他消费者组织是依法成立的、对商品和服务进行社会监督的、保护消费者合法权益的社会团体。"消费者组织的性质应从以下几个方面予以把握：一，依法成立。中国消费者协会和地方各级消费者协会都是经同级人民政府批准成立的，并依据《社会团体登记管理条例》的有关规定履行登记手续，具有社会团体法人资格；二，消费者组织以维护消费者合法权益为宗旨，其任务是对商品和服务进行社会监督、保护消费者的合法权益；三，消费者协会属社会团体范畴。

---

① 李昌麒、许明月，消费者保护法[M]，法律出版社，1997 年，第 15 页。

　　消费者组织根据法律规定属于社会团体，但与其他社会团体相比，我国消费者组织的主体——消费者协会，具有一定的行政性质。社会团体不是国家组织，不具有行政性质，因此，消费者组织是不具有行政性质的。然而，从我国消费者组织的形成、设置、人员组成以及功能来看，渗透着消费者组织的"行政性质"。我国消费者协会是按照行政区划而设置的，在全国设立中国消费者协会，各地设立各级消费者协会。各级消费者协会经同级人民政府批准建立，由工商行政管理、技术监督、商检等部门发起设立，挂靠在同级工商行政管理局。其领导机构为理事会,理事会会长通常由同级工商行政管理局的主要领导担任。成员是由政府机关（工商行政管理部门、技术监督部门、商检部门等）的人员、消费者代表（工人、农民、律师等）、新闻媒体（广播、电视、报纸、电台等）等代表组成。与美国、日本等消费者组织发展比较成熟的国家相比，我国消费者协会不是由消费者组成，也不是依靠消费者自身力量来维护权益的组织。这种机构设置与我国的政治机构设置相配套，行使某些行政权力的职能，反映出我国消费者组织的"行政性质"。

　　（三）消费者协会的职能

　　消费者协会是最重要的保护消费者合法权益的社会团体,其核心职能是"保护消费者合法权益"，具体履行下列职能：

　　1. 向消费者提供消费信息和咨询服务；

　　2. 参与有关行政部门对商品和服务的监督、检查；

　　3. 就有关消费者合法权益的问题，向有关行政部门反映、查询，提出建议；

　　4. 受理消费者的投诉，并对投诉事项进行调查、调解；

　　5. 投诉事项涉及商品和服务质量问题的，可以提请鉴定部门鉴定，鉴定部门应当告知鉴定结论；

　　6. 就损害消费者合法权益的行为，支持受损害的消费者提起诉讼；

　　7. 对损害消费者合法权益的行为，通过大众传播媒介予以揭露、批评。

2007 年上半年全国消协组织受理投诉情况统计分析

　　据全国 30 个省、自治区、直辖市消费者协会的统计汇总，2007 年上半年共受理消费者投诉 299552 件，比 2006 年同期下降 6.1%，解决 263412 件，为消费者挽回经济损失 45791 万元，其中因经营者有欺诈行为得到加倍赔偿的 11118 件，加倍赔偿金额 517 万元，经消费者协会提供案情后由政府有关部门查处罚没款 936 万元，接待来访和咨询 249 万人次。

投诉问题按性质分：质量问题占 62.7%，价格问题占 5.9%，营销合同问题占 4.9%，计量问题占 2.0%，假冒问题占 1.9%，安全问题占 1.9%，广告问题占 1.7%，虚假品质问题表示占 1.3%，人格尊严问题占 0.3%，其他占 17.3%。投诉问题按类别分：百货类占 29.0%，家用电子电器类占 27.2%，服务类占 25.0%，家用机械类占 5.7%，房屋及装修建材类占 6.0%，农用生产资料类占 2.7%，其他类占 4.4%。

转引自：中国消费者协会信息网

http://www.cca.org.cn/page/browseinfo.asp?db=pdts&order=425

（四）消费者组织的禁止活动事项

1. 消费者组织不得从事商品经营和营利性服务。

消费者组织属社会团体范畴，是不以营利为目的的组织，这决定了消费者组织不得从事商品经营和营利性服务。消费者组织的宗旨是以对商品和服务进行社会监督、保护消费者权益，不仅不能直接从事商品经营和营利性服务，也不能以任何形式间接从事商品经营和营利性服务。

2. 消费者组织不得以营利为目的向社会推荐商品和服务。

向消费者提供消费信息和咨询服务是消费者组织的一项职能。因此，消费者组织可以向消费者推荐优质商品和服务，但不得以营利为目的。这不仅有利于维护消费者的合法权益，也有利于加强消费者组织自身的建设。

第二节　消费者权益保护法

一、消费者权益保护

消费者运动的发展推动着消费者权利的确认和保护。1962 年 3 月 15 日，美国总统约翰·肯尼迪在其向国会提出的《关于保护消费者利益的国情咨文》中，正式使用了"消费者权利"一词，并阐释了消费者权利的四项内容。1983 年，国际消费者联盟组织将每年的 3 月 15 日定为"国际消费者权益日"。

保护消费者权益是一项系统的社会工程，需要社会各方面的参与和配合，主要包括以下内容：

（一）消费者的自我保护

消费者的自我保护是指为保护自身权益不受侵害，消费者同损害自己合法权益的行为进行斗争的一切个人活动。消费者的自我保护是消费者对自身权益的关注，是消费者权益保护的基础。只有消费者具有强烈的自我保护意识，才能有助于维护自身合法权益，有助于形成保护消费者权益的良好氛围。

（二）消费者的社会保护

消费者的社会保护是指消费者组织、社会舆论等通过一定形式，采取的保护消费者权益的活动。我国消费者组织以消费者协会为主体，通过行使特定职能发挥其保护消费者权益的作用。此外，社会舆论也是关注消费者权益问题的重要社会力量。新闻媒体利用自身优势，对侵犯消费者权益的行为进行揭露和抨击，有力维护消费者的合法权益。

（三）消费者的行政保护

消费者的行政保护是指有关国家行政机关通过采取行政管理措施对消费者进行保护。行政保护是我国消费者权益保护体系中的重要环节，体现了国家行政机关对消费者权益保护工作的重视。

（四）消费者的法律保护

消费者的法律保护是指国家通过立法和司法手段对消费者进行保护。法律保护是国家法制建设和发展的必然要求，是消费者权益保护体系中的关键部分。为消费者提供法律保障有助于将消费者权益的实现落到实处。

二、消费者权益保护法律、法规体系

随着改革开放事业的不断迈进和社会经济的不断发展，我国消费者权益保护法律、法规体系也不断完善，出台了一系列有关保护消费者权益的法律、法规，加快了保护消费者权益的法制化进程。国家的基本大法——《宪法》中就包含了保护消费者权益的内容。1994年1月1日起实施的《消费者权益保护法》、1996年3月15日起实施的《欺诈消费者行为处罚办法》则是专门用于保护消费者权益的立法。此外，《食品卫生法》、《标准化法》、《产品质量法》、《计量法》、《价格法》、《药品管理法》、《反不正当竞争法》、《广告法》、《商标法》、《国家赔偿法》、《民法通则》等法律、法规中都含有保护消费者的条款，对保护消费者权益也起到重要作用。国务院及各有关部门制定的法规、规章和规范性文件，各省、自治区、直辖市制定的地方性文件规定，充实和细化了《消费者权益保护法》，成为消费者权益保护法律、法规体系的重要内容。

在这一法律体系中，《消费者权益保护法》位于基础地位，是维护消费者权益最有力的法律武器。为保护消费者的合法权益，维护社会经济秩序，促进社会主义市场经济健康发展，我国于1993年10月31日第八届全国人大常委会第四次会议通过，自 1994 年 1 月 1 日起施行《消费者权益保护法》。该法共 8 章，分别是：第一章总则，第二章消费者的权利，第三章经营者的义务，第四章国家对消费者合法权益的保护，第五章消费者组织，第六章争议的解决，第七章法律责任和第八章附则。该法是一部集中保护消费者权益的法律，对消费者享有的 9 项权利做出明确规定，并提出经营者必须履行的 10 项义务。此外，该法还对消费者维护自身权益的措施和途径做出说明，以保护消费者的合法权益不受侵害，保障消费者依法行使权利。《消费者权益保护法》指出，经营者与消费者进行交易，应当遵循自愿、平等、公平、诚实信用的原则。国家保护消费者的合法权益不受侵害。国家采取措施，保障消费者依法行使权利，维护消费者的合法权益。保护消费者的合法权益是全社会的共同责任。国家鼓励、支持一切组织和个人对损害消费者合法权益的行为进行社会监督。大众传播媒介应当做好维护消费者合法权益的宣传，对损害消费者合法权益的行为进行舆论监督。

为了适应我国加入 WTO 的新形势，结合国际惯例与我国的具体情况，今后应对消费者权益保护法律、法规进行协调统一。一个完善的消费者权益保护的法律、法规体系有利于更好地解决纠纷，维护消费者权益，有利于在经营者之间建立平等有序的市场竞争关系，有利于实现市场行为秩序的科学管理，在建立现代市场经济秩序和维护社会稳定的工作中发挥重要作用。

三、《消费者权益保护法》的作用

《消费者权益保护法》体现了党和国家对保护消费者利益的高度重视，贯彻了依法治国的基本方略，反映了社会主义市场经济发展的客观要求，是我国消费者权益保护事业发展史上的重要里程碑，标志着我国消费者权益保护工作步入了法制轨道。自颁布以来，《消费者权益保护法》在维护消费者合法权益，规范经营者行为，促进经济健康发展等方面发挥了重要的作用。

（一）《消费者权益保护法》是消费者维权的重要武器

《消费者权益保护法》的颁布实施，增强了消费者的权利意识和自我保护意识，标志着我国以消费者为主体的市场经济向法制化、民主化迈进。该法第一次在国家法律中规定了消费者享有安全权、知情权、选择权、公平交易权、求偿权、结社权、获知权、尊重权、监督权等 9 项权利。广大消费者以《消费者权益保护法》为维权武器，对掺杂使假、粗制滥造、缺斤短两、以次充好、生产和销售假冒伪劣产品等损害消费者权益的行为展开斗争，积极维护自己的合法权益。

（二）《消费者权益保护法》有利于规范经营者行为，净化市场环境

《消费者权益保护法》对经营者必须履行的 10 项义务做出明确规定，极大地改变了经营者的经营理念，约束了经营者的行为，提升了全社会的质量意识和服务意识，促进了市场经济秩序的规范和社会经济的健康发展。在日趋激烈的市场竞争中和日益加大的法律监督、行政监督、社会监督、舆论监督之下，越来越多的行业和企业更加注重严格规范自身行为，不断提高商品和服务的质量，一些危害消费者合法权益的不法行为得到了相当程度的遏制，《消费者权益保护法》在健全产品质量监督体制，打击制假造假、商业欺诈等违法行为，净化市场环境，维护市场秩序方面起着重要作用。

（三）《消费者权益保护法》为解决消费纠纷，维护社会稳定发挥重要作用

在商品和服务交易活动中，各类消费纠纷如果不能得到合理解决，不仅会影响市场秩序的稳定和经济的健康发展，还会引发一系列社会问题。《消费者权益保护法》制定了消费者权益争议的解决途径，有利于调动政府和社会监督机构依法维护消费者合法权益，加大工作力度，提高消费纠纷的解决率。只有依据《消费者权益保护法》的有关解决途径，对侵害消费者合法权益的不法行为进行严厉惩罚，才能有利于解决各类消费纠纷，及时化解社会矛盾，维护社会稳定。

四、《消费者权益保护法》的适用范围

消费者从事的消费行为，即购买、使用商品或接受服务需要具有"为生活消费需要"的目的。《消费者权益保护法》所调整的范围就是指因消费者为生活消费的需要而购买、使用商品或者接受服务，而与经营者所形成的关系，即生活消费关系。《消费者权益保护法》对该法的适用范围做出如下解释：

1. 消费者为生活消费需要购买、使用商品或者接受服务，其权益受该法保护；该法未做规定的，受其他有关法律、法规保护。

2. 经营者为消费者提供其生产、销售的商品或者提供服务，应当遵守该法；该法未做规定的，应当遵守其他有关法律、法规。

3. 农民购买、使用直接用于农业生产的生产资料，参照该法执行。

五、消费者的权利

消费者的权利是指消费者在消费活动中依法享有的各项权利。根据《消费者权益保护法》的规定，消费者共享有以下九项权利：

（一）安全保障权

消费者的安全保障权包括人身安全和财产安全两方面的权利。消费者在购买、使用商品和接受服务时享有人身、财产安全不受损害的权利。消费者在购买、使用商品和接受服务时，首先考虑的便是商品和服务的卫生、安全因素，不希望因卫生或者安全方面存在问题，导致身体受到伤害甚至产生生命危险。财产安全不仅指购买、使用的商品或接受的服务是否安全，更重要的是指购买、使用的商品或接受的服务以外的其他财产的安全，只要是在购买、使用商品或接受服务过程中，消费者的人身、财产安全受到损害，消费者就有权要求赔偿。

（二）知情权

消费者的知情权是指消费者享有知悉其购买、使用的商品或者接受的服务的真实情况的权利。消费者有权要求经营者提供商品的有关信息，并且有权要求所提供的信息具有真实性。

消费者有权根据商品或者服务的不同情况，要求经营者提供商品的价格、产地、生产者、用途、性能、规格、等级、主要成分、生产日期、有效期限、检验合格证明、使用方法说明书、售后服务，或者服务的内容、规格、费用等有关情况。作为经营者，诚实信用是交易双方应遵守的基本准则，不得隐瞒实情，不得作虚假承诺，否则就构成对消费者知情权的侵犯。一旦发生争议或造成损害，消费者有权要求经营者给予赔偿 。

（三）自主选择权

消费者的自主选择权是指消费者享有自主选择商品或者服务的权利。自主选择权包括：第一，消费者有权自主选择提供商品或者服务的经营者；第二，自主选择商品品种或者服务方式；第三，自主决定购买或者不购买任何一种商品、接受或者不接受任何一项服务；第四，消费者在自主选择商品或者服务时，有权进行比较、鉴别和挑选。因此，经营者不得任意干涉消费者的自主选择。

消费者选购商品或接受服务的行为必须是自愿的，主动权在自己手中。同时消费者自主选择商品和服务的行为必须合法，不能把自主选择权建立在侵害国家、集体和他人合法权益之上。此外自主选择权通常只能限定在购买商品或接受服务的范围内，不能扩大到使用商品上。

（四）公平交易权

消费者的公平交易权是指消费者享有公平交易的权利。公平交易权包括两个方面：第一，消费者在购买商品或者接受服务时，有权获得质量保障、价格合理、计量正确等公平交易条件；第二，消费者有权拒绝经营者的强制交易行为。

经营者在提供商品或服务时，必须保证质量、价格合理、计量正确，不得违反平等自愿、公平交易的市场准则，违背消费者的意愿强制交易。

浙江省湖州市工商局吴兴分局查处限定最低消费案

2006 年 2 月至 3 月，根据消费者的投诉，湖州市工商局吴兴分局会同公安部门和新闻媒体，对辖区内所属的从事酒吧、KTV、茶水服务的经营单位进行了检查，发现某娱乐广场等 11 家单位不同程度地存在限定最低消费的行为。

经查，当事人某娱乐广场自 2005 年 10 月 22 日起，在其包厢及卡座设置 680 元—1880 元不等的最低消费额。在实际消费过程中，由服务员根据消费者人数带到相应包厢或卡座，并告知消费者该处所需最低消费额，但对所消费的酒水价格和品种均未告知，在结账时，如果未消费到最低消费额也必须按规定的最低消费额收取。

湖州市工商局吴兴分局依据《浙江省实施<消费者权益保护法>办法》的有关规定，责令当事人立即改正违法行为，没收违法所得 15000 元，并处罚款 15000 元。

转引自消费者权益保护网 http://www.315.gov.cn

（五）求偿权

消费者的求偿权是指消费者因购买、使用商品或者接受服务受到人身、财产损害的，享有依法获得赔偿的权利。

消费者在购买、使用商品或接受服务时，由于经营者的过失或故意，可能会使人身权和财产权受到侵害。这里的人身权包括消费者的生命健康权、姓名权、名誉权、荣誉权等；财产权包括直接的财产损失和间接的财产损失。对于商品的购买者、商品的使用者、接受服务者以及在别人购买、使用商品或接受服务的过程中受到人身或财产损害的其他人，只要其人身、财产损害是因购买、使用商品或接受服务而引起的，都享有求偿权；商品的生产者、销售者或服务者均要承担赔偿责任，而不论其是否有过错；除非是出于受害者自己的过错，如违反使用说明造成的损害，则商品的制造者、经销者不承担责任。

按照法律规定，消费者除因人身、财产的损害而要求获得赔偿损失这一最基本、最常见的方式之外，还可以要求其他多种民事责任承担方式，如修理、重做、更换、恢复原状、消除影响、恢复名誉、赔礼道歉等等。

美丽的代价——"奥美定"受害者索赔案

　　经国家药监局审批的"奥美定"被作为人体软组织填充材料，用于注射隆胸、隆颊等美容手术。但国家药品不良反应监测中，却收到了来自消费者的众多不良反应报告。国家药监局于 2006 年 4 月 30 日叫停了"奥美定"。此后，大量被害者走向法庭进行索赔。2006 年 5 月，广州天河区法院审理了自"奥美定"被禁后的首例索赔案，一审判消费者胜诉。此后，"奥美定"的生产厂家——吉林富华医用高分子材料有限公司不服药监局的叫停决定，向北京市一中院提起行政诉讼，将国家药监局告上法庭，要求其撤销先前的决定。2006 年 10 月 30 日，法院公开宣判，国家药监局一审胜诉。

　　"奥美定"受害者索赔案使得美容行业的违规操作、虚假承诺等问题浮出水面，同时也暴露出医疗器械审批与医疗卫生监管的种种问题。

　　转引自：2006 年十大消费维权事件，《中国经济周刊》，2007 年，第 10 期，第 27 页

（六）结社权

　　消费者的结社权是指消费者享有依法成立维护自身合法权益的社会团体的权利。

　　消费者有权成立消费者协会等其他消费者组织以保护自己的合法权益。消费者组织起来依法成立消费者社会团体，形成对商品和服务的广泛社会监督，及时处理侵害消费者权益的行为，指导消费者提高自我保护意识和能力，通过调解、仲裁等方式，及时解决消费纠纷。

（七）获得知识权

　　消费者的获得知识权是指消费者享有获得有关消费和消费者权益保护方面的知识的权利。

　　消费方面的知识主要是消费态度知识，使消费者科学指导自己消费行为；有关商品和服务的基本知识及有关市场的基本知识，以指导自己做出正确消费选择。消费者应当努力掌握所需商品或者服务的知识和使用技能，正确使用商品，提高自我保护意识。消费者权益保护方面的知识主要是消费者权益保护的法律、法规和政策，消费者权益保护机构，消费者权益争议的解决，违反《消费者权益保护法》的法律责任等。

（八）受尊重权

　　消费者的受尊重权是指消费者在购买、使用商品和接受服务时，享有其人

格尊严、民族风俗习惯得到尊重的权利。消费者的人格尊严、名誉权、肖像权、民族习惯等都依法受到保护，经营者应充分予以尊重。

尊重消费者在消费活动中的人格尊严是消费者享有的最起码权利，任何人都无权加以污辱和诽谤。公民的人格尊严权利包括姓名权、名誉权、荣誉权、肖像权等。对于侵犯消费者人格尊严的行为，法律视情节轻重予以相应民事制裁。情节特别严重构成犯罪的，还应予以刑事制裁。我国有 56 个民族，各民族饮食、服饰、居住、婚葬、节庆、娱乐、礼节、禁忌等风俗习惯有所不同，都应受到尊重，保护少数民族消费者的合法权益是关系到民族平等团结、促进安定团结的大事。

（九）监督权

消费者的监督权是指消费者享有对商品和服务以及保护消费者权益工作进行监督的权利。这一权利包括：第一，消费者有权检举、控告侵害消费者权益的行为；第二，消费者有权检举、控告国家机关及其工作人员在保护消费者权益工作中的违法失职行为；第三，消费者有权对保护消费者权益工作提出批评、建议。

六、经营者的义务

为了更好地规范经营者的行为，保护消费者的利益不受侵犯，《消费者权益保护法》还规定了经营者应当履行的各项义务。

（一）履行法律、法规规定和约定的义务

经营者向消费者提供商品或者服务，应当依照《中华人民共和国产品质量法》和其他有关法律、法规的规定履行义务。经营者和消费者有约定的，应当按照约定履行义务，但双方的约定不得违背法律、法规的规定。

（二）接受消费者监督的义务

经营者应当听取消费者对其提供的商品或者服务的意见，接受消费者的监督。

（三）保证商品和服务安全的义务

经营者应当保证其提供的商品或者服务符合保障人身、财产安全的要求。

对可能危及人身、财产安全的商品和服务，经营者应向消费者做真实的说明和明确的警示，并说明和标明正确使用商品或者接受服务的方法以及防止危害发生的方法。并且，如果经营者发现其提供的商品或者服务存在严重缺陷，即使正确使用商品或者接受服务仍可能对人身、财产安全造成危害时，应立即向有关行政部门报告和告知消费者，并采取防止危害发生的措施。

（四）提供真实信息和答复的义务

经营者应当向消费者提供有关商品或者服务的真实信息，不得作引人误解的虚假宣传。

对消费者就商品或者服务的质量和使用方法等问题提出的询问，经营者应当做出真实、明确的答复。此外，商店提供商品应当明码标价。

（五）标明真实名称和标记的义务

经营者应当标明其真实名称和标记。租赁他人柜台或者场地的经营者，应当标明其真实名称和标记。

（六）出具购货凭证或者服务单据的义务

经营者提供商品或者服务，应当按照国家有关规定或者商业惯例向消费者出具购货凭证或者服务单据；消费者索要购货凭证或者服务单据的，经营者必须出具。购货凭证或者服务单据可以证明消费者与经营者之间存在法律关系，有利于消费者维护自己的合法权益。

（七）保证商品或服务质量的义务

经营者应当保证在正常使用商品或者接受服务的情况下其提供的商品或者服务应当具有的质量、性能、用途和有效期限；但消费者在购买该商品或者接受该服务前已经知道其存在瑕疵的除外。

经营者以广告、产品说明、实物样品或者其他方式表明商品或者服务的质量状况的，应当保证其提供的商品或者服务的实际质量与表明的质量状况相符。

（八）履行"三包"或其他责任的义务

经营者提供商品或者服务，按照国家规定或者与消费者的约定，承担包修、包换、包退，应当按照国家规定或者约定履行，不得故意拖延或者无理拒绝。

（九）不得做出对消费者不公平、不合理规定的义务

经营者不得以格式合同、通知、声明、店堂告示等方式做出对消费者不公平、不合理的规定，或者减轻、免除其损害消费者合法权益应当承担的民事责任。

格式合同、通知、声明、店堂告示等含有前款所列内容的，其内容无效。

（十）尊重消费者人格尊严和人身自由的义务

经营者不得对消费者进行侮辱、诽谤，不得搜查消费者的身体及其携带的物品，不得侵犯消费者的人身自由。

维权者的僵局——柯达事件

很多购买柯达公司 LS443 型数码相机的消费者发现，这款相机在正常使用 1 年左右后，就会陆续出现黑屏、镜头无法伸缩、曝光过度等故障。经过技术人员鉴定，发现该型号相机存在设计和制造缺陷。为了索赔，消费者自发组成网络联盟——"柯达 LS443 维权联盟"，与柯达公司进行了多次交涉。柯达公司以该产品批量生产前有检验合格证明和超过"三包"期的产品收费维修符合中国法律为由，拒绝承担产品质量责任。

2006 年 7 月，220 名购买柯达公司 LS443 型相机的消费者联名向中国消费者协会投诉，中消协为此召开了有史以来的首次投诉调解听证会，但因柯达公司未出席而无果。由此，此事件陷入了僵局至今仍无进展。

此事件引起广泛的社会反响，相关法律法规的不健全引发了政府有关部门对现行"三包"政策的反思，加速了国家新的缺陷产品责任规定的出台。

转引自"2006 年十大消费维权事件"，《中国经济周刊》，2007 年，第 10 期，第 27 页

第三节　《产品质量法》对消费者权益的保护

为了加强对产品质量的监督管理，明确产品质量责任，保护用户、消费者的合法权益，维护社会经济秩序，我国于 1993 年 2 月 22 日第七届全国人民代表大会常务委员会第三十次会议通过了《中华人民共和国产品质量法》。在中华人民共和国境内从事产品生产、销售活动，必须遵守该法。该法所称产品是指经过加工、制作，用于销售的产品。

《产品质量法》共 5 章，分别是：第一章总则，第二章产品质量的监督管理，第三章生产者、销售者的产品质量责任和义务，第四章损害赔偿和第五章罚则。该法规定了国家对产品质量的监督体制和管理措施，规定了产品生产者和销售者的质量要求和义务，规定了因产品存在缺陷造成损害的赔偿问题，规定了有关责任人违法行为的行政责任和刑事责任，是一部比较完整、系统的关于产品质量的法律。《产品质量法》为保护消费者利益，维护市场经济秩序，严厉制裁销售假冒伪劣商品的违法行为，提供了强有力的法律武器。

一、产品质量的监督管理

产品质量应当检验合格，不得以不合格产品冒充合格产品。

1．可能危及人体健康和人身、财产安全的工业产品，必须符合保障人体健康，人身、财产安全的国家标准、行业标准；未制定国家标准、行业标准的，必须符合保障人体健康，人身、财产安全的要求。

2．国家根据国际通用的质量管理标准，推行企业质量体系认证制度。企业根据自愿原则可以向国务院产品质量监督管理部门或者国务院产品质量监督管理部门授权的部门认可的认证机构申请企业质量体系认证。经认证合格的，由认证机构颁发企业质量体系认证证书，准许企业在产品或者其包装上使用产品质量认证标志。

3．国家对产品质量实行以抽查为主要方式的监督检查制度，对可能危及人体健康和人身、财产安全的产品，影响国计民生的重要工业产品以及用户、消费者、有关组织反映有质量问题的产品进行抽查。监督抽查工作由国务院产品质量监督管理部门规划和组织。

4．产品质量检验机构必须具备相应的检测条件和能力，经省级以上人民政府产品质量监督管理部门或者其授权的部门考核合格后，方可承担产品质量的检验工作。法律、行政法规对产品质量检验机构另有规定的，依照有关的法律、行政法规的规定执行。

2006 年全国工商行政管理机关查处的食品安全违法案件部分案例

2006 年，全国工商行政管理机关共查处侵害消费者权益案件 14.59 万件，案值 91998.86 万元；查处制售假冒伪劣商品案件 11.12 万件，案值 178542 万元。全国工商行政管理机关在食品安全专项整治中，共出动执法人员 560 万人次，检查重点食品市场 1.6 万个，检查食品经营主体 1040 万户次，取缔无照经营 15.18 万户，吊销营业执照 4629 户，查处制售假冒伪劣食品案件 6.8 万件，捣毁制售假冒伪劣食品窝点 5900 个，移送司法机关处理案件 48 件，对 1.55 万吨不合格食品实施了退市，有效规范了食品经营主体资格和经营行为，有力促进了食品市场经营秩序的进一步好转，切实保护了消费者的合法权益。

2006 年工商行政管理机关查处食品安全违法案例如下：

1．天津市工商局河西分局查处违法花生油案

2. 吉林省工商局查处倒卖陈化粮案

3. 山西省太原市工商局查处销售不合格熟肉制品案

4. 内蒙古自治区阿鲁科尔沁旗工商局查处销售假冒牛初乳案

5. 江西省九江市浔阳区工商局查处销售不合格腐竹案

6. 山东省高唐县工商局查处制售假冒乳品案

7. 重庆市大渡口区工商分局查处制售不合格猪大肠案

8. 甘肃省陇南市武都工商分局查处制售假冒白酒案

9. 北京市工商局石景山分局查处非法经营鲜肉案

10. 新疆自治区吐鲁番市工商局查处销售不合格方便面案

转引自：中华人民共和国国家工商行政管理总局网

http://www.saic.gov.cn/ggl/zwgg_detail.asp?newsid=570

二、生产者、销售者的产品质量责任和义务

（一）生产者的产品质量责任和义务

生产者应当对其生产的产品质量负责。产品质量应当符合下列要求：（1）不存在危及人身、财产安全的不合理的危险，有保障人体健康，人身、财产安全的国家标准、行业标准的，应当符合该标准；（2）具备产品应当具备的使用性能，但是，对产品存在使用性能的瑕疵做出说明的除外；（3）符合在产品或者其包装上注明采用的产品标准，符合以产品说明、实物样品等方式表明的质量状况。

产品或者其包装上的标识应当符合下列要求：（1）有产品质量检验合格证明；（2）有中文标明的产品名称、生产厂厂名和厂址；（3）根据产品的特点和使用要求，需要标明产品规格、等级、所含主要成份的名称和含量的，相应予以标明；（4）限期使用的产品，标明生产日期和安全使用期或者失效日期；（5）使用不当，容易造成产品本身损坏或者可能危及人身、财产安全的产品，有警示标志或者中文警示说明。裸装的食品和其他根据产品的特点难以附加标识的裸装产品，可以不附加产品标识。

此外，《产品质量法》还对以下情况做出规定：剧毒、危险、易碎、储运中不能倒置以及有其他特殊要求的产品，其包装必须符合相应要求，有警示标志或者中文警示说明标明储运注意事项；生产者不得生产国家明令淘汰的产品；生产者不得伪造产地，不得伪造或者冒用他人的厂名、厂址；生产者不得伪造或者冒用认证标志、名优标志等质量标志；生产者生产产品，不得掺杂、掺假，

不得以假充真、以次充好，不得以不合格产品冒充合格产品。

（二）销售者的产品质量责任和义务

1. 销售者应当执行进货检查验收制度，验明产品合格证明和其他标识。

2. 销售者应当采取措施，保持销售产品的质量。

3. 销售者不得销售失效、变质的产品。

4. 销售者销售的产品的标识应当符合相关规定。

5. 销售者不得伪造产地，不得伪造或者冒用他人的厂名、厂址。

6. 销售者不得伪造或者冒用认证标志、名优标志等质量标志。

7. 销售者销售产品，不得掺杂、掺假，不得以假充真、以次充好，不得以不合格产品冒充合格产品。

（三）违反《产品质量法》的法律责任

1. 生产不符合保障人体健康，人身、财产安全的国家标准、行业标准的产品的，责令停止生产，没收违法生产的产品和违法所得，并处违法所得 1 倍以上 5 倍以下的罚款，可以吊销营业执照；构成犯罪的，依法追究刑事责任。

销售不符合保障人体健康，人身、财产安全的国家标准、行业标准的产品的，责令停止销售。销售明知是不符合保障人体健康，人身、财产安全的国家标准、行业标准的产品的，没收违法销售的产品和违法所得，并处违法所得 1 倍以上 5 倍以下的罚款，可以吊销营业执照；构成犯罪的，依法追究刑事责任。

2. 生产者、销售者在产品中掺杂、掺假，以假充真，以次充好，或者以不合格产品冒充合格产品的，责令停止生产、销售，没收违法所得，并处违法所得 1 倍以上 5 倍以下的罚款，可以吊销营业执照；构成犯罪的，依法追究刑事责任。

3. 生产国家明令淘汰的产品的，责令停止生产，没收违法生产的产品和违法所得，并处违法所得 1 倍以上 5 倍以下的罚款，可以吊销营业执照。

4. 销售失效、变质产品的，责令停止销售，没收违法生产的产品和违法所得，并处违法所得 1 倍以上 5 倍以下的罚款，可以吊销营业执照；构成犯罪的，依法追究刑事责任。

5. 生产者、销售者伪造产品的产地的，伪造或者冒用他人的厂名、厂址的，伪造或者冒用认证标志、名优标志等质量标志的，责令公开更正，没收违法所得，可以并处罚款。

6. 以行贿、受贿或者其他非法手段推销、采购《中华人民共和国产品质量法》第 37 条至第 40 条所列产品，构成犯罪的，依法追究刑事责任。

7. 产品标识不符合规定的，责令改正；有包装的产品标识不符合规定，情节严重的,可以责令停止生产、销售,并可以处以违法所得 15％至 20％的罚款。

8. 伪造检验数据或者伪造检验结论的,责令更正,可以处以所收检验费 1 倍以上 3 倍以下的罚款;情节严重的,吊销营业执照;构成犯罪的,对直接责任人员比照刑法第 167 条的规定追究刑事责任。

重庆市万州区工商局查处销售不合格农药案

2006 年 3 月,重庆市万州区工商局执法人员在对某农业发展有限公司仓库内物资进行监督检查时,发现有些农药已超过保质期,遂决定对仓库内其它物品进行调查。

经查,仓库内还有某农药有限公司生产的"稻瘟息农药"65 件(已销售 35 件)和某科技股份有限公司生产的"甲胺磷乳油"农药 436 件(已销售 64 件),货值金额 33215 元,执法人员进行随机抽样,经送有关法定检测机构检测,其检测结果为:"稻瘟息"农药的有效成分含量低于国家标准,"甲胺磷乳油"农药的外观有明显沉淀,均判定为不合格商品。

万州区工商局依据《产品质量法》的有关规定,责令当事人停止违法行为,罚款 3 万元。

转引自:消费者权益保护网 http://www.315.gov.cn

三、产品质量纠纷的解决途径

《产品质量法》规定,消费者可通过协商方式解决产品质量纠纷,也可以请社会团体、行政主管部门进行调解,还可向仲裁机构申请裁决,也可直接向人民法院起诉。消费者在消费过程中因产品质量引发问题,有权要求生产者、销售者承担产品质量责任。用户、消费者有权就产品质量问题,向产品的生产者、销售者查询;向产品质量监督管理部门、工商行政管理部门及有关部门申诉,有关部门应当负责处理。保护消费者权益的社会组织可以就消费者反映的产品质量问题建议有关部门负责处理,支持消费者对因产品质量造成的损害向人民法院起诉。

如果属一般产品质量问题,即产品质量不符合同家有关法律法规规定的要求,或不符合生产者、销售者做出的承诺,只要生产者、销售者以上述任何一种方式表明产品的质量,消费者就可以此作为判定质量的依据。只要认定产品与其说明名不符实,就可以判定产品质量有问题。如产品存在缺陷并给消费者造成了人身伤害和财产损失，表明产品有严重的质量问题，消费者不仅可以要求赔偿该产品损失，还有权要求赔偿该产品造成的其他损失。

需要注意的是，损害赔偿的有关时限规定。消费者因产品缺陷造成人身财产损害，根据《产品质量法》第45条规定："因产品存在缺陷造成损害要求赔偿的诉讼时效期间为二年，自当事人知道或者应当知道其权益受到损害时起计算。因产品存在缺陷造成损害要求赔偿的请求权，在造成损害的缺陷产品交付最初消费者满十年丧失：但是，尚未超过明示的安全使用期的除外"。因此，消费者在产品缺陷造成人身、财产损害后应及时向法院起诉，以免丧失诉权。

第四节　消费者权益争议的解决

一、消费者权益争议及其解决途径

消费者权益争议是指在消费过程中，消费者和经营者之间因消费者的权益而发生的争议。消费者权益争议是在消费领域发生的，消费者在购买、使用商品或者接受服务过程中，因经营者不依法履行或不适当履行义务致使消费者合法权益受到损害而引起的争议。消费者权益争议的一方是消费者，另一方是经营者，否则不属于消费者权益争议。

一般来说，消费者和经营者发生消费者权益争议时，可以通过下列途径解决：

（一）与经营者协商和解

协商和解是指消费者与经营者在自愿平等的基础上进行和平协商，达成和解协议，以解决消费者争议。双方都应遵循诚实信用的规则，才能在友好协商、利益平衡的基础上达成和解协议。采取这种方法既可以使消费者的合法权益得到保护，又不会损害经营者的声誉和利益，其最大的优点在于经济和便利，与其他途径相比程序简单、成本最低。因此无论对消费者还是经营者，协商和解都不失为一种理想的途径。

对于协商和解，《消费者权益保护法》还规定了经营者必须履行受理和及时处理的义务。该法第23条规定："经营者提供商品或者服务，按照国家规定或者与消费者的约定，承担包修、包换、包退或者其他责任的，应当按照国家规定或者约定履行，不得故意拖延或者无理拒绝。"第50条也规定经营者对消费者的有关请求，不得故意拖延或无理拒绝。

（二）请求消费者协会调解

消费者协会调解是指消费者和经营者将争议提交消费者协会居中调和，双方相互协商调解，从而达成解决争议的方式。《消费者权益保护法》第 5 章规定了消费者协会的职能，消费者协会制订的《中国消费者协会受理消费者投诉规定》，规范了消费者协会的调解。消费者协会调解在对消费者合法权利的保护当中起到了很重要的作用。

受理消费者的投诉，并对投诉事项进行调查、调解是消费者协会的职能之一。消费者协会在处理消费者的调解纠纷时，应以事实为基础，依据有关法律、法规、规章制度，充分尊重双方当事人的意愿，帮助当事人达成协议，从而促使纠纷得以解决。消费者协会对下列投诉应予受理：

1. 根据《中华人民共和国消费者权益保护法》关于"消费者的权利"的 9 项规定，受理消费者受到损害的投诉。

2. 根据《中华人民共和国消费者权益保护法》关于"经营者的义务"的 10 项规定，受理消费者对经营者未履行法定义务的投诉。

3. 受理农民购买、使用直接用于农业生产的种子、化肥、农药、农膜、农机具等生产资料其权益受到损害的投诉。

（三）向有关行政部门申诉

行政申诉是指消费者认为自己的合法权益受到损害而向有关行政机关提出的，要求行政机关予以保护的请求。行政申诉属于行政裁判行为的一种类型。《消费者权益保护法》强调了各级政府机关在消费者权益保护中依法加强监督和管理，其中以向工商行政部门提起行政申诉为主。国家工商行政管理总局据此制定了一系列相应的行政规章，如《工商行政管理机关受理消费者申诉暂行办法》、《工商行政管理所处理消费者申诉实施办法》、《欺诈消费者行为处罚办法》等，以便各有关部门更好地处理消费者申诉，维护消费者权益。由于行政申诉具有国家强制性和高效性，因此是解决消费者纠纷的重要途径。

消费者因生活需购买、使用商品或者接受服务，与经营者发生消费者权益争议，依照《消费者权益保护法》第 34 条规定向工商行政管理机关申诉的，由经营者所在地或者经营行为发生地的工商所管辖。如果当事人自行和解后一方反悔，或者经消费者协会调解未能达成协议、虽达成协议但未能履行，消费者仍可以向工商所申诉，工商所作为独立的申诉处理。

"12315" 行政执法体系

"12315" 是全国工商行政管理机关依托 12315 电话，受理消费者申诉举报，调节消费者权益纠纷，查处侵害消费者权益案件和制售假冒伪劣商品等经济违法行为，监督管理市场和行政执法的一项重要工作。

转引自：消费者权益保护网 http://software.saic.gov.cn

（四）根据与经营者达成的仲裁协议提请仲裁机构仲裁

仲裁是指经营者和消费者根据达成的仲裁协议，将争议提交仲裁机构进行裁决，其优点是公正、权威、专业、快捷、保密性强。

在美国，一些商家往往通过合同约定将仲裁作为解决争议的首选方式，特别是在金融服务、汽车销售、医疗及其他家庭服务机构，都将仲裁条款纳入合同的必备内容。选择仲裁作为解决消费纠纷的途径，是一种对社会和市场经济都有利的方式。[①] 在我国，由于《消费者权益保护法》并没有规定消费仲裁制度，因此消费仲裁适用的是《仲裁法》的规定，而《仲裁法》的机构和程序设计针对的是一般的民商事纠纷，并没有专门的消费仲裁程序。另外我国只在设区的市设立仲裁机构，不利于其他地区的消费者以这种方式解决纠纷。而且只要有一方不愿意选择仲裁的方式，仲裁机构将不受理。因而在实践中，通过仲裁来解决消费者纠纷的案例十分有限，这也使仲裁不能在消费者权益保护领域起到应有的作用。[②]近年来，我国也逐渐认识到仲裁在解决消费争议中的重要作用，并在上海、广州等地成立了消费争议仲裁庭。如上海仲裁委员会在上海市消费者协会协助下于 2003 年成立了上海仲裁委员会小额消费争议仲裁中心，受理有书面仲裁协议且争议金额在 5 万元以下的小额消费争议案件。若要充分发挥消费仲裁这一途径的作用，还需根据消费仲裁的特殊性来规定专门的仲裁机构和程序，从法律法规上加以保障，从制度上来加以保证，从而促进消费者权益保护途径的多元化。[③]

（五）向人民法院提起诉讼

消费者在购买、使用商品或者接受服务时，其合法权益受到损害，可以选择向人民法院起诉，通过诉讼程序解决争议。人民法院应当采取措施，方便消

---

① 邓念国、胡小平，《论消费者权益行政保护存在的主要问题及对策》，《行政与法》，2000 年，第 4 期，第 83 页。

② 陈秀萍，《消费者权益保护途径之比较》，《当代法学》，2003 年，第 7 期，第 159 页。

③ 王宗玉、黄宁，《消费者权益的保护途径》，《团结》，2006 年，第 5 期，第 37 页。

费者提起诉讼。对符合《中华人民共和国民事诉讼法》起诉条件的消费者权益争议，必须受理，及时审理。

诉讼往往被认为是最为有力的一种维权方式。但是，诉讼因其高昂的经济和时间成本、有限的诉讼收益等弊端，不利于消费者将诉讼作为解决争议的主要途径。为了及时有效地解决争议，充分保护消费者权益，许多国家设立了小额诉讼程序。我国可以借鉴外国经验，建立小额消费纠纷法庭，简化诉讼程序，提高诉讼效率、降低成本、方便消费者诉讼，采取对消费者更有利、更简捷的方式解决消费纠纷。如对小额权益争议可以采取一审终审，独任审判，不必为案情较为清楚、标的不大的案件设置过于繁琐的程序，①或者对标的额很小的诉讼收取较低的诉讼费甚至免收诉讼费，实行独任审判、一审终审。对于简单的案件允许口头起诉、当场受理并即时做出裁判等。同时还可以赋予消协以当事人的诉讼主体地位，使其能积极为消费者的利益参与到诉讼中来。这样就可以大大减少诉讼成本，有利于消费者更加积极主动地维护自己的权益。②

我国已经建立了一套消费者权益保护机制和消费者权益保护法律法规体系，消费者在解决纠纷时可以根据不同情况选择不同的解决途径。今后消费者权益保护法律法规体系的完善应以行政保护为主，以调解、仲裁为补充，以民事诉讼为最后的渠道，为消费者提供更加充分、完备的法律保障。

二、消费者求偿主体

消费者求偿主体是指消费者要求获得赔偿的责任人。根据《消费者权益保护法》的规定，消费者的求偿主体有：

（一）销售者

消费者在购买、使用商品时，其合法权益受到损害的，可以向销售者要求赔偿。销售者赔偿后，属于生产者的责任或者属于向销售者提供商品的其他销售者的责任的，销售者有权向生产者或者其他销售者追偿。

（二）销售者或者生产者

消费者或者其他受害人因商品缺陷造成人身、财产损害的，可以向销售者要求赔偿，也可以向生产者要求赔偿。属于生产者责任的，销售者赔偿后，有权向生产者追偿。属于销售者责任的，生产者赔偿后，有权向销售者追偿。

---

① 王利明，《〈消费者权益保护法〉的完善》，《上海政法学院学报：法治论丛》，2005 年，第 4 期，第 11 页。

② 王宗玉、黄宁，《消费者权益的保护途径》，《团结》，2006 年，第 5 期，第 38 页。

（三）服务者

消费者在接受服务时，其合法权益受到损害的，可以向服务者要求赔偿。

（四）变更后承受其权利义务的企业

消费者在购买、使用商品或者接受服务时，其合法权益受到损害，因原企业分立、合并的，可以向变更后承受其权利义务的企业要求赔偿。

（五）使用他人营业执照的违法经营者或者营业执照的持有人

使用他人营业执照的违法经营者提供商品或者服务，损害消费者合法权益的，消费者可以向其要求赔偿，也可以向营业执照的持有人要求赔偿。

（六）展销会、租赁柜台的销售者、服务者或者展销会的举办者、柜台的出租者

消费者在展销会、租赁柜台购买商品或者接受服务，其合法权益受到损害的，可以向销售者或者服务者要求赔偿。展销会结束或者柜台租赁期满后，也可以向展销会的举办者、柜台的出租者要求赔偿。展销会的举办者、柜台的出租者赔偿后，有权向销售者或者服务者追偿。

（七）虚假广告经营者

消费者因经营者利用虚假广告提供商品或者服务，其合法权益受到损害的，可以向经营者要求赔偿。广告的经营者发布虚假广告的，消费者可以请求行政主管部门予以惩处。广告的经营者不能提供经营者的真实名称、地址的，应当承担赔偿责任。

三、工商行政管理机关对消费者权益争议的受理和处理

为了及时处理消费者与经营者之间发生的消费者权益争议，依法保护消费者的合法权益，规范工商行政管理所处理消费者申诉的程序，进一步贯彻实施《工商行政管理机关受理消费者申诉暂行办法》，根据《消费者权益保护法》及其他有关法律、法规的规定，国家工商行政管理局于 1997 年 3 月 15 日公布并实施了《工商行政管理所处理消费者申诉实施办法》。

（一）管辖范围

该办法规定，消费者因生活需购买、使用商品或者接受服务，与经营者发生消费者权益争议，依照《消费者权益保护法》第 34 条第（3）项的规定向工商行政管理机关申诉的，由经营者所在地或者经营行为发生地的工商所管辖。工商所对于所受理的消费者申诉，认为在处理上确有困难的，可以报请一级工商行政管理机关处理。工商所对于不属于自己管辖的消费者申诉，应当告知消费者向有管辖权的工商所申诉。工商所可以在其辖区内巡回受理消费者申诉，

并就地处理消费者权益争议。

（二）工商所职权

工商所处理消费者申诉，有权行使下列收集证据的职权：

1．要求当事人举证；

2．询问当事人；

3．查询、复制与消费者权益争议有关的协议、账册、单据、文件、记录、业务函电和其他资料；

4．收集其他有关证据。

（三）受理程序

对于消费者权益争议，双方当事人可以同时到有管辖权的工商所请求处理。工商所可以当即处理，也可以另定日期处理。

工商行政管理机关应当自收到申诉书之日起5日内，对不符合规定的申诉，应当书面通知申诉人，并告知不予受理的理由。如果申诉符合规定的应予以处理，并书面通知申诉人，将申诉书副本发送被申诉人。被申诉人收到申诉书副本后，应当在5日内提交答辩书和有关证据。此后，工商行政管理机关进行立案。立案应当填写申诉立案报告表，同时附上有关材料，由县级及县级以上工商行政管理局局长批准，指定两名以上办案人员负责调查或者授权其派出机构调查处理。

消费者权益争议比较简单的，可以口头申诉，由受理申诉的工商所记入笔录或者进行登记，并告知被申诉人；对于不符合受理条件的申诉，工商所可以口头告诉申诉人不予受理及其理由，并记入笔录或者进行登记。

经调解达成协议并能够即时履行的，可以不制作调解书，但应当对协议内容进行记录，并由双方当事人、办案人员签名或盖章。该记录在案的协议与工商行政管理机关制作的调解书具有同等效力。对按照简易程序处理的消费者申诉，工商所以自己的名义制作调解书。

调解书经双方当事人签收后，当事人应当按照调解协议履行义务。

经营者拒不履行调解书，且构成《消费者权益保护法》第50条第7项规定的违法行为，由工商行政管理机关依照有关法律、法规或者规章另案处罚。当事人自行和解后一方反悔，或者经消费者协会调解未能达成协议、虽达成协议但未能履行，消费者又向工商所申诉的，工商所按照《消费者权益保护法》第34条第3项以及《工商行政管理所处理消费者申诉实施办法》，作为独立的申诉处理。

第五节　侵犯消费者权益的法律责任

一、侵犯消费者权益的民事责任

经营者提供商品或者服务有下列情形之一的，除《消费者权益保护法》另有规定外，应当依照《中华人民共和国产品质量法》和其他有关法律、法规的规定，承担民事责任：

（一）商品存在缺陷的；

（二）不具备商品应当具备的使用性能而出售时未作说明的；

（三）不符合在商品或者包装上注明采用的商品标准的；

（四）不符合商品说明、实物样品等方式表明的质量状况的；

（五）生产国家明令淘汰的商品或者销售失效、变质的商品的；

（六）销售的商品数量不足的；

（七）服务的内容和费用违反约定的；

（八）对消费者提出的修理、重作、更换、退货、补足商品数量、退还货款和服务费用或者赔偿损失的要求，故意拖延或者无理拒绝的；

（九）法律、法规规定的其他损害消费者权益的情形。

此外，《消费者权益保护法》还特别对以下侵犯消费者权益的情况做出规定：

（一）经营者违反《消费者权益保护法》第25条规定，侵害消费者的人格尊严或者侵犯消费者人身自由的，应当停止侵害、恢复名誉、消除影响、赔礼道歉，并赔偿损失。

（二）经营者提供商品或者服务，造成消费者财产损害的，应当按照消费者的要求，以修理、重作、更换、退货、补足商品数量、退还货款和服务费用或者赔偿损失等方式承担民事责任。消费者与经营者另有约定的，按照约定履行。

（三）对国家规定或者经营者与消费者约定包修、包换、包退的商品，经营者应当负责修理、更换或者退货。在保修期内两次修理仍不能正常使用的，经营者应当负责更换或者退货。对包修、包换、包退的大件商品，消费者要求经营者修理、更换、退货的，经营者应当承担运输等合理费用。

（四）经营者以邮购方式提供商品的，应当按照约定提供。未按照约定提供的，应当按照消费者的要求履行约定或者退回货款；并应当承担消费者必须支付的合理费用。

（五）经营者以预收款方式提供商品或者服务的，应当按照约定提供。未按照约定提供的，应当按照消费者的要求履行约定或者退回预付款；并应当承担预付款的利息、消费者必须支付的合理费用。

（六）依法经有关行政部门认定为不合格的商品，消费者要求退货的，经营者应当负责退货。

（七）经营者提供商品或者服务有欺诈行为的，应当按照消费者的要求增加赔偿其受到的损失，增加赔偿的金额为消费者购买商品的价款或者接受服务的费用的 1 倍。

二、侵犯消费者权益的行政责任

根据《消费者权益保护法》第 50 条规定，经营者有下列情形之一，《中华人民共和国产品质量法》和其他有关法律、法规对处罚机关和处罚方式有规定的，依照法律、法规的规定执行；法律、法规未作规定的，由工商行政管理部门责令改正，可以根据情节单处或者并处警告、没收违法所得、处以违法所得 1 倍以上 5 倍以下的罚款，没有违法所得的，处以 10000 元以下的罚款；情节严重的，责令停业整顿、吊销营业执照：

1．生产、销售的商品不符合保障人身、财产安全要求的；

2．在商品中掺杂、掺假，以假充真、以次充好，或者以不合格商品冒充合格商品的；

3．生产国家明令淘汰的商品或者销售失效、变质的商品的；

4．伪造商品的产地，伪造或者冒用他人的厂名、厂址，伪造或者冒用认证标志、名优标志等质量标志的；

5．销售的商品应当检验、检疫而未检验、检疫或者伪造检验、检疫结果的；

6．对商品或者服务作引人误解的虚假宣传的；

7．对消费者提出的修理、重作、更换、退货、补足商品数量、退还货款和服务费用或者赔偿损失的要求，故意拖延或者无理拒绝的；

8．侵害消费者人格尊严或者侵犯消费者人身自由的；

9．法律、法规规定的对损害消费者权益应当予以处罚的其他情形。

新疆自治区吐鲁番地区工商局查处销售不合格翡翠饰品案

2006 年 5 月，新疆自治区吐鲁番地区工商局对吐鲁番市珠宝玉器经销行业实施检查中，查处了一起销售不合格翡翠饰品案。

经查，当事人吐鲁番市某和田玉器城于 2006 年 5 月从乌鲁木齐批发购进翡翠手镯 21 件进行销售，翡翠手镯销售标价分别为 3500 元和 1280 元，总货值为 46860 元。工商执法人员对当事人所销售的商品进行了现场抽样，经检验，标价为 3500 的翡翠手镯和标价为 1280 元的翡翠手镯检验结果均为染色翡翠手镯，属以假充真的翡翠手镯，判定该批产品为不合格产品。吐鲁番地区工商局依法对该批产品予以全部扣留。

吐鲁番地区工商局依据《产品质量法》的有关规定，责令当事人停止销售不合格产品，没收尚未售出的 21 件不合格翡翠手镯，并处罚款 23430 元。

转引自消费者权益保护网 http://www.315.gov.cn/wq/wq-show.htm

三、侵犯消费者权益的刑事责任

《消费者权益保护法》为了全面保护消费者的权利和利益，还对一些严重侵犯消费者权益甚至构成犯罪的行为做出规定，追究其刑事责任。

该法第 41、42 条规定："经营者提供商品或者服务，造成消费者或者其他受害人人身伤害的，应当支付医疗费、治疗期间的护理费、因误工减少的收入等费用，造成残疾的，还应当支付残疾者生活自助具费、生活补助费、残疾赔偿金以及由其扶养的人所必需的生活费等费用；构成犯罪的，依法追究刑事责任。""经营者提供商品或者服务，造成消费者或者其他受害人死亡的，应当支付丧葬费、死亡赔偿金以及由死者生前扶养的人所必需的生活费等费用；构成犯罪的，依法追究刑事责任。"

另外，《消费者权益保护法》还规定，以暴力、威胁等方法阻碍有关行政部门工作人员依法执行职务的，依法追究刑事责任；拒绝、阻碍有关行政部门工作人员依法执行职务，未使用暴力、威胁方法的，由公安机关依照《中华人民共和国治安管理处罚条例》的规定处罚。国家机关工作人员玩忽职守或者包庇经营者侵害消费者合法权益的行为的，由其所在单位或者上级机关给予行政处分；情节严重，构成犯罪的，依法追究刑事责任。

四、对欺诈消费者行为的处理

为制止经营者提供商品或者服务中的欺诈消费者行为，保护消费者的合法权益，根据《中华人民共和国消费者权益保护法》的有关规定，我国于 1996 年颁布并实施了《欺诈消费者行为处理办法》。

（一）欺诈消费者行为的概念及范围

欺诈消费者行为是指经营者在提供商品或者服务中，采取虚假或者其他不正当手段欺骗、误导消费者，使消费者的合法权益受到损害的行为。

经营者在向消费者提供商品中，有下列情形之一的，属于欺诈消费者行为：

1．销售掺杂、掺假，以假充真，以次充好的商品的；

2．采取虚假或者其他不正当手段使销售的商品份量不足的；

3．销售"处理品"、"残次品"、"等外品"等商品而谎称是正品的；

4．以虚假的"清仓价"、"甩卖价"、"最低价"、"优惠价"或者其他欺骗性价格表示销售商品的；

5．以虚假的商品说明、商品标准、实物样品等方式销售商品的；

6．不以自己的真实名称和标记销售商品的；

7．采取雇佣他人等方式进行欺骗性的销售诱导的；

8．作虚假的现场演示和说明的；

9．利用广播、电视、电影、报刊等大众传播媒介对商品作虚假宣传的；

10．骗取消费者预付款的；

11．利用邮购销售骗取价款而不提供或者不按照约定条件提供商品；

12．以虚假的"有奖销售"、"还本销售"等方式销售商品的；

13．以其他虚假或者不正当手段欺诈消费者的行为。

（二）欺诈消费者行为的法律责任

经营者在向消费者提供商品中，有下列情形之一，且不能证明自己确非欺骗、误导消费者而实施此种行为的，应当承担欺诈消费者行为的法律责任：

1．销售失效、变质商品的；

2．销售侵犯他人注册商标权的商品的；

3．销售伪造产地、伪造或者冒用他人的企业名称或者姓名的商品的；

4．销售伪造或者冒用他人商品特有的名称、包装、装潢的商品的；

5．销售伪造或者冒用认证标志、名优标志等质量标志的商品的。

（三）对欺诈消费者行为的行政处罚

对欺诈消费者行为，法律、行政法规中有规定的，从其规定；法律、行政法规未作规定的，由工商行政管理机关依照《中华人民共和国消费者权益保护法》第50条的规定处罚。经营者提供商品或者服务有欺诈行为的，应当按照消费者的要求增加赔偿其受到的损失，增加赔偿的金额为消费者购买商品的价款或者接受服务的费用的1倍。

"有奖销售"猫腻多　红盾出击维权益

　　2006 年 6 月 28 日,吐鲁番市工商局城区工商所 12315 举报站接到上级 12315 指挥中心分流的一起举报案件,称在辖区新拓商城外有人从事有奖销售经营活动,并且已有不少人上当受骗。经查当事人展某为了促销自己的商品,在吐鲁番市新拓商城外从事有奖销售经营活动,在活动中设置了一至七等奖,根据抽取的不同奖号,可奖励不同价值的商品,抽奖者凡抽到以上中奖号都能得到相应奖品,同时规定凡抽到 518 号的消费者必须购买价值 45 元的指定商品。经现场对所设奖票进行查看,调取受害者旁证材料及当事人陈述,为抽奖人员所准备的奖票箱中根本没有一、二等奖的票号,能够抽到三至七等奖奖票的均为内部自己人,上当受骗者大部分为维权意识较差的农民群众。截止被查获时当事人获非法所得 5040 元。

　　当事人展某的上述行为违反了《欺诈消费者行为处罚办法》第三条第一款第十二项之规定,属欺诈消费者行为。吐鲁番市工商局城区工商所依据《欺诈消费者行为处罚办法》第五条和《中华人民共和国消费者权益保护法》第五十条的规定,给予没收违法所得 5040 元、处以违法所得一倍的罚款计人民币 5040 元行政处罚。

　　案例评析:有奖销售是经营者的竞争手段之一,法律允许经营者采取有奖销售的形式进行促销。《欺诈消费者行为处罚办法》中明确规定:经营者在提供商品或服务中,不得采取虚假或其他不正当手段欺骗、误导消费者,使消费者的合法权益受到损害的行为,否则构成欺诈消费者行为。该《办法》第三条第一款第十二项规定:以虚假的"有奖销售"、"还本销售"等方式销售商品的,属于欺诈消费者行为。在本案中,经营者展某为谋取暴利,设立了七个奖项,却又故意将奖值最高的一等奖和二等奖的中奖奖券不进行投放,并且采取不正当的手段故意让内定人员中奖,来欺骗消费者,使之看到有奖品的存在,其所设奖项已成虚设,其行为已存在欺诈消费者的故意,已构成欺诈消费者行为。

　　转引自:消费者权益保护网 http://www.315.gov.cn/wq/wq-show.htm

思考题

一、选择题

1.《消费者权益保护法》正式施行的时间是(　　　　)。

A. 1993 年 10 月 31 日　　　　　B. 1994 年 1 月 1 日

C. 1996 年 2 月 9 日　　　　　　D. 1993 年 2 月 22 日

2. 经营者与消费者进行交易，应当遵循自愿、平等、（　　）、诚实信用的原则。

A. 公正　　　　　　　　　　　B. 公开

C. 公平　　　　　　　　　　　D. 合理

3. 消费者在购买、使用商品和接受服务时享有人身、财产安全不受损害的权利。这是《消费者权益保护法》赋予消费者的（　　）。

A. 求偿权　　　　　　　　　　B. 安全权

C. 获赔权　　　　　　　　　　D. 监督权

4. "三包"是指包（　　）。

A. 修理、检查、更换　　　　　B. 安装、拆卸、运输

C. 修理、更换、退货　　　　　D. 运输、上门服务、每年检查

5. 经营者提供商品或者服务有下列情况之一的，依照有关法律法规承担民事责任（　　）。

A. 商品存在缺陷的

B. 销售的商品数量不足的

C. 服务的内容和费用违反规定的

D. 包装不合格的

6. 直接向消费者承担产品质量责任的主体包括（　　）。

A. 生产者　　　　　　　　　　B. 销售者

C. 维修者　　　　　　　　　　D. 储运者

二、判断题

1. 对包修、包换、包退的大件商品，消费者要求经营者修理、更换、退货的，经营者不必承担运输等合理费用。（　　）

2. 消费者在展销会、租赁柜台购买商品或者接受服务，其合法权益受到损害的，可以向销售者或者服务者要求赔偿。（　　）

三、简答题

1. 消费者享有哪些权利？

2. 消费者协会的职能是什么？

3. 消费者和经营者发生消费者权益争议时，可以通过哪些途径来解决？

4. 什么是欺诈消费者行为，其具体表现形式有哪些？

四、案例分析题

　　李某在一家电经销部购买了一台电冰箱，对方告知该冰箱可保修 1 年，但使用仅 3 个月就发生故障。李某多次找到该经销部要求修理，遭到经销部的敷衍推脱。李某无奈之下找到当地消费者协会请求调解，但经销部对调解通知毫不理会，致使调解无法进行。请问，李某可以通过怎样的途径解决此纠纷？经销部应承担哪些责任？

第十章　公平交易执法

本章重点

1. 了解公平交易的概念和特点
2. 掌握公平交易执法的性质和作用
3. 公平交易执法主管机关、职权及其执法对象
4. 熟悉公平交易执法的法定程序
5. 理解反不正当法律制度和保护消费者权利的法律制度

公平交易执法是市场经济对市场交易行为的必然要求，公平交易执法的贯彻实行对市场经济的健康发展有着重要的作用，同时它也是工商行政管理活动的重点内容。本章通过公平交易执法的概念、性质、主管机关及其职权、法定程序的介绍,力求使读者对工商行政管理中的公平交易执法有比较深刻的认识。

第一节　公平交易的概念

一、公平交易的概念和特点

（一）公平交易的概念

公平交易，是指交易双方在符合市场交易规则及商业习惯基础上所进行的自愿、平等、公正、合理的交易活动或行为。在市场经济条件下，公平交易以机会平等为前提条件，交易机会、条件、与经济优势的取得，是靠交易者改进技术、加强管理、降低成本和费用等正当手段实现的，任何不正当竞争手段和垄断行为都是与公平交易不相容的。

（二）公平交易的特点

公平交易具有以下特点：

1. 公认性。公平交易是人们在长期的历史发展过程中逐步形成的，也就是说交易是由最初的不公平交易逐渐走向公平的。同时，作为公平交易的规则和标准，也是在长期的交易中形成的，并为人们所熟知和认可，被社会公认、采用和遵守。

2. 真实性。公平交易是交易双方公平意思表示一致的买卖活动过程。双方在公平交易中所体现的意志本身必须是真实的，不得有欺诈、胁迫等不真实意志或意识表示的存在。同时，公平交易本身就是建立在双方一致真实的基础之上的，任何交易一旦失去了真实，就必然形成一种不公平的交易。因此，真实性可以说是一切公平交易所必须具有的基本特征。

3. 合法性。公平交易本身是否合法，应以国家制定的有关法律和法规为标准，如果公平交易所遵守的公认的商业道德和习惯准则一旦为国家所认可并上升为法律规范，就具有神圣不可侵犯的法律性。在现代市场交易中，要求交易行为趋向法律化、制度化与规范化。衡量市场交易是否公平的重要标准，就在于交易本身是否合法，是否符合法律、法规的规定与要求。

4. 合理性。公平交易的核心就是交易过程和交易结果的公平与合理。公平交易的合理性，是交易双方针对交易对象所实现的一种等价有偿、平等互利的买卖过程，即交易双方在交易对象的取得以及货币的支付在价值上要大致平等，不允许严重显失公平，或明显有利于某一方情况的发生。因此公平交易的合理性是相对的，而不是绝对的。

5. 竞争性。公平交易不是自然形成的，而是在公平竞争条件下进行并得以实现的。因此，公平交易本身就具有竞争性，它是公平竞争的结果，而公平竞争是公平交易的前提与内在要求，没有公平竞争的交易不可能是公平的。

二、公平交易的原则

公平交易的原则，是指所有市场交易主体在交易活动中所必须遵守和遵循的基本原则。具体包括：

（一）自愿原则

自愿原则，是指市场交易主体在法律允许范围内所从事的交易活动，是交易者自己独立做出的自主、自愿、自由的行为。根据此原则，交易主体有权决定是否参加交易活动，不受一切外来干涉，而且有自愿、自由选择交易伙伴、交易对象、交易内容和交易方式的权利。同时，该原则还要求交易双方对交易合同关系的确立、变更或终止，必须以双方真实意思的表示一致为基础，不允许任何个人、组织或机构采用胁迫或命令手段强迫双方实施交易行为或实施交易合同关系。

（二）平等原则

平等原则，是指市场交易主体在法律规定的范围内进行各种交易活动时，不仅均处于平等的法律地位，而且都享有交易权利，承担交易义务，没有高低贵贱之分，都是在公平一致的基础上所进行的平等互利、等价有偿的交易。平等原则是商品交易中最核心、最基本的原则，它体现的是物化商品中的社会必要劳动平等地接受社会的检查。作为交易对象的商品一旦进入市场就立即成为广大消费者自由评价的对象，在购买者或需求者面前，一切商品都是平等的。平等原则排斥任何政治、行政权力介入商品的自由竞争。它要求任何交易主体之间不得存在所有制、等级、大小、强弱的划分，均具有平等的权利和地位。这种权利和地位交易之间要互相尊重，并在等价互利的交易活动中体现公平。

（三）公平原则

公平原则，是指市场交易主体在交易或买卖活动中必循遵守公平交易之合理的商业标准。同时，交易者均应受到公平、公正合理的对待。根据这一原则，交易双方在交易关系中所享有的权利和所应承担的义务应当相互适应，不存在交易程序和交易内容上的显失公平。因此，凡是利用他人的危难处境或利用自身经济优越条件或盗用他人的竞争优势，诋毁竞争对手的商业信誉，而使自己处于有利地位并显失公平的交易行为，都是对公平原则的违反。

（四）诚实信用原则

诚实信用原则，是指市场交易主体应以忠于交易事实真相、不事欺诈、恪守诺言、信守合同的主观善意态度从事交易活动。该原则的核心是以信誉或信用为基础，以善意态度忠于交易事实真相。根据这一原则，任何以欺诈、胁迫、利诱达成的交易均不具有法律效力，都是对该原则的违背。

（五）遵守公认的商业道德原则

遵守公认的商业道德原则，是指所有行业的交易者普遍公认、共同遵守长期形成的，并具有广泛社会积极意义的商业道德规范和行为准则。如前述的自愿、平等、公平、诚实信用原则，都是被法律化的商业道德，但不包括所有的行业交易规则与标准。因此，该原则的确定是对以上四原则的重要补充。根据这一原则，凡是在市场交易中隐瞒事实真相，以次充好、以假充真、缺斤短两或采取不正当手段盗取他人的商业秘密，收买竞争对手的雇员，吸收竞争对手的客户，以及不尊重交易对方生活习惯、宗教信仰等不正当竞争行为，均属于对该原则的违反。

三、不公平与不正当竞争行为

（一）不公平交易与不正当行为的概念

不公平交易是公平交易的对称，是指交易主体违反国家有关法律、法规的规定和公平交易的原则，对正当、公平交易造成阻碍、影响、排斥甚至破坏之后果，以及由于其他违法因素导致交易关系显失公平的行为。

不正当竞争行为是指经营者采用欺骗、胁迫、利诱、诋毁以及其他违背诚实信用和公平竞争商业惯例的手段从事市场交易，损害竞争对手利益，扰乱公平竞争秩序的行为。

（二）不正当竞争行为的特征

1．手段的多样性。 这种行为的实施者，为了取得和争取交易机会和条件，并使自身处于交易的优势地位，往往采用或运用种种不正当的手段，如欺骗、假冒、排斥、引诱、贿赂、诋毁、贬低、隐瞒、混淆、串通、窃密等。这些不法手段的多样性、复杂性，不仅表明现代市场交易与竞争的激烈性、复杂性与风险性，同时也证明了维护与保护市场公平交易，反对不正当竞争的任务的艰巨性。

2．行为的违法性。 各种不正当竞争行为在性质上都是不合法的，都是为法律所严格禁止并予以制裁的行为。因为不正当竞争行为本身不仅对其他经营者、消费者合法权益及社会公共利益造成不同程度的侵害，而且破坏了正常、公平、公正的社会交易秩序和竞争机制，侵犯了《反不正当竞争法》、《消费者权益保护法》、《商标法》、《广告法》等，应由法律予以认定并给以制裁，而不宜再运用违反道德的标准与方法予以谴责。

3．范围的广泛性。 不正当竞争行为广泛地存在于经济领域的各个行业、部门以及交易者之间。由于各种类型的交易者、竞争者存在于活动的范围是非常广泛的，随着市场经济的发展和科学技术的进步，竞争的方式和竞争的领域也在不断地增多与扩大，旧的传统的不正当竞争的手段、方式也在不断地发生变化，不断地翻新。因此，在现代市场经济中，不正当竞争行为常以多种表现形式，广泛地存在于各个经济领域的每一个角落。

4．违法的交叉性。 如前所述，不正当竞争行为是违法行为。但各种不正当竞争行为往往不仅仅是违反竞争法，而且同时违法《商标法》、《广告法》或《产品质量法》等法律规定。因此，一种不正当交易行为依照《反不正当竞争法》的规定可能构成不正当竞争行为。反过来说，被认定为不正当竞争行为本身也是可能为其他有关法律规范的违法行为。这样在违犯法律上有一定的交叉，在适用法律时必须注意相互协调。

5. 认定的复杂性。对不正当竞争行为的认定，在不同的国家、不同的时期和不同的领域有着不同的标准和依据。同时这类行为又常常以合法、隐蔽的形式出现。就某一具体的不正当行为来说，其侵权的利益不仅是直接竞争者或间接竞争者或潜在竞争者利益，而且还可能直接或间接的侵害了广大消费者的利益、国家利益或社会公共利益；某一不正当竞争行为可能同时违反多个法律的规定；某一竞争者或经营者也可能同时实施多个不正当竞争行为。所有这些情况，都加大了认定各种不正当竞争行为的性质和界限的复杂性。

（三）不正当竞争行为的危害

1. 严重破坏市场公平交易和公平竞争秩序，阻碍社会生产力的发展。正当、公平交易和正当竞争行为是推动社会经济发展，提高企业经济效益和社会效益的积极动力，而制假、侵权、贿赂、欺诈等不正当竞争行为，不仅直接扰乱并破坏了正常的社会经济秩序，而且阻碍了公平竞争具有的促进生产、引导消费等积极作用的正常发挥，削弱和窒息市场经济及消费机制应有的活动，严重阻碍技术进步和社会生产力的发展。

2. 严重损害其他经营者和广大消费者的合法权益。据统计，我国目前每年的劣质假冒产品造成的经济损失高达 2000 亿元，相当于全国城市居民近一年的消费总额。不正当竞争行为的实施者，严重冲击了市场交易活动的正常秩序，造成许多合法的经营者因信誉受损被迫退出市场，不仅是合法经营者遭受了严重的经济损失，同时更给广大消费者带来了难以估量的损害。

3. 严重败坏了社会风气，造成道德水准的下降。由于一些经营者不正当竞争行为并在不公平交易中获取了大量资财，使社会上许多人认为搞市场经济就是搞欺、蒙、坑、骗，赚钱就是靠不正当手段，使公平交易在市场上行不通。

4. 严重影响了国家外贸信誉及与国际惯例接轨。由于不正当竞争行为泛滥，我国的假冒伪劣商品已蔓延到国际市场，特别是我国一些在国际上享有盛誉的名牌商品因被假冒而销路不畅，导致一些外商对我国的投资环境和贸易环境顾虑重重，存在不信任感，严重损害了国家的外贸信誉。这些必须引起我们的高度重视，否则将产生更为消极的影响，拖延国内市场融入国际市场的时间，不利于尽快与国际惯例接轨，最终将严重影响我国市场经济的快速而健康的发展。

第二节　公平交易执法的性质、作用与原则

一、公平交易执法的概念与特点

（一）公平交易执法的概念

公平交易执法，是指国家行政执法机关和司法机关，为了维护市场竞争秩序，保护公平竞争与交易，制止不正当竞争等违法行为，依照法律、行政法规、政策等有关规定，对市场不公平交易行为所进行的监督、检查、控制、协调以及处理等执法活动的总称。

公平交易执法的概念有广义、狭义之分。广义的公平交易执法，包括国家多类行政管理机关及司法机关对不公平交易行为监督与执法活动；狭义的公平交易执法，仅指工商行政管理机关对不公平交易行为的监督与执法。本书所涉及的内容如未作特殊说明，则一般是指狭义上的公平交易执法。

（二）公平交易执法的特点

狭义的公平交易执法具有以下特点：

1. 公平交易执法的主体是工商行政管理机关，因此它有别于其他行政管理机关对公平交易的执法活动。

2. 公平交易执法的性质是行政执法。这种行政执法的性质，一是由工商行政管理机关自身的行政管理与执法机关的性质所决定的，二是通过工商行政管理依法监督检查市场主体的交易行为；制止限制竞争和不正当竞争等违法行为；依法或根据授权查处走私、贩私等经济违法、违章行为；保护消费者权益，依法查处严重损害消费者权益的行为；依法监督与查处市场交易中的各种欺诈性违法合同等，这些都是以行政行为表现出来的。公平交易执法的这一特征，使其区别于公平交易执法中的司法行为。司法部门或机关对不公平交易或不正当竞争中的违法犯罪的审判行为是一种司法行为，这种行为是司法机关通过法律强制力打击交易过程中的违法犯罪活动，是维护市场竞争秩序，保护消费者与经营者合法权益的一种有效行为。

3. 公平交易执法是国家法律赋予工商行政管理机关的一项重要职能，但这一执法权能不是抽象的，它是由监督检查、询问调查、强制措施与行政处罚等职权所构成的。因此，工商行政管理机关对公平交易执法权能的行使，不是简单的对不公平交易或不正当竞争行为的行政处罚，而是对以上诸多职权综合运

用与行使的结果。

二、公平交易行政执法权及其性质

公平交易行政执法权，是指工商行政管理机关依据国家授权，拥有具体运用、实施竞争法规，按法定程序对市场交易行为与竞争行为进行监督、禁止以及对违反竞争法规的行为独立查办并给予处罚的一种特殊行政权力。

公平交易行政执法权的性质具有二重性，即行政性与司法性，但作为公平交易行政执法则是这种执法活动的主要方面。世界经济发达国家公平交易执法的实践表明，对市场竞争秩序的维护主要是靠这种强有力的行政执法活动。随着市场经济运行与发展，这种行政执法活动非但不能减弱，而且呈现不断强化和扩展的趋势。因此，公平交易执法的性质，就一般意义来看，主要表现为行政性。主要包括以下几层含义。

1. 公平交易行政执法的机构是国家授权的行政机关，在我国主要是各级工商行政管理机关。公平交易行政执法是工商行政管理机关对行政权与行政执法者两种权力的具体形式及运用。所谓行政权，从一般意义上讲，是指国家管理行政事务的一种权力，对工商行政管理机关来说，则为该机关以国家授权对特定管理对象实施行政监督管理的一种权力，该权力是国家行政权的组成部分。所谓行政执法权，在这里是特指工商行政管理机关具体适用有关法律和法规，按照行政执法程序，对市场交易或竞争行为进行监督并对违反相关法律、法规的行为独立查办并给予行政处罚的一种特定权力。

2. 公平交易行政执法是行政权与行政执法运用过程中的有机结合及辩证统一，即两种权力是统一的，不可分离的。工商行政管理机关在公平交易执法过程中，对行政执法权的行使既是以行政权为基础，又是以法律的明文授权为执法依据，离开了行政权，就谈不上行政执法权，而行政执法权则是依法对行政权的实际运用和具体体现。因此，从实质上来讲，它也是行政权的一部分，是从属行政权的，只不过行政执法权所强调的是依法行使行政权，具有依法行政的含义。

3. 公平交易行政执法是一种独立行使行政执法权的活动。因为行政权与行政执法权既是统一的，又是相对独立的。从执行与适用法律的意义上讲，对行政执法权的行使必须是独立的。在执法过程中，它可以脱离行政权而相对独立存在，即在一定程度和范围内，只服从法律和行政法规，依照法律办事，特别是在适用法律上不受行政权的支配，也不允许其他各种权利的干预，由此可见，行政执法权对行政权又是排斥的。

4. 公平交易执法是关于上述两种权力行使的一种动态过程，整个过程表现为一系列的行政活动，即工商行政管理机关的公平交易执法是一个过程，是由若干个相互联系、不可分割的行政活动所构成。具体包括对不公平交易或不正当竞争行为的监督、检查、确认、定性、处罚、执行等活动，因此，其行政执法本身之意，既不是指该过程中的某一行政活动，又不是指工商行政管理机关在此构成中所做出的某一特定的行政行为或决定，而是指上述两种权力运用过程中既统一又相对应的全部象征活动的总称。

三、公平交易执法的作用

（一）保障作用

在市场经济条件下，市场活力的产生和社会财富的增加，有赖于各类经营者之间独立、自主、公平、合法的竞争。公平交易执法通过制止和惩处各种有碍于市场竞争与市场发育的违法行为，可以保障这种竞争的公平、公正、合法、有序，保障市场竞争主体的合法权益，从而保障社会主义市场经济的健康发展。

（二）促进作用

市场经济的建立与发展，市场经济秩序的维护，最终离不开以国家强制力为保障的公平交易执法。之所以如此，在于这种执法活动的手段对促进市场经济的发展更行之有效。一方面，国家通过这种严格执法，来达到市场规则所确立的建立和发展市场经济的预期目标。另一方面，国家授权的工商行政管理部门通过正确行使自由裁量权，对市场经济发展中出现的新情况、新问题及时进行宏观与微观方面的调整，实现对市场经济建立与发展的促进、推动作用。

（三）营造作用

公平交易执法还具有为营造公平竞争环境提供公平条件的作用，主要表现在以下几个方面：（1）行为引导作用，即公平交易执法活动所产生的效应，可以促使市场竞争主体在追求自身利益的同时，必然考虑自身的行为是否侵害了其他竞争者、消费者以及社会的整体利益，是否符合法律、法规的要求；指导法律鼓励、提倡的是什么，禁止、反对和应受到惩罚的行为是什么。因此，有效的公平交易执法是最好的法制教育。（2）协调服务作用。公平交易执法可为市场交易与竞争中产生的各种纠纷、侵权争议等提供积极、主动、及时、有效的控制、协调与服务。同时，还可通过简化许可性执法程序做好纠纷的调解或裁判工作。这对于保护合法竞争和消费者的合法权益，营造与维护公平竞争的法制环境具有积极作用。（3）范例探索作用，公平交易执法者可对市场竞争与发展过程中出现的新情况、新问题依法进行处理或予以妥善解决，同时由此引起的争议或纠纷以及处理结果，可能形成行政裁决或司法裁决的典型案例，并可为之定型的市场竞争法规或在公平交易执法活动中提供参考的依据和范例。

上述公平交易执法的作用不是孤立的，而是统一的。它们之间相互联系、相互渗透、相互配合，共同发挥着整体作用。

四、公平交易执法的原则

公平交易执法应遵循以下四个基本原则。

（一）行政法制原则

这一原则是 20 世纪初所兴起的并越来越被世界各国所遵循的重要原则。同时也是公平交易行政执法活动中的一个基本原则 。它的基本要求是：依法行政、执法必严、违法必究 。根据这一原则，在公平交易执法中必须依法办事。这个法必须是国家立法机关制定的法律，如《反不正当竞争法》、《消费者权益保护法》等。公平交易执法机关自行制定的法规、规章、规范性文件等不得与国家法律相抵触，否则无效。

（二）职权专属原则

在市场经济条件下，国家对经济活动的管理主要是通过各种宏观的行政监督与执法活动来实现的。但各个行政执法机关的执法权限与范围都是由法律、法规做出明确的规定，以实现执法上的科学分工，各司其职。例如 ，《反不正当竞争法》就明确规定，以反不正当竞争为对象的公平交易执法职权主要由县以上工商行政管理机关执行。这就是职权专属原则，它包括两层含义：一是专门的法律、法规由专门的行政机关执行；二是专门的行政机关享有执行某项法律、法规的专门职权，又有利于明确判断与分清行政执法中的"失职"和"越权"问题。

（三）公正合理原则

该原则对公平交易行政执法的基本要求是：

1. 执法机关必须在法律规定的权限幅度或范围内做出执法决定，并且其执法的目的、执法动机、执法效果都要符合法律的要求，体现公正与合理，不得有滥用执法权利的现象。

2. 执法过程及执法决定的做出应尽可能照顾各方的利益，在几方利益权衡时，不得畸轻畸重、显失公平，要根据违法行为性质、情节的轻重和主观动机综合考虑，正确适用法律。

3. 正确处理好合法性与合理性之间的关系。在我国目前竞争法尚不完善的条件下，在实际经济活动中，"合理不合法"的现象时有发生，这就需要在公平交易行政执法中以法律原则的基本要求根据实际情况具体分析，具体对待，并做出公正合理的执法决定。

4. 执法机关要坚持行政分开，即执法程序、内容 、理由、执法依据、手段、方法、执法决定都必须公开。这是能否做到执法公正合理的重要前提与必要保证。

（四）自由裁量权有限原则

这一原则与公正合理原则是密切相关的，它也是公平交易行政执法中常遇到并要遵守的一个重要原则。所谓自由裁量权，是指法律规范不对行政执法行为或执法决定做出详细、具体、明确的规定，而是在一定幅度和范围内给予执法者自由选择的权力。工商行政管理机关在公平交易执法中就享有自由裁量权，如果不遵守自由裁量权有限原则，不兼顾公正性和注意确定一些可依据的标准，就可能导致处罚不公、甚至滥用职权等不合理现象，其结果也会造成对相对人的额外侵害。因此，要求工商行政管理机关在公平交易执法中，必须全面贯彻这一原则。

中华人民共和国反不正当竞争法

（1993 年 9 月 2 日第八届全国人民代表大会常务委员会第三次会议通过）

第一章 总则

第一条 为保障社会主义市场经济健康发展，鼓励和保护公平竞争，制止不正当竞争行为，保护经营者和消费者的合法权益，制定本法。

第二条 经营者在市场交易中，应当遵循自愿、平等、公平、诚实信用的原则，遵守公认的商业道德。

本法所称的不正当竞争，是指经营者违反本法规定，损害经营者的合法权益，扰乱社会经济秩序的行为。

本法所称的经营者，是指从事商品经营或者营利性服务（以下所称商品包括服务）的法人，其他经济组织和个人。

第三条 各级人民政府应当采取措施，制止不正当竞争行为，为公平竞争创造良好的环境和条件。

县级以上人民政府工商行政管理部门对不正当竞争行为进行监督检查；法律、 行政法规规定由其他部门监督检查的，依照其规定。

第四条 国家鼓励、支持和保护一切组织和个人对不正当竞争行为进行社会监督。国家机关工作人员不得支持、包庇不正当竞争行为。

第三节　公平交易执法主管机关、职权及其执法对象

一、公平交易执法的主管机关——工商行政管理机关

公平交易执法主管机关，一般指的是竞争法的主管机关或执行机关。为保证竞争法的实施，为维护市场竞争秩序，及时、有效、主动禁止、查处、制裁不公平交易或不正当竞争行为，世界上许多国家都以法律形式创立或设置公平交易执法或竞争法的主管机构。设置机构是十分必要的，其必要性主要表现在以下几个方面。

1. 设置公平交易执法主管机关是实现国家对不公平和不正当竞争行为保持主动干预的基础与必要保障。就不正当竞争行为的危害性而言，垄断与限制竞争行为的突出表现是对市场机制的破坏和对竞争的抑制，而其他不公平交易和不正当竞争行为，不仅直接构成对诚实竞争者合法权益的侵害，而且是对市场公平交易与竞争秩序的破坏，是造成市场混乱的主要根源。因此，面对这类行为带来的双重危害性，国家有必要通过行政手段对其保持主动干预，以维护社会整体利益，保证市场机制作用的正常发挥。

2. 设置公平交易执法主管机关能为受到侵害或可能受到侵害的经营者提供迅速的禁止性救济。这是由于国家行政机关工作的效率较高，与司法机关严密复杂的诉讼过程和不告不理的执法原则相比具有一定的灵活性，能对各种形式的不正当竞争行为做出及时迅速的反应，加之其简洁的案件处理程序更有利于及时消除正在发生的不正当竞争行为对其他经营者的侵害，这种及时迅速的禁止性救济是司法机关所不具有且不能做到的。

3. 设置公平交易执法主管机关有利于竞争法执行的统一性。竞争法作为市场经济条件下统一的市场行为规则，需要由统一的执法机关通过统一的执法来维护。由于不正当竞争行为范围广泛，形式复杂，涉及社会各个方面、各个层次，因此，竞争法的执行也必然涉及各个部门各个方面的利益，如果将反不正当竞争的执法职能平均分散于各个行政机关，难免因各种利益的消极影响而不利于维护竞争法实施的统一性与执法的公正性。因此，需要设立公平交易执法的主管机关，以集中行使反不正当竞争的执法权力。

鉴于以上必要性，为了更有效地制止不正当竞争，维护市场经济秩序并使经营者合法权益得到及时保护，各国竞争法都规定了竞争法或公平交易执法的

主管机关，如美国的联邦贸易委员会、德国的卡特尔局、英国的公平贸易局、日本的公正贸易委员会、韩国的公平交易局以及匈牙利的经济竞争局等等，它们都是代表国家专司反不正当竞争或公平交易执法的职权，是国家最高层次和最有权威的公平交易执法主管机关。

二、工商行政管理机关在公平交易执法中的职权

（一）监督检查权

监督检查是工商行政管理机关在公平交易执法中的一项重要的经常需要行驶的权能，主要表现在以下几方面：

1. 宣传有关公平交易的各项法规，督促当事人了解并掌握党和国家的各项法规、方针和政策并检查其守法情况。

2. 对不正当竞争的行为和涉嫌进行不正当行为的人有权进行监督检查。包括检验证件、证明及其有关物品、制品、钱财等，看其是否在国家法律、法规及政策的规定范围内从事正当交易活动。

3. 进行经常性的例行性监督检查，不仅要检查交易当事人的交易资格是否合格，同时还要监督其在交易资格范围内是否从事正当交易。

（二）询问调查权

询问调查权，是指工商行政管理机关在公平交易监督执法过程中对交易当事人及其知情人、证明人依法进行询问、搜集证据、查明真相的职权。

1. 按照规定程序询问被检查的经营者、利害关系人、证明人，并要求其提供证明材料或者与不正当竞争行为有关的其他资料。

2. 查询、复制与不正当竞争行为有关的协议、账册、单据、文件、记录、业务函电和其他资料，提供书证和视听资料。

3. 调查与不正当竞争行为有关的财务来源，提供物证和制作现场笔录。

（三）强制措施权

强制措施权，是指工商行政管理机关在公平交易执法中，为防止违法行为继续进行和违法后果的扩大，保全有关的证据，以国家强制力为后盾所采取的紧急处置措施的职权。

1. 责令被检查的经营者说明该商品的来源和数量，如责令被检查人说明假冒注册商标商品的来源和数量。

2. 责令被检查的经营者暂停销售货物，听候检查，以防止危害后果继续扩大。

3. 责令被检查的经营者妥善保管被检查财物，不得转移、隐匿、销毁财物，必要时可采取监督措施，防止违法行为人逃避监督检查，防止其继续对社会、

经营者、消费者造成危害。

（四）行政处罚权

行政处罚权，是指工商行政管理机关在公平交易执法过程中，依据有关法律、法规，对违法行为人给予行政制裁的职权。

1. 对有轻微不正当竞争的行为，未给他人带来经济损失的经营者，给予行政警告。

2. 对违反有关公平交易法规的经营者，以及有关法律规定给予罚款处罚。

3. 对违反有关公平交易法规的经营者，依据有关法律的规定，给予没收财物或非法所得处理。

4. 对违反有关公平交易法规的经营者，依据有关法律的规定，给予责令其停止营业或吊销营业执照的处理。

5. 对违反有关公平交易法规的经营者，依据有关法律的规定，可责令其停止违法行为。

6. 对违反《反不正当竞争法》的规定，实施串通投标行为的，依据法律规定裁定中标无效。

工商行政管理机关行驶行政处罚时，应当制作行政处罚决定书交付或送达违法当事人执行，如对处罚决定不服者，可以依法申请行政复议或者提起行政诉讼。

三、公平交易执法的对象

公平交易执法的对象，具体是指与诚实信用等公平交易原则相违背，并以不正当手段阻碍干扰、排斥、破坏、危害正当交易活动的不公平交易行为。从广义上讲，它包括各种不正当竞争行为和其他从事不正当交易的行为。

（一）不正当竞争行为

不正当竞争行为有以下几种表现形式：

1. 欺骗性不正当竞争行为，即指经营者采用假冒或仿冒以及其他虚假手段从事市场交易，故意引起公众的误解，诱使消费者误购，以谋取非法利益的行为。

2. 侵犯商业秘密的行为，即指采取不正当的手段获取、披露、使用或允许其他人使用权利人商业秘密的行为。

3. 诋毁竞争对手商业信誉与商业声誉的行为，即指经营者以竞争为目的，通过捏造、散布虚假事实，对竞争对手的商业信誉和商品声誉进行恶意的诋毁、贬低，以削弱其市场竞争能力的行为。

4．商业贿赂行为，即指经营者在市场交易中，以秘密给付财务财物或其报偿为手段，以取得有利于自己的交易机会和交易条件的行为。

（二）限制竞争的行为

限制竞争行为，是指经营者滥用其所拥有的经济优势或两个以上经营者通过协议等联合方式就交易价格、销售、交易条件等所实施的妨碍公平竞争，有损竞争对手利益的限制性规定与要求的行为。具体包括：

1．附条件交易包括搭售和附加不合理条件交易两种形式

搭售，是指经营者违反交易相对人的意愿，在销售某种商品或提供某种服务时，要求相对人购买另外商品或接受另外服务，并以此作为成交条件的交易行为。

附加不合理交易条件，是指经营者违背相对人的意愿，在提供商品或服务时，附加商品或服务以外的不合理条件的交易行为。

2．强迫性交易行为，即指经营者采用胁迫手段或其他强制手段，从事或安排他人从事阻碍他人从事市场交易的行为。

3．超经济强制行为，即指地方政府及其所属部门或履行一定行政职能的社会组织等凭借行政力量，直接或间接地干预市场经济活动，限制和破环日常市场竞争的行为。

4．限制竞争协议行为，即指两个或两个以上具有竞争关系的经营者，以合同、协议或其他方式，共同决定商品或服务的价格、数量、技术标准、交易客户、交易地区等，从而限制市场竞争，牟取超额利润的行为。

5．串通投标行为，即指违背法律程序，投标人之间或投标人与招标人之间私下串通，共同损害招标人利益或共同排挤其他投标人利益的行为。

（三）垄断行为

垄断行为是某些经济主体以单独或联合的方式，凭借其经济优势，限制、支配他人的生产经营活动，在一定范围内限制竞争的有效展开，损害他人或社会利益的经济性行为。包括以下几种形式：

1．独占，即指一家或几家比较大的公司或企业，在特定的市场上处于无竞争状态，获取得了压倒性的地位或排除竞争的能力。

2．兼并，即指两个或两个以上的经济主体组成以长期经营为目的的一个新的经济主体。适当的兼并虽然可以扩大生产和经营规模，带来较好的经济效益，达到规模经济的目的；但是兼并造成经济力量集中，极容易形成垄断，减少甚至排除竞争。

3．股份保有，即指某个企业占有其他企业的股票或资本份额。法律明确规

定了股份保有的比例和资本份额，超过法定标准的股份保有就会造成资本的过度集中，破坏充分竞争的市场结构。

4. 董事兼任，即指一个公司的董事同时担任其他公司的董事。董事兼任很容易在具有竞争关系的公司间减少或完全排除竞争。因此，对一般的董事兼任是允许的，而对可能排除竞争的董事兼任是禁止的。

5. 独家交易，即指生产某种特定产品或系列产品的厂商只允许它的经营商经销其一家的产品，而不允许经销其他同类竞争者的产品。

上述五种行为是比较典型的经济性垄断行为，在我国市场经济尚不发达的情况下并不突出，但其表现形式依然存在，并有进一步发展的可能，因此应列为公平交易执法的对象。

第四节　公平交易的执法程序

一、公平交易执法程序的概念

（一）公平交易执法程序的概念

公平交易执法程序，是指工商行政管理机关依照法律、法规及规章的规定，在维护公平交易，反对、制止、检查及处罚不正当竞争行为的执法活动中，应当遵循的法定方式和步骤。

（二）公平交易行政执法程序的法律依据

公平交易行政执法程序的法律依据有以下几种：

1. 行政处罚法

《中华人民共和国行政处罚法》于 1996 年 3 月 17 日第八届全国人民代表大会第四次会议通过和颁布。它对行政机关设定和实施行政处罚规定了严格、明确、统一的原则、制度、程序及法律责任，是公平交易执法的重要法律依据，对规范工商行政管理机关的执法行为、提高行政效率有直接的指导作用。

2. 工商行政管理暂行规定

根据有关法律、法规，经国家工商行政管理局局务会议审议，于 1995 年 12 月 19 日通过和发布了《工商行政管理暂行规定》。这一规定共 7 章 55 条，自发布之日起实施。《工商行政管理暂行规定》是工商行政管理机关进行公平交易行政执法的综合性规章，它集工商行政管理职能、权限、组织法、程序规范于一体，为工商行政管理机关严格执法提供了保障。

二、公平交易执法程序的内容

（一）立案

立案就是违法案件成立，是对市场经济秩序的不竞争行为进行检查、处理的开始，也是办案的一项首要程序。

1. 立案资料的来源

立案资料是立案的前提，也是确认其有无不公平行为，有无扰乱经济秩序的违法事实，是否予以查处、制裁的依据。目前，工商行政管理机关查办违法案件的主要来源有：

（1）各工商行政管理机关在执法过程中通过监督检查发现的不正当竞争行为应予以立案的。

（2）群众举报。长期以来，工商行政管理机关查办案件，主要来源于群众举报。《反不正当竞争法》实施后，出现了一些投诉竞争对手的举报人，对这种举报应慎重对待，区分情况立案。

（3）受害人申请。受害人或其他利害关系人，为保护自己的合法权益，可向工商行政管理机关申请查处不正当竞争行为。受害人申请应递交书面材料。书面材料应写明以下事项：①申请人姓名、性别、年龄、住所，法人应写名称、地址、法人代表姓名等。②被申请人的姓名、地址。③申请的要求、理由及相关的事实根据。④申请的日期。

（4）上级机关交办或有关机关移交的案件。上级机关交办的材料，往往是大案、要案的重要线索。对此类案件在立案前应进行认真的审查。

（5）从新闻媒介中发现的案件。有些人为了排斥竞争对手，在新闻媒介中实施不正当竞争行为，如假广告、损害他人商业信誉的行为等。这就为我们查处违法案件提供了案源。

2. 立案条件

立案是一项政策性很强的、重要而又严肃的行政执法活动。立案应具备一定的条件。第一，应具有不正当竞争的违法事实。第二，违法行为给市场经济带来一定的危害和影响。第三，违反《反不正当竞争法》带来的后果应给予行政处罚。第四，通过各种渠道发现的案源需要调查处理，并且具备立案条件的，应予以立案。

立案应写书面报告，由县级以上工商行政管理机关负责人审查批准。

（二）调查与检查

案件受理后，由主管机关制定两人以上的办案人员进行调查、检查和收集证据工作。

1．调查

（1）出示证件，表明身份。证件包括证明办案人员的身份证、工作证和证明主管机关行为的证件。若检查人员不出示证件，当事人有权拒绝调查和检查。

（2）询问和调查权。① 询问时应有两名以上的执法人员参加。询问被检查的经营者、利害关系人及证明人时，应采取逐个单独的方式进行。② 询问时要求当事人陈述事实，并要求如实提供能证明自己陈述的情况的材料和证明。③ 根据调查提供的资料进一步调查与违法行为有关的其他活动。④ 制作询问笔录。询问笔录应向被询问人核对，核对无误后，询问人与被询问人双方在笔录上签字盖章。被询问人若拒绝签字盖章的，应在笔录上注明。

（3）搜集证据。① 执法人员应搜集、调取与不正当竞争行为有关的原始凭证作为证据。②查询、复制资料和证据。这一工作主要是指依法查询、复制和依法扣留与违法行为有关的合同、发票、账册、单据、记录、文件、证照、业务函电等资料，同时依法向银行查询违法人的银行存款。

2．检查违法行为的财物

检查是查处违法行为的重要一环，是认定违法事实的重要程序。① 检查时应以其财务有违法嫌疑为前提。②检查物品现场制作检查笔录，并由检查人员与被检查人员双方签字盖章。③依据违法情节，做出暂停销售的决定。

（三）处理或做出行政处理决定

这一程序是指执法机关在经过询问、调查、检查后，在弄清违法事实、收集提取证据的基础上，依法做出行政处罚决定或其他裁决制定。

（1）办案人员通过上述调查、检查，弄清违法事实和案件性质，写出办案调查终结报告。

（2）根据案件性质，依法给予行政处罚，要制作行政处罚决定书。对不执行行政处罚决定的，工商行政管理机关应依法给予强制执行或申请人民法院强制执行。

（3）对那些不需处罚的，只须制止的不正当竞争行为，应制作"制止不正当竞争令"的处理文书，及时有效地制止不正当竞争行为。

（四）行政处罚安检的审批程序

依据《工商行政管理机关查处违法案件审批规定》，查处不公平交易违法案件也应履行审批程序。

审批，即案件审批主管机关根据办案单位和办案人员提出的处理意见，就案件的事实、定性、处罚、适用法律、法规再次审核，并予以确认与否的行为。

审批案件实施书面审查。但审批机关认为有必要时，也可以直接调查、核实有关情况。审批案件应以国家的法律、行政法规和规章为依据，重点审查实施行政处罚的程序、种类和幅度以及法律、法规的适用。审批机关应做出批准、变更或退回重办的批复意见。办案机关根据批复意见，制发处罚决定书，同时抄送审批机关。案件审批完毕，将批复意见等有关材料归档备查。审批机关对案件事实不清、证据不足的，责办案单位和人员补正后再报批准。

（五）送达、执行程序

查处不正当竞争案件，要制作行政处罚决定书，以直接送达到相对人手中即生效，开始执行。

（1）处罚决定书直接送达。被送达人是法人或组织的，由其收发部门签收。被送达人是个人的，交其本人签收。本人拒绝签收的，可留滞送达，但应注明日期，说明理由，并由送达人、见证人签名盖章。

（2）直接送达有困难的，可邮寄送达或公告送达。

（六）行政复议或诉讼

根据《反不正当竞争法》第29条规定，当事人对工商行政管理机关作出的处罚决定不服的，可自收到处罚决定书之日起15日内向上一级主管机关申请复议。对复议决定仍不服的，可自收到复议决定书之日起15日内向人民法院提起诉讼，也可以直接向人民法院提起诉讼。

第五节　反不正当竞争法律制度

一、不正当竞争行为的概念及特征

（一）不正当竞争行为的概念

不正当竞争行为可从广义和狭义两个方面来解释。广义上的不正当竞争行为，泛指一切违反有关法律的规定，乃至一切违反善良风俗、诚实惯例、商业道德而从事商品生产、经营的行为。它包括我们通常所说的垄断行为、限制性行为，以及其他采用不正当手段进行竞争的行为。狭义的不正当竞争，指的是排除垄断和限制竞争行为以外的，违反法律规定和公认的商业道德，采取假冒、盗用、诋毁竞争对手、欺诈、封锁等手段进行竞争的行为。

广义和狭义的区分，并没有给不正当竞争行为下一个令人满意的定义。事实上要给出一个大家都能接受的定义是非常困难的。各国在表述的形式上和内容上都存在着明显的差别。究其原因，主要是竞争中的"公平"或者"诚实"不能超越某一种社会形态中的社会的、经济的、道德的和伦理的概念的影响。所谓"公平"或者"诚实"，在不同的国家有所不同，有时在同一国家里也不相同，甚至在某一时期内它还可能发生变化，因而造成在不同国家、不同时期和不同领域，对不正当行为的认定有着不同的标准。除此之外，不正当竞争行为的广泛性与复杂性也给明确界定不正当竞争造成了困难。不正当竞争广泛存在于经济领域中的各个行业和部门，手段和方式在不断发生着变化和翻新，竞争者在这方面的"创造力"是无限的，其结果是表现形式多种多样的不正当竞争行为渗透到市场经济竞争的各个角落，立法者不可能将不正当竞争的方式一一列举出来。而且，不正当竞争行为具有很大的复杂性，正当竞争与不正当竞争的区别，界限有时表现得十分模糊不清，不正当竞争行为有时直接或间接侵害竞争对手或消费者的利益，有时却是侵害潜在的竞争对手的利益或者国家及社会的公共利益。

鉴于不正当竞争行为的多样性和复杂性，许多国家在反不正当竞争法立法中都是用比较原则性的措词来表述不正当竞争行为，如与"工商业领域中的城市管理相背离的行为"、"与诚实原则相背离的行为"等。这种原则性的表述往往作为一般性条款而构成反不正当竞争法的基石或核心。这种表达方式虽然具有很大的模糊性和不确定性，但它能够使反不正当竞争法具有广泛的适应性，迎合了指定该法的宗旨，所以许多国家都乐于采用它。当然各国在立法中除了一般性条款的原则规定之外，还对一些常见的不正当竞争行为进行了具体的列举和规定。

我国的反不正当竞争法在参照国际惯例和考虑我国实际情况的基础上，将不正当定义为：不正当竞争是指经营者违反《反不正当竞争法》的规定，损害其他经营者的合法权益，扰乱社会经济秩序的行为。

（二）不正当竞争行为的特征

不正当竞争行为具有以下法律特征：

1. 不正当竞争行为的主体是经营者

《反不正当竞争法》明确规定："本法所称的经营者，是指从事商品经营或者营利性服务的法人、其他经济组织和个人"非经营者不能成为不正当竞争行为的主体。但是，作为特别规定，《反不正当竞争法》第二章所列举的不正当竞争行为中的"滥用行政权利限制竞争行为"，却只能由"政府及其所属部门"作为主体构成。

2. 不正当竞争是违反市场经济基本准则的行为

《反不正当竞争法》第二条第一款规定："经营者在市场交易中，应当遵循自愿、平等、公平、诚实信用的原则，遵守公认的商业道德。这是《反不正当竞争法》的基本原则。这些原则也是市场经济中通行的基本原则。实施不正当竞争行为，必然违反、破坏这些原则。

3．不正当竞争行为是违法行为

由于市场经济的基本原则为法律所确认，这些原则也就具有了法的效力，违反这些原则就是违法，违反这些原则的不正当竞争行为就是违法行为，这是就总体而言的。但是具体怎样认定不正当竞争行为，需要有明确的标准。《反不正当竞争法》以整个第二章的第十一条列举规定十一种不正当竞争行为。换言之，法律上所指不正当竞争行为，就是指违反市场经济的基本准则、违反《反不正当竞争法》第二章规定的行为；《反不正当竞争法》定义中的"违反本法规定"，就是指违反《反不正当竞争法》第二章的规定。可见，只有违反基本准则，同时也违反第二章规定的行为才是不正当竞争行为；虽然也违反了基本准则，但第二章中没有规定的行为，就不能认定为不正当竞争行为。

4．不正当竞争行为侵害的客体是其他经营者的合法权益和社会正常的经济秩序

尽管有许多不正当竞争行为既损害其他经营者的合法权益，又损害消费者的合法权益，但损害消费者权益只是损害经营者权益的副产品。而且也并非所有的不正当竞争行为都损害消费者权益。如低价倾销虽然从长远来看可能也会损害消费者权益，但从短期看，只是损害其他经营者合法权益，而消费者反而可能从中得到廉价商品或服务。

二、《反不正当竞争法》概述

（一）反不正当竞争法的概念

根据法律一般规定性和反不正当竞争法具体所担负的任务，我们可以给出反不正当竞争法的定义：反不正当竞争法，是指由国家制定并有国家强制力保证实施的，旨在调整国家在反对不正当竞争，维护公平、自由和有效竞争，保护其他竞争者和消费者合法权益的活动中所产生的全部社会关系的法律规范的总称。

（二）反不正当竞争法的调整对象

集中地说，反不正当竞争法的调整对象就是在反对市场经济不正当竞争中所发生的各种社会关系。具体而言，大致包括以下几种社会关系：一是不正当竞争者相互之间的关系；二是不正当竞争者与正当竞争者之间的关系；三是不

正当竞争者与消费者之间的关系；四是不正当竞争与反不正当竞争者直接的关系；总之，反不正当竞争法就是调整上述社会关系的法律规范的总称。而第四种关系是核心，它决定着反不正当竞争法的经济法性质。

三、不正当竞争行为的种类及其法律后果

（一）不正当竞争行为的种类

根据我国《反不正当竞争法》的规定，不正当竞争行为主要有以下十一种：

1. 采用欺骗性标志从事市场交易的行为

根据《反不正当竞争法》第 5 条之规定，采用欺骗性规定从事交易行为有以下四种表现：

（1）假冒他人的注册商标。具体表现为：未经所有人许可，在同一种商品或类似商品使用与其注册商标相同或近似商标的；销售明知是假冒注册商标的商品；伪造、擅自制造他人注册商标标识或者销售伪造、擅自制造的注册商标识等。

（2）擅自使用知名商品特有的名称、包装、装潢，或者使用与知名商品类似的名称、包装、装潢，造成和他人的知名商标相混淆，使购买者误认为是该知名商品。

（3）虚假的商品标识行为。经营者对反映商品的质量及荣誉、产地、制作成分、性能用途、数量、有效期限等因素做不真实标注，使经营者或消费者无法了解商品的起初情况，导致误购行为。

（4）擅自使用他人的企业名称或者姓名，引人误认为是他人商品的行为。

2. 商业贿赂行为

商业贿赂，是指在经济活动中为谋取利益而进行的行贿、受贿行为，具体是指，在市场交易活动中以秘密给付财物或其他报偿为手段进行贿赂，为争取交易机会和交易条件的行为。

我国《反不正当竞争法》第 8 条规定，在商品购销中禁止贿赂行为，给予或者接受回扣的，以贿赂处分。对于回扣，也作了如下具体规定："在账外暗中给与对方单位或个人回扣的，以受贿赂论处。"在商品购销中，可以给与或接受折扣和佣金，但必须符合法律规定，经营者销售或者购买商品，可以用明确方式给对方折扣，可以给中间人佣金。经营者给对方折扣，给中间人佣金，必须如实入账。接受折扣佣金的经营者必须如实入账。

3. 虚假广告宣传行为

我国《反不正当竞争法》第 9 条规定："经营者不得利用广告或者其他方法，

对商品的质量、制作成分、性能、用途、生产者、有效期限、产地等作引人误解的虚假宣传；广告的经营者不得在明知或者应知的情况下，代理、制作、设计、发布虚假广告。"判断是否虚假的广告宣传行为，一是广告宣传的内容与商品的事实是否相符。二是把握引人误解的尺度，这里的引人误解，是指导致消费者误解。这里的消费者应以具有一般常识和辨别力的消费者为准，并且对不同的商品以使用该商品的消费者为准，如儿童用品，当儿童发生误解时，就认为达到引人误解的程度，从而也就构成了虚假广告宣传的行为。

4．侵犯商业秘密的行为

侵犯商业秘密是指不正当地非法获取、披露、使用或允许他人使用权利人的商业秘密的行为。这里的商业秘密，是指不为公众所知悉，能为权利人带来经济利益，具有实用性并经权利人采取保密措施的技术信息和经营信息。商业秘密具有实用性、商业性和秘密性。我国《反不正当竞争法》第 10 条规定了侵犯商业秘密的不正当竞争行为有以下几种："第一，以盗窃、利诱、胁迫或者其他不正当手段获取权利人的商业秘密；第二，披露、使用或者允许他人使用以上手段获取的权利人的商业秘密；第三，违反约定或者违反权利人有关保守商业秘密的要求，披露、使用或者允许他人使用其所掌握的商业秘密。此外，第三人明知或者应知存在上述违法行为，而获取、使用或者披露他人的商业秘密的，视为侵犯商业秘密。

5．降价排挤行为

我国《反不正当竞争法》第 11 条第一款规定："经营者不得以排挤竞争对手为目的，以低于成本的价格销售商品。"这是一种压价倾销行为，它有两个特征：一是这种行为的目的是为了排挤竞争对手，即经营者企图通过低于成本的价格，争取顾客，占领市场或者扩大市场份额，从而达到削弱甚至排挤竞争对手的目的；二是这种行为以低于成本的价格销售商品，这种"掠夺性定价"其本意不是自愿亏本，而是欲挤垮竞争对手进而垄断市场，最终谋取更大利益。

但这一情形有例外规定：我国《反不正当竞争法》第 11 条规定：有以下情形之一的，不属于不正当竞争行为：（一）销售鲜活商品；（二）处理有效期限即将到期的商品或其他积压的商品；（三）季节性降价；（四）因清偿债务、转产、歇业降价销售商品。上述情形，经营者根本无排挤竞争对手的故意，其降价行为是符合商品本身的特性，符合经济规律的要求，因而为法律所允许。

6．搭售与附加其他不合理条件而销售商品的行为

《反不正当竞争法》第 12 条规定："经营者销售商品，不得违背购买者的意愿搭售或者附加其他不合理的条件。"搭售行为，也叫搭卖，是指经营者在销

售商品时，违背购买者的意愿搭售商品或者附加其他不合理的条件的行为。搭售行为包括两种情况：一是违背购买者的意愿搭售商品，通常是在购买者购买其必需品时搭售购买者不愿要或不需要的商品；二是向购买者提出附加的不合理条件，主要是给购买者增加不应有的负担或义务。

认定这一行为应考虑以下几点：

第一，经营者是否具有并滥用了市场优势。要求搭售商品或附加其他不合理条件而销售商品的一般是具有并滥用市场优势的经营者；

第二，搭售商品与商品之间有无必然的联系，是否为互补商品，是否必须同时使用才能产生效益；

第三，是否违背购买者的意愿；

第四，在进行搭售时是否有排挤其他厂商竞争的意图。

7．违反规定的有奖销售行为

有奖销售就是给予购买者以一定奖励的销售活动，其目的在于借"有奖"而促销。有奖销售对市场秩序有正反两方面的影响，因此不能一概否定或肯定。我国《反不正当竞争法》第13条规定："经营者不得从事下列有奖销售：（1）采取谎称有奖或故意让内定人员中奖的欺骗方式进行有奖销售；（2）利用有奖销售的手段推销质次价高的商品；（3）抽奖式的有奖销售，最高奖的金额超过五千元。"其中前两类是一种违背诚实信用的行为，第三类是一种巨奖销售行为，均为法律所禁止。

8．经营者捏造、散布虚伪事实，损害竞争对手的商业信誉、商品声誉的行为

我国《反不正当竞争法》第14条规定："经营者不得捏造、散布虚伪事实，损害竞争对手的商业信誉、商品声誉。"对于这些规定的含义，应从以下几个方面去理解：

第一，捏造散布虚伪事实，以贬低竞争对手为目的，意在削弱竞争对手或使其丧失竞争能力。

第二，散布的内容是凭空捏造的虚假、不实之情。

第三，将捏造的虚假事实加以散布。散布的方法可以是口头的，也可以是书面的；散布的途径可以是通过宣传媒介也可以是通过邮寄，可以出现在广告中，也可以出现在订货会、产品发布会上，可以是公开的，也可以是暗中的。

第四，有特定的诋毁对象，言辞有针对性，或含沙射影，人们可以推知。

9．投标招标中的不正当竞争行为

我国《反不正当竞争法》第15条规定："投标者不得串通投标，抬高标价或者压低标价。投标者和招标者不得相互勾结，以排挤竞争对手的公平竞争。"

这类行为有以下表现形式：（1）投标者之间相互串通，一致抬高标价；（2）投标者之间相互串通，一致压低标价；（3）投标者之间相互串通，轮流以高价位或低价位中标；（4）投标者相互间就标价以外的其他事项相互串通；（5）投标者与招标者之间相互勾结，排挤竞争对手的竞标，如：在招标者开标前，私下开启招标者的投标文件，并泄密给内定投标者；招标者在审查评选标书时，对不同的投标者实施差别对待；投标者和招标者相互勾结，投标者在公开投标时压低标价，中标后再给招标者以额外补偿；招标者向特定的投标者泄露其标底，等等。

10．公用企业或其他依法具有独占地位的经营者强制交易的行为

我国《反不正当竞争法》第16条规定："公用企业或者其他依法具有独占地位的经营者，不得限定他人购买其指定的经营者的商品，以排挤其他经营者的公平竞争。"这一规定表明不正当竞争行为的主体有两类：一是公用企业，一是具有独占地位的经营者。所谓的公用企业一般包括电力、自来水、煤气、通讯、公共交通等。所谓"其他依法具有独占地位的经营者"是指在特定市场上，某个或某些经营者处于无人与之进行竞争的经营者。从行为方式来看，表现为利用自己所具有的近似垄断的地位，胁迫他人与自己进行强制性交易，购买其指定的经营者的商品。

11．政府及其所属部门滥用行政权力限制竞争的行为

政府是一个社会的代表、国民经济的总指挥。在一个法治社会，政府权力是受法律限制的，政府必须依法行政，政府及其所属部门的行政权力应当用来保护市场公平竞争而不是限制竞争。我国《反不正当竞争法》规定：："政府及其所属部门不得滥用行政权力，限制他人购买其所指定的经营者的商品，限制其他经营者正当的经营活动。政府及其所属部门不得滥用行政权力，限制外地商品进入本地市场，或者本地商品进入外地市场。"这一规定有利于官商勾结、权钱交易，有利于限制地区封锁、市场壁垒。

（二）不正当竞争行为的法律后果

根据我国《反不正当竞争法》的规定，不正当竞争行为人应承担的法律责任包括民事责任、行政责任和刑事责任，具体规定如下：

1．对被侵害经营者的损害赔偿责任

给被侵害经营者造成损害的，应当承担损害赔偿责任，被侵害的经营者的损失难以计算的，赔偿额为侵害人在侵权期间因侵权所获得的利润，并应当承担被侵害的经营者因调查该经营者侵害其合法权益的不正当竞争行为所支付的合理费用。

2．假冒注册商标、质量标志等的责任

经营者假冒他人的注册商标，擅自使用他人的企业名称或者姓名，仿冒或者冒用认证标志、名优标志等质量标志，伪造产地，对商品质量作引人误解的虚假表示的，依照《商标法》、《中华人民共和国产品质量法》的规定处罚。经营者擅自使用知名商品特有的名称、包装、装潢，或者使用与知名商品近似的名称、包装、装潢，造成和他人的知名商品相混淆，使购买者误认为是该知名商品的，监督检查部门应当责令停止违法行为，没收违法所得，可以根据情节处以违法所得 1 倍以上 3 倍以下的罚款；情节严重的，可以吊销营业执照；销售伪劣商品构成犯罪的，依法追究刑事责任。

3．商业贿赂行为的责任

经营者采用财物或者其他手段进行贿赂以销售或者购买商品，构成犯罪的，依法追究刑事责任；不构成犯罪的，监督检查部门可以根据情节处以 1 万元以上 20 万元以下的罚款，有违法所得予以没收。

4．限定购买行为的责任

公用企业或者依法具有独占地位的经营者，限定他人购买其指定的经营者的商品，以排挤其他经营者的公平竞争的，省级或者设区的市的监督检查部门应当责令停止违法行为，可以根据情节处以 5 万元以上 20 万元以下的罚款。被指定的经营者借此销售质次价高的商品，或者滥收费用的，监督检查部门应当没收违法所得，可以根据情节处以违法所得 1 倍以上 3 倍以下的罚款。

5．虚假宣传行为的责任

经营者利用广告或者其他方法，对商品进行虚假宣传，监督检查部门应当责令停止违法行为，消除影响，可以根据情节处以 1 万元以上 20 万元以下的罚款。广告的经营者，在明知或应知的情况下，代理、设计、制作、发布虚假广告的，监督检查部门应当责令停止违法行为，没收违法所得，并依法处以罚款。

6．侵犯商业秘密的，监督检查部门应当责令停止违法行为，监督检查部门应当责令停止违法行为，可以根据情节处以 1 万元以上 20 万元以下的罚款

7．违法有奖销售的行为

经营者违法进行有奖销售，监督检查部门应当责令停止违法行为，可以根据情节处以 1 万元以上 10 万元以下的罚款。

8．串通投标行为的责任

投标者串通投标，抬高标价或者压低标价；投标者和招标者相互勾结，以排挤竞争对手公平竞争的，其中标无效；监督检查部门可以根据情节处以 1 万元以上 20 万元以下的罚款。

9. 妨碍监督检查行为的责任

经营者有违反被责令暂停销售，不得转移、隐匿、销毁与不正当竞争行为有关的财物的行为的，监督检查部门可以根据情节处以被销售、转移、隐匿、销毁财物的价款的 1 倍以上 3 倍以下的罚款。

上述各种法律责任，当事人对监督检查部门做出的处罚决定不服的，可以自收到处罚决定之日起 15 日内向上一级主管机关申请复议；对复议决定不服的，可以自收到复议决定书之日起 15 日内向人民法院提起诉讼；也可以直接向人民法院提起诉讼。

10. 行政性违法行为的责任

政府及其所属部门违法限定他人购买其指定的经营者的商品，限制其他经营者正当的经营活动，或者限制商品在地区之间正常流通的，由上级机关责令其改正；情节严重的，由同级或者上级机关对直接责任人员给予行政处分。被指定的经营者借此销售质次价高商品或者滥收费用的，监督检查部门应当没收违法所得，可以根据情节处以违法所得 1 倍以上 3 倍以下的罚款。

11. 执法机关工作人员渎职行为的责任

监督检查不正当竞争行为的国家机关工作人员滥用职权、玩忽职守，构成犯罪的，依法追究刑事责任；不构成犯罪的，给予行政处分。监督检查不正当竞争行为的国家机关工作人员徇私舞弊，对明知有违反《反不正当竞争法》规定构成犯罪的经营者故意包庇不使他受追诉的，依法追究刑事责任。

最高人民法院行政审判庭关于对保险公司不正当竞争行为如何确定监督检查主体的答复

（2000 年 4 月 19 日　　法行[2000]1 号）

湖北省高级人民法院：

你院鄂高法(1999)396 号请示报告收悉。经研究，答复如下：

《反不正当竞争法》第三条第二款明确规定"县级以上人民政府工商行政管理部门对不正当竞争行为进行监督检查；法律、行政法规规定由其他部门监督检查的，依照其规定"。《保险法》未规定对保险公司的不正当竞争行为由金融监督管理部门实施监督检查，其第七条、第八条的规定，不属于《反不正当竞争法》第三条第二款规定的例外情况。故人民法院审理行政案件涉及到对保险公司不正当竞争行为实施监督检查的主体时，应当适用《反不正当竞争法》的有关规定。

来源：中国红盾论坛网 http://www.aicbbs.com/flfg/ShowArticle. asp?ArticleID=486

思考题

一、名词解释

1. 公平交易

2. 公平交易执法

3. 自由裁量权

4. 不正当竞争行为

二、简答题

1. 简述公平交易的特点、原则。

2. 简述不正当竞争行为的特征。

3. 简述公平交易执法的特点。

4. 简述公平交易执法的作用、原则 。

5. 简述工商机关在公平交易执法中的职责。

6. 消费者法定权利的内容有哪些？

7. 消费者争议的解决途径有哪些？

8. 简述经营者在保护消费者合法权益中的义务。

三、案例分析题

2001 年 6 月 11 日，某市工商局在调解某农贸市场与淡水鱼经营者的摊位纠纷过程中发现，淡水鱼经营者孙某某等六人，在 2006 年 6 月份该市场淡水鱼摊位招标的前一天，即 6 月 7 日的下午，在其经营的摊位前共同商议，研究确定由孙某某、程某某等四人以标底价投标，另两人不参加竞标，也不拿摊位费。在 6 月 8 日招标过程中，最终按照他们六人事先确定的四人在无任何竞争的情况下，分别以 700 元和 400 元的标底价中得 8 号、16 号、32 号、40 号摊位。

试分析：淡水鱼经营者孙某某等六人的上述行为是否合法。如不合法，是什么性质的行为，工商机关可否依据有关法律对其进行处罚？

参考文献

1．刘国庆主编，《工商行政管理学》，东北财经大学出版社，2001 年。

2．张国山主编，《市场监督管理》，北京工业大学出版社，2003 年。

3．曹英耀、曹毅编著，《工商行政管理教程》，中山大学出版社，2005 年。

4．王予集等编，《工商行政管理领导干部基础知识/工商行政管理干部培训教材》，工商出版社，2004 年.

5．赵远主编，《工商行政管理基础知识》，中国人民公安大学出版社，2004 年。

6．许光健主编，《工商行政管理概论》，中国人民大学出版社，2003 年。

7．张振康，《工商行政管理概论》，江苏科学技术出版社，1989 年。

8．国家工商行政管理局市场监督管理司，《生产要素市场管理概论》，经济管理出版社，1996 年。

9．张永桃、孙亚忠，《工商行政管理学》，南京大学出版社，1995 年。

10．工商行政管理中等专业教材编审委员会，《市场管理》，经济管理出版社，1991 年。

11．工商行政管理中专教材编写组编，《工商行政管理法》，中国统计出版社，1997 年。

12．国家工商行政管理总法规司，《中华人民共和国现行工商行政管理法律全书(2004 年修订版)(精)》，经济管理出版社，2004 年。

13．蔡良才编，《工商行政管理概论》，北京工业大学出版社，2003 年。

14．刘国庆编，《工商行政管理学(修订版)》，东北财经大学出版社，2006 年。

15．甘国屏编，《工商行政管理系统(全面推进依法行政实施纲要读本)》，机械工业出版社 2005 年。

16．国家工商行政管理总局人事教育司编，《工商行政管理岗位资格培训参考问答》，中国工商出版社，2003 年。

17．国家工商行政管理总局培训中心编，《工商行政管理监管与执法知识》，中国工商出版社，2004 年。

18．赵小平编，《价格管理实务》，中国物价出版社，2005 年。

19．刘学敏著，《中国价格管理研究——微观规制和宏观调控》，经济管理出版社，2001 年。

20．上海市物价检查所，《价格行政处罚程序和法律文书制作实务》，中国物价出版社，2002 年。

21．赵小平编，《重大价格问题研究》，中国市场出版社，2006 年。

22．国家发展改革委价格监督检查司编，《价格行政处罚实用手册》，中国市场出版社，2004 年。

23．李盛霖编，《价格知识问答》，中国市场出版社，2005 年。

24．中国法制出版社，《中华人民共和国价格法一本通/法律一本通》，中国法制出版社，2005 年。

25．翟建华著，《价格理论与实务(第二版)》，东北财经大学出版社，2006 年。

26．国家工商行政管理总局商标局编著，《中华人民共和国商标法释义》，中国工商出版社，2003 年。

27．刘稚主编，《商标法新释与例解》，同心出版社，2003 年。

28．刘林清主编，《广告监管与自律：广告人行为规范》，中南大学出版社，2003 年。

29．王军著，《广告管理与法规》，中国广播电视出版社，2003 年。

30．余卫明、梁小尹编著，《消费者权益保护法实例说》，湖南人民出版社，2002 年。

31．李永军编著，《合同法》，法律出版社，2005 年。

32．北京大学法制信息中心编，《合同法》，中国方正出版社，2003 年。

33．韩世远编著，《合同法总论》，法律出版社，2004 年。

34．陈小君编著，《合同法学案例分析》，高等教育出版社，2007 年。

35．郑显华编著，《合同法、担保法理论与实务》，人民法院出版社，2006 年。

36．杨振宇编著，《工商行政管理学》，中国商业出版社，1997 年。

37．郑曙光、汪海军著，《市场管理法新论》，中国检察出版社，2005 年。

38．田立军主编，《市场经济法律教程》，复旦大学出版社，2005 年。

后 记

经历一年多的艰苦写作，这部书稿终于杀青了。当我翻阅了书稿的最后一页之后，掩卷而思，一种感激之情油然而生。南开大学政府管理学院的王骚教授是这套系列教材的首倡和主持，他给我们提供了这个难得的机会，使我们能够将多年来的学术积累和思考编著成书，奉献给学界。为此，我谨代表编写组全体同仁，向王教授致以深深的感谢！

山东大学威海分校的葛荃教授和赵沛教授不辞辛劳，对于本教材的编写提供了至为重要的指导。没有他们的关心和帮助，这部教材的顺利完成则是难以想象的。对此，亦诚致谢忱！

南开大学出版社的莫建来老师和广东外语外贸大学的王达梅老师为本书的顺利编写和出版提供了诸多帮助；更有众多师友也给我们提出了有益的建议，提供了工作中的便利，在此，一并诚恳致谢！

本教材是一部集体之作，具体分工如下：

第一章、第六章：孙文平

第二章、第七章、第九章：周惠

第三章：张金亮　马春霞

第四章：张庄庄　马春霞

第五章：郭永国　马春霞

第八章、第十章：周晓娜　马春霞

全书由马春霞、张庄庄统筹编写，马春霞统稿并审阅定稿。

我们在编写过程中参阅了大量的有关研究和著述，博采众家之长。同时，也努力展现本教材的特色。确实尽了心力，务求上乘。尽管如此，本教材定然有所不足或疏漏，敬请学界方家不吝指教，亦请读者慨然匡正。

马春霞于黄海之滨

2008 年 3 月 14 日